主编简介

马立民 男，满族，中共党员，1983年3月出生，工学博士。现任北京工业大学党委学生工作部部长、人民武装部部长兼学生处处长、学生发展指导中心主任、校团委书记，副教授。曾获首都大学生思想政治工作实效奖“一等奖”、北京市教育教学成果奖“一等奖”、北京高校“优秀德育工作者”等荣誉。

王丽君 女，汉族，中共党员，1986年12月出生，管理学硕士。现任北京工业大学团委副书记，助理研究员。拥有多年团学工作经历，在科技竞赛、学生创新创业方面具有丰富经验。

内容简介

多年来，共青团北京工业大学委员会不断推进创新创业工作体系建设，营造浓厚的校园创新创业氛围，加强学生科学精神和创新能力的培养。本书汇编了近五年来北京工业大学优秀创新创业团队事迹，详细介绍了学校创新创业团队的奇思妙想、酸甜苦辣、成败得失，希望以书为媒，激发更多的同学参与到创新创业浪潮中来，“创”出自己的精彩。

高校校园文化建设成果文库

创享科技

北京工业大学创新创业风采录

马立民　王丽君◎主编

光明日报出版社

图书在版编目（CIP）数据

创享科技：北京工业大学创新创业风采录 / 马立民，王丽君主编．--北京：光明日报出版社，2018．4

ISBN 978－7－5194－4127－2

Ⅰ．①创…　Ⅱ．①马…②王…　Ⅲ．①北京工业大学—大学生—创业—概况　Ⅳ．①G647．38

中国版本图书馆 CIP 数据核字（2018）第 060572 号

创享科技——北京工业大学创新创业风采录

CHUANGXIANG KEJI——BEIJING GONGYE DAXUE CHUANGXIN CHUANGYE FENGCAILU

主　　编：马立民　王丽君

责任编辑：曹美娜　朱　然　　　　责任校对：赵鸣鸣

封面设计：中联学林　　　　　　　责任印制：曹　诤

出版发行：光明日报出版社

地　　址：北京市西城区永安路 106 号，100050

电　　话：010－67078251（咨询），63131930（邮购）

传　　真：010－67078227，67078255

网　　址：http：//book．gmw．cn

E－mail：caomeina@gmw．cn

法律顾问：北京德恒律师事务所龚柳方律师

印　　刷：三河市华东印刷有限公司

装　　订：三河市华东印刷有限公司

本书如有破损、缺页、装订错误，请与本社联系调换

开　　本：170mm×240mm

字　　数：306 千字　　　　　　　印　张：17

版　　次：2018 年 6 月第 1 版　　　印　次：2018 年 6 月第 1 次印刷

书　　号：ISBN 978－7－5194－4127－2

定　　价：68．00 元

序　言

加强和改进大学生思想政治教育，提高大学生的思想政治素质，把他们培养成为社会主义事业的合格建设者和可靠接班人，是我国高等教育事业必须始终高度重视和认真落实的根本问题。高校学生工作是大学生思想政治教育工作的重心，是高等教育的重要组成部分。结合党的十八大精神和全国高校思想政治工作会议精神，北京工业大学学生工作深入贯彻科学发展观，落实中共中央、国务院《关于进一步加强和改进大学生思想政治教育的意见》，不断探索学生工作的方法、载体、途径，努力增强思想政治工作的实效。

北京工业大学创建于1960年，是一所以工为主，理、工、经、管、文、法、艺术相结合的多科性市属重点大学。1981年成为国家教育部批准的第一批硕士学位授予单位，1985年成为博士学位授予单位。1996年12月学校通过国家“211工程”预审，正式跨入国家21世纪重点建设的百所大学的行列。学校共有30个教学科研机构，目前学校已覆盖工学、理学、经济学、管理学、文学、法学、哲学、教育学、艺术学9个学科门类。目前在校生27000余人。学校秉承“不息为体，日新为道”的校训，努力提升办学水平，增强办学实力，提高学校的核心竞争力，全面推进育人质量的提高。北京工业大学探索学生工作的新途径、新方法的过程，是对现实工作实践中出现的问题的探索；既有理论问题的思考，也有实践问题的探索，既有思想理念的创新，也有扎实深入的调查和数据分析，具有很强的理论性、实践性、创新性。充分凝聚了我校学生工作者的心血和汗水，为提高我校人才培养质量作出了应有的贡献。

党的十八大召开以来，学校紧密结合当前学生工作的新情况和学生的新特点，从学校实际和学生成长规律出发，采取有效措施，创新途径方法，完善机制体制，丰富教育内涵，学生工作在整体推进中取得了显著成效。为了传承这些成果，扎实推进实践创新，提高工作的科学化、专业化水平，我校决定编辑出版“北京工业大学学生思想政治教育探索与实践丛书”。

多年以来，我校不断推进创新创业工作体系建设，营造浓厚的校园创新创业氛围，加强学生科学精神和创新能力的培养。以启蒙型的“星火基金”和重点培养型的“国家级大学生创新创业训练计划项目”为品牌，构成立体化科技创新基金体系，为学生科研团队提供政策、资金、场地等保障，以点带面，推广研究性学习和个性化培养。以“鼎新杯”系列赛事为依托，加强学生课外学术科技创新创业的实践体系建设。着力打造具有导向性和示范性，能够弘扬创新精神的大学生学术科技活动。以“挑战杯”“创青春”等科技赛事为龙头，组成我校规范化、系统化、多样化的科技创新竞赛体系，每年对学生竞赛团队实现校级—市级—国家级多层次、全方位、全流程的培养。

本书汇编了近五年来北京工业大学优秀创新创业团队事迹，希望以书为媒，激发更多的学生参与到创新创业浪潮中来，“创”出自己的精彩。

编委会

2017 年 4 月

目　录
CONTENTS

管道机器人：轮系中的创新与活力

2015 年全国大学机械产品数字化设计大赛一等奖

管道作为一种十分便利的运输工具，从问世以来便得到了人们的青睐且应用广泛。如今工业管道系统已广泛应用于冶金、石油、化工及城市水暖供应等领域。工业管道的工作环境十分恶劣，长期使用后容易产生腐蚀、破裂等问题。因此管道的监测、诊断、清理和维护就成为保障管道系统安全、畅通和高效运营的关键，然而囿于管道所处环境或管道尺寸，人不能直接到达或直接介入。为了实现管道内工作的目的，人们研究出了各种各样的管道机器人。

图 1　团队成员合影

但是，随着社会和科技的进步，人们对管道机器人提出了更高的要求。当今的理念是“节能减排，低碳环保”，而管道机器人的现状是虽然能够勉强满足人们的功能需求，但在满足这一需求的同时，大部分管道机器人功能单一，成本高昂等缺点与当今理念背道而驰。因此，要将管道机器人向着节能减排的方向进行创新设计。若能设计出一款模块化的管道机器人，通过通用的载体搭载不同的子模块以实现不同的功能，这样不仅能大大减少生产者的成本，而且模块化后能使用通用的载体，不用单独为子模块设计新的搭载体，节约了大量的资源。低成本、多功能，使得这款机器人有着非常好的发展前景和市场。我们团队便以此为着手点，开始设计自己的管道机器人。

一、国内外管道机器人现状

首先我们以国内外现有管道机器人资料为出发点，调查管道机器人常见的驱动方式，分析他们之间的优缺点，以此作为我们设计管道机器人驱动模块的依据。

法国的 J. VRERTUT 最早开展管内机器人理论与样机的研究，之后众多科学家纷纷加入这个研究行列，研究出各式各样的管道机器人。不同管道机器人的主要差别在于管道机器人的驱动模式。通过调查，目前国内外主要有以下几种管道机器人：

1. 轮式机器人

轮式机器人主要依靠驱动轮与管壁的摩擦力作为驱动力前进。轮式机器人又可分为普通轮式和顶壁轮腿式，其中普通轮式主要依靠自身重力来产生摩擦力，而顶壁轮腿式靠丝杠或者弹簧产生作用力顶紧管壁，因可以产生很大摩擦力而能够在大倾角甚至是竖直管道内运动。

2. 履带式机器人

履带式管道机器人驱动方法和轮式相似，只是将轮子改为了履带，因此它也分为普通履带式和顶壁履带式。它的最大特点是能够在油污、泥泞、障碍等恶劣条件下保持良好的行走状态，这是其他机器人不可比拟的。

3. 多足爬行式机器人

这种机器人通过机械足运动，是一种仿生机器人，模仿的是蜈蚣一类的多足爬行类动物，具有越障能力强、管径适应范围大的特点。

4. 蠕动式机器人

这也是一种仿生机器人，模仿的是蚯蚓或毛毛虫一类动物的伸缩运动，其优点是越障能力强、转弯能力强。

5. 螺旋轮式机器人

螺旋轮式机器人采用电机带动转动体旋转，使驱动轮沿管壁做螺旋运动，驱动机器人沿管道中心线移动。它可以通过改变电机内电流的极性使机器人在管道内进退自如。

通过在调研过程中对当今管道机器人的了解以及对调研结果的对比分析可知，目前的管道机器人形式多样，但均存在各自的缺点。轮式机器人运行较为平稳，而且可控性强，但是这种管道机器人不适应大直径管道、弯曲管道或者三通管道等情况，且越障能力有限。履带机器人的缺点是结构复杂，外形尺寸一般较大，灵活性不够。蠕动式机器人控制程序复杂，移动速度慢以及管径适应能力弱，导致该机器人实用性不强。多足爬行式机器人结构和控制程序均较复杂，移动速度较慢且驱动效率低。单纯的螺旋轮式机器人越障能力有限，移动速度较慢，由于转动体已经占用很大一部分机器人空间，因此能用来搭载工作模块的空间较小。

根据管道机器人的现状，如果有一款能将螺旋轮式机器人和履带式机器人的优点结合起来的多功能管道机器人。它拥有螺旋轮式机器人运行的平稳性和履带式机器人优秀的越障能力和足够的牵引力，并且将功能模块化以实现多功能，那么它必定能取代很大一部分现有的缺陷明显的管道机器人，开拓出一个新的广阔的市场。

二、方向与路径

通过市场调查发现，目前的管道机器人均各有所长但也各有不足，没有一款综合性能较好且功能完善的管道机器人。为此，设计出一款新型的管径泛用的管道机器人是十分必要的。将螺旋轮式机器人和履带式机器人结合起来，实现综合性能的提高，并将常用的管道机器人的功能模块化后用其搭载，以实现一体多用，降低管道机器人的成本，实现管道机器人的多功能化。

单从驱动模式上来说，螺旋轮式驱动相比其他驱动模式具有明显的优点，其在管道内的稳定性和可控性非常好。但由于其搭载空间十分有限，若是将此段用来搭载工作模块，工作模块的尺寸会受到很大限制。因此，团队将螺旋轮驱动作为了主驱动模式，即只用其驱动而不用其搭载模块，并采用目前常用的3轮转动体作为螺旋机构。此选择目的在于保证机器人整体优秀的稳定性和可控性。

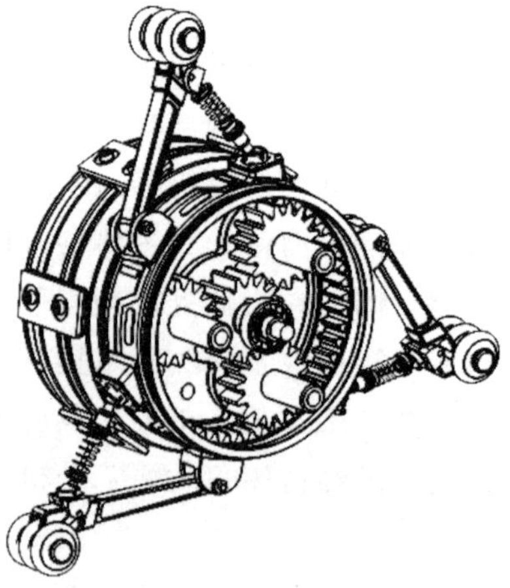

图 2　螺旋轮主驱动段的设计

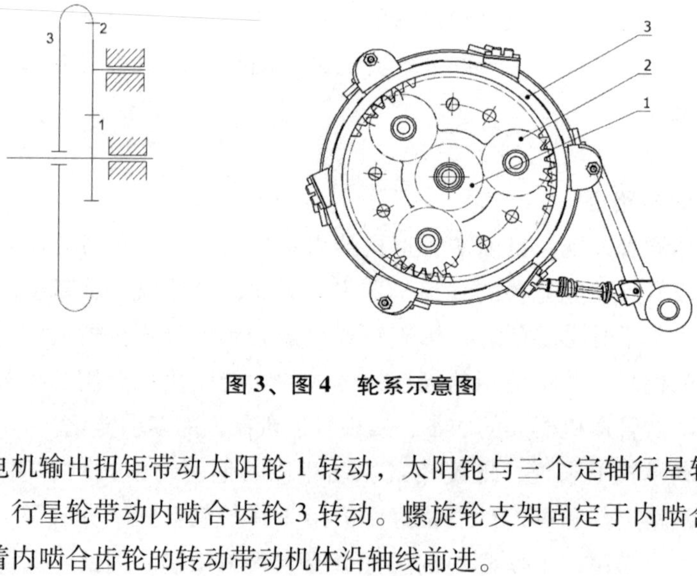

图 3、图 4　轮系示意图

主轴电机输出扭矩带动太阳轮 1 转动，太阳轮与三个定轴行星轮 2 啮合带动其转动，行星轮带动内啮合齿轮 3 转动。螺旋轮支架固定于内啮合齿轮外壁之上，随着内啮合齿轮的转动带动机体沿轴线前进。

要让机器人能适应一个范围内的所有管径，主驱动段螺旋轮构成的三角形的外接圆半径和模块搭载段的 3 个履带外接圆半径必须能够连续变化。目前常用的让螺旋轮具有管径适应性的方案主要有如下三种：

1. 直接伸缩式

这种方案是将 3 个螺旋轮固定在一个“人”型架上，架子的每一支可以通过螺纹，伸缩固定等方式改变螺旋轮到中心点的距离，以达到改变适应管径的目的。

2. 雨伞伸缩式

这种方案就如其名字一样，将螺旋轮固定在伞架的边缘，通过调整伞架的中心架在主轴上的距离来控制螺旋轮所能适应的管径，固定中心架的方法有很多，常用的固定方法和雨伞类似，也可以螺纹来固定的。

3. 弹簧伸缩式

这种方案只是一种总体方案，其下的具体方案种类繁多。常见比较早期的方法是将螺旋轮固定在弹簧的一端，用外力将螺旋机构装入管道中，螺旋轮用弹簧弹力压在管道内部。

比较新型的方法是主轴上固定一个正三角形架，延长三角架的边，将螺旋轮固定在延长边上，延长边与三角架定点用铰链连接后，延长部分用弹簧连接在三角形的边上，这样可以通过延长边按压弹簧来控制机器人适应的管径。

通过更加深入的了解，直接伸缩式在实际应用中容易出现弹簧沿轴线产生弯曲变形而卡死的现象，而且直接伸缩式在管径较大时，螺旋轮与管道内壁的压力较小，机器人在竖直管道内可能无法攀爬。而雨伞伸缩式要想让适应管径较大会让主轴太长导致机器人整体长度过长，不仅在过弯时会遇到诸多问题而且成本也有了明显的增加，因此，在管径泛用方案上，团队选择了弹簧支承式，这种方案的缺点是不太适合小的管径，且管径变化范围较小，但是它具有运行平稳，操作简单的优点。

由于螺旋轮只作为一个驱动而不用来搭载模块，所以在其基础上缩短螺旋轮机构的长度，使其只作为一个驱动部分。另行增加一个专用于搭载工作模块的工作段，这样就可以将工作段与主驱动段的定轴旋转分开。工作段用顶壁式履带驱动以保证工作段与管道内壁贴合良好，能够提供足够的摩擦力。

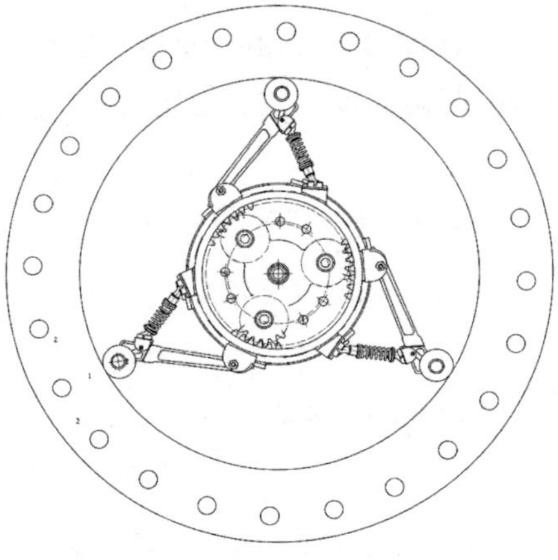

图 5　驱动段管径泛用方案

在模块搭载段的选择上，运行的平稳性很重要，这样才能满足更多精密仪器的搭载需求。从这个点出发就直接排除了周向未定位的两向方案，于是团队采用常用的节约材料的三向定位方案。这种方案就是采用 3 个滚动机构，沿着主轴周向均匀分布，将搭载台完全定位。

滚动机构毫无争议地采用的是履带，因为履带和管道内壁接触面积大，能有效增大最大牵引力，这样才能搭载一些本身质量比较大的模块进行竖直攀爬运动。

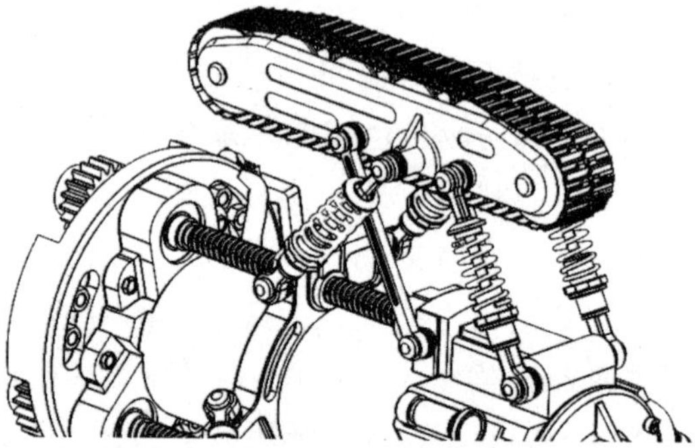

图 6　模块搭载段滚动机构的设计

搭载端由于已经确定用 3 段履带，调整履带到主轴轴线的距离可以采用多种方法，常用的是履带外盖两端各连接两根轴至主轴，通过改变连接轴的长度来控制管径的适应性。但是这种方案操作起来比较麻烦，因为必须保证 3 段履带的起落高度完全相同，否则 3 段履带不会和管道内壁完全贴合，不能达到预期目的。因此，经过讨论，我们采用平行四杆机构来调节适应管径，并用丝杠来对当前直径进行固定，这样调节起来相对简单。总体看来，和伞状伸缩的原理类似。为了让 3 段履带的起落高度一致，使用行星轮机构调节丝杠螺母。

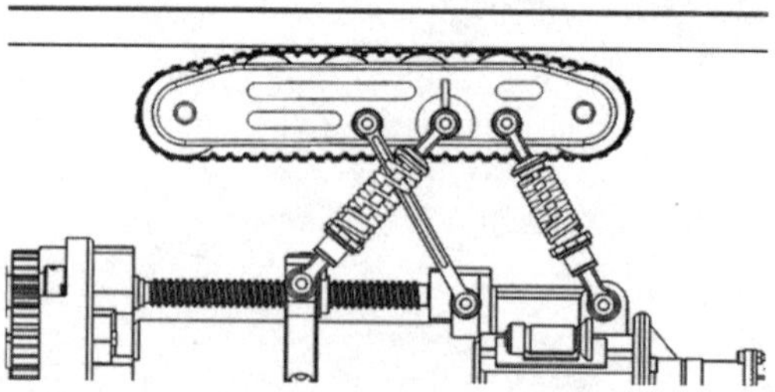

图 7　模块搭载段管径泛用方案

根据之前的设计，已经确定机器人由两部分组成，一部分是主驱动段，利用螺旋轮式驱动，另一部分是模块搭载段，用顶壁式履带驱动作为次驱动段，这两部分之间用万向联轴器进行连接，主驱动段推动模块搭载段，这样可以使机器人具有良好的综合性能，而且在竖直管道中可以利用螺旋轮与管壁的摩擦静止在竖直管道中进行工作。

图8　机器人的整体设计

二、优化与改进

我们依据设计方案，开始制造物理样机，但是在物理样机的制造过程中，遇到了很多困难。

原设计由三条沿机器人轴向圆周平行分布的丝杠推动一个平台，三条丝杠分别通过联轴器连接至一组行星轮，如图9所示。每条丝杠转速相同，则平台可沿轴线平行运动。该平台上有三组推臂连接轴，履带随平台移动而张开，因此三段履带展开宽度也相同。这样可保证机器人始终与管道同轴心。

然而物理样机制作出来后，发现三组丝杠螺母会对平台发生约束，履带展开机构经常会卡死。为了解决这个问题，在结构上参考了丝杠滑块机构。

丝杠滑块机构由光轴、丝杠和滑块组成，滑块上有直线轴承和一个丝杠螺母。这种机构可以固定滑块的周向移动，使滑块平稳地沿轴向移动。丝杠选择T8丝杠，通过螺纹联轴器与齿轮轴连接。

图9、图10　原设计平行丝杠方案与优化后设计方案

螺旋轮旋臂原设计过短，与履带能适应的半径范围不能很好地契合，限制了适用管径的范围。在管径过大时推臂不能提供足够的压紧力，导致驱动舱提

供的推力下降，甚至丧失推力。同时，由于旋臂与轴线并非垂直，同一推臂上的三枚螺旋轮的轴线也就与管壁不平行。这时三枚螺旋轮只有一枚能起到作用。旋臂推臂原设计使用弹簧和导杆。后经过试验发现，由于导杆两端需要使用球铰，占用体积太大导致弹簧工作行程过短，减小了适用管径的范围。

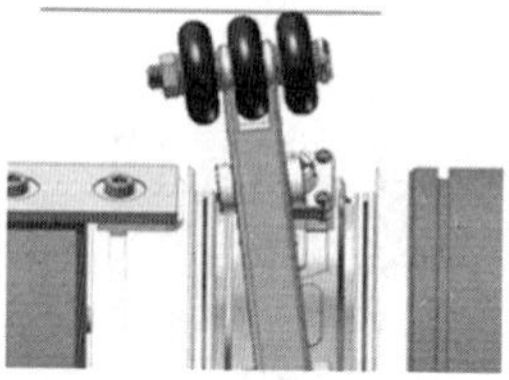

图 11、图 12　螺旋臂原设计

根据设计，我们决定加长旋臂，并在旋臂末端增加一个旋转轴。在推臂的压力下旋转轴会自动调节角度，使三枚螺旋轮紧贴内壁。旋转轴两侧增加限位机构防止经过障碍时旋转角度过大使螺旋轮被障碍卡歪，三枚螺旋轮轮毂用塑料制作，胎皮使用氯丁橡胶，两者黏合后车出螺旋角。推臂弹簧不使用导杆，弹簧两端旋入圆柱。圆柱半径比弹簧内径稍大，两者过盈配合。同时柱上设计一个防止松脱的半圆片。这样安装弹簧两端固定，且由于弹簧较短，受载不会失稳。

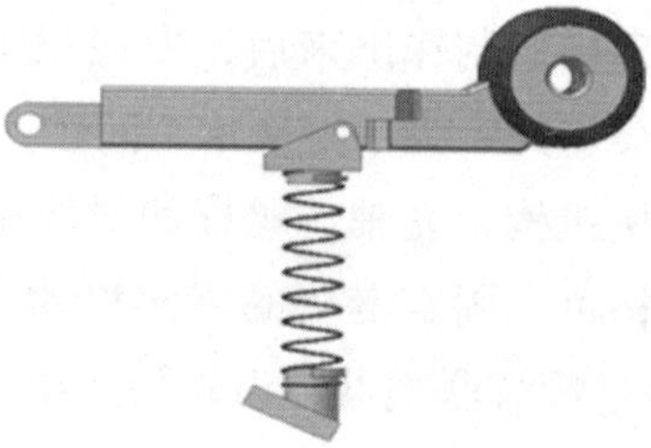

图 13、图 14　螺旋臂推臂及螺旋轮连接轴优化方案

三、成果展示

在半年的制作周期中，我们不断改善管道机器人机构设计，使其更加合理。凭借泛用型螺旋轮式管道机器人的设计方案，取得 2015 年全国大学生机械产品数字化设计大赛一等奖。凭借管道机器人物理样机，参加 2015 年 Autodesk 大师汇教育板块成果展示，并获得了在场专家们的一致好评。

作者：张月泽

蛙泳健身器——机械创新的机遇与挑战

2013年第十三届全国“挑战杯”竞赛，二等奖

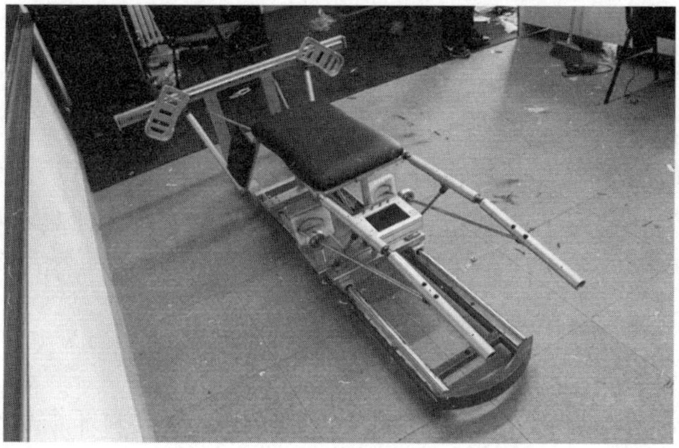

图1　蛙泳健身器整体样机展示

蛙泳运动是一项十分受大家欢迎的娱乐休闲型运动，通过实验和观察设计了一套畅泳机，该作品将动作练习、教学纠正动作以及娱乐休闲结合在一起，实现了现在人们对于多样化休闲娱乐运动的需求，同时该作品具有良好的纠正动作，矫正练习姿势的作用，十分适合学习，教学示范，休闲娱乐。本作品采用空间机构实现复杂轨迹的控制，通过调配人体受力实现运动配合。可以实现游泳者不需要下水即可通过该器械实现蛙泳动作达到休闲娱乐的目的，同时该器械可以纠正身腿配合功能。这个蛙泳健身器十分迎合当前城市生活人们休闲娱乐多样性的要求。

一、研究背景

随着现代生活水平的不断提高，人们越来越注重对生活质量的要求，对工作及学习之余的休闲娱乐提出了更多的需求。对于人类来说，水中的运动更具新鲜感，尤其对游泳爱好者来说游泳更是娱乐健身的不二之选。蛙泳运动是一

项十分有意义的有氧休闲运动，越来越受到人们的青睐。然而，游泳设施在生活中是有限的，而且消费价格较高。如何让更多的人在家中或者是在小区、校园里就能够进行蛙泳休闲运动便成了我们关注的问题。此外，越来越多的人想学习蛙泳，但是学费比较昂贵，自己训练又很难保证动作协调统一。鉴于市场对于蛙泳这种娱乐休闲运动的追捧和渴求，以及现实生活中存在的种种问题，我动手设计了蛙泳健身器。

其实在选择定位的一开始往往都是一个相对迷茫或者说困难的阶段，但我相信所有的发明制造都是源于生活的，就如前文所述，出于自身对于游泳的喜爱，加之在实际生活中，我自己遇到的学习游泳困难，故而想要学以致用。我想这就是机械工程专业赋予我的能力，是机械工程师的魅力吧。

二、研究意义

如果单纯地出于个人喜好和需求，那研究可以说是没有广泛意义的，只有将科学研究成果和市场工业制造、社会发展需求相结合，才具有研究价值与意义。以下我将从游泳运动的娱乐趣味性、规范蛙泳动作、提升身体素质、健美塑形的角度来阐述蛙泳健身器的研究意义。

（一）游泳的娱乐趣味性

同其他休闲运动相比，人们更青睐水中运动，尤其对于游泳爱好者来说游泳更是娱乐健身的不二之选。游泳在一定程度上不单是一项兴趣爱好的体育运动，更是一种生活技能，在很多时候都需要具备游泳技能来避免生活中的一些危险和意外。所以越来越多的人选择学习游泳，也逐渐将游泳作为一种体育爱好。

（二）规范蛙泳动作

在游泳学习的过程中，有不同复杂程度的泳姿，一般的游泳初学者都是从蛙泳开始。蛙泳是一种模仿青蛙游泳动作的游泳姿势，也是一种最古老的泳姿。蛙泳时，游泳者可以方便观察前方是否有障碍物，避免撞上障碍物。蛙泳运动相对于仰泳、蝶泳等泳姿易于开展，强度可以自行调节，对提高身体素质和开展心智都有着积极的作用，通过操作蛙泳健身器，使用者可以很方便地在家中或者社区里练习和规范自己的蛙泳动作。

（三）提升身体素质

人在游泳时，各器官都参与其中，耗能多，血液循环也随之加快，以供给运动器官更多的营养物质。血液速度的加快，会增加心脏的负荷，使其跳动频率增加，收缩强而有力。经常游泳的人，心脏功能极好。一般人的心率为 70 ~

80次/分，每搏输出量为60~80毫升。而经常游泳的人心率可达50~55次/分，很多优秀的游泳运动员，心率可达38~46次/分，每搏输出量高达90~120毫升。长期游泳会有明显的心脏运动性增大，收缩有力，血管壁厚度增加弹性加大，每搏输出量增加。正因如此，游泳可以锻炼出一颗强而有力的心脏。

（四）健美塑形

蛙泳是四种泳姿里唯一以锻炼腿为主的，可以塑造好的腿型；蛙泳的双手运动相当于俯卧撑有利于塑造好的胸型；蛙泳可以锻炼背部力量。

三、市场调研

游泳与其他类型的运动相比虽然更注重全身的协调运动，但其受场地限制不易推广，而且对于游泳初学者还有一定的呛水的风险性。针对游泳运动的限制因素以及其他方面的一些问题，我设计了蛙泳健身器，这是一款在家中就可以让使用者享受游泳乐趣的器械。它不仅可以模拟在水中运动时的阻力，更可以使人学习和规范蛙泳的动作，是家庭娱乐健身的不二之选。

通过研究调查发现，目前市场上较为成熟的类似器械只有陆地划船机，这也对于我们的设计提供了很好的借鉴。但是，对于陆地上的蛙泳娱乐器械却几乎是市场空白，尤其是兼具纠正蛙泳动作的一类器械。由于健身器有很大的市场因此，蛙泳健身器具市场前景会是十分广阔的，也将受到更多热爱休闲运动的人们的青睐。

四、面临的技术挑战

（一）机构设计

在机械工程专业中，想要完成一项成功的机械作品，首先要有合理科学的机械结构设计。我们常常有很多好的想法，但是面对科学严谨的力学原理、机械结构原理，就会在结构设计的过程中发现很多不能实现的地方，这也是我们在完成项目的过程中遇到的第一个挑战。

很多时候把脑袋里想的“点子”实实在在变成设计图纸，再将图纸上的零件加工组装成机械，是最具有挑战性的，也是机械工程最具乐趣的地方。我们设计的过程是艰辛的，很多时候画出的图纸因为小小的一个零件尺寸不对就得重新调整参数，也是在一遍一遍设计结构的过程中，我们更好地将书本上的知识运用到实践中，也是在修改图纸的过程中，我们逐步掌握工程实践的技巧和经验，学习了更多解决实际问题的方法。

经过小组成员和指导老师的思维碰撞与反复讨论，我们从机构与人体结合前后的机械组成与变化、运动轨迹等方面形成了设计制作方案。

机构与人体结合之前：

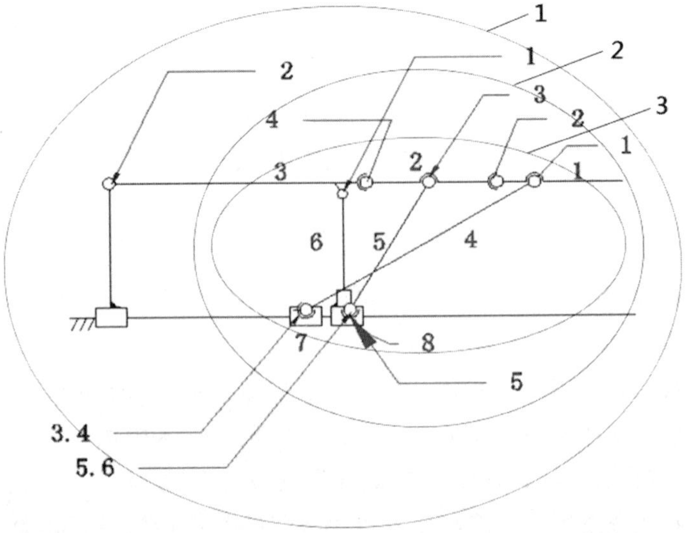

图2 设计机构示意图1

圈3周围数字1－8表示可动构件；圈2周围数字1－5表示三级副 ；圈1周围数字1－6表示五级副。

机构自由度：$F=8\times6-6\times5-5\times3=3$ 机构与人体结合之后：

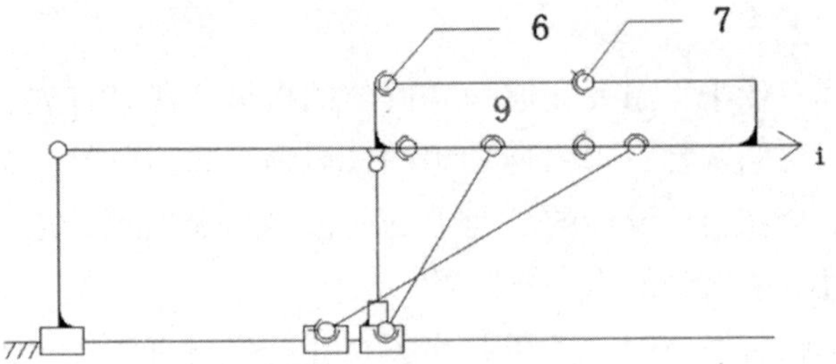

图3 设计机构示意图2

9表示可动构件 6表示三级副 7表示无级副

自由度计算：9个可动构件 7个5级副 6个3级副

机构自由度：$F=9\times6-7\times5-6\times3=1$

体现人机合一的设计思想，自由度唯一划手曲线控制全在球面凸轮形状。

（二）运动轨迹的实现

因为蛙泳对于手部的运动范围有较为严格的限制，如其动作：划水，抱水，伸展蹬夹。这里面我们就要对上述三个动作的活动范围进行估测，进而通过机构的运动轨迹来严密地约束这三个动作的运动轨迹。在北京工业大学游泳教练李刚老师的指导之下通过运动仿真得到蛙泳划手三坐标的点的数据。

在完成运动仿真实验过程中也发生了许多意想不到的挑战。对设备的操作、实验人员的动作规范程度都是我们之前没有想到的容易出现问题并最终影响仿真实验结果的地方。

科研制作的过程就是一个不断学习、不断运用、不断发现问题解决问题的过程。从机构设计的角度来说，是我们专业课程熟悉和实践过的领域，而面对运动仿真，这是我们小组成员之前都没有接触过的研究方向。所以每一次尝试都是重新学习，但这种常新的学习状态对我们今后再解决新的工程问题是具有非常大的好处的。

我也很感谢李老师在实验过程中给予我们项目团队的指导和帮助。是老师的悉心指导让我们在实验过程中少走了弯路。更重要的是，技术上的难点是可以解决和突破的，但精神上，特别是遇到新问题、新困难所带来的这种心理上的困难是需要更大的勇气与决心去克服的。我很感谢李老师在我们实验的过程中在精神上给予我们的鼓励和支持。我想，这才是工程师应该具备的迎难而上的精神！

（三）抱水机构相关支点选择

图4 抱水动作

在机械工程中力学的理论运用在很大程度上决定了机械成品的成败。力学的分析与计算往往是纯物理和数学的技能。让我感触颇深的一点就是在学习中打下坚实基础是有多么重要。大一时学的高等数学和理论力学在这时派上了大用场。但实话实说，我们大多数都是在用到这个公式时才去翻书查，看到不会解的方程才去问，一方面耽误了研究进程，另一方面也在情绪上泄了气。和指导老师沟通交流后，我们调整了心态，越是人类智慧难以超越的，越是基础理论。经过这次的项目经历，也让我认识到了不但要有实践动手制作的工程能力，更离不开理论支撑。

如图5所示，我们根据力和力矩的平衡列如下方程，来估算我们设计的支点位置是否合理。

$F+G\times50\%-F_N=0$

$G\times50\%\times L-F_N\times(L-L_1)=0$

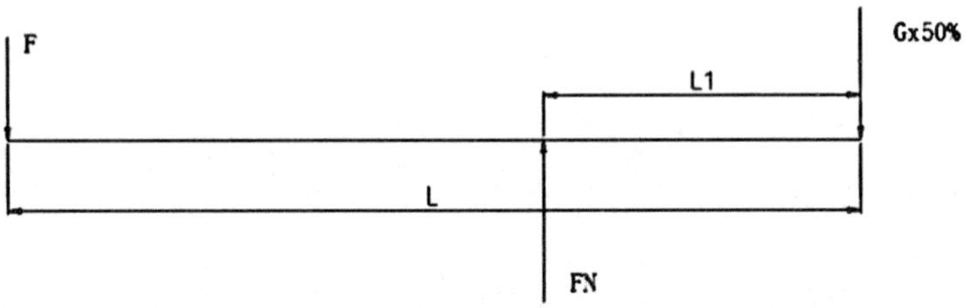

图5　抱水机构受力分析

其中，L＝228mm，L_1＝37mm，G＝70kg。计算可得人手臂使的力量约为：

$$F_N=\frac{G\times50\%\times L}{(L-L_1)}$$

即约为6.65kg的力量，这与人类的力量十分吻合，由此可知，我们的估计是合理的。

五、收获成果

本机构申请国家发明专利并获得初审通过进入实审阶段。

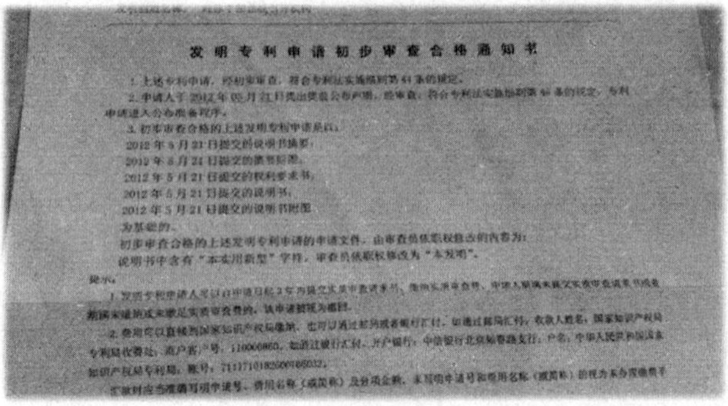
发明专利申请初步审查合格通知书

2012年5月21日提交的权利要求书，
2012年5月21日提交的说明书，
2012年5月21日提交的说明书附图

图6　专利申请合格通知书

六、应用前景

（1）适用于所有人群（无论会蛙泳与否）在该蛙泳健身器上进行健身休闲运动。

（2）因为其本身设计的轨迹的严密性，故而具有纠正蛙泳动作教学示范的功能。可以作为集学习、教学、健身、减肥于一体的器械。

（3）器械通过空间机构实现蛙泳运动轨迹，并且具有十分精准的身腿配合机构，自动实现蛙泳的身腿配合。

（4）目前国内外尚无能够完全实现蛙泳泳姿的健身设备，蛙泳训练健身器实现了人们在家中、操场上、健身房中“游泳”的愿望，有很广阔的市场应用前景。

七、应用和机构创新

（1）应用创新：对于蛙泳练习者，该器械可以规范蛙泳划水动作、训练身腿配合，同时体会换气时机。

（2）机构创新：该机构由人臂与一空间机构两部分组成，体现了人机合一的设计理念。该空间机构利用机构轨迹综合方法，基于蛙泳手部划水的空间曲线和换气动作设计得到，可以精确实现蛙泳的手臂划水动作，自动实现蛙泳的手臂与腿的协调配合。

完成项目的过程是艰辛的，充满了挑战和困难，但也正是在一次次克服困难，解决问题，重新找回斗志和继续下去的勇气的过程中，我们体会到了做科研项目的真正奥秘。回头看我们的成果是丰硕的，伴随我们一直到最后的，是不断学习的热情、是不轻言放弃的执着、是队员们的相互支持、是老师悉心的指导、是成为一名卓越工程师的梦想！

作者：刘润田

自动化商品包装机——电商时代的呼唤

2016年首都高校第八届机械创新设计大赛，一等奖

随着电子商务的普及，网上购物凭借其方便快捷的特点成为人们购物的主要渠道，而越来越多的创业者也将目光投入电商市场。网店作为电子商务的一种主要形式，其特点就在于方便快捷、交易迅速和形式多样等，还有受时间和空间的约束较小，规模较小，不适合大型工厂的流水线作业；且经销商品一般体积较小，经营者在创业初期通常会面临人手少、工作量大等实际问题。

面对国外品牌强劲冲击国内企业应该采取积极对策。走产学研技术创新之路，是我国包装机械科技发展的重大战略选择。近年来，我国包装机械行业基本形成了以大中型骨干企业为主体、以科研单位和高等院校为支撑、产学研相结合的技术创新模式。在时代需求的召唤下，Dream weaver 团队紧跟国家创新创业的发展步伐，设计、打造了这样一款遵循环保、快捷和节约的设计理念，针对小型商品，设定三种或三种以上尺寸的纸箱，在有限空间内集开箱和封装于一体，实现全自动包装商品的自动化商品包装机。

图1 "Dream weaver"团队成员合影（左二为队长张弛）

一、队伍的组成

在2015年夏天，由于机械设计课设的缘由，张弛同学与机械设计实验的老

师张乃龙相识，得知了机械设计创新大赛，那时的他已是怦然心动，可是却找不到能够同行的组员，这让张弛同学一筹莫展。张弛同学参与了一次次星火、国创项目，经验积累深厚，可是一个人难以划动这艘大船，在苦苦思索后，张弛同学找到了第一个队员——金枝。后来被张弛同学赞誉为勤劳能干、踏实能做东西的三好青年——常斌。又因为技术要求，寻找到了另两位同伴——田佩鑫、策力诺尔；就这样一个小团队集结完毕了。最初的他们，查阅资料，翻阅书籍，建模讨论规划，创建出了第一个模型，可是却遭到了老师的全盘否定，这可谓开始的迎头痛击，老师指出，最初的设计机构不合理，太过于理想化，没有自己的创新点。但他们却并没有放弃，困难来了，他们选择面对；打击来了，他们重整旗鼓，因为他们有着自己的梦想。

二、翻山越岭为看海

队伍行进过程中的点点滴滴

我们翻山越岭只为寻找那片蔚蓝的海；我们披荆斩棘只为尝尝成功的味道；我们奋不顾身只为实现自己的梦想。谁的梦想可以一蹴而就，谁的成功可以不拼尽全力，谁的希望最终不是靠自己的拼搏。队伍的组成却只是意味着这一切的开始。他们一次次的探讨、一次次的推翻、一次次的查阅，只为找到最终符合自己心仪的设计。2015 年 10 月到 2016 年 4 月，他们在这一段时光里的每时每刻都铭记下了每个人的身影。从新的方案的形成，去找老师进行讨论，对设计的修改，对方案的否定与从头再来，来来回回，不下 50 次与老师的讨论、修改，每一次都只剩下奔跑着的一闪而过的身影，走廊里都回荡着与老师组员的讨论声，以及每个人时不时的抱怨声，虽然他们抱怨着、烦躁着，可是他们并未停下自己手里的动作。他们在图纸上描绘着他们的梦想，用自己的双手一下一下拧紧着组装着自己的梦想。他们并不是没有想过放弃，并不是没有争吵过，并不是没有彼此闹过矛盾，但是他们最终挺了过来，有着组长张弛在里面的斡旋，有着张乃龙老师耐心的指导，细心地调解着队伍间存在的矛盾。其实大家都是普通人，没有谁比谁特殊，每个人都会有情绪，都会有分歧，但是我们需要做的是去克服，是去容忍，显然，他们这个队伍做到了这一点，所以最后他们取得了成功。张乃龙老师也是这支队伍的精神支柱，正是有了老师的鼓励才有了继续走下去的信心，一支好的队伍也注定不可缺少一位好的指导老师。

当然这只是这几个月里的一段小插曲，这里面都是他们的身影。每一天都在知行楼 705 实验室里组装、绘图、修改。天空刚刚翻起鱼肚白，虽然北京的天空一直阴沉着，时常都是苍茫的黄色，但是实验室每日的灯光都是在早上五六点就开始亮起，到黑夜来临，周围的楼房都已经沉寂，就剩下这间实验室的灯光俨然成为夜里闪亮的一颗星。他们累了困了就席地而睡，实在不能坚持站立他们就选择躺在地上拼装零件，一段时光里他们都领略了北京工业大学里不为人知的黑夜，看见了早晨的第一缕阳光，他们披戴星光，他们在黑暗中默默前行，他们始终如一地坚持着自己最初的梦想。在后来零件的加工阶段，他们每日骑着自行车在学校与五金市场间来回地穿梭，买材料，讨价还价，每个人都背着沉重的却又是这个队伍的希望与梦想前行着。他们在工厂里参与零件的加工，与加工的老师傅讨论改进零件，在工厂里守了足足半个月才完成零件的加工，可是零件却并不是那么地完善，只能够实现其中的基础功能。这不得不强迫他们自己学会加工，他们每日沉浸在金工楼里，每日里机床的轰鸣声伴随着他们，焊接的火花闪烁着，飞扬着，映衬着每个人的脸庞以及他们心里所坚持的梦想，他们的决心并没有像火花一样一瞬而逝。

三、分歧中的火花

队伍设计理念的碰撞

每一个创意想法的产生都是队员们一次次争辩、论证到认可的过程，伴随着思想的碰撞，从一点点零星的创意火花中积攒而来，厚积而薄发，才能打开创意的宝库。转眼间到了2015年3月，队长张弛和队员田佩鑫因为同在一个宿舍，可以有更多的时间彼此交流切磋，这为团队的设计工作提供了不少的便利，也正是在每一次午饭时餐桌上的讨论、漫步校园时肩并肩的漫谈才使得无数问题得以解决。但人无完人，没有谁能做到每一次沟通都是合理有效、每一次商量都能心平气和，尤其是面对血气方刚的科创青年、面对仅剩两个月时间可以准备作品的竞赛团队。张弛说：“当时由于时间紧迫、工作量大，再加上我和田佩鑫关于机芯图纸的设计上存在很多分歧，两个人的情绪都很烦燥，争执不断。有时候可能会因为一个方案被指导老师整体否定而沮丧很多天，有时候两个人之间的沉默成了队伍最大的敌人。”的确，面对着繁重的设计工作，如图纸不能满足加工要求而大面积重复修改、机芯设计过于理想化而被指导老师一次又一次否定，这无疑是对队伍信心和整体情绪氛围的重大考验。“万幸有我们的队长张弛在队伍中扮演着运筹、斡旋的关键角色，每每遇到队员心情沮丧、作品进度难以推进的情况，都是我们的组长调和队员关系，舒缓我们的情绪，以一种成熟而负责的态度将队伍带回到正轨，毕竟已经付出了这么多的努力，没有谁愿意在这里停下脚步，让一切付诸东流。”金枝补充道。

图 2　包装机的核心部件——机芯（从三维模型到实物加工均由队伍成员自主设计）

四、坎坷磨砺品质

克服机加工与“理想”的误差

对于机械制造相关专业的学生而言，精度，一直是一个关乎机器稳定性、可靠性和快速性的重要指标，而较高的精度要求对于一个普通的学生科研队伍而言，就意味着需要用成倍的时间和亲自动手的功夫来弥补经费上的缺失。位于成寿寺附近的“小武机加工厂”对于队员常斌而言，应该是一个永远不可能忘记的存在。自 2016 年 3 月中旬指导教师张乃龙联系的加工厂不能再负责加工任务开始，队员们只能自行联系机加工厂承包加工任务，而一家不算是专业，但费用也相对较低的私人加工厂就成了队员们的首选。上百个自行设计的零件需要加工，就有上百份零件的图纸需要发送，就有上百个加工的成品需要往返运送、调试。“2016 年的春天，我连着三周，每天先骑着自行车去小武机加工厂送图纸，如果零件比较少、方便携带，我就自己把零件捎回来，但如果是大型的，如我们有一件两米长的钢梁，加工好以后我只能再租一辆厂里的皮卡车，连人带自行车坐在后备箱里一起被送回来。”聊起那一段辛苦但难忘的时光，队员常斌露出一种为了成功甘之如饴的笑容。

图 3　加工完成，等待组员们安装的组件

“但如果从加工厂拿回来的东西都能用的话，我们的进度至少要提前半个月。”谈起私人加工厂的成品质量，队员金枝还是露出了尴尬的微笑。加工厂虽然愿意承担加工任务，但有一部分零件会因为设备、人员、环境等种种因素而存在一定的加工误差，有时候仅仅是因为一个圆柱度的形状公差没有达到要求，整个作品的纵向受力部分就无法完成搭建。队长张弛回忆道：“这也是四月份整整一个月我们待在金工楼创客实验室的原因，正因为需要在车床、钻床、铣床上加工各种不满足要求的半成品，我们都已经成为合格的钳工了！我还记得有一块很大的板材因为无法独立加工，我们五个人不得不同时站在钻床的四周，三个人负责支承，一个人对准位置，一个人负责加工，合五人之力才完成呢！也正因如此，你们金枝学姐被我们送了一个很霸气的称号——‘金钳’！”

五、最终的考验

泪水与汗水见证最终的成功

2016 年 5 月 10 日，首都高校第八届机械创新设计大赛如期在北京工业大学举办，对队员们来说，自己的母校能够承办这次赛事的决赛，既是一种欣喜，也是一份挑战。值得欣喜的是能够在熟悉的环境、熟悉的场馆，有充分的时间准备和调试作品，而面临的挑战自然也是面对众多参观、评审的同校师生期望和关怀的眼神。不过不容队员们考虑这种种场外的因素，比赛即将开始，而第一项困难就是这样一台 2 米 ×1.5 米的组装机器如何快速入场进行布置。“那天的情形真是我们全班同学大作战，知道我们的作品要参加比赛，班里所有的同学都早早来金工楼创客实验室，帮我们把拆卸下来的设备一件一件送到奥运场馆，再到我们的展区帮我们一一组装，真是帮了我们大忙！”队员常斌感慨地说道。入场安排停当之后，队员们又面临着新的问题，面对其他各大高校的优秀作品，“我们真的能杀出重围吗?”“看到北理白发苍苍的老教授亲自在场上调试设备，我们知道北理的这个作品是他们好多届学生不断传承完善，又有导师课题指导的作品，对这次大赛也是势在必得，当时我们真的有些慌张，不知道自己的作品到底在什么样的位置。不过这时候组长张弛走出来稳定我们的情绪，‘我们也有指导老师专业角度的悉心指导，也亲自动手、付出了这么多努力和汗水，相信天道酬勤，相信评委们会认可我们的付出，认可我们的作品，一切按计划进行!’于是我收拾好情绪，认真调试设备，为评委们做了设备工作演示，之后作为大赛的收官之组，最后一个上去参加答辩，虽然紧张，但还算不负众望，成功完成了答辩任务，之后就是艰难的等待时间。”谈起这段经历，仿佛之前的所有困难与那段“艰苦”的等待时间比起来都已变得不值一提。最终，在队员们和指导教师赵京、张乃龙焦虑的等待中，评分结果出来了，“我绝对不会忘记当得知比赛结果的那一刻，赵京老师一瞬间露出的笑容和那句既自信又高兴的话——‘我就知道最后一等奖还是要落在咱们头上!’”

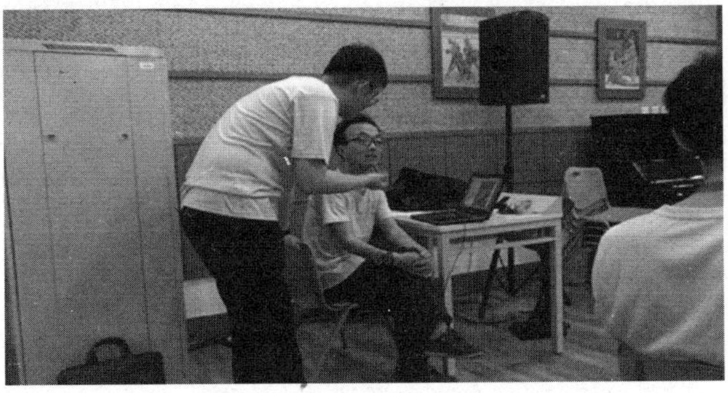

图 4　队员们在大赛现场做最后的调试

六、期望与未来

对学弟学妹们创新创业之路的期望与祝福

商品包装机之所以能够取得优异成绩，一方面取决于 Dream weaver 队员的不懈努力和指导教师的悉心教导，另一方面也在于他们能够紧跟时代的步伐，以市场上飞速发展、需求旺盛的“电商”为出发点和落脚点，开发满足和引领市场需求的产品，凭借广泛的适用性和广大的受众对象，才能够在一系列优秀的作品中脱颖而出，拔得头筹。“制作实物、完成预期的功能，并不是最难的，因为你有一个方向去努力，只要你坚持，就一定可以达成。但真正的挑战在于能否有不断思考的头脑和敏锐、开阔的眼界，最能够吸引别人的是你不同于现有产品的思路和设计，这才是对一个科技人才、一个科研团队最核心的能力的考验！祝愿我们的师弟师妹们能在我们的基础上更进一步，用更开阔的思路和更具创造力的思维去开创我们的未来！”张弛在采访结束时说道。

作者：刘健　谢欣宏

Random－ID：智能穿戴“保护伞”

2016 年第九届全国大学生信息安全大赛，二等奖

近年来，智能手环等可穿戴设备凭借其良好的交互性、方便佩戴等特点，逐渐走入人们的日常生活，正潜移默化地影响着人们的生活方式与习惯。由于可穿戴设备的硬件条件有限，需要同其他移动终端协同工作，来处理可穿戴设备内记录的数据，因此，如何实现可穿戴设备和移动设备间的安全认证是推动可穿戴设备发展和确保用户数据安全的关键问题。然而，当前厂商很少重视可穿戴设备的接入认证问题，只有极少数厂商提出了采用加密信道或基于 NFC 硬件的可穿戴设备安全防护手段，但上述方法会大幅度增加可穿戴设备的硬件成本和开发代价。

为此，针对当前典型的 BLE（蓝牙低功耗）可穿戴设备，本作品提出一种基于随机 ID 匹配的可穿戴设备安全认证方法——Random－ID。该方法采用轻量级的随机 ID 生成技术，通过可穿戴设备和移动设备连接前的强制单向认证，既支持对已用可穿戴设备合法移动控制端的安全认证，也能够防止黑客对于未进行安全设置的可穿戴设备进行重放攻击。同时，方法中融入了基于零知识证明的关键认证信息保护方案，可以防止常见的中间人近场攻击。我们以智能手环为例，用手环开发板模拟设备原型，在手环开发板和移动手机上实现了 Random－ID 并进行了实验检验，实验结果表明 Random－ID 的实际应用效果可达到预期：无须添加额外硬件设备，仅对现有程序实施最低程度的改动，实用性较高；控制端具有简洁明了的用户界面，认证信息的保护对用户透明，设备端不需要用户进行烦琐操作，用户体验较好；可防止攻击者近场抓包获取关键认证信息，考虑了认证方案自身的安全性。

图 1　ANTI－BUG 团队成员合影
（左四为团队创始人郑丹娜）

一、作品设计与实现

（一）应用场景

本部分给出本作品针对的主要应用场景，包括具体的攻击类型。

1. 由于 BLE 可穿戴设备可接收的数据包格式单一，并且设备在设备出厂后一直处于待机状态，可以接收任务外部设备向其发送的数据包，故可穿戴设备未开封时容易受到黑客发起的消息重放攻击（如图 2 所示）。

图 2　黑客发起消息重放攻击

2. 现有的可穿戴设备产品大多数使用简单的身份认证方案，在这种简单的认证方案中，合法的移动设备在每一认证过程中都会向可穿戴设备发送相同的认证数据包，故黑客在抓取一次合法的移动设备发送的认证数据包后，可以在适当的时间伪装成合法用户发起与可穿戴设备的连接，发起近场中间人攻击，篡改或读取可穿戴设备中合法用户已写入的数据（如图3所示）。

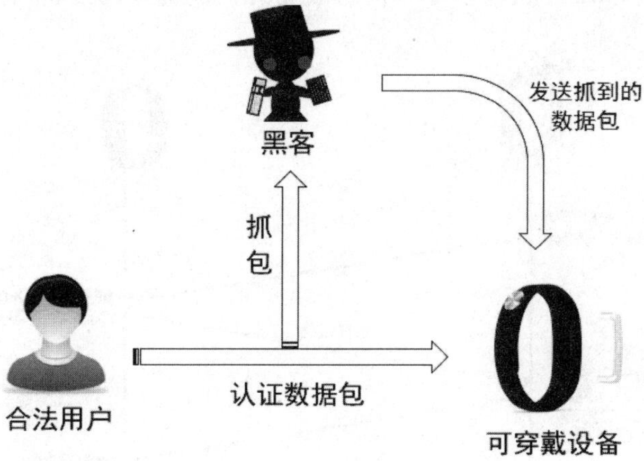

图3　黑客发起中间人攻击

（二）方法设计

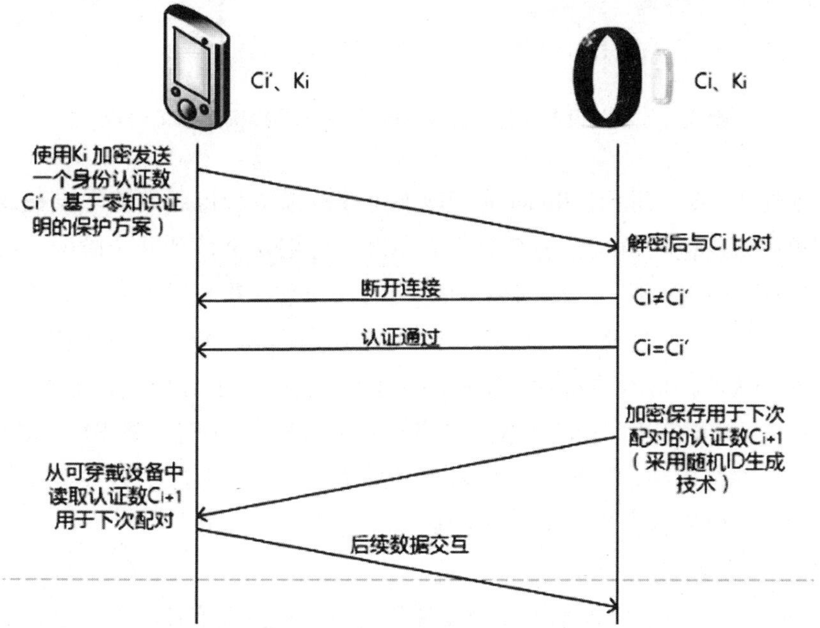

图4　可穿戴设备与控制端移动设备初次连接安全认证过程

针对上述应用场景及其存在的安全隐患，本作品给出了一种可穿戴设备和移动设备连接前的强制单向认证方法——Random - ID。通过融入轻量级的随机ID生成技术和基于零知识证明的关键认证信息保护方案，可有效防止上述攻击，图4、图5给出了Random - ID下可穿戴设备和控制端移动设备的交互过程。

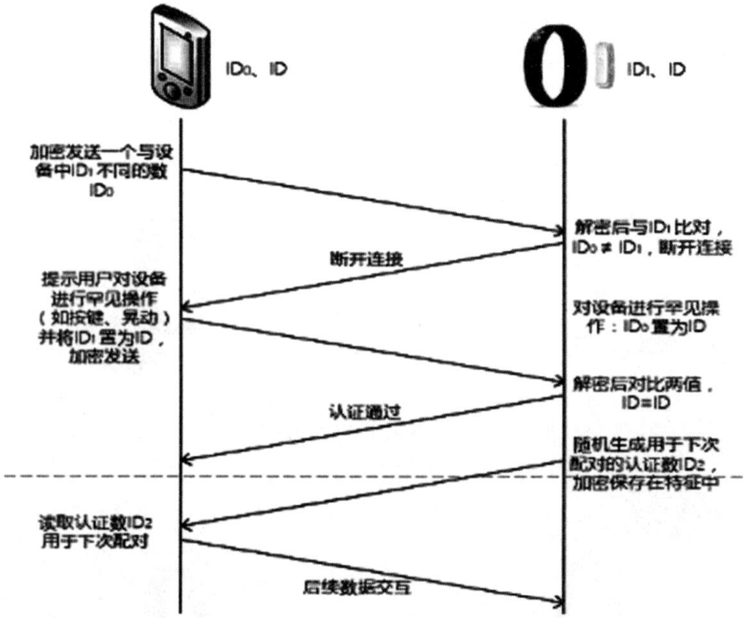

图5　可穿戴设备与控制端移动设备再次连接安全认证过程

正如图4、图5所示，Random - ID下可穿戴设备和控制端移动设备连接前的强制单向认证包括初次连接安全认证和再次连接安全认证两个阶段。初次连接时，Random - ID方法引入了两端初始身份认证数（ID1、ID0）和重置所需身份认证数（ID），通过提示合法用户对可穿戴设备进行简单的罕见操作来实现轻量级的安全认证；再次连接时，Random - ID方法引入了身份认证随机数（Ci、Ci'）和用于对身份认证随机数加密的完整密钥（Ki），通过随机ID生成技术生成身份认证随机数和采用基于零知识证明的关键认证信息保护方案保护身份认证随机数和完整密钥，实现了安全认证。

（三）工作原理

Random - ID方法实现了可穿戴设备和移动设备初次连接时的安全认证和再次连接时的安全认证，本节首先给出其初次连接安全认证和再次连接安全认证的工作原理，其次介绍其使用的加、解密方案，最后给出Random - ID方法中随机ID生成技术和基于零知识证明的关键认证信息保护方案的工作原理。

1. 初始连接安全认证

本阶段主要针对可穿戴设备和移动设备初次连接时的安全认证，需要引入可穿戴设备和移动设备的初始身份认证数和重置所需身份认证数以及完整密钥序列，为了便于阐述和理解安全认证的工作原理，这里给出了符号说明，具体如表1所示。

表1　初始连接安全认证过程的符号说明

符号	含义
U	用户
W	可穿戴设备
M	移动控制端
K	完整密钥序列（16bits）
ID1、ID0	初始身份认证数（8bits）
ID	重置所需身份认证数（8bits）

若U、W、M之间未曾完成过认证，则该阶段为必经阶段。

U、W、M之间初始连接必须安全认证，否则会造成W、M中存储的身份认证信息无法同步，影响再次连接安全认证以及后续所有安全认证过程。同时本阶段也是W、M组成的整个系统对U的身份进行认证的过程，缺少本阶段会导致黑客在用户使用前容易展开对W的攻击，从而威胁本作品的整体安全性。

本过程主要有两个任务：一、用户需要向移动设备中输入完整密钥，以达到密钥的安全传输；二、同移动设备和可穿戴设备的身份认证信息，使之后若干次的身份认证过程正常进行。

在此需要说明的是，本阶段提出的完整密钥序列K将会在可穿戴设备出厂时被印刷在包装盒内部，由于完整密钥序列K为16bits，故共有216个不同的完整密钥序列K，这些不同的完整密钥序列将会均匀分布在所有的产品中，上述过程在生产中是非常易于实施的。用户在购得可穿戴设备时，只需向控制端、客户端程序输入用十六进制数表示的序列即可，该过程既相对用户来说也并不烦琐，又保证了密钥的安全传输。在之后的所有认证过程中，K会被用于加密、解密身份认证随机数，故完整密钥序列K在本作品中非常重要。本作品中对于完整密钥序列K的从产生到用户使用的过程设计，不仅保障了该数据的安全性，也保障了厂商和用户在该过程中无须太多投入、操作简单，实现难度很小。

可穿戴设备和移动设备初始连接的具体安全认证过程如下：

步骤 1：U 向 M 上的控制端客户端程序输入 W 产品包装盒上打印的完整序列，M 将序列存储。

步骤 2：U 将首先操作 M 与 W 进行认证，即使 M 与 W 的密钥 K 相同，但由于 M 中存储的初始身份认证数 ID_0 与 W 中存储的初始身份认证数 ID_1 不相同，会造成身份认证过程失败，W 断开与 M 的硬件层连接。

步骤 3：M 检测到异常的断开连接后提示 U 对可穿戴设备进行罕见操作（如连续敲击、按下特殊按钮），M 在检测到操作后将存储的身份认证数 ID_0 重置为身份认证数 ID。

步骤 4：提示 U 点击 M 控制端客户端程序中的重置键，W 在检测到操作后将存储的身份认证数 ID_1 重置为身份认证数 ID。（由于 U 在短时间内对 M 和 W 都进行了罕见操作，因此也完成了整个系统对 U 的身份认证。）

步骤 5：U 再次对 M 与 W 进行认证，此时 M 与 W 的密钥 K 相同，同时身份认证数 ID 也相同，身份认证过程成功，整个系统的初始连接安全认证过程结束。

2. 再次连接安全认证

本阶段主要针对可穿戴设备和移动终端再次连接时的安全认证，即合法用户已经使用移动终端控制过可穿戴设备，需要引入可穿戴设备和移动终端的随机身份认证数和后续完整密钥序列等数据，为了便于阐述和理解该阶段安全认证的工作原理，这里给出了符号说明，具体如表 2 所示。

表 2　再次连接安全认证过程的符号说明

符号	含义
C_1、C_2	身份认证随机数（8bits）
S_1、S_2	移位量（4bits）
K_1、K_2、K_3	完整密钥序列（16bits）
K_{22}、K_{32}	K_2、K_3 的高八位（8bits）
K_{21}	K_2 的低八位（8bits）

本过程主要有两个任务：一、保证可穿戴设备在每一次身份认证过程中收取并解密移动设备发送的数据包；二、同步下一次身份认证过程所需的数据。

可穿戴设备和移动设备的再次连接安全认证过程如下：

步骤 1：移动终端发起与可穿戴式设备的认证，使用读取并解密后计算出的认证随机数 C_1 的高四位作为移位量 S_1，对完整密钥 K_1 进行循环右移，结果记

为新的完整密钥 K_2，并用 K_2 的高八位 K_{22} 对身份认证随机数 C_1 进行加密，即 E_{K22}（C_1），并写入可穿戴设备特征值中。

步骤 2：可穿戴设备收到移动设备写入的值后，使用与移动终端相同的完整密钥 K_2 的高八位 K_{22} 对写入的值进行解密，即 D_{22}（E_{E22}（C_1）），得出 C_1，将其与其上一次认证成功后生成的身份认证随机数 C_1 进行比较，若相等，则说明身份认证成功，允许移动终端和可穿戴设备进行数据交互，至此，可穿戴设备收取并解密移动设备发送的数据包过程结束，进入步骤 3；若不等，则断开物理层连接，不再与发起连接的移动设备进行任何数据交互，不再进行接下来的所有步骤。

步骤 3：身份认证成功后，为了同步下一次身份认证所需的数据，可穿戴设备生成新的身份认证随机数 C_2，并用完整密钥 K_2 的低八位 K_{21} 对 C_2 进行加密，即 $E_{21(C_2)}$，写入可穿戴设备特征中，以便移动终端能够读取，使用 C_2 的高四位作为移位量 S_2，对 K_2 进行循环右移，生成新的完整密钥 K_3 并将其存储。

步骤 4：移动终端读取可穿戴设备特征值中的 E_{K21}（C_2），使用 K_2 低八位 K_{21} 对其进行解密，即 $D_{K_{21}}$（E_{K21}（C_2）），得出新的身份认证随机数 C_2 并存储，以便下一次身份认证时使用。至此，同步下一次身份认证所需数据的过程结束。

步骤 5：移动终端与可穿戴设备进行正常的数据交互。

步骤 6（与步骤 1 相同）：在下一次移动终端发起身份认证时，终端使用认证随机数 C_2 的高四位作为移位量，对完整密钥 K_2 进行循环右移，生成新的密钥 K_3，并用 K_3 的高八位 K_{32}，对认证随机数 C_2 进行加密，即 E_{K32}（C_2），并将此值写入可穿戴设备特征值中，之后的认证过程与上述过程相同。

3. 加解密方案

Random－ID 方法中所有的加密、解密过程均采用按位异或的方式进行计算，这种方法主要在量子密码领域应用，计算复杂度不高，对可穿戴设备的性能影响较小。

例如，E_{K22}（C_1）的计算方式为 $C_1 \oplus K_{22}$，D_{K22}（E_{K22}（C_1））的计算方式为 $C_1 \oplus K_{22} \oplus K_{22}$。

不采用当下主流的 DES、RSA 加解密算法的原因：BLE 可穿戴设备的 CPU 运算速度较慢，主流 DES、RSA 算法中普遍需要进行的多轮迭代、计算两个大素数的乘积的步骤会极大限度地影响可穿戴设备的性能，降低连接速率、影响用户使用体验。

（四）随机 ID 生成方案

本作品使用随机 ID 生成方案增加作品的安全性，本作品中，所有随机数均使用本方案生成。

本方案生成随机数的原理为：使用 BLE 可穿戴设备内部的热噪声为种子生成随机数。这也是 BLE 可穿戴设备硬件能生成随机数的唯一方法。

随机 ID 生成方案是本作品能够抵御消息重放攻击的核心。从理论上来说，引入时变参数可以有效抵御消息重放攻击，但由于在 BLE 可穿戴设备中并没有计时功能，所以根据当前时间才能生成的时变参数（如时间戳、实时序列）均无法使用。我们考虑了可穿戴设备不添加冗余硬件的设计理念，以及可穿戴设备的计算速度，经过权衡后选择了本方案作为抵御消息重放攻击的核心方法。

（五）基于零知识证明的关键认证信息保护方案

Random－ID 方法引入基于零知识证明的方案保护可穿戴设备中的关键认证信息。零知识证明的原理为：一个设备可以在不泄露任何秘密的情况下，证明他知道这个秘密。显然，在本作品中关键身份认证信息为每一次身份认证过程由可穿戴设备生成的随机数以及完整的密钥序列，由于可穿戴设备收发的认证数据包均为明文，所以本方案旨在不暴露这些关键认证信息的情况下完成认证数据过程，换言之，就是需要通过数学方法处理这些数据，使黑客即使获取了这些数据包中的数据，也无法伪造接下来的身份认证数据，做到对关键认证信息的保护。

在移动设备发起与可穿戴设备的认证时，需要告诉可穿戴设备的秘密为随机身份认证数 C_1，如果移动设备直接发送该值向可穿戴设备进行认证，黑客可以通过抓包方式获取该值，假设黑客也抓取了移动设备上一次传回的数据包中的数据 E_{K2}（C_1），即可以通过计算得出 K2，这就泄露了密钥信息，影响了方案的整体安全性。

本作品运用零知识证明的流程体现为：在移动设备发起与可穿戴设备的认证时，移动设备向可穿戴设备发送的数据为 E_{K1}（C_1），而非真正的秘密信息 C_1，即使黑客同时抓取了 E_{K2}（C_1），也无法通过计算得出任何与身份认证过程相关的信息。由此可以看出，本作品在任何数据包收发的过程中都没有直接发送秘密信息，移动设备将关键信息进行数学处理后发送给可穿戴设备，证明移动设备知道秘密信息。本方案也就由此做到了对关键认证信息的保护。

作者：杜昱彤

互联网与体育的激情碰撞：尽兴体育

2016 年“创青春”创业大赛首都赛区，银奖

2016 年北京工业大学鼎新杯，银奖

北京未风科技团队成立于2014 年6 月，核心团队历经北京同乐年华科技有限公司、北京忘记科技有限公司、北京未风科技有限公司等数个不同创业主题的新兴公司。北京未风科技有限公司注册于 2016 年 7 月，注册资本 100 万元，法人王乐庆。目前，公司主要业务为承接各类 Web 网站、APP、微信开发等软件技术外包业务。2014 年至今本公司承接过大量如学校、政府、职能机构的官方网站、公司人事招聘系统、硬件监控管理系统、2C 的 APP 应用等开发项目，在需求分析、软件设计、项目开发方面积累了丰富的经验。自创立以来，团队在多个垂直方向上进行过创业尝试，有智能硬件、O2O 餐饮、团队协作工具、互联网体育等多个创业项目。本公司目前全职工程师 10 人，其中本科生 6 名，硕士研究生 4 名。

本公司在互联网产品（项目）开发设计领域以合适的价格、精湛的技术、完善的售后服务赢得了数十家中小型企业及学校、政府的长期合作。

目前公司办公地点设于北京市朝阳区平乐园 100 号知行楼 8 楼 24 室。

图 1　未风科技团队成员合影

排左一为团队创始人雷俊，左二为创始人王乐庆）

一、团队情况

（一）人员现状

创始人王乐庆，曾在京东集团 pop 事业部、海南航空集团创新孵化事业部等大型公司供职，负责产品规划设计与公司日常事务管理，有较强的互联网产品设计能力，交流共同能力并熟练掌握 JAVA、PS、AXURE 等开发设计工具。

创始人雷俊，曾供职于中科软件研究所，收到过来自阿里巴巴集团等知名互联网公司的 offer，目前担任本公司技术总监，负责技术业务管理，具有五年软件开发经验，是一名优秀的软件工程师，精通 PHP 并熟练掌握 JAVA、ANDROID、C + + 、C#等主流编程语言，具有丰富的项目经验。

市场负责人：胡春旭；

后端工程师：袁海天、郭都豪、马文瑞、赵攀、马文瑞；

前端工程师：曹勇、陈汉璋；

UI 设计 & 平面设计：蓝亮亮。

（二）业务范围

网站开发：本公司致力于为各类企业级客户搭建公司官方网站、企业 O 系统、CRM 系统等，同时为初创企业定制设计开发功能性网站平台。

APP 开发：本公司可为客户提供 Android&IOS 端 APP 应用程序的设计与开发。

微信开发：本公司可为各类客户搭建开发微信商城、微信人事招聘系统、微信工具应用等平台。

二、尽兴体育

（一）产品与服务

尽兴体育不是一个设想，而是已经在线运营的互联网产品。本产品定位于互联网 + 体育领域，本产品是以推送赛事直播体育新闻内容为基础，以民间赛事运营服务为核心，包含线下广告招商、体育类电子商务、赛事票务等盈利业务方向，未来将涵盖体育运动培训项目的全方位综合互联网 + 体育产品。

图2　尽兴体育 Logo

Logo 的设计理念思路为“尽兴体育”，英文名称 Have Fun Sports。其中截取了 HF（尽兴）两个大写字母将 H 和 F 结合后进行艺术变换成为一个正在跑动的小人，整体寓意“尽兴”“运动”，即尽兴体育全体为之奋斗的目标，让运动更加尽兴！

体育内容推送服务——V1.0 版本产品形态（已上线）。

图3　尽兴体育：赛事选项

上图页面 1（左）中有赛事选项，继续点击下拉菜单有球队选项以及头条资讯。

上图页面 2（右）中为具体赛事俱乐部的选项，供用户选择自己感兴趣的球队。依据用户的选择，产品将对其进行精准定向的内容推送服务。

关于民间赛事运营服务，当下社会运动场地设施日益齐全，人们对运动的热爱日益增加。如足球、篮球，一、二线城市内散播的足球场、篮球大部分时间都处于爆满状态。高手在民间，各大小“野球场”其实充斥着大量有一定竞技水准的“高手”但是大部分球友的运动体验其实并不好，经过我们前期的大量实地数据调查，场地不足、运动水准参差不齐、规则模糊争议性大是困扰球友们无法酣畅淋漓进行一场比赛的重要原因，而团队提出的民间赛事运营就是量身解决这一问题的法宝。

此类用户在运动场景中存在如下痛点：运动时间不固定、场地少、球场人多、无合适对手、无组织。民间赛事运营将解决球友们打球体验不佳的痛点，用线上平台报名的方式筛选水平相近的球友，再由我方进行组织开展比赛。提高了比赛整体的对抗性，你的队友对手都是与你水平相差无几的球员，在这种情况下对一个人的竞技状态和水平是最有益的，这样的比赛才能充分地运动开来，才有运动效果最大化的体现。需求立足点为：

1. 人需要组织协调。

2. 一切竞技性运动需要相近水准的对抗对手才会有最佳的运动体验。

这也是我们着重解决的一大问题。在比赛渐渐有一定数量后，参赛球友们每场比赛的数据统计都会录入我方数据库，日后对比赛的安排将更加合理，比赛也将更加精彩，为球友们安排最合适自己的比赛，通过这种比赛来锻炼自己的球技，更能交到志同道合、水准相似的朋友，使得运动体验最佳化。

本产品的核心用户为一、二线城市定期参与线下体育运动的人。

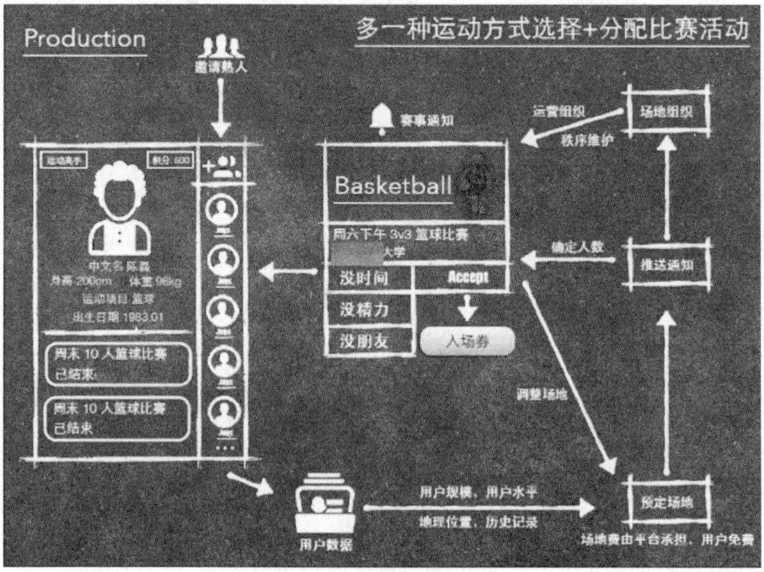

图 4 用户图像

（1）由本产品平台根据球场地点、用户竞技水准等条件向平台所在用户发送比赛消息，由用户根据自己的时间等条件筛选后选择自己愿意参加的比赛。

（2）我公司在派出线下工作人员裁判、统计员等携带物资前往既定场地。如此便可以在线下组织一场球员水准相近的对抗性比赛，有裁判吹罚，有分数统计，有一定指导性、观赏性的较高质量的民间赛事，包含但不仅限于半场25分钟3V3、全场40分钟5V5等赛制。

培训业务我团队也是志在必得。我团队更立志于开发的是8岁以上的少年组的民间赛事运营，我国在“大球”运动尤其是足球上的疲软，归根结底是不重视此类运动青训体系而吞下的恶果，而今虽在持续倡导体育强国的政策，但真正放在青训体系上的资源还是很有限的一部分，我们团队的情怀就是希望能通过我们自己的力量，为中国足球、篮球青训体系贡献一份自己的力量。

众所周知，足球强国巴西、阿根廷等国都拥有完整且众多的各类少年组比赛，从小的竞技熏陶培养了一大批让全世界都为之喝彩的足球巨星。而我13亿人口的大国在足球领域却频频惨败于小国，令人愤懑无限。只有在从小对抗，从小竞技的大环境、大土壤下才能成长得出令世界瞩目的足球巨星，而今中国想要成长为足球大国，最需要解决的就是培育这种土壤，只有好的土壤才可以长出大罗、梅西那样的世界巨星。本团队想涉足8岁以上的足球赛事运营也是出于此目的。

只有让民间儿童青少年充分接触足球比赛，进行足球比赛，才能让我国未来的足球运动蒸蒸日上，才能在世界足球强国中占有一席之地。

将成熟的线下赛事运营体系拓展至低年龄组，对低年龄组进行赛事组织，让孩子们从小开始有竞技环境、有竞技精神，我平台负责组织赛事、赛后指导培训等。

关于大数据业务，本产品在运营民间赛事服务的同时也时刻会对用户线下各类运动数据进行收集，用户的身体数据，得分数据，运动能力甚至是健康程度都可以数据化。未来一定是数据的时代，一个公司的价值归根结底也就是用户的数据。我公司所收集的数据对大数据运动，大数据健康等多项关键研究有着重要的研究价值与资考意义，未来也是一个较大的盈利方向。

盈利业务——B端广告变现，C端流量变现。

（1）本产品在组织线下比赛时聚集了一大批体育爱好者，这些群体都是运动品牌商最核心的受众，我们初期考虑在组织的每场线下赛事中都进行运动品牌的广告位招商，具体有赛事赞助、赛场广告位宣传、新品体验测试、周边产品的销售、场内售卖等方式。这种模式也可以很大限度地缓解我公司运营资金压力，使我们具有较强的自我造血能力，每完成一场运营赛事，就会获得一定量的现金流入。

（2）企业赛事策划组织与运营，为企业组织篮球、足球等赛事活动来进行盈利。

具体事例：

承接某高校五球联赛的举办运营，为此校举办一场篮球联赛全权负责。

北京高校社会力量参与小学体育美育建设合作学校有：天坛东里小学、劲松第四小学、垂杨柳中心小学、工大附中首城国际分部、陈经纶中学帝景分校、板厂小学。由我公司组织在校体育运动爱好者对以上学校进行篮球、足球等运动的有偿训练，此项目正在进行中。

本产品作为互联网产品在进行 C 端用户变现时拥有较多的方法与较多的选择。拥有众多体育粉丝的我平台将初步体育类电子商务的变现方式，在线售卖一些体育用户需要的商品，如球衣、球鞋、运动装备、运动类智能可穿戴设备等。

图 5　具体运营实例

同时，我公司产品也在高密度地组织线下比赛，定期举行高质量的线下比赛，此类比赛在本地区也会有一定影响力，可尝试对金英赛事的票务进行低价售卖来分摊我方的组织运营成本。以赛事内容推送为基础，以民间赛事运营为核心，B 端有广告售卖变现，C 端体育类电子商务变现，以线下体育培训为拓展业务，进行行业垂直拓展打造一个完整的体育生态系统。

（3）××大夜场 3V3 篮球比赛：为快速且低成本地验证篮球社交和小型赛事运营业务，我团队在××高校开展了“×大夜场 3V3 篮球比赛”。事后发现这类业务对线下业务能力有一定要求，所以暂时敲定产品形态 V1.0 为体育闹钟形式，切入市场，获取粉丝，为下一个版本上线打牢基础。

在“尽兴体育 1.0”版本上线后我们策划了一起关注平台订阅比赛即可抽取腾讯、乐视体育 VIP 的活动，凭借此次推广活动我们获得了第一批 100 名天使用户。

（4）海报推广转发活动

在“尽兴体育 1.1”版本微调后我们进行了更进一步的产品推广和宣传，由我们两个平面设计师设计未来几日内的比赛海报，海报要求务必精美，让用户看到后有产生用作手机桌面的欲望。而后，在我们事前预估的各个渠道进行转发和传播。希望用户扫描海报中二维码来关注“尽兴体育”。

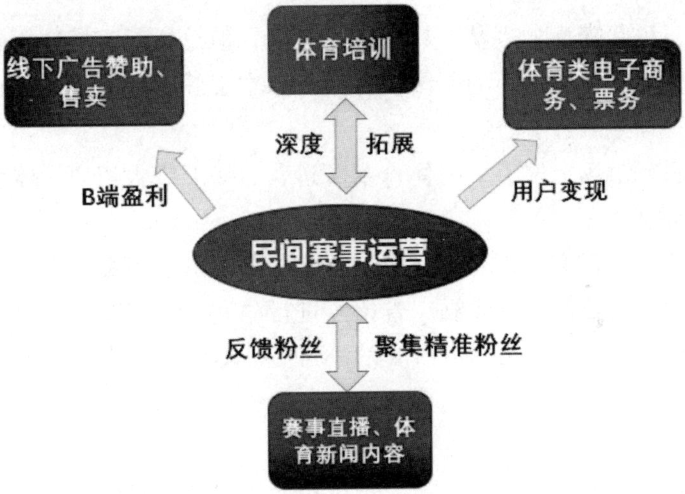

图 6　商业模式

除此之外，我们还建立了一套强大的用户数据反馈和收集系统，因为我们相信好的产品一定是改出来的，是按照用户真正的需求来进行修改和迭代的。做产品、做创业是一件漫长而艰难的事。工欲善其事必先利其器，建立一套完整的用户数据反馈体系是一种负责任的产品态度。我们的产品也将一直追寻着大多数用户真正的需求而改进下去，产品本来就该是一个动态和追寻的过程。

为培养用户黏性，增加用户与产品互动交互的时间，我们正在设计一个荣誉值系统，待上线的荣誉值系统，将以球队荣誉、球迷荣誉来引导用户与产品进一步的互动。同时也引导用户在朋友圈进行赛事分享，从而解决或改善用户黏性以及产品推广等方面的难题。目前此功能点正在筹划中。

图7　用户数据反馈系统

（二）市场分析

我国当下民间赛事的现状，舞台搭了不少，但总体而言标准不够高，要求不够严，因而形成良性循环的不多，有很多原本很好的赛事，由于这个原因举步维艰，最终销声匿迹了。

我们将目标市场定位于民间体育赛事运营、线下广告招商、体育类电子商务、赛事票务。

在民间赛事运营方面，北京、广东、上海都推出了相关产品，而我们的产品价格相比较而言较低，主要靠广告招商进行盈利。在能够吸引更多人群参与的同时具有较强的造血能力。最重要的一点是，本产品解决了球友们打球体验不佳的痛点，用线上平台报名的方式筛选水平相近的球友，由我方进行组织开展比赛。

我们将主要的盈利手段定位在广告位招商，这与很多相关体育服务类产品都是相似的，但当我们用自身优势吸引足够多的用户并用最好的服务让用户对产品产生依赖后，广告位也会因此变得更有吸引力。

体育类电子商务、赛事票务是很多竞争者都在做的一部分业务，就这部分来说我们不是很占优势，我们希望通过更引人入胜的精美文案及设计来吸引更多的消费人群。

作者：王乐庆

聆听深海的声音，实现精确的控制

2015 年“挑战杯”全国大学生课外学术科技作品竞赛，二等奖
2015 年“挑战杯”首都大学生课外学术科技作品竞赛，特等奖

海洋，以丰富的资源和广阔的空间支持着人类的发展。在传统的深海捕鱼作业中，渔民将放入诱饵的捕鱼笼定点投入海底，与捕鱼笼相连的浮球浮在海面上，每隔两三天，渔民通过浮球进行捕捞。但这个过程存在严重问题，浮球浮在海面上，很容易被其他渔船发现，无论是捕鱼笼丢失还是笼中的海洋生物被盗捞，都意味着渔民会产生巨大的经济损失。又或者，海面风浪过大，会把浮球吹跑，定位不准造成的损失也是不小的。我们想，如果能将浮球绑在鱼笼上，与之一起沉入海底，当捕鱼笼的所有者通过遥控让浮球上浮后再定位收网，深海捕鱼的盗捞等问题就可以有效地解决。

图 1　团队成员合影

来自信息学部的 7 名学生组成的研发团队，一起研发出了一种叫“应答式水声数字遥控潜水浮标”的设备应用水声通信技术，以比现有水声通信设备更

低廉的价格完成了对浮球上浮的可靠遥控。这项成果在 2015 年的“挑战杯”首都大学生课外学术科技作品竞赛中获得了特等奖，并且在之后举行的“挑战杯”全国大学生课外科学科技作品竞赛中获得了二等奖。

一、设计来源与团队组建

机缘下组建项目团队

中国不仅有 960 万平方公里的陆地，还有 300 万平方公里的海洋国土。在这辽阔的海洋世界中，蕴含着丰富的海底资源，其中就包括渔业资源。因为父亲在海军任职，王睿川偶然从他父亲那了解到在海洋捕鱼作业中渔民们普遍存在的一个问题，那就是网箱养殖不能准确地进行定位，这使得捕鱼作业变得麻烦了很多。王睿川想到，如果能做一个遥控定位潜水浮标，连接到渔民的网箱养殖工具上，平时潜在海底，防止非相关人员发现实施偷盗，当渔民收获时，遥控潜水浮标使它上浮，就能准确地进行定位，这个问题就可以迎刃而解。他将这个想法告诉了杰出学子计划的导师，得到了导师的大力支持。于是，从自学单片机编程开始，他开始了漫长的准备过程。随着研究的深入，他在设计电路板方面遇到了困难。这时，他认识了擅长电路板设计的刘刚，两人一拍即合。因为刘刚平常对电路板十分感兴趣，经常自己研究设计小电路板，他的加入让这个项目得以顺利地进行。

然而，一个项目的顺利进行只靠两个人的力量是远远不够的，他们的项目得到了实验室研究生学长们的大力支持。但是，随着学长们陆续毕业，人手大大减少了，两人的工作量大大增加，这使得两个人感到力不从心。这时，老师们通过杰出学子计划和科技预备营，找到了一些有潜力、肯吃苦的新同学，加入了这个团队。

随着研究的继续深入，他们发现，光靠电控学院的同学仍然无法完成这个整体项目。因为这个潜水浮标一旦完成，它将长期工作在深海环境下。众所周知，海底的水压巨大，所有的内部电路都需要一个抗巨大水压的机械外壳的保护。就在大家一筹莫展的时候，喜欢机械设计的李晋同学及时地加入了研发团队，使得许多问题迎刃而解。经过十几版甚至是几十版的反复修改和试验，最终，潜水浮标能够在水下 200 米的深度可靠地工作了。

二、研发和推进

选用水声作为遥控方式

在这一整套系统的制作过程中，团队遇到了很多技术问题，不过每次都是靠大家细致、耐心地排查分析得以解决的。在团队刚把系统搭建起来的时候，就遇到了问题。“我们在空气中做通信遥控实验，其中一个潜标遥控成功率总不能达到百分之百，另一个却每次都能成功”。团队中参与硬件电路设计的马硕说：当时团队中的所有同学都非常着急，因为这意味着在可靠性上并不能达到要求。“为了解决这个问题，我们从早上开始调试程序一直到晚上，连午饭都忘了去吃。”团队中参与软件编程的吴沫说道。两天之后，团队终于发现那个遥控成功率总不能达到百分之百的潜标是因为使用了有很强传输方向特性的换能器，很快成功解决。“那几天虽然辛苦，但是我通过实践，深刻理解了以前专业课上所学过的知识，并将这些知识应用到实际问题的解释和解决中去，且效果显著。”参与电路设计的张洋说。

因为成果要应用于深海，在水中进行大量的通信遥控实验来测试通信效果是不可或缺的。最初，团队成员们自己创造实验环境，用帆布支起一个直径一米的水池，在里面进行初步实验，这个水池很长时间就放在实验室外的楼道里，供团队成员进行调试。“我们每天就是不断地把潜水浮标放进水里，测试，捞出来，这样循环往复。”刘刚说。随着系统不断成熟，实验地点就换到知行楼前的小河里，再到后来，需要为了测试不同环境下作品性能是否能够达到要求，团队成员们分组去了天津水沽和秦皇岛海域进行实地测试，这两次实验成功地验证了作品在3公里范围内的正确遥控能力。

为了这个项目，团队中的每一个成员都付出了很多心血，老师和领导们也投入了很多精力。电控学院的杨旭东老师和王铁流老师，因为他们的办公室就在实验室，所以从一开始就随时进行指导。杨旭东老师还提出“每日一难点”，就是让大家每天提出一个难题，通过查资料和动手实践去解决。王铁流老师虽然已经退休，但依然活跃在科研第一线，为团队提供了很大的支持。遇到技术难题、器件故障，老师们花费很多精力，往往占用自己的休息时间，与大家一块分析问题，指导大家利用查阅到的各种资料和现有的各种设备、器件去解决问题。

在备赛阶段，电控学院的党委副书记侯立刚老师一直都在鼓励、鞭策整个团队。侯老师带着团队填写、整理、修改申报文档和支撑材料，用自己丰富的经验给了大家很多非常重要的建议。“在奔赴广州比赛的前两周，侯老师每天都至少晚下班两个小时为我们排练答辩，有一天还陪我们熬到了凌晨。”团队成员说还有电控学院的团委书记张良坪老师，在赛前、赛中为大家思前想后，做了完备的后勤保障工作，让大家在比赛期间能够专心应对各种挑战。

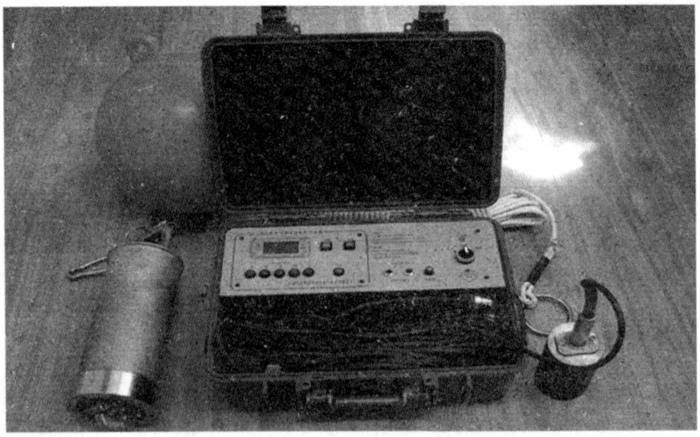

图 2 应答式水声数字遥控潜水浮标

三、优势与获奖

低成本、民用化是最大优势

我们的浮标升降控制需要以海水为媒介，运用通信方式进行控制。相比于常见的无线电以及红外通信方式，声呐信号在水中有着更强大的传播力，足以满足几公里开外的水域应用。这便是我们选用声呐作为我们通信方式的重要原因之一。说到“声呐”一词，相信大家并不陌生，但是在生活中能碰到的应用很少。这种技术大多被军方使用，水声浮标技术原本就是军方才有的，造价过高不能被普遍接受和应用是一大问题。军方的水声浮标，一套产品大概要 20 万元，进口产品则更加昂贵。我们的产品能做到 3 公里水域有效应用，以及比军方产品低几倍的造价。并且，我们的产品选用 8K4 以及 8K5 两个频率作为通信语言，相当于二进制中的 0 与 1，与海下浮标进行通信，一个浮标都有一组十位二进制数，便于我们精确搜索每一个浮标。由此，我们可以做到一个发射器对多个水下浮标进行控制。此外，我们的水声浮标还可以多功能扩展，可用于石油管道检测，或者水上搜救。

总体而言，我们的产品将军品民用化，成本相对于军品大大降低，而声呐探测和接受范围仍然满足使用需求，并且准确度高，可以做到一对多控制，以及未来应用范围更广阔。这些都是我们产品的优势所在。

起初参与这个项目并非志在获奖，只是因为王睿川同学的一个想法，而开启的这次“水下浮标”之旅。在杨旭东老师的振臂高呼下，大家走到了一起，一起参与这个项目，作为本科生的我们，只是想通过实践的机会，加深我们对专业知识的理解。对于项目本身，我们只是尽心尽力地把它做好，做到符合使用要求。随之而来的荣誉与奖项，是对我们的付出给予的肯定与嘉奖。我们 7

名来自北京工业大学信息学部的学生参加了北京市首都大学生课外学术科技作品竞赛，并获得了特等奖；而后，我们再接再厉，对项目进行完善与修改，继而参加了第十四届“挑战杯”全国大学生课外学术科技作品竞赛，并获得二等奖。当然，对我们而言，收获得比奖项本身要多得多：第一次 7 人组队，我们学到了只有一起拼搏才能达成目标的团队精神，精益求精的工程素养，以及专业知识更深入地学习理解。正是因为这些收获，才使我们的项目更加完善。而这大概就是我们可以获奖的要素吧。

当然，奖项只是对我们现阶段努力的肯定。我们并不能就此满足，我们只满足于我们 7 个人的这份智慧与辛劳的结晶可以更加完善。而“更加”二字是没有穷尽的，这就意味着我们将不断努力，使我们的结晶变得更加完美，相信未来会被更多的人所认可。

四、应用与前景

潜水浮标必将得到广泛应用

随着科学技术的进步与发展，海洋成为人类着重探索的又一领域。海洋约占地球面积的 71%，人们对海洋资源的重视导致了海底探测技术需求日益增加。我国具有广袤的国土，其中海洋国土面积 299.7 万平方公里，包括内水、领海及专属经济区和大陆架。在海洋探测和海底资源利用方面，由于无线电波和红外等日常通信手段的受阻，海底通信和定位无疑成为一大阻碍。改革开放以来，我国越发重视海洋资源的开发与利用，越来越多的工业进程将目光投向海洋，海底石油管道和海底电缆的建设使得企业和市场对于海底可靠的通信技术需求更加迫切。

我们的作品：应答式水声数字遥控潜水浮标，可以实现水下通信，以其最远距离 3 千米，最深 150 米的指标，可以适应多种海洋环境。浮标具有低成本、低功耗、便于使用的特性，能够应用于海洋捕鱼作业、海底电缆故障点检测等情况，在民用生产和工业探测等领域具有良好的广阔的前景。

在一次创新成果与专利展示推介会后，团队与一家企业建立了联系，我们得以将潜水浮标和应用背景结合，使其具有实际应用价值。在企业的建议下，团队对浮标进行相应改进，使这套水声通信系统的通信性能，低功耗性能和可靠性进一步得到提高，使其得以在不同复杂实际环境下依旧保持稳定的工作状态。我们的作品采用声呐通信，可以实现海底的信息传送交换。先进的抗干扰技术与低功耗、低成本的性能使其可以在民用领域得到普及，而可靠性与易于操作使用的特点使其具有良好的实际应用价值和广阔的前景。

在未来的发展中，我们将继续对作品进行进一步的优化，使其功能更加完善。例如，采用更加复杂的算法提升整体系统的通信速率和接收正确率，应用更先进的功率放大芯片在相同功耗的前提下提升通信距离等。通过这些改进，这套系统的用途将得到极大的拓展。

作者：水声团队

智能货品运输车：人工智能改变生产生活

2015 年中国机器人大赛暨 RoboCup 公开赛，一等奖

从智能手机、自动驾驶汽车到医疗机器人，人工智能革命已经到来。人工智能让互联网搜索更加灵敏；将文本从一种语言翻译成另一种语言；在拥挤的交通中推荐最畅通的线路；帮助识别信用卡诈骗……虽然很多时候我们甚至没有意识到它的存在，但我们的生活却因它悄悄改变。

从五年前的夏天在火星登陆的好奇号太空探测器，到仪表盘能够与人对话的汽车，再到智能手机，人工智能正在改变我们的生活———有时候以一种显而易见的方式，更多的时候，我们甚至没有意识到它的存在。

从某个方面说，人工智能几乎无处不在，从控制数码相机的光圈和快门速度的智能感应器，到干衣机中的温度和湿度探测器，再到汽车中的自动泊车功能。更复杂的应用还在源源不断地走出实验室。

在美国硅谷，尼古拉斯·亚宁早上起来准备去上班，到公司需要 40 分钟车程。这位在 Google 工作的技术员走向他的 Lexus 汽车。汽车即将驶上加州拥挤的高速路，此时他的“司机”———汽车开始掌控大局。亚宁的这辆车是 Google 正在实验的自动驾驶汽车，安装有复杂的人工智能技术，使得他可以放松地坐在驾驶座上充当乘客。

在华盛顿普尔曼，华盛顿州立大学的研究者们正在给“智能”房间安装感应器，使之能够根据需要自动调节房间的光线，监控住户的一切活动，包括他们每天睡眠多少小时，锻炼多少分钟。听上去有点像被监禁，但事实上，倡导者们认为这样的技术就像一个富有爱心的保姆：智能房屋可以帮助老年人，尤其是有身体或智力障碍的老人过上独立的生活。

在北京工业大学，成百上千辆智能货品运输车正穿梭于办公室的各个过道，为忙碌的老师们互相递送物品。这时，宋老师有一摞厚厚的书籍想拿给办公室另一个角落的张老师，于是他把这摞书放到旁边等候已久的运输车上，把目的地设置成张老师的座位旁，运输车便以最短路线送到张老师的身边。然而，这

只是幻想，也许正是十年以后北京工业大学办公室的样子。为老师们服务的智能货品运输车身上会刻着几个大字“北京工业大学安德鲁队制”。

所谓北京工业大学安德鲁队，正是四名来自北京工业大学的大四学生（团队诞生时大三）组成的。

图1　北京工业大学安德鲁队成员合影

（后排中为团队创始人杨凯）

一、一个偶然的机遇

安德鲁队诞生

2008年，当时我初一，中国机器人大赛决赛在北京科技大学体育馆展开，买了一件最小号的北京科技大学T－shirt却穿着像条连衣裙，就这样，我被夹在观众席之中。场上，投篮机器人正一决高下；场下，黄色的观众席人声鼎沸，我跟着他们欢呼呐喊，为他们的代表队加油助威。下午，比赛结束了，我流连在场边，久久不愿离开，满脑子里想的都是一个个穿着各异的“高智商”机器人和它们帅气的投篮姿势以及超高的命中率，我多想拥有一个这样的机器人。

2015年，当时我大三，微机接口课的主讲教师包振山向全班同学宣布中国机器人大赛暨RoboCup公开赛开赛的消息，我兴奋不已，7年前的梦想仿佛在那一瞬间被点燃。课后，我四下寻找我的团队，终于，我们四个热爱机器人的人凑到了一起。

还记得《机器管家》中的主角，机器人安德鲁，曾带给我美好的感动——时光默默流逝，人们来来去去，我空手而来，也将空手而去，只愿留下一些美好的，然后，静静离开。

“那我们就叫‘安德鲁队’吧！”

二、机器人的超能力

助老服务型机器人的构想

2015 年，人口老龄化不止一次出现在我的视野中。同年，一条又一条“老年人行动不便所造成的事件”新闻轰动了社会。那时，我非常关注这些事情，认为政府不该出台“计划生育”政策导致人口老龄化这么严重，也觉得许多子女独留空巢老人在家是非常不孝顺的决定。所以，当他们让我为我们团队的比赛决定方向时，我毫不犹豫地选择研制“助老服务机器人”，希望通过这次比赛，我能够对自己所关心的事情有所作为。

报名比赛后，我们很快进入了研究状态。

我们的机器人可以做什么？我想到老年人经常患有骨关节疾病，会导致他们行动不便。因此，一个能够帮他们递东西的小助手尤为重要。机器人走路一定很慢吧，那我们让机器人搬起重物，放到一辆运货小车上，这样就可以大大提高运货效率。一次简单的会议，我们确定了机器人构想：一个搬货机器人和一辆智能运货车，并计划分别赋予机器人自动识别物体、抬起物体然后将其搬到小车上和智能车自动识别运货路线、躲避障碍的超能力。

三、150 天孕育新生命

从出生就背负着巨大使命

从报名那天开始，就只给我们留下了 150 天的准备时间，可谓时间非常紧迫。选用什么开发板，需要哪些器件，以及场地的制作，这些对我们四个人来说无疑是一个巨大的挑战。没有人生来就会成功，有些事情不试试怎么行。

在选择开发板以后，仿佛做事情都非常有节奏，功能开发、机器人组装、智能车调试，每个人都在行动，以及高效率地团队协作，感觉非常棒。

还记得失控的智能车和不动声色的机器人吗？这些让人绝望的瞬间充实着我们实验的每一天，仿佛每一天都会遇到新挑战，然后解决了，就兴奋得像个孩子。

机器人在我们手中诞生，智能车又随之而来，我们赋予了它们全部生命，拆掉它们的一个关节就又没了生机，像丢了魂。我们曾一次次地看着它们互相配合，然后拿去修改，只为让它们更好地发挥能力，完成使命。

它们就像一对双胞胎，从互相不理睬到默契配合，这一切我们都看在眼里。

图 2　正在活动筋骨的机器人

图 3　正在送货的智能运输车

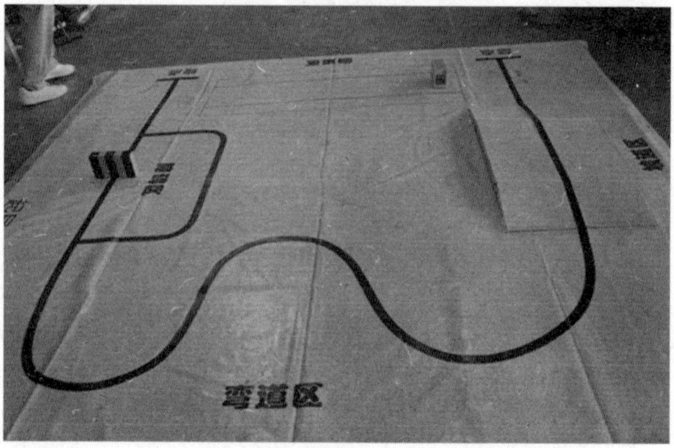

图 4　精心布置的运送轨道

四、大显身手

成就国家一等奖

决赛在贵阳国际会议展览中心打响，当我踏进比赛场地，思绪仿佛回到了7年前在北科大的那一天，这一切都是那么梦幻，一个穿大人衣服会拖到膝盖的小不点，如今却能够站在梦想的舞台去独自拼搏。而我心中所想就是“拼尽全力，不留遗憾”，不让7年前的自己失望。

比赛前一小时，我们能做的只有给机器人充电，让它精神满满地踏上赛场。

比赛开始了，看到了其他学校参赛队的机器人风格各异，具备的能力也都不一样，真是让人大开眼界。轮到我们上场了，准备就绪—机器人走向物体—调整位置—抬起物体—移动至运输车附近—物品放到车上—小车爬坡—转弯—躲避高墙—自动寻找轨迹并沿着行驶，成功了！这一切都在我们的掌控之中！我们兴奋不已，紧紧相拥。

赛后，我带上我们的机器人和运输车，像抱着孩子，沿着比赛场地四周走着。真想向每个人夸奖我的孩子们，令我骄傲的孩子们。这时，眼前有很多人围在那里，像是看什么表演似的。我凑了上去，一个很高的机器人脚下踩着轮子，正在一个篮球场地跑着，拾起了地下的篮球，抬起来，砰的一下犹如发射炮弹一般出手，三分球命中了！我为它们欢呼，四周的人也在欢呼，掌声、欢呼声久久不能平息。

图5　颁奖典礼后的我们

五、运输车2.0

重新定义——智能货品运输车

满载而归后，我们不仅仅满足于国家一等奖的荣誉，而是投入作品升级的探索中。

一学期的努力，造就了智能货品运输车这一成果。本作品借助智能小车构建了室内自动运货系统。该系统可应用于办公室、病房、工厂流水线等室内多点运货环境中，智能小车可根据运送货物或文件的需求自行规划运送路线，车身携带红外感知设备，可以在途中有效实现自动循迹和避障作用。

图 6　智能货品运输车

2016 年，该作品有幸受邀参加北京工业大学 2016 年学生科技作品展，并荣获最佳人气作品奖。十天的场馆展示，吸引了大量师生前来参观，我们曾无数次耐心地介绍我们的作品，解释作品的原理，并和观众亲切地互动，希望大家都能够感受到科技的魅力。

图 7　智能货品运输车荣获北工大科技成果展“最佳人气作品奖”

看到我们的作品得到大家的认可，我们非常欣慰。2015～2016年，两年的时间，我们先后完成了助老服务机器人、智能货品运输车两项作品，后一项是基于前者完成的。如果有机会，我们希望把作品应用到生活中。我认为，作品不该只是被用来展示，而是被用来服务社会，更希望每个人都能够认可人工智能，感受到人工智能带给我们的便利。

人工智能的目的是要将人类从繁重的劳动中解放出来，我们的作品在不断地进步，同时又有越来越多的智能机器人在我们身边出现，但是真正意义上的人工智能和我们还有很大的距离，将来机器不仅仅是人类认识世界和改变世界的工具，而且可以和人类做朋友，可以交流、谈心甚至相互学习。在我看来，要想实现人工智能时代，并不能只是依靠少数天才科学家和实验室，必须要大范围的，甚至各个国家、政府、全球人类都要参与进来，因为人工智能不但代表了一个学科、一种技术，它是人类工具的一次革新，人类生存方式的一次革新，就如同青铜器取代石器一样，智能机器人也必将取代计算机和网络。让我们为了这一天的到来而尽情畅想吧！

作者：杨凯

信优保全：为您的电子数据保驾护航

2016年“创青春”首都大学生创业大赛，金奖

不论是电子化办公的推出、互联网金融的兴起，还是网络原创的普及，电子数据在我们的生活中扮演着越发重要的角色。而在我们享受便利的同时，相继而来的却是越来越多的纠纷。而如果只是谈到“网络安全建设”，对于大多数普通网络用户而言，可能只是“黑客帝国里的桥段”。

所以，我们决定开发出一个“将安全呈现在用户面前”的平台，“信优保全”平台应运而生。它的后台同样有先进的安全保障技术，却选择只以类似“线上公证”的形式出现在公众面前。我们的理念很简单，就是通过前期的保全，在缠上纠纷时帮助用户证明材料有效性。

通过调研我们发现，由于电子数据的易变性，极易造成电子合同遭到篡改、网络订单丢失、知识产权中途产物遭人抄袭等一系列问题，从而给用户造成极大的损失。

针对这一痛点，团队现研发并推广“信优保全”数据保全平台及解决方案。产品致力于在互联网+环境下，为各类电子数据提供防篡改解决方案。

团队与司法鉴定中心合作，通过数字取证、数据指纹提取等关键技术将电子数据的司法证明力前置为事前风险防控力，以在产生纠纷时，有效保障数据并保全人的法律权益和经济权益。即通过“抓取数据→提取数据指纹→产生证书→后期持证书及原始合同进行公证”的基本流程，为各类电子数据提供防篡改解决方案。

图 1 “信优保全”团队成员合影

一、痛点与机遇

电子数据安全性问题催生创业机遇

随着“互联网+”的迅猛发展，对于各类电子数据安全性、合法性需求以及对网络权益保障的诉求愈发强烈，其中涉及的行业不仅包括互联网金融、电子商务行业等以电子交易凭据为主的行业，银行、保险、医疗等逐步改革为无纸化办公的行业也同样有相同的诉求。而进行完备的数据保全可以有效将电子数据的司法证明力前置为事前风险防控力，即通过第三方即时加密固化电子信息数据的内容和形成时间，生成唯一的数字身份证，确保数据的真实性、公正性，赋予电子数据文件法律证明效力，有效保障数据保全人的法律权益和经济权益。

目前，“信优保全”作为数据保全解决方案的提供商，将互联网金融、电子商务以及知识产权市场作为初期目标。因互联网金融和电子商务行业背景相近，下面仅就互联网金融及知识产权行业需求作简要介绍。

“信优保全”数据保全产品致力于通过技术手段将电子数据的司法证明力前置为事前风险防控力，以在产生纠纷时有效保障数据保全人的法律权益和经济权益。产品通过相关专利技术即时固化电子信息数据（包括电子邮件、合同文档、交易记录、知识产权、影像作品等），生成唯一数据指纹，并加盖相关用户信息产生数据保全证书，以确保数据一经篡改，即可发现。并通过司法鉴定中心合作，赋予电子数据文件法律证明效力，达到为各类电子数据提供防篡改解决方案的目的。

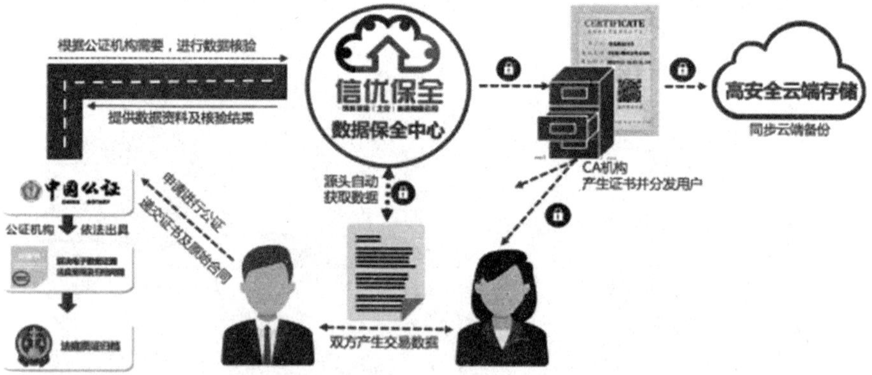

图 2　服务产品基本流程 & 证书示意图

二、方向与路径

选定“互联网金融、知识产权”行业解决行业瓶颈

（一）互联网金融行业数据保全需求

就互联网金融而言，投资风险在呈几何式增长，而互联网金融与传统金融业务模式有着巨大的差别及不同的法律风险，权益凭证等关键性文件由纸质形式转变为电子数据形式存在。电子证据于 2013 年正式被纳入《民事诉讼法》成为新的证据种类之一，如何保证电子化权益凭证的合法性、真实性及关联性，如何提高电子证据的证明力，保证互联网交易链条上各类电子数据的法律有效性，防范因电子权益凭证无效或被篡改而给企业带来的法律、经济和商业损失，是互联网金融平台亟待解决的问题。

自 2015 年以来，互联网金融平台，尤其是网络借贷平台频繁出现电子合同被肆意篡改，借贷人违约钻电子证据举证缺陷空子等现象，严重地制约了互联网金融的健康发展。由于电子数据信息缺乏第三方权威机构认证保全，投资者没有合理证据支撑，在遇到此类事件时，往往无可奈何，其合法权益难以得到有效保护。

接入数据保全平台，可以在保障平台中个人用户权益的同时，亦侧面推动了网贷行业的发展。

对于个人用户而言，如果在前期进行完善的数据保全，首先是电子合同的数据将被加密固定，无法人为篡改；其次，如发生纠纷，数据保全中心提供的保全证书，可作为司法人员分析、认定案情事实的有效证据，让受保者在司法纠纷中占据有利地位。

对网贷平台而言，目前行业风险频发，造成用户信任度降低，也造成平台生存环境愈发艰难。网贷行业权威数据平台《网贷之家》中截至2016年5月的数据显示，网贷平台月增长率从最初的6.45%骤降至0.69%。

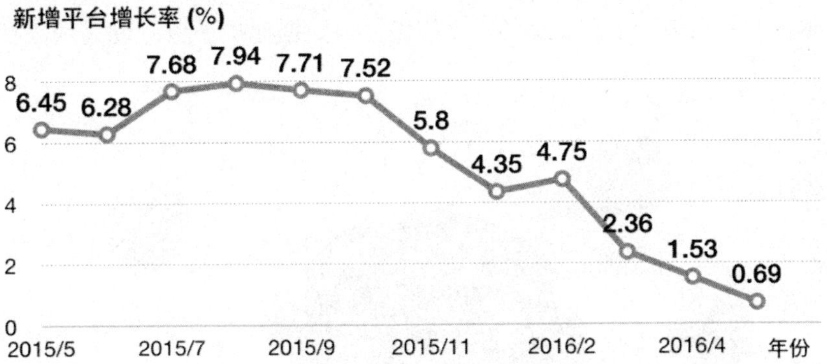

图3　网络信贷平台增长率

近期，银监会出台了《网络借贷信息中介机构业务活动管理暂行办法》，其中强调了电子签名、电子认证、数据保全的重要性，鼓励加强与第三方平台的合作。

对相关平台而言，接入数据保全可以推动平台透明化、降低平台用户投资风险，帮助平台吸引用户。在维护用户权益的同时，推动P2P行业发展。

（二）知识产权行业数据保全需求

知识产权，又名“知识所属权”，特指“权利人对其所创作的智力劳动成果所享有的财产权利”。而目前，随着互联网的发展，文学、摄影、绘画等著作实时在网络公开、多人合作著书或申报课题、专利内容部分公开等类似需求愈发强烈。

在此模式下，也就面临着著作公证不及时导致的一旦被抄袭，想要通过司法手段证明产权归属的问题将面临极大的困难。一旦进行实时的产权公证对于我国目前的产权管理体系而言是不现实的，这也就导致了如《花千骨》原著被疑抄袭、某台未经授权将某个人影音作品加入纪录片中、各类公众号文章抄袭频现但维权困难、合作撰写人“翻脸不认人”等诸多问题。

而“信优保全”数据保全平台不同于传统公证机构，可以实时、低成本保全产权内容。平台为用户提供“即时固化产权内容、作者、生成时间等信息”的功能，并颁发具有司法效力的证书。以在后期产生纠纷、面临司法取证时有效帮助用户证明产权归属。

“信优保全”数据保全平台将以强大的功能和应用模式切实帮助互联网金融行业、电子商务行业、知识产权行业等达到“提高数据完整性，信息隐私性，生成唯一的数字身份证，防止数据被篡改，保证消费者合法权益”的要求。产品强调“贴近源数据，确保数据真实性、公正性、有效性”，贯彻“安全至上，科技引领，专利保障”的产品理念。“信优保全数据保护平台”此为用户权益保驾护航。

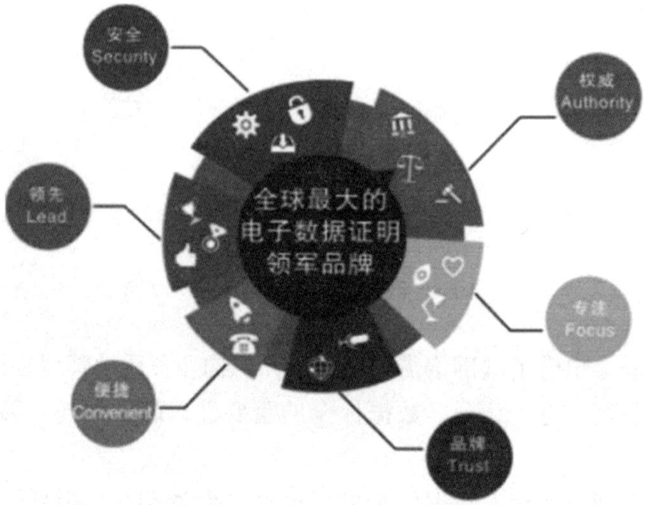

图 4 数据保全平台发展目标

三、技术与优势

“信优保全”成为行业新秀

团队拥有“信优保全”数据保全平台的自主知识产权。团队与北京工业大学软件学院信息安全实验室达成产学研合作模式。实验室由何泾沙教授领导，何教授多年致力于信息安全领域的研究，在数据安全、数字取证、互联网安全等方面均有突出贡献，团队与该教授科研团队合作，在数据保全平台开发过程中，充分发挥在信息安全方面的技术优势，全方位保障用户数据安全。

（1）源头抓取源数据，保证信息原始性。系统平台各个客户端（智能终端、PC 端、网页端）均配有自动信息抓取功能，以确保能力保全平台所获取的绝大部分信息为一手信息，最大限度地接近源数据，防止用户人为篡改，确保源数据真实性。

（2）结构化的系统设计确保本系统具备很强的可扩展性和可适应性，因而能够满足不同规模的平台、不同组织方式的平台需求，同时也能够轻易地进行拓展，为其他行业提供所需要的服务。整个系统分为三个层次，中间层以数据保全中心为核心功能拓展开来，其上层为CA证书颁发机构、云端存储功能，其下层为用户客户端部分。此系统分层可以保证层间传输出现错误时能够及时发现，不会影响保全结果。

此分层架构可以在一层中拓展相关功能，保证如果数据量加大的情况下不影响系统数据处理效率。

（3）CA认证机构与司法鉴定机构合作，保证公信力。载明保全生成标准时间、运算值、档案编号等，防止被人篡改，确保电子数据原始性和客观性的程序及方法。对公民和法人提供有关电子证据（电子合同、数字知识产权作品、网络即时数据等）的数据保全服务，将电子数据的司法证明力前置为事前风险防控力，并为将来可能的争议和纠纷提供有证明力的原始证据，出示具有司法效力的电子数据司法鉴定证书，从而有效保障数据保全人的法律权益和经济权益。

（4）保全系统的云端存储基于AWS云服务，提供完善安全保障。为防止云端数据普遍存在的数据丢失、数据被盗取、不能安全删除等问题，系统对数据进行全链条式处理、备份，全面防止用户数据被暴露在不安全的状态下。

四、社会效益

服务社会、共建社会

“信优保全”数据保全平台的推出具有巨大的社会效益。

（1）提高相关行业透明度及诚信度

引入电子数据保全有助于相关平台披露项目相关必要信息，（如P2P平台披露债权项目相关的必要信息）推动项目信息透明化、提升项目诚信水平。继而投资人、消费者可通过这些信息判断项目安全与否，主动规避风险。

（2）引领数据保全电子信息化服务进入一个崭新的模式

“信优保全”数据保全平台将数据保全信息化带入一个崭新的阶段，由客户端与数据采集+后台数据保全鉴定形成具有法律效力的电子证书，将为信息安全带来完全革命性的安全、便捷高效的体验。

（3）减少司法人员取证时所费人力、物力

信息系统中产生的将来在各种纠纷中可称为电子证据的数据。分析这些数据产生、传递、保存等环节的管理和技术方法中所存在的法律风险，并针对这些风险提出相应的解决方案，使整个系统中的电子数据形成有效的证据链，为可能的纠纷或矛盾提供法律认可的电子证据，从而保证电子数据的真实性、有效性、合法性，由此可减少司法人员取证时所费时间、人力、物力、财力等。

五、梦想与未来

“信优保全”要面对的是整个互联网

人们从交流、办公到商务，无不在全面电子数据化。最保守的估算，中国13.6亿人，以每个人每天产生100条电子数据计算，1天就会有1360亿条电子数据。这里面即使只有1%的电子数据有被保全的需求，1天的保全需求量就会达到13.6亿条。这个市场容量足够庞大和惊人。

经深入调研分析，在诸如电子商务、互联网金融、知识产权等行业，保全需求的比例远远超过1%。并且随着大众法律意识的逐步提升，保全的量将呈几何式增长。截至2016年5月，我国仅网络借贷就存在4000余家平台，而已经接入数据保全的平台只有几十家，可见空白市场之大，数据保全行业将成为市场新蓝海。

由此可见，“互联网+”环境下，市场之大，利润空间之广可见一斑。并且，随着互联网用户对信息安全重视程度的逐步提高，因数据保全平台以低廉的定价、便捷的操作、专业的保障为基础，可以很快打入市场。

基于“信优保全”发展的总体战略规划，“信优保全”在发展的初期阶段的总体任务是与高校科研机构合作研发“信优保全”数据保全平台这一产品和服务，并对其进行测试，保证产品的成熟度与稳定性；与此同时，积极开拓网络数据安全领域，打响品牌在互联网金融、电子商务和知识产权领域的声誉。

在中后期，企业将大力整合，面向地方银行、中小型医疗平台推广数据保全业务，并争取与征信公司合作，拓展企业征信领域业务；后期随企业规模加大，将着力于与大型国有平台洽谈合作，包括银行、医疗、保险等行业。

作者：高梦晨　王建宇

知行智能：智能机器人实用化的梦

2015 年中国智能产业创新创业大会，优秀项目、三等奖

2011 年“挑战杯”全国大学生课外科技竞赛，特等奖

随着信息化、工业化深入融合，以机器人为代表的智能产业蓬勃兴起，世界主要经济体纷纷将发展机器人产业上升为国家战略。我国也将机器人和智能制造纳入国家科技创新优先重点领域。2015 年我国发布《中国制造 2025》，明确将机器人列为政府需大力推动实现突破发展的十大重点领域之一，要求针对特种机器人应用需求，积极研发新产品，扩大市场应用。我国制定的《机器人产业“十三五”发展规划》，明确提出要大力推进服务机器人在各领域的推广应用。知行智能正是一个致力于发展智能机器人，并为之不懈奋斗的团队。

虽然机器人已经发展了几十年，大量的工业机械臂被广泛应用于冶金、集成电路、汽车等行业，但不同于结构较为简单的工业机械臂，被期望运用于家居服务、远程医疗、救灾救援等领域的服务型机器人，由于其发展时间较短，技术尚未完善，因此，服务型智能机器人距离走进家庭、进入实际应用，还有相当的距离。以此为基础，知行智能的目标为“设计能走向实用的智能遥操作随动机器人”。

知行智能团队依托于北京工业大学智能机器人实验室，其命名来源于实验室所在的知行楼。自 2010 年起，知行智能团队便开始对智能机器人相关技术进行研发，历经 6 年，虽然团队成员不断更替、最早进入团队的成员已经离校，但团队还在发展。发展到此时，团队在左国玉导师的指导下已经研发出了四代智能机器人。正如“不息为体　日新为道”的校训，而这也正是团队秉承着不断创新的精神支柱。

图1 2016年“知行智能”团队成员合影（前排右五为团队指导教师左国玉教授）

一、理想与现实

智能机器人的需求与现实

工业机器人被大量应用于汽车、集成电路等行业的大规模生产中，大型现代化全自动工厂早已不是新鲜事物，这得益于机器人机构学、动力学等理论的长足发展，以及机械加工、材料、电子、计算机等领域的技术支持。然而，不同于常见的六轴关节型工业机械臂机器人，服务型智能机器人由于其复杂的机械结构，及其对材料、控制策略、感知技术等各方面的更高要求，虽然近十年来各国的顶尖科研机构不断推出新型服务型机器人，但大都停留在研究阶段，目前，智能机器人距离走向实用还有较大差距，这在目标应用于抢险救灾领域的救援机器人中尤为突出。

在现实社会中，我们往往会遇到这样一些非常的情况，人们不得已需要在一些有毒、危险的环境中从事排险、救援和消防作业。典型的情景包括：在地震、泥石流和山体塌方等自然灾害情形下的道路抢通作业，搜索救援塌方建筑下被困人员。经历福岛核泄漏事件以及“汶川”“玉树”大地震灾难后，大量救援人员的伤亡增加了灾害的损失，更增加了人们的悲伤。为减少不必要伤亡，把机器人应用于诸如地震后的高危环境救援作业成为世界各国机器人研究的热点，其目标是取代救灾人员，进入救灾现场进行救灾作业，减少人员伤亡。

为促进救援机器人的发展，美国国防部相关机构于2011年开始举办救援机器人国际竞技大赛，模拟救灾现场，邀请世界各国的科研机构参与研发可用于实际救灾的救援机器人，竞赛排名较前的机构可获得项目资助。依据近几年的赛果，日本在服务型机器人的研发上具有较大的优势，然而，救援机器人走向实用还有很长的路要走。

对抢险救灾，机器人早已派上了用场。2011 年 3 月 11 日，日本东北部沿海发生历史上毁灭最严重的 9.0 级地震，地震引发的海啸导致滨海的福岛核电站发生了核事故。由于事故现场为高温、高辐射环境，日本救援当局不得不求助于机器人参与救援活动。由美国 iRobot 公司研制的机器人“PackBot”、由日本千叶工业大学、东北大学及国际救援系统研究机构（IRS）研制的机器人“Qunce”和日本东碧公司研制的机器人“Survey Runner”第一时间进入了事故现场，对事故区域的环境损失进行了估计，并对现场进行了放射性剂量监测。这些数据的取得，对后续的救援起到了至关重要的作用。但是，直到今天，救援机器人的作业仍停留在环境信息获取，受限于操作方式、输出力矩、活动能力，救援机器人还没真正实现“救援”的目的。

二、方向与路径

选定“遥操作”解决技术瓶颈

限制机器人走向救灾现场的，除了其本体的活动能力，还有对机器人的控制方式。由于救援作业环境和作业任务的复杂性，即使是当前最先进的自主机器人也不能够胜任这一任务。为解决机器人自主作业能力不足的问题，团队导师左国玉教授于 2010 年提出了“人在环中”的遥操作控制策略，并组建知行智能团队，研发基于“人在环中”的“同构式遥操作外骨骼机器人”，人在环中的控制策略是指将人置于控制环之中，将人的智能决策能力和机器人的作业能力相结合，以完成作业任务。遥操作随动机器人可以代替人进入人不能进入的复杂的和未知的作业环境，完成智能机器人还不能自主进行的复杂作业，实时跟随人体指令完成远程的现场类人作业，不受距离与环境限制，解决人不能进入现场和机器人自主能力不足的现实问题。

2011 年，当年研发成功的外骨骼式遥操作机器人参加“挑战杯”全国大学生课外学术科技作品竞赛，并斩获大赛特等奖。由此，这款遥操作机器人的成功研发受到社会各界的广泛好评。

2011 年，团队在所研发的主从式遥操作机器人系统上共计申请了 3 项发明专利，受邀参加中国专利年会，经过多名专家的评审，最终，作品以“一种新型的外骨骼式主从机器人遥操作系统”斩获大学校园发明与创新银奖。同年 12 月，外骨骼式遥操作机器人作为挑战杯特等奖获奖作品受邀在中国国际展览中心举办的第六届北京国际文化创意产业博览会（简称文博会）中展出，作为唯一一家工科院校参展单位，新型外骨骼式主从机器人遥操作系统被评为优秀创意作品。

遥操作机器人获得好评并不是偶然，其中蕴含的先进技术，不仅仅是遥操作的先进理念。遥操作机器人采用同构式设计，其目的是适应以人体姿态为控制输入的控制方式。为提高机器人的普适性，救援机器人的多自由度是一个重要的性能指标，然而，随着自由度的增加，传统的遥杆加按键的遥控方式显得越发无力，对操作者的要求也越来越高。第一代遥操作系统的设计者之一的2007级电控学院本科生李彤提出了以人体姿态为控制输入的想法，采用主从式随动控制策略。为实现以人体动作为输入，首先要做的是人体动作捕获。当时，较为成熟的解决方案是利用摄像头经过图像处理获得人体姿态数据，然而视觉解决方案受环境影响较大，环境光线与障碍都将影响图像采集，适用范围较小，救灾现场往往无法满足其实用要求。为消除环境的影响，团队设计出中国第一套机械式外骨骼人体姿态采集服。

与主从式人体姿态遥操作相适应，所设计的遥操作机器人采用同构式结构，从端机器人上半身与人体结构相似，单臂具有自由度，其大臂与小臂比例与关节设计与人相似。这样的多自由度仿人机器人，具有更大的工作空间与活动能力，配合人体姿态控制的随动控制思想，大大提高了系统的实用性。

三、传承与突破

团队发展与技术更新

虽然第一代遥操作系统取得了巨大的成功，然而，这只是救援机器人的发展起点，离实际使用还有十分遥远的距离，还需团队成员继续努力。虽然，随着第一批知行智能团队成员的毕业，第一代遥操作系统的设计者均已离校，但这对于一向注重学生培养的左国玉教授并不是难题，左教授把2009级本科生机电学院的李菁菁、电控学院的崔昊天、2011级电控学院研究生孙荣毅吸收进入知行智能团队，继续对主从式遥操作机器人系统进行优化。

2012年，孙荣毅、崔昊天等人针对遥操作机器人主端系统体积庞大、穿戴复杂、不利于携带的缺陷，利用惯性导航技术设计出第二代人体动作捕捉系统。该系统的成功研发，在大幅提高检测精度的同时，还大幅提高系统的便携性及可操作空间，进一步提高系统可用性。

图 2　第二代遥操作随动机器人系统在 2012 年文博会上展出（孙荣毅）

除了对主端人体姿态采集系统进行优化，团队对从端遥操作机器人系统也进行了优化。自 2013 年以来，自机电学院的研究生李菁菁以同构式遥操作为设计理念，采用仿生技术，对从端机器人的机械结构进行重新设计与优化，此时的遥操作机器人由上身的两条仿生机械臂、仿生五指灵巧手、可更换底盘构成，系统的性能进一步优化。由于系统在国内的领先地位，受到社会各界的广泛关注，多次受邀参加文博会、工博会、世界机器人大会等大型国际展览，同时也被中央电视台、北京电视台、人民日报等多家知名媒体采访报道。

图 3　北京电视台对遥操作机器人系统的采访报道

2013 年，主从式遥操作机器人系统受邀参加诺贝尔奖获得者北京论坛主题展，系统优越的随动性能获得了诺贝尔获奖者与参观人员的广泛好评，系统成功实现实时模仿人的动作，"就像电影《环太平洋》里的机甲战士指挥机甲战车打败怪兽的场景再现”，一位参观者这样评价主从式遥操作随动机器人系统。

2015 年，知行智能团队再次吸收新鲜血液，2012 级电控学院本科生邱永康、卢佳豪、赵晋等人加入知行智能团队，再一次对原系统进行优化，大幅降低遥操作的系统延时，提高系统的可靠性。至此，第三代遥操作随动机器人系统研发成功。

2015 年 11 月 20 ~ 21 日，中国智能制造国际高峰论坛暨中国智能产业创新创业大会在山东济南举行。本次论坛由中国人工智能学会、中国机械工程学会、全国智能机器人创新联盟共同主办。论坛以“工业 4.0”牵手“中国制造 2025”为主题，从全球视野看制造业转型升级，是全球机器人与智能制造领域规格水平最高、影响范围最广的顶级会议之一。来自中国、德国、美国、法国、瑞士、芬兰、日本等国的科学家、两院院士、专家学者、政府智囊、产业精英等 600 多人，对全球最前沿的工业 4.0、工业互联网、人工智能、工业云等展开交流。知行智能团队受邀参展，并在 100 多个创新项目中被选为 10 个路演项目之一，最终，大会评选出 6 项创新创业优秀项目，知行智能团队的遥操作随动机器人系统凭借其突出的技术含量、优异的控制性能，被评为中国智能产业创新创业优秀项目三等奖，这是该大会中高校所得的最高奖项。本次大会的获奖，是知行智能团队走向商业化的重要一步。

图 4　知行智能团队在中国智能制造国际高峰论坛暨中国智能产业创新创业大会上接受媒体采访

2015 年 11 月 23 日，世界机器人大会在北京国家会议中心举行，遥操作随动机器人系统作为前沿性研究成果入选世界机器人大会“探知未来”展区，同时入选该展区的作品还有日本大阪大学的情感机器人、韩国科学技术院类人机器人 Hubo、哈尔滨工业大学与德国宇航中心联合研发的仿人五指灵巧手以及上海交通大学的六足步行救援机器人。11 月 24 日上午，国务院副总理刘延东、国家副主席李源潮等国家领导人分别来到北工大展台参观了机器人，观赏了机器人演示，并与机器人进行了互动。项目负责人左国玉教授向李源潮副主席详细汇报了遥操作随动机器人系统的设计理念和工作原理，并表示该系统可以用于军事安全、排爆侦查、家庭服务等领域，李源潮副主席对此表示肯定。在世界机器人大会入选未来展区是对知行智能团队工作成果的极大肯定。

2016 年 9 月，受台湾地区中华两岸海峡两岸企业交流会邀请，北京工业大学作为北京智能机器人产业技术创新联盟单位随团参加了在台北市举办的“2016 台湾机器人与智慧自动化展”，校科发院依据主办方要求，选派了知行智能团队的遥操作随动机器人系统参展，参展期间，由于其互动性强，科技含量高，系统受到业界与参观者的广泛关注，也获得了主办方的高度肯定。

图 5　第三代遥操作随动机器人系统在台湾地区展出

虽然已经收获了许多荣誉与赞赏，知行智能团队从未忘记“智能机器人实用化”的初衷。在我校 2016 年智能制造领域大科研推进计划的支持下，已经是信息学部一年级研究生的团队成员邱永康、卢佳豪、于双悦对系统进行升级发展。针对原系统末端输出力矩不足的缺陷，团队成员突破性地以电机取代舵机，以更高的控制难度换取更优的系统性能。

图 6　第四代遥操作随动机器人

四、前景与收获

技术进步与人才培养的双赢

习近平总书记曾在中国科学院和中国工程院两院大会上重点指出机器人是“制造业皇冠顶端的明珠”，是衡量一个国家科技创新和高端制造业水平的重要标志。“机器人革命”正影响全球制造业格局，这无疑将机器人产业发展推向国家级战略层面。机器人是一门多学科交叉的前沿技术，智能机器人系统的研发工作艰难而复杂，但知行智能团队从未停止对智能机器人实用化的追求，仍将为之不懈奋斗。服务机器人不同于目前较为成熟的工业机器人，保守估计市场空间将超过千亿美元，随着人工智能的发展，智能机器人走进平常百姓家的梦终会在未来变成现实。

从机械到惯导，从舵机到电机，一代又一代的遥操作随动机器人系统的更新，对团队负责人左国玉教授而言，收获的不仅仅是技术进步，更是一年又一年的人才培养。

六年来，知行智能团队分别在 2011 年、2014 年、2016 年共计三次荣获北京工业大学最高荣誉——校长奖学金团队奖，这样的荣誉绝非偶然，“一名称职的教师应该善于发现学生身上的创新潜质，并能正确引导、激励，有时可能就因为老师的一句话便对学生产生了很大影响”。左国玉教授作为研究生工程实训平台智能机器人实验室的负责人，他在实验室这个大舞台上，指导了一批又一批的学生进行科技创新工作，尽力帮助学生成长。2016 年 9 名毕业生中，1 名研究生获得国家奖学金，6 名本科毕业生全部保研，其中 3 人的毕业设计被评为优秀本科毕业设计，囊括自动化专业所有名额，1 人的毕业设计被评为特优本科毕业设计。

蛙跳机器人、袋鼠机器人、遥操作机器人、两轮平衡车、魔方机器人，一件又一件创新作品在这里面世，李彤、孙荣毅、崔昊天、李菁菁、于双悦，一名又一名优秀学子在这里成长，左国玉教授仍将带领知行智能团队奋斗在科研的第一线，开启智能机器人实用化的新篇章。

作者：邱永康

非接触式疲劳驾驶车载判别及范围报警系统

2013 年北京市交通科技大赛，一等奖

国家交通部门的相关统计，疲劳驾驶是绝对的头号杀手。为了减少疲劳驾驶导致的巨大灾难，本项目旨在确立准确的疲劳驾驶判别模型，并通过车载报警装置及时作出警告，在事故发生前就使驾驶员从疲劳状态转而清醒，从而尽最大可能地避免由疲劳引起的交通事故的发生。

本项目在分析国内外现状并综合评估各类检测方法优缺点的基础上，创新性地提出了非接触式检测和互动报警的概念。所谓非接触式，是指在驾驶过程中不给驾驶员直接佩戴任何检测仪器，而是通过车载装置进行疲劳判别的方法。此方法，有效避免了检测仪器直接佩戴到驾驶员身上，可能对驾驶员造成的负担。所谓范围报警，是指不仅可以对驾驶员自身警告，同时也可以使周围车辆及行人能够获知该车辆是否处于疲劳驾驶的状态的报警。这是一个全新的概念，我们希望建立一个可以让每一个交通参与者都能安全出行的生态系统。另外，本项目基于驾驶行为特征进行疲劳驾驶的判别，利用驾驶员在疲劳状态下驾驶的数据建立疲劳驾驶判别模型。研究以驾驶实验完成数据的采集，驾驶实验在模拟舱中进行。在获得实验实时数据的基础上，利用多种数学方法对数据进行了分析处理，以确定能够准确判别疲劳驾驶的指标，并通过 ROC 曲线确定阈值，对指标加以量化，从而建立疲劳驾驶判别模型。并应用上位机及单片机实现疲劳判别的运算及报警功能，最终完成疲劳驾驶车载判别报警系统。

一、头号马路杀手

疲劳驾驶的危害及预防

据报道，中国已成为世界上道路交通事故最为严重的国家，也是死亡人数最多的国家。引发交通事故的因素有多种，在我国，根据国家交通部门的相关统计，疲劳驾驶是绝对的头号杀手，每年造成数十万人的死亡和伤残，为无数家庭带来巨大痛苦！为减少交通事故的伤亡损失，对疲劳驾驶的监测技术的研究迫在眉睫，研究表明，如果驾驶员能够在事故发生前的1秒钟给予报警或提示，大约90%的疲劳驾驶交通事故可以避免。

由此可见，只有能够实时地监测驾驶员的驾驶状态，并且通过一定的量化标准判定驾驶员是否处于疲劳驾驶状态，并且对处于疲劳驾驶的人员及时发出预警信号，才能极大地保护人民的生命财产安全，让社会更加和谐稳定。

可是疲劳驾驶检测系统在当下并没有大规模地推广使用。其中有一个很重要的原因，那就是现在绝大部分的检测装置都需要给驾驶员佩戴相应的检测仪器，这不仅会给驾驶员带来额外的负担，也会影响驾驶员的操作。

同时，在各种由于疲劳驾驶所造成的重大事故背后都有一个共同点，那就是在事故中不仅疲劳驾驶者本人和其搭载的乘客受到了巨大的伤害，而且在疲劳驾驶车辆周围的车和人也会受到不同程度的伤害。

根据近年来国内外的研究，疲劳驾驶的研究主要分为主观和客观两种方法，分别包括多种检测方法，各种检测方法也具有各自的优缺点。研究方法的特征如表1所示。

表1　疲劳驾驶研究特点

	分类	具体方法	优缺点
主观	—	主观调查表、驾驶员自我记录表、睡眠习惯调查表和斯坦福睡眠尺度表	使用起来比较方便，但难以量化疲劳的等级和程度。并且，不仅调查结果因人而异，研究人员对于疲劳程度的理解也存在明显的差异，只是结果往往有较大的主观性
客观	基于驾驶员生理参数的检测方法	脑电图、心电图、肌电图等	测量结果比较准确，但一般在驾驶前后测量，结果超前或滞后而非实时的，况且还需要驾驶员佩戴传感器等设备，会对测量结果产生影响，因此实验结果是不可靠的
	基于驾驶员操控行为的检测方法	方向盘、加速器、刹车踏板、挡位等	均具有非接触性的优点，但是检测难度大，且参数与交通状况以及驾驶员经验有关，从而影响精确性和可靠性
	基于车辆运行特征的检测方法	车速、车辆行驶轨迹偏离车道情况等	

表2　国内外疲劳检测产品分析

已有产品名称	判断依据	缺陷
美国 Attention Technologies 公司推出的 Driver Fatigue Monitor（DD850）	红外线采集驾驶员眼部信息	只能晚上使用、价格昂贵

续表

已有产品名称	判断依据	缺陷
美国 Digital Installations 开发的 S. A. M. 疲劳报警装置	方向盘下磁性条检测方向盘是否长时间内没有进行角度修正	在笔直的高速公路上则有可能误判、价格昂贵
美国 AssistWare Technology 公司的 SafeTRAC	车辆是否偏离车道	单一指标判断准确性不高、价格昂贵
英国的 ASTiD（Advisory System for Tired Drivers）Driver Alert 装置	综合考虑驾驶员的睡眠信息、已完成的驾驶时长和类型，以及驾驶员的方向盘操作等各种因素	装置运行前需要驾驶员输入自己过去 24 小时的睡眠信息、价格昂贵
欧盟的 AWAKE 项目	人眼生理反应信息、方向盘操作转角信息、方向盘转向力信息以及车道线信息进行了检测和记录	价格昂贵
中国的 Gogo850	红外线采集驾驶员眼部信息	PERCLOS 法固有缺点、价格较为昂贵

国外汽车厂家一直对疲劳驾驶警示系统进行技术封锁，而安装在国外高档轿车上的警示系统也非常昂贵，差不多在 2 万美元。而我国在疲劳检测方面较为成熟的产品却只有 Gogo850 一款，而其使用的 PERCLOS 方法又具有一定的局限性。另外，我国对于疲劳的驾驶行为特征的分析又多局限于单一指标，这样判别的准确性较低；而且这些研究都仅仅停留在理论层面。因此，开发一套拥有自主产权的，基于多指标的疲劳检测系统十分必要。

另外，从国内研究情况看来，多数分析都没有考虑到线型对于驾驶员驾驶的影响，更没有对线型进行精细的分析。而根据我们的研究，驾驶员在不同线型上的驾驶行为明显不同，必须分开分析。

此外，无论是国内还是国外的研究，对于疲劳的报警都仅仅局限在本车辆驾驶员，并未考虑到其他车辆的驾驶员，即缺乏驾驶员之间信息的交互性。经我们调查发现，事故中不仅疲劳驾驶者本人与其搭载的乘客受到了巨大的伤害，而且在疲劳驾驶车辆周围的车和人也会受到不同程度的伤害。比如说两车追尾事故，虽然后车的驾驶员也许要负主要责任，但是前车的乘客也会受到很大的牵连。因此我们提出了范围报警的概念，即不仅驾驶员自身受到报警装置的提醒，其周围的车和人也可以了解到此车的运行状态，并及时得到提醒和警告，这样就可以更大程度上避免交通事故的发生。

因此，我们本次研究的目的有三：其一，建立一套基于驾驶行为特征的，多指标综合考虑，不同线型区别分析的疲劳判别模型。其二，开发一套拥有自主产权的车载检测系统。其三，进行范围报警功能设计。

二、实践出真知

模拟实验打造模型及原型系统

利用模拟驾驶实验，分别采集正常与疲劳状态下的驾驶员操控行为数据及车辆运行数据。实验仪器为 Autosim 驾驶模拟舱系统，汽车配有方向盘、刹车和油门踏板、仪表盘、手刹、安全带等，与实际道路上行驶的汽车具有基本相同的外观和驾驶感受。本实验考虑了在不同道路线型下驾驶行为存在的差异性，故将实验场景的设立包括了直道，半径分别为 200 米、500 米、800 米的弯道，并且弯道设置了左、右不同的转向。选取年龄在 20～44 岁，驾龄两年及以上且身体状况良好的驾驶员参与实验。要求被试者提前来到实验室进行一些无聊的活动如看无聊的书或电影等，为了使其达到疲劳状态。且被试者在进行实验之前 6 小时内不得服用任何药物，不得饮用咖啡、茶等饮料，不得饮酒。驾驶过程中尽量按自己实际的驾驶习惯操作驾驶，并且尽量按场景中道路要求的限速行驶。

本课题基于驾驶模拟实验，通过驾驶模拟舱装置获得疲劳状态下驾驶员及车辆的多项数据，以对驾驶员的操控行为及车辆的运行状态进行分析研究。疲劳驾驶实验场景设置有不同的线型，包括直线段、不同半径的弯道，利用统计学的方法，确切而详尽地分析疲劳状态下的特征，并以 ROC 曲线方法确定阈值，建立疲劳驾驶判别模型，继而开发疲劳驾驶车载判别及报警系统。

具体研究内容如下：

（1）疲劳驾驶行为规律及特征指标的研究

依托驾驶模拟舱实验平台，合理设计疲劳驾驶实验，获取疲劳状态下驾驶员的操控行为数据以及车辆运行状态的数据，挖掘驾驶员正常驾驶与疲劳程度状态下的驾驶行为特征。

（2）基于行为数据的统计分析方法

将实验所获得的数据进行分类，并利用统计学的方法获取疲劳状态下的一般特征，检验疲劳与正常呈现显著性的差异，从而确定疲劳的判别指标，并以量化的阈值加以表示。

（3）建立判别模型并检测判别方法体系的准确性研究及校准

在确定相应判别指标的基础上，建立驾驶与疲劳之间关系的数学模型，以描述疲劳与驾驶行为的本质联系。再以对照试验作为验证依据对基于驾驶行为的检测判别方法体系进行验证，同时进行校准，以形成更加准确的检测体系。

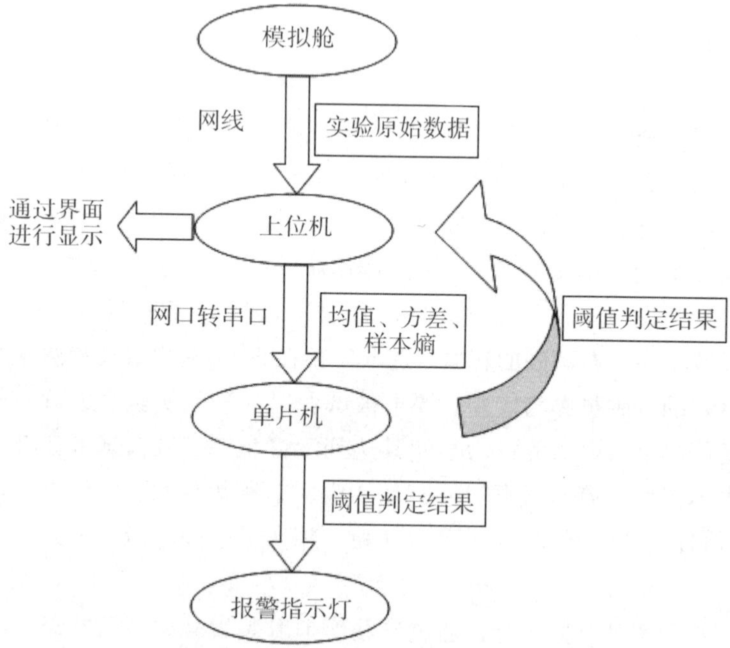

图 1　判别系统运行示意图

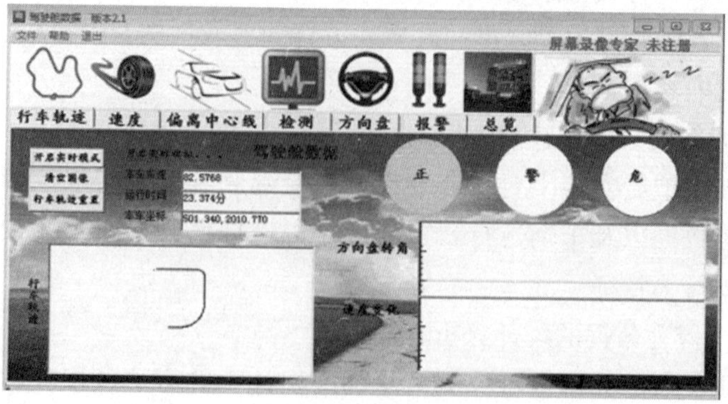

图 2　上位机界面

用 VB 语言编译上位机操作界面，实现数据的可视化，将各项采集数值通过疲劳算法后，通过串口发送给单片机进行阈值判断，实现疲劳检测功能。

该上位机原型系统可实现以下功能：读取模拟舱实时数据并进行运算；显示各不同线型的阈值；显示实时的行车轨迹图；接收单片机计算所得的阈值判定结果，并通过界面进行报警显示。

疲劳判别报警装置由单片机和报警器组成。单片机在获取上位机所计算的数据之后，进行阈值判定，根据判定结果控制报警器的亮灯。其中，亮起绿灯代表正常状态，亮起黄灯代表疑似疲劳状态，亮起红灯则代表疲劳状态。该装置通过报警器的亮灯对驾驶员的驾驶状态进行警告，同时单片机将判断结果发送到上位机，并通过上位机界面将驾驶员的驾驶状态实时反映出来。

三、创新才有出路

相比传统疲劳驾驶预警的优势

根据不完全事故统计，因疲劳驾驶导致的交通事故大约有 50% 发生于“车车碰撞”，大约有 10% 发生在车辆与行人之间。因此，我们认为，做到车辆驾驶状态在一定空间范围内的“透明化”是十分重要的。很多无辜的人也可以避免受到伤害。这样可以最大限度地发挥出我们这套疲劳驾驶车载检测装置的作用。

根据以上的报警判别检测系统，我们得到了驾驶员的驾驶状态，需要在车前、车后，车内三个位置布置报警灯，以提醒自身和周围其他驾驶员及行人。根据不同的适用范围，我们分为了以下三种情况。

（1）某辆车单独使用：在车内安装三色 LED 报警灯的同时，通过车前和车后安装可变色（红/黄/绿）的 LED 报警灯，展示驾驶员当前的疲劳状况。

设计理由：这样即可使车辆更加美观，又可将本车驾驶员状况实时反映给周围的没有安装此种报警设备的车辆及行人，使其在必要时可提前进行避让，减少“车车碰撞”以“人车碰撞”类事故的发生。

车前报警示意图

车后报警灯示意图

驾驶员视角示意图

图 3　车内及范围报警示意图

（2）在车辆与车辆之间的应用：当甲、乙两辆车同时搭载此种车载判别系统时，当两辆车在相互靠近 100 米范围内时，两车间的信号会通过蓝牙 4.0（有效传输距离 100 米）互相传递信号，蓝牙 4.0 拥有低成本、跨厂商互操作性，3 毫秒低延迟、AES－128 加密等诸多特色，可以用于计步器、心律监视器、智能仪表、传感器物联网等众多领域。如有甲的报警灯显示为黄色或红色时，则乙在其正常的状态下（绿色）会收到对应颜色的闪烁的报警灯。当两者同时出现黄色或红色报警灯时，两者的红色报警灯会同时闪烁，并且两车的蜂鸣器会同时蜂鸣。甲乙两车的司机可以通过车前/后安装的 LED 报警灯确定出对方的具体位置，从而进行有意识避让。

设计理由：通过以往若干事故记录可以看出，在疲劳驾驶事故中受到伤害的人，绝大部分自身的驾驶状态正常，只是被“疲劳车辆”波及。因此，不仅疲劳驾驶中的本人需要得到提醒，其周围并没有注意到危险的驾驶员更需要等到提醒。

（3）在某些高危险的运输车辆中通过联网使用：如油气罐车，长途大巴车等极具危险的交通运输车辆中使用，当报警器变为红色时，在一段时间内，车辆的运行状态会强制发送给交通管理部门及车辆所属的单位，由车辆的所属单位进行人工电话确认驾驶员的状态并进行提醒。如果车辆一旦发生意外事故，交管部门也可以由此确认出事故原因并对责任人进行处罚。

设计理由：此类交通运输工具，大部分是属于国家的公共财产。因此，此类运输的安全与否不仅关系到驾驶员本身，更关系到国家的资产利益。因此，此种报警装置和家用版的报警装置最大的不同在于，此种报警装置是全程联网的，且一旦车辆报警，车辆的行驶状态会直接发送到有关部门，并不需要驾驶员的同意。

此外，该设计适用性广泛，适用于各种车型。我们制作的装置，只需要获取车载 GPS 上的地理坐标就可以通过我们制作的以单片机为核心的疲劳判别报警装置计算判断出车辆行驶所处的线型。单片机通过该车安装的各型传感器采集到的数据，再利用规定的算法由单片机进行计算，判别，最后，把判别结果通过单片机控制报警器进行显示。因此，即便是入门级的家用轿车，只要购买配套的车载 GPS，通过和我们设计的单片机进行连接就可以达到疲劳检测报警的效果。

四、学以致用真才学

学问源于生活，需致力于生活

随着城市机动化水平的不断提高，汽车已成为人们出行的主要代步工具，由汽车引发的交通事故也在逐年增加，其中疲劳驾驶是导致事故的主要原因之一。如何快速而有效地检测出驾驶疲劳，从而及时地避免交通事故成为当下亟待解决的问题。基于我们以下几点研究成果，将有效促进解决疲劳驾驶问题：

（1）基于驾驶行为的驾驶疲劳判别阈值的确定。在已有理论和研究的基础上，在模拟舱中进行驾驶疲劳试验，采集驾驶员的操作数据，利用驾驶员的操作行为分别获取表征驾驶疲劳的相关指标，通过 ROC 分析方法确定驾驶员方向盘转角和偏离道路中心线距离等指标的阈值，并追加实验确定各操作行为指标阈值的准确性。通过验证，方向盘转角和偏离道路中线距离等指标的疲劳阈值具有较高的准确性，为之后的驾驶疲劳的判别打下了良好的基础，并对驾驶疲劳判别系统的建立提供了主要构架和思路。

（2）驾驶疲劳判别系统的建立。基于上述研究，将驾驶疲劳的判别阈值应用于实际判别，提出了驾驶行为疲劳基准判别系统和驾驶疲劳实时判别系统，结合方向盘转角阈值与偏离道路中心线距离阈值共同判别驾驶疲劳，形成了一套客观的判别系统。

（3）我们首次提出了范围报警的概念，并把这一概念融入了我们整个的车载判别报警系统之中。疲劳驾驶车载报警系统不再是一些高档车的专利，所有的家用轿车，公共交通运输工具，都可以搭载我们设计的这套判别系统。且车辆与车辆之间可以达到驾驶状态的透明化，形成一个良好的车辆驾驶生态系统。

作者：任汇源

北京 CBD 公共自行车交通组织优化设计

2015 年“晶众杯”第十届全国大学生交通科技大赛，一等奖

公共自行车是重要的交通组织组成部分之一。北京 CBD 地区的交通问题具有代表性，对北京 CBD 地区区域内的公共自行车交通组织进行深入研究，推动公共自行车的发展，提高公共自行车服务水平，满足用户的个性化出行需求，达到供需平衡。通过公共自行车的广泛使用，解决出行最后一公里的问题。满足对公共自行车有需求但由于现状问题无法使用的用户，将部分短途的公交、小汽车用户引导到公共自行车的使用中，缓解区域内交通拥堵情况。

对北京 CBD 地区的公共自行车交通组织进行优化，为有公共自行车使用需求的用户提供了便利。响应了绿色环保的号召，将绿色出行落实到行动上。公共自行车交通组织优化方案在其推广与实施中，不仅局限于北京 CBD 地区，可以扩大到北京中心城区，更可以推广到其他城市的中心城区或者卫星城区。

图 1　“绿色交通”团队成员讨论中（右上角第一位为团队负责人李佳贤）

一、研究背景

北京 CBD 位于北京朝阳区，西起东大桥路、东至东四环、南起通惠河、北至朝阳北路之间 6.99km^2 的区域，建筑规模 1700 万 m^2 左右。北京 CBD 地区有法人单位 20229 个，从业人员 47.7 万人。北京 CBD 是一个高度集聚的空间形态，由于岗位集中、发生吸引点密集，具有交通出行需求量大、人车流高度集中、机动化出行比重大等特点。

北京 CBD 地区的自行车硬件基础设施建设相对完善。CBD 内的建设项目自行车停车位是按照办公楼 2 个/1000m^2、居住区 1 个/套、商业区 70 个/1000m^2、教育科研区 20 个/1000m^2 的标准配建，保障了自行车的停车需求。北京 CBD 地区内有 95% 的道路建设了自行车道，并且利用绿化、隔离栏杆和标线进行了渠化，保障了自行车骑行者的安全。

目前北京 CBD 地区有公共自行车网点 10 个，网点锁车器总量为 321 个，网点周边的土地使用类型主要是地铁站、公交车站、居住区、商业区和商务办公区，公共自行车出行主要是短距离的出行，如“B + R”换乘的出行模式。

图 2　北京 CBD 区域

图 3　北京 CBD 地区路网图

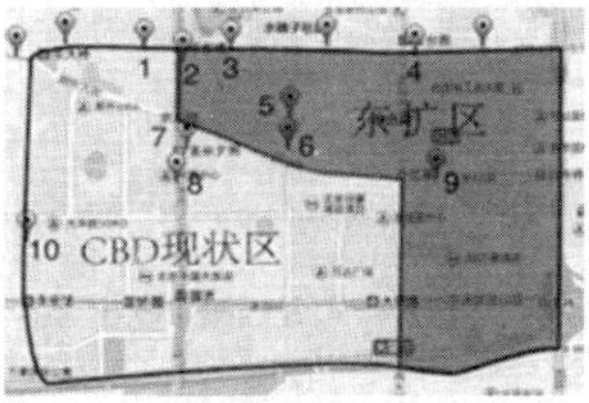

图 4　公共自行车网点

现状调研，北京 CBD 地区公共自行车网点密度低仅为 1.43 个/km^2；如图 4 所示，租赁网点主要分布在北京 CBD 的北部区域，南部区域没有租赁网点；公共自行车网点的服务覆盖范围小，以 300 米为服务半径的网点覆盖率为 40.43%。综上所述，北京 CBD 公共自行车网点布局不合理。

实地调研，北京 CBD 地区公共自行车出现了网点车辆零储和车辆满储的现象，如图 5 所示。通过调查，在距离合适的情况下，近 90% 的人们愿意使用公共自行车出行。如表 1 所示，北京 CBD 地区公共自行车日出行量在不断递增，网点规模存在不足。

图 5　北京 CBD 地区公共自行车租赁网点

图 6　人工调度公共自行车

表 1　北京 CBD 地区公共自行车网点信息表

序号	网点名称	公共自行车网点周转率			锁车器数量	公共自行车平均日租还量		
		2014 年	2015 年 4 月	2015 年 5 月 14 日		2014 年	2015 年 4 月	2015 年 5 月 14 日
1	地铁呼家楼站 D 口	3.96	6.33	9.08	24 个	95	152	218
2	地铁呼家楼站	4.43	8.39	12.03	30 个	133	252	361
3	呼家楼地铁 C 口东	2.27	3.80	4.77	35 个	80	133	167
4	地铁金台路站东南口	4.61	7.00	9.67	30 个	139	210	290
5	金台西路南口	1.73	2.11	3.10	50 个	87	105	155
6	小庄路口北	3.42	6.16	10.48	40 个	137	246	419
7	金台夕照 B 口	2.34	4.82	7.32	25 个	59	121	183
8	地铁金台夕照 D 口站	4.65	8.39	11.73	30 个	140	252	352
9	朝阳路	3.58	6.30	10.15	20 个	72	126	203
10	永安里路口北	5.49	9.50	12.43	37 个	204	352	460
	网点平均周转率	3.65	6.28	9.08	总量	1146	1949	2808

在北京 CBD 地区公共自行车网点布局不合理和规模存在不足的现状下，公共自行车网点的运营调度是依靠人工凭借经验进行的，人工调度公共自行车效率低，出现了网点车辆与锁车器供需的时空分布不均匀的问题。

出现上述问题的核心原因：北京 CBD 地区的公共自行车的发展是一种任务导向型的模式，即落实 2012 年朝阳区设置 2000 辆公共自行车的任务，CBD 地区设置了 10 个租赁网点，300 辆公共自行车，321 部锁车器。由于没有足够样本量的公共自行车出行需求数据的支撑，无法基于用户实际需求进行公共自行车租赁网点的布局规划、规模设计，最终导致了公共自行车网点的布局不合理、设施规模不足与运营管理效率低。

随着大数据的发展，公共自行车服务更加人性化，并且北京公共自行车网络平台与微信平台的推广使用，为北京 CBD 地区的公共自行车出行提供了信息查询服务。同时，智能手机的广泛使用和良好的网络覆盖，使通过移动终端获取北京 CBD 地区的全样本量公共自行车出行需求数据成为可能，为解决网点的车辆与锁车器供需的时空分布不均匀的问题提供了数据基础，为实现网点精细化的规划设计与运营管理提供技术支持。

二、公共自行车服务系统设计

（一）预订服务系统设计

基于人们的公共自行车出行需求，设计公共自行车预订服务系统，该系统的主要功能有网点租赁信息实时查询、车辆与车位预订服务、地图导航、用户建议信息，为用户提供了预订服务，满足了用户的个性化需求，实现用户与运营管理中心动态信息交互。同时，获取了用户对于网点布设的建议性需求和用户起讫点与租赁网点的距离信息，为公共自行车租赁网点的规划设计提供了参考依据。

公共自行车预订服务系统的预订原则：①在出行高峰时段，公共自行车预订要提前一天进行，如明天的早高峰的出行需求预订要在当天进行，并且预订服务系统会在当天晚高峰结束后及时告知用户第二天的预订需求是否成功。②在出行平峰时段，公共自行车预订可以随时进行，预订服务系统会及时告知用户预订需求是否成功。预订服务系统功能设计如表 2 所示。

其中红色表示该网点车辆满储，蓝色表示该网点车辆零储，绿色表示该网点可存取车。

表 2　公共自行车预订服务系统功能介绍表

	网点租赁信息实时查询	车辆与车位预订服务	地图导航	用户建议信息
系统功能界面		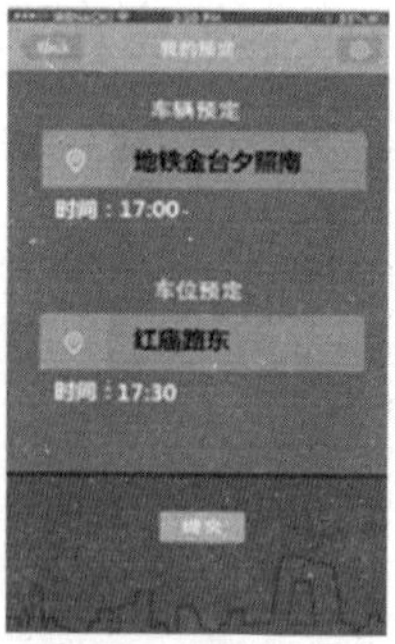		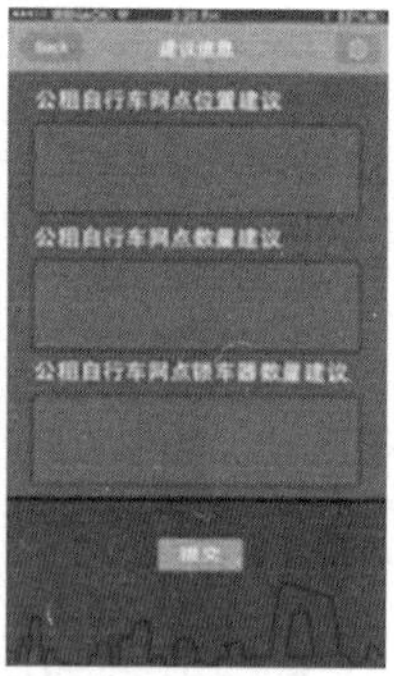
功能介绍	租赁网点信息实时查询，提供租赁网点的车辆、车位使用情况查询，便于用户进行车辆与车位的预订	为用户提供车辆与车位的预订服务，预订失败的用户可以保留预订，排队等待空余车辆与车位，同时用户可以取消预订	基于用户的起讫点信息，为用户提供地图导航，诱导用户的自行车骑行，同时获取用户起讫点与租赁网点的距离信息	用户可以向预订服务系统提出自己的建议，例如建议网点布设位置、网点建议规模等建议性信息

（二）运营管理系统设计

锁车器控制系统是运营管理系统的子系统，通过锁车器控制系统对网点公共自行车租赁情况进行实时管理、监控；运营管理系统可以实时获取租赁网点的存取车信息，并且实时累计用户的车辆与车位预订数据。当用户的公共自行车预订需求是在出行平峰时段，用户预订成功，锁车器控制系统会自动对预订网点的锁车器进行锁死，并且会在锁车器上显示该锁车器已经被预订，此时其他用户无法使用该锁车器。

运营管理系统分析出用户出行需求的时空分布规律，将用户的实时预订需求数据与网点实时车辆、锁车器数据信息进行时空的结合；并且运营管理中心制订出动态的车辆调度方案，同时调度人员进行车辆指挥调度；满足用户的实时个性化出行需求，最终实现在时间与空间上的网点车辆与锁车器的供需平衡。

（三）全样本量的动态规划方法

通过移动终端，获取北京 CBD 地区的公共自行车出行需求数据，以一个季度为周期，对公共自行车出行需求数据进行累计，根据每一周期所得需求数据不断优化网点布局、网点设施规模和管理调度系统，经过两年八个周期的迭代循环优化；通过全样本量的动态规划方法，动态规划流程如图 7 所示；实现基于全样本量的公共自行车出行需求时空分布规律的公共自行车交通组织优化，最终达到公共自行车的供需平衡；并且通过图 8 的优化流程，对北京 CBD 地区公共自行车交通组织进行优化设计。

北京 CBD 地区公共自行车优化方案的最终目标：公共自行车的出行分担比例增加到 1%，以 300 米为服务半径的网点覆盖率达到 100%，网点的年平均日周转率达到 6，网点布局、规模能够满足 85% 用户的公共自行车出行需求。

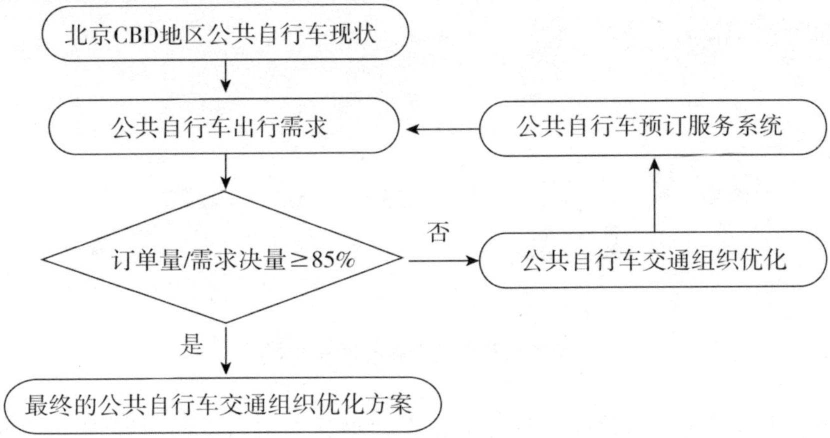

图 7　北京 CBD 地区公共自行车系统的动态规划流程

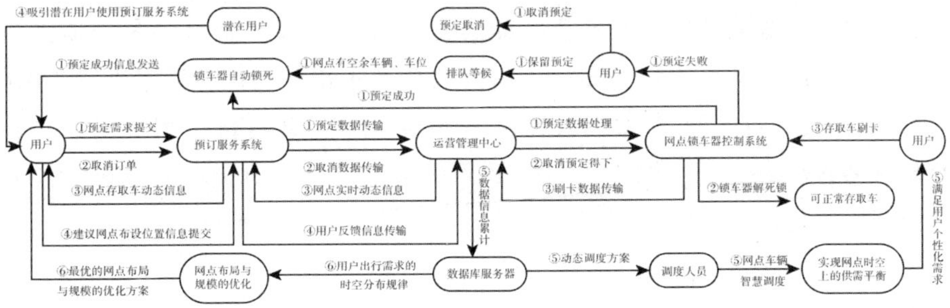

图 8　北京 CBD 地区公共自行车系统的优化流程

（四）交通组织优化方案设计

（1）网点布局优化方案

以北京 CBD 地区的每一栋建筑物或标志性地点（如地铁换乘站点）为一个发生吸引源，确定发生吸引源的出行需求 O_i 的大小（发生吸引源的出行需求 O_i 等于高峰时段的该发生吸引源的最大发生量或最大吸引量）；当发生吸引源的 $O_i \geqslant 20$ 时，对每个符合要求的发生吸引源，在距离其 50m 处布设网点。

如果在一个发生吸引源的 50m 辐射范围内有其他发生吸引源的存在，将这些发生吸引源看作一个发生吸引源；如果多个发生吸引源的 50m 辐射范围有交叉时，在交叉区域布设网点；网点选址时要优先考虑出行需求量大的发生吸引源（如地铁换乘站点等），在距离出行需求量大的发生吸引源近的地方布设网点，如图 9 所示。

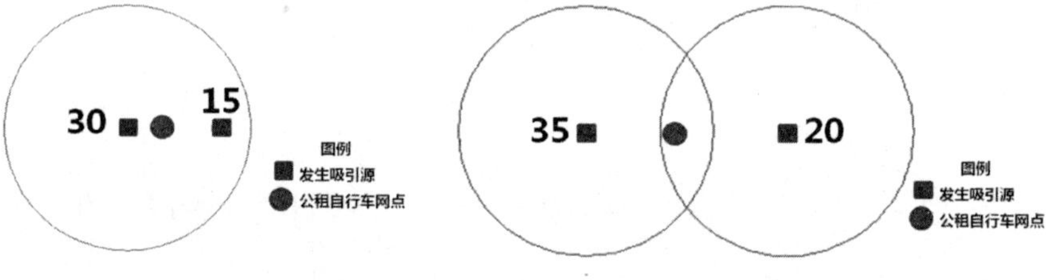

图 9　发生吸引源的网点布设

当发生吸引源是地铁换乘站点时，在该地铁换乘站点的不同方向的两个出口各布设 1 个公共自行车租赁网点；当发生吸引源是公交车站点、大型公建点时，在该发生吸引源布设 1 个公共自行车网点。

从发生吸引源的数量、服务点特征出发，在北京 CBD 地区的 8 个地铁换乘站点的不同方向的两个出口各布设 1 个公共自行车租赁网点，对于北京 CBD 地区的 40 个公交站点、24 个大型公建点各布设 1 个公共自行车租赁网点，北京 CBD 地区布设公共自行车网点总量达到 100 个，实现了 300 米为服务半径的公共自行车租赁网点覆盖率达到 100%。

（2）网点规模优化方案

北京 CBD 地区的公共自行车网点规模受发生吸引源的数量、发生量和吸引量的影响，基于发生吸引源的出行需求确定网点的规模。北京 CBD 地区的公共自行车总量是按照 0.6 倍的网点锁车器总量来进行配建的，根据北京 CBD 的公共自行车出行需求总量，确定公共自行车总量，公式如下所示：

$$v = \sum \frac{o_i}{c}$$

其中：o_i 为发生吸引源的出行需求量；v 为公共自行车需求总量；c 为单车年平均日周转率。

基于网点布局优化方案，确定网点规模，并且每个网点的规模应为15～50个锁车器。从发生吸引源的出行需求量、服务点特征出发，对于地铁换乘站点，网点规模为40～50个锁车器；对于公交站点，网点规模为30～40个锁车器；对于大型公建点，网点规模为15～40个锁车器。

因此，北京CBD地区的公共自行车租赁网点锁车器规模总量大约为2400个，公共自行车总量约为1440辆。北京CBD地区的人均日交通出行次数为2～3次，每天的交通出行总量大约为170万人次；当公共自行车出行分担比例达到1%的目标时，公共自行车日出行总量为1.7万人次；当网点周转率为6时，网点的锁车器规模需求为2800个，2400个锁车器能够满足85%的2800个网点锁车器规模的需求。

（3）网点调度优化方案

基于上述的网点布局与网点规模优化方案，北京CBD地区公共自行车网点配备12个调度人员；其中10个调度人员通过10辆电动三轮车进行小区域内的网点车辆调度，并且每个调度人员大约负责1km² 区域、10个租赁网点的公共自行车调度；剩余的2个调度人员通过2辆搬家公司货车负责CBD地区整个区域内的公共自行车调度，辅助另外10个调度人员的调度工作，实现每天1000辆公共自行车的区域内的调度。

并且公共自行车的调度是依据用户的公共自行车出行需求数据提前进行的，在高峰出行时段，对于租还量大的网点要有专门的调度人员在高峰时段为该网点服务，满足用户的公共自行车出行需求，实现网点的年平均日周转率达到6。

三、创新特色与应用前景

（1）提出了公共自行车预订服务理念

公共自行车预订服务理念的提出，是对传统公共自行车服务的大胆创新，解决了人们的短途出行问题，体现以人为本的和谐交通理念。

（2）建立了全样本量的动态规划方法

基于全样本量的公共自行车出行需求数据的采集、处理与应用，建立全样本量的动态规划方法，这是对交通组织规划的传统方法进行了突破与革新。

(3) 提出了公共自行车交通组织优化方案

北京 CBD 地区的公共自行车交通组织优化方案的设计与实施，提高了北京 CBD 地区的公共自行车出行比例，并且为其他城市和地区的公共自行车发展提供参考。

作者：李佳贤

创衣创意设计：任性，为了梦想

2016 年“创青春”全国大学生创业大赛，公益项目，金奖
2016 年“创青春”首都大学生创业大赛，公益项目，金奖
2016 年北京高校创意集市——创意之星比赛，金奖
2016 年北京工业大学科技节，最佳人气作品奖
2016 年北京工业大学创业团队分级评定——优秀创业团队
2016 年第二届“鼎新杯”创新创意创业大赛，金奖
2015 年首届“鼎新杯”创新创意创业大赛，金奖
2015 年首届“互联网 +”创业大赛，三等奖

团委楼 108 是一个神奇的地方，一间小小的工作室，承载了太多关于青春的记忆，他们互相鼓励，互相打趣，用陪伴去完成对于梦想的执着。拿出自己的时间，送给在同一条路上用青春做伴的友人们，在一次次困难中不断成长，他们爱疯、会玩、能闹；任性，为了梦想。他们是创衣创意设计（CY DESIGN）。北京创衣创意设计有限责任公司（以下简称 CY 公司）主线开发校园文化创意产品，为各高校开发专属的校园文化。团队成立于北京工业大学，于 2014 年正式注册公司，目前已与多所高校及公司开展官方合作。旨在建立一个以校园文化设计为核心的产业链，通过不断发展开拓的创新性产品与校园接轨，吸引更多的校内外的客户，也通过与校级、院级组织的不断联系增加为其服务的机会，掌握学校动脉。作为产业链的核心，通过创意产品不断赢得分销商的认可，在无实体店面的情况下能够持续地为公司带来盈利，这同时也可以在保证产品的出货量的同时检验产品的质量、受欢迎程度，扩大影响力，进一步增加分销范围。向上不断发掘基于校园文化根基的新内容并将思想实物化，向下不断建立校园内的关系网络，了解组织、个人真实需求，有针对性地完成产品分类、整合，从而帮助到校园文化的再次更新。我们坚信更加具有校园代表性的产品始终能得到学生、老师们的青睐。

“创业，要有想法和实力的积累，也要有迈出第一步的决心。我们的创业、

想法和实力已是多年的积累，至于迈出第一步的决心，其实源自一个简单的刺激。大二的某一天，北工大人的朋友圈被一个‘工大服’的帖子刷屏了。当时我已经有做有工大校园元素的服装了的想法了，并且开始着手准备了，所以看到帖子的一瞬间就感觉自己要做的东西被别人抢先了，这加快了我创业的脚步，更坚定了我创业的决心。”北京创衣创意设计有限责任公司负责人焦泽栋说到自己最初创业的原因时，直白且真诚。

图 1　“创衣创意设计”团队 2015 年成员合影（最前排中为团队创始人焦泽栋）

一、团队初长成

兴趣是最好的老师

CY 公司创始人焦泽栋，本科就读于北京工业大学建筑环境与设备工程专业，辅修工业设计，一级美术特长生，北京工业大学十佳毕业生，跨专业。本想专业学习设计，却阴差阳错成了一名工科生，每天沉浸在无数实验、工图中的他依旧想追寻自己的设计梦，趁着年轻做自己喜欢的事。他是个学习能力和交流能力比较强的人，一直追求全面发展，不喜欢被限制思维和行动，敢想敢做。刚高考完的他与朋友参加了一个动漫展，感觉展上的东西有趣又有创意，便叫上伙伴开始自己动手制作动漫产品，短短两周后，他们就出现在 I Do 2 动漫展中，并出了自己的参展摊位。从游客变成了摊主，这种角色的转换使他感受到自己的创意被别人喜欢的那种满足感，同时也赚到了人生的第一桶金，这次经历也对他后来团队的发展无形中起到了重要的影响。

图 2　创衣创意设计初创核心成员

有些机会往往是注定的，只留给有准备的人。由于共同的爱好和兴趣，焦泽栋联合材料和经管学院的两个朋友组成“三人组”，他们走到一起，建立公司。“设计和工大相关的产品，不仅是我们团队的核心竞争力，更是我们对工大浓浓的情谊。”焦泽栋说，“我最一开始设计的产品——北工大校园纪念明信片，至今一直在淘宝和旧图三楼的商铺出售，于我们来说，它见证了我们的团队从无到有，是不可取代的存在。”在等待公司注册的过程中，焦泽栋利用手中的图片资源，在朋友们的大力支持下，设计并制作了这款明信片。经过一周不断地“刷楼”，他不仅归还了向父母借的本金，还收获了自己创业的第一桶金，并且通过这关键的尝试，获得身边人的认可。也在这个过程中他们开展了相关的调研，发现越来越多的高校建校时间越来越长，积攒下了独特的校园文化，而国内除了一些百年名校以外，各高校缺少专门的校园文化品各个高校没有真正地属于自己的创意文化产品，仅有的几个百年名校有少部分产品，且产品当中大部分为在已有物品上简单加个 Logo，缺乏创意和设计。随着建校时间的流逝，越来越多的高校需要校园文化产品这样的载体去向全世界展示自己独有的文化内涵。

他们坚定地要把这条路走下去，虽然专业并不对口，但他们坚信，“兴趣是最好的老师，梦想是最烈的兴奋剂”，因为热爱，所以专业。为了公司全面发展，团队继续融入各路“大神”。一个月后，团队的八名核心成员已聚齐，包含三名工业设计系学生，以及来自建工、材料、经管和计算机的五人。当朝着梦想前进的时候，当心中渴求某件事情的时候，全世界都会来给予帮助。

图3　“正青春”校园助力成长计划，负责人
焦泽栋在活动中向牛娃互联网金融 CEO 李琪、
开心麻花 CEO 刘洪涛展示了自己的项目

二、特殊的时代

时机和优势

1. 每个人从校园走出，对于校园的情怀只会越来越深。校园文化产品市场也会随着高校的不断扩招以及文化的发展越来越大。

2. 已在北京工业大学成立工作室并运营超过一年，在北工大、北交大、北邮均进行了多方面销售与宣传，收集到了超过一年的销售数据，根据已有模式及数据，提供分析方法，预测新的市场。

3. 已有一定规模和实力，合作印刷厂三家、服装制造厂三家，完成了多个专属定制产品，如北京工业大学 2015 毕业纪念册（5500 册，北工大官方定制）等。

4. 已组成较成熟的综合型团队，已吸纳进包括北京工业大学、北京交通大学、北京邮电大学、北京建筑大学、中国戏曲学院的学生为成员，为成立分工作室准备条件，随时可爆发性扩大。

5. 全国鼓励创新创业，特别是对大学生的支持格外突出。创衣创意设计自成立起便获得学校的大力支持，成为北京工业大学内第一支入驻校园的创业团队，学校提供工作室和零售店场地，展会类活动优先展示，目前北工大所有创业奖项均已获得最高荣誉。

6. 思路清晰，通过一年多的探索过程，对现在整体校园文化方面的设计和产品整个流程非常清晰。

7. 团队成员整合了艺术设计专业人才，形成完整体系，可以极大限度地降低服务成本的同时保证服务质量。

三、脚步从未停止

成绩与发展

2014 年 9 月 24 日，北京创衣创意有限责任公司正式注册。刚起步时资金有限，靠着同学间的资源，以及与北工大摄影协会的合作，团队用一周时间制作了北工大官方校园纪念明信片，通过半个月艰苦的推广和销售，团队赚得了第一桶金。之后团队还与学校一些零售点开展了合作，并开设了网店。

2014 年年底，“校园文化系列产品”立项国家级大学生创新创业训练计划——创业实践项目，同时立项星火基金调研类项目——校园文化产品对大学文化的影响。国创立项同时得到机会参与了北京市高校优秀创业团队巡展。

2014 年 11 月 6 日俞敏洪老师来北京工业大学做讲座，团队成员有幸上台与俞敏洪老师交流。

图 4　团队负责人焦泽栋与俞敏洪老师交流

2015 年 4 月完成大批量服装定制，包括校级四大组织，多个学院院服、活动服的设计制作。

2015 年 5 月第一次与其他公司合作——承办新东方、决胜东方创业大赛的部分线下活动，及宣传品设计制作。

2015 年 5 月 27 日作为北工大创业项目代表参与了阳光媒体集团主席杨澜发起的“正青春”校园助力成长计划。

2015 年 7 月，参加北京工业大学第一届创业训练营并承接活动全部用品设计。团队发展一直以来都想要结合自己学校偏重工科的背景，做出自己的特色，而不是单纯地做设计。

2015 年 8 月，团队成员在全国大学生节能减排科技竞赛中获得全国二等奖、在华北赛区制冷空调大赛中获得综合组三等奖。团队也在不断地将科技与设计相结合。

2015 年 10 月，团队参与第五届首都大学生创意集市，展示自己产品的同时向同期其他创意团队借鉴了创意点子，看到了不同的创意作品。

2015 年 10 月，团队负责人焦泽栋作为北京工业大学创业学生嘉宾，参加了北京人民广播电台的教育面对面直播栏目。在栏目中分享了许多作为大学生创业的经历与感受。

2015 年 11 月，参与北京工业大学首届“鼎新杯”创业大赛，荣获金奖。同月参与北京工业大学优秀创业团队评比，荣获一等奖。

图 5　2016 年“创意盒子”格子铺项目落地，扩充一家实体零售店

2016 年年初，团队开始多元化转型，公司成立不同项目组开展多个子项目。发起了“创意盒子”格子铺项目——做校内的创意交流实体平台；联合北京工业大学支教团及梦圆基金发起《梦想集》筑梦公益计划——为青海等偏远地区孩子提供职业认知教育服务的公益项目；联合建筑学专业的学生团队成立“古道建筑保护协会”——针对文保单位鞭长莫及的古建筑进行保护和修缮工作；扩招技术人才，发起“创意盒子 AR 大数据平台”项目——热点新技术的突破。转型中的创衣创意设计团队也取得了阶段性的成果，获得北京工业大学优秀大学生创新创业团队一等奖，第二届“鼎新杯”学生创意创新创业大赛金奖，首届中国“互联网+”大学生创新创业大赛三等奖，国家级大学生创新创业训练计划“创业实践项目”一项，“创业实践项目”两项，“创业计划项目”一项，“星火基金项目”一项，代表北京工业大学优秀创业公司参与杨澜发起的“正青春”活动及北京城市广播栏目直播。

2016年年末，公司联合发起的“古道建筑保护协会”参与创青春全国大学生创业大赛总决赛，焦泽栋任协会总负责人，项目靠着深入情怀、专业的技术及创新的想法，最终荣获全国金奖。

图6　2016年全国创青春大赛闭幕式上作为金奖项目代表向全国高校展示项目

公司运营已超过两年的时间，这期间他们不断地强化自己并积累资源，已与五所高校开展官方合作，与多家公司签署长期合作协议，拥有四个工作室，一家实体零售店。从团队成立之初到现在一直所追求的是一种随心所欲的状态，所以一直没有进行融资计划，在未进行外部引资的情况下，公司在2017年年初已突破80万元的营业额。

作为公司负责人的焦泽栋深知作为一个创意设计公司脚步不能慢，得不断捕捉新鲜事物，同时团队想稳定就必须有核心技术，于是CY公司在原有设计工作基础上增设AR和VR的开发小组，将在AR和VR上寻求技术突破，使团队越来越强。

图7　创衣创意设计的 AR 项目参展 2016 年首都文博会

四、带着关怀与爱心

设计未来

CY 公司成立的第一个月就得到了学校的大力支持，得到了校内的工作室——团委楼 108，成为第一家入驻北工大的创业公司，这对一个在校初创的团队来说是莫大的鼓励，他们更加鼓足了干劲，几个月后项目成功立项“国创”创业实践项目。抓准机会就会发现越来越顺，同年国家开始鼓励创新创业，由于 CY 公司本身的业务也与校内结合紧密，在整个过程中得到了校内各相关部门的大力支持，合作业务越来越多，不断完善体系。

匆匆两年间，他们一起向前努力地奔跑，被绊倒过，摔烂过，有时候无助，有时候委屈，但无论何时，他们都没有感觉到孤独。无论在什么境况下，转头看看，身边都有彼此的陪伴，有着北京工业大学的陪伴。CY 公司有着这样的成绩离不开一直以来学校对创业的大力支持、众多工大老师的悉心指导及同学们的喜爱，创衣创意设计团队也会带着所有的关怀与爱继续前行，做更好的设计。

对于团队未来的发展，焦泽栋说：“我们坚信自己过去的每一个选择，所以我们有继续走下去的力量，我们会用积极的心态去面对纷至沓来的每一个挑战。有一天，我们终将面临毕业，团队最初的七名核心成员也会有自己的发展，但是，我们的创业团队永远是我们的牵挂，我们还会为了共同的事业聚在一起，并肩前行，更何况，我们现在已经是个凝聚了五十余人的团队，我们会更加努力，我们要更加优秀。”

图 8　2016 年迎新大会后合影

都说最难风雨故人来，但是更难的是风雨欢笑故人在。苦难也好，失落也罢，都是无比宝贵而且独一无二的回忆和财富。在每一个一去不回的日子里，CY 团队里的每一个人一路相随，从未停止，在一次次困难中不断成长，创衣创意设计也逐渐成为一个成熟的团队。CY 公司的成员中一半人都来自非设计专业，这些“非专业”的人能把专业的事给干起来，正是因为他们坚信“兴趣是最好的老师，梦想是最烈的兴奋剂”。记得后来，问他们为什么留下，他们笑笑说：能遇到聊得来的人，不多；能一路一起走的，更少。在苦乐参半的日子里，冷暖自知；他们因为热爱，所以坚持。创衣创意设计，从未停止。来路无可眷念，值得期待的只有前方。奔跑吧，CY！任性，为了梦想！

作者：周岩　北工大报

李响　新闻中心

创衣创意设计团队

酷盖小组：新型自制静电除尘式空气净化器

2015 年第八届全国大学生节能减排社会实践与科技竞赛，一等奖

2015 年第九届中国制冷空调行业大学生科技竞赛，一等奖

近几年来，我国各大城市雾霾情况严重。雾，本来是一种较为常见的自然现象，然而随着我国人口的不断增加、经济社会以及城市化的迅速发展，大气环境污染日益严重。

2014 年 2 月，习近平同志在北京考察时指出：应对雾霾污染、改善空气质量的首要任务是控制 PM2. 5，要从压减燃煤、严格控车、调整产业、强化管理、联防联控、依法治理等方面采取重大举措，聚焦重点领域，严格指标考核，加强环境执法监管，认真进行责任追究。

“假如雾霾污染无法短时间内得到控制，那么长时间暴露在污染环境中人们的身体健康肯定会受到严重影响。我们到底要怎么做才能保护自己的身体健康呢?”每次遇到雾霾天气时，我们总会提出这样的疑问。大家普遍认为室内的空气品质是相对洁净的，可是事实上在雾霾天气时，PM2. 5 会通过窗户缝、门缝进入室内。在室内烹饪、吸烟甚至是粉尘都会造成室内空气品质的下降。

使用家用空气净化器成为越来越多的人应对空气污染的策略，致使空气净化器市场十分火热。那么这些空气净化器的价格如何？净化器的价格符合学生或者相对贫困的家庭的购买力吗？它能不能满足住在宿舍的学生使用？

“酷盖小组”是由几个建筑环境与设备工程专业和建筑给水排水专业的女生共同组建的。2015 年，我们大三。面对灰蒙蒙的天空，我们受够了压抑，提出了自制空气净化器的想法，想做一个 COOL GUY。我们满怀期待，想利用我们在课堂上所学的知识做出一点点改变。我们斗志昂扬，充满了对改善室内空气品质的信心和使命感。借着“第八届全国大学生节能减排社会实践与科技竞赛”这个契机，我们开始了研究。

正所谓“大处着眼，小处着手”，“酷盖小组”通过一个学期的不断研究、实践和改进，终于制作出了新型静电除尘式空气净化器。看到令人满意的测试

结果，我们露出了开心的笑容。因为我们做到了！

图 1 “酷盖小组”团队成员合影（右二为团队创始人邱珊珊）

一、WHY？

我们为什么要自制空气净化器？

室内空气质量深受雾霾影响。空气中的 PM2.5 浓度大大超标，PM2.5 是当量直径小于等于 2.5 微米的颗粒物，其直径是头发直径的二十分之一，所以 PM2.5 能随呼吸进入人体呼吸道，容易引发各种疾病，对人体危害极大。所以现在人们对空气质量越来越重视。

可见治理雾霾污染刻不容缓，然而环境的治理是需要一段时间的，如今越来越多的人选择使用空气净化器作为“缓兵之计”。我组组员在各大卖场及购物网站上进行了简单的市场调查，发现家用空气净化器价格普遍偏高，一些评价好的品牌家用空气净化器售价在三千元到七千元。我想这个价格对于部分家庭和住在宿舍的学生来说是有些贵的。

所以，我们有了自制空气净化器的想法。想试着用我们所学的知识对空气净化器进行原理分析，尝试着改进，降低其制作成本，降低其制作难度，同时还要满足净化需求，使其适合部分家庭和住在宿舍的学生制作使用。

二、WHAT？

我们要自制一个什么样的空气净化器？

我们的设计目的有两个：一是价格低；二是要满足净化需求。

在设计之前我们提出了疑问：净化器为什么这么贵？它是用什么原理净化空气的？我们是否可以根据这些原理进行改进，制作出低价的净化器供自己使用呢？

通过查找资料我们了解到，现有的空气净化器的净化原理主要分为滤网式和静电除尘式。

滤网式净化器顾名思义，使用多层滤网叠加的方式对空气层层过滤，其对滤网的质量要求很高，多层滤网阻力大，所以风机功率也很大。长期使用滤网式净化器需要定期更换滤网，所以滤网式净化器存在着由于更换不及时造成空气净化能力大大减弱，以及维护费用高等问题。

而静电除尘式净化器由集尘装置、离子化装置、送风机和电源等部件构成，原理是用一根根的钨金属丝通电，成为电离发生极，同时在后边把一组平行的基板也通上5000伏以上的高压电，在空气经过发生极的电离丝时，空气分子被电离为正离子和电子，电子与烟尘微粒结合，使尘粒带上负电。利用电荷之间有异性相吸的原理，当空气经过带电的阳极基板时，带负电荷的尘粒在电场力的作用下，会向阳极板移动，并附在其上。所以静电除尘式净化器需要用几千伏的高压电进行荷电、凝并，然而高压电很难获得，而且对于没有电工知识的人来说操作起来有一定的危险性。所以自制静电除尘式空气净化器有一定的难度。

三、HOW?

我们是如何自制空气净化器的?

通过观察生活中的小电器我们发现：使用负离子发生器同样可以将空气电离。所以我们将静电除尘原理进行了改进，我们的想法是：将原来的使用直流高压电荷电改为使用负离子发生器对待处理空气进行荷电，将原来的使用直流高压电凝并改为使用低压交流电对带电颗粒物进行凝并。最后，凝并后的颗粒物由初、高效过滤网滤除。

随后我们设计制作了新型静电除尘式空气净化器，其主要部件就是负离子发生器、集尘板、风机和滤网。

图2 “酷盖小组”新型自制静电除尘式空气净化器外观

（一）实际使用效果

新型自制静电除尘式空气净化器净化效果令人满意。

那么这个净化器能够净化空气吗？在重度雾霾的天气，它能满足我们的净化需求吗？

我们在宿舍（建筑面积约 $20m^2$）进行了实际使用效果测试，测试按照《室内空气质量标准》布置了测点，并将空气净化器分别放置在宿舍的窗边和宿舍中央进行净化效果测试。

测试使用 TSI8530 型 Dust - Trak 气溶胶检测仪测试室内 PM2. 5 浓度。

最终得出了测试结果，如图 3 所示。

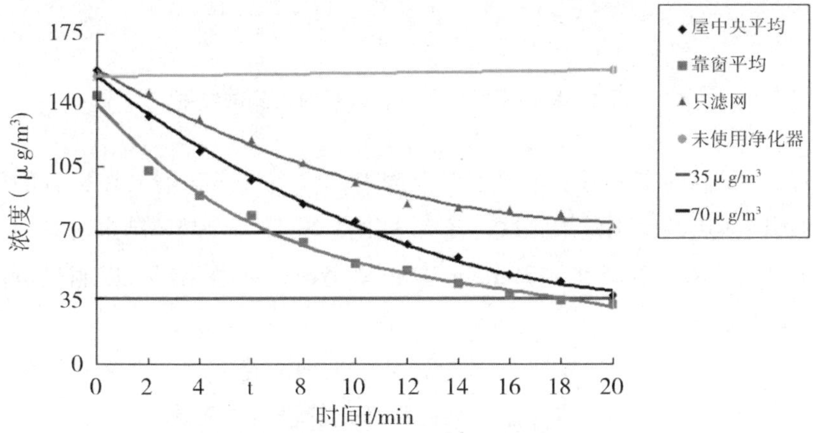

图 3　净化器不同摆放位置测试结果对比

图 3 中，横坐标是时间，纵坐标是 PM2. 5 浓度，测试时室外 PM2. 5 浓度一直处于重度超标水平。由测试数据我们可以看出，在不使用净化器的情况下，房间 PM2. 5 浓度一直处于不变位置。

而开启净化器 20min 后，粉线放置在宿舍靠窗位置的净化器和蓝线放置在宿舍中间的空气净化器，都可以将室内平均 PM2. 5 浓度降到 $35\mu g/m^3$ 左右（空气质量等级为优）。另外，我们还对比了净化器不加电场时的净化效果，如绿线所示：开启净化器 12min 后，其净化速度就已经非常缓慢，测试结束时室内平均 PM2. 5 浓度为 $74\mu g/m^3$。可认为本作品中电场部分的设计对净化器净化速度及净化效果有一定提高。

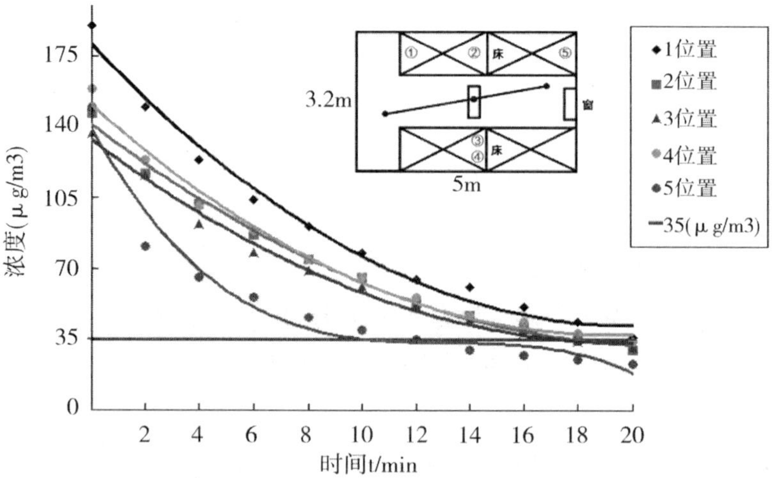

图 4 室内不同位置净化效果对比测试结果

然后，我们在室内另外布置了 5 个测点，将空气净化器放在宿舍的窗边进行室内不同测点的使用效果测试，开启净化器 20 分钟，测试结束时室内各个测试点的 PM2.5 浓度都降到了 35μg/m^3。也就是说，本净化器可以满足室内不同位置的净化需求。

所以我们得出结论：本净化器能满足小空间净化需求，那么它能满足价格低的设计目的吗？我们将本作品与某品牌净化器进行了对比：

这两种净化器的适用面积相当（约 20m^2），品牌净化器售价为三千多元，而本净化器的制作成本不超过三百元，所以本作品在经济性方面的优势非常明显。

在运行费用方面，正常开启净化器，两种净化器的运行能耗相当。另外，两种净化器都需要更换滤网，且品牌净化器要考虑人工费以及特定型号滤网等问题，更换费用更高。

所以，综合考虑，我们的新型自制静电除尘式空气净化器造价低、运行维护费用低，满足设计目标。

最后，我们对作品进行了展望：未来可将本作品与 PM2.5 监测仪相连接，对净化器的启、停实现自动控制，减少空气净化器的开启时间，降低净化器的运行能耗。

（二）创新点

那么，实际设计制作出来的新型自制静电除尘式空气净化器，其科技创新点有哪些呢？

首先，在原理方面我们使用独立的负离子发生器替代高压电晕针解决了接高电压才能荷电的问题。

其次，我们创新地使用了低压交流电场替代高压直流电场，使其更适用于自制。

最后，在净化器的外形设计方面，我们考虑了空气流动、避免扬尘及人们的使用感觉等问题，在净化器上方及净化器上盖周围设置了出风口，洁净空气被向上及向四周吹送，直接送到人的活动区域，避免了扬尘，使人们使用体验更好，多向送风也有利于空气流动。

从项目的现实意义来看：

1. 我们小组提出了新型静电除尘式空气净化器的制作方案，它的意义在于人们用这种方法自己动手就可以制作一个空气净化器。

2. 这种空气净化器制作材料简单，价格低廉，安装方便，而且最重要的就是，我们已经通过的测试证明这种净化器能够满足小空间净化需求。

四、总结

“酷盖小组”准备探究更加广阔的世界

整个项目是我们通过发现身边的问题、经过认真思考、仔细探究和不断努力完成的。

一步一个脚印，我们经过市场调查，发现了现有空气净化器价格普遍偏高的问题，通过收集资料了解到静电除尘式空气净化器在原理方面还有改进的空间，并且可以进行自制。我们以自制低价、能满足净化需求的空气净化器为目的进行了设计并完成制作。

在这个作品中我们投入了多少努力、受过多少委屈恐怕只有我们认真付出过的组员们知道。时隔两年，我依旧能记起测试结果出来时的欣喜若狂，获奖时那种终于被认可的百感交集。我们曾奋斗过，那是我们的青春啊。现在，“酷盖”的脚步并没有停止，我们准备探究更加广阔的世界！

在此，再次感谢曾给予我们帮助的老师和同学，以及“酷盖小组”的组员们。

作者：邱珊珊

古道建筑保护协会：寻思程先生衣钵　留中华古建文化

2016 年“创青春”全国大学生创业大赛，金奖
2016 年“创青春”首都大学生创业大赛，金奖
2016 年阿克苏诺贝尔中国大学生社会公益奖，Elotex 特别奖
2016 年北京高校创意集市——创意之星比赛，金奖
2016 年北京工业大学科技节，最佳人气作品奖
2016 年北京工业大学创业团队分级评定——优秀创业团队
2016 年第二届“鼎新杯”创新创意创业大赛，金奖
2015 年首届“鼎新杯”创新创意创业大赛，金奖
2015 年首届“互联网 +”创业大赛，三等奖

城市建筑印刻了人类创造、发展的过程，是历史文化的强有力体现。因为建筑可以生动地表征文化，见证文化的存在（意识里的文化是看不见的）。人们可以通过这种实体形象十分直接地感知和认同本土文化。早期文明的出现也完全是基于城市的建立。正是由于文化的易于流失性，人类通过建造比人类寿命更长的建筑和地标来记载曾经出现的文明与文化。这种记载文化的方式比文字更为生动。因为人们可以在古建筑的环境中加深对历史的认知和理解。文字的记载往往是抽象的，但建筑却可以具象地承载文化的灵魂，这是文字无法达到的。所以，古建筑是一种文化精神的载体。

古道建筑保护协会正式成立于 2015 年 7 月，由创衣创意设计、壹贰设计两团队共同组建，我们对文保单位所鞭长莫及的古建筑展开调研，针对古建筑进行测绘，生成专业测绘图集以用于日后的修缮和重建。为历史街区出具设计方案，在改善居民生活品质的同时尽可能保护院落中的文物。在此基础上，协会还建立了古建筑数据库，还原古建筑风貌。同时我们自主开发了 AR 软件，实现用户与古建筑的虚拟交互。采集了古建筑的全景数据，通过 VR 技术把用户带入古建筑世界，来实现用户的沉浸体验。我们将古典建筑融入现代化元素，设计出益智教具及课程，更打造集古建风格、现代元素、强设计感于一身的产品，

通过线上线下相结合的方式进行产品推广，并且在高端商务定制市场进行尝试。以产品为媒介，让用户在使用过程中了解古建之美，增强对古建筑的保护意识。当越来越多的人们通过我们的产品，发现那些被遗忘的古建筑，会自觉加入保护行列，我们的传统文化产物就会永久留存。

图1 "古道建筑保护协会"团队成员合影（前排左二为团队创始人焦泽栋）

一、产品与服务

（一）以产品为载体传播古建筑文化

我国是一个历史悠久的文明大国，不计其数的古建筑遍布大江南北。在古建筑保护方面向来有"整旧如旧"和"整旧如新"两种不同的观点。保护古建筑旨在保护它的文化价值，以及它所具有的艺术和科学价值。古建筑的形制、结构材料以及加工工艺都是十分宝贵的遗产，一旦破坏就很难重建，古建筑的艺术和科学价值也就随之消失了。

虽然故宫、天坛等一类古建筑在我们国家都有专门的部门在保护，但同时也有很多其他承载着中华民族的劳动成果与智慧的结晶，具有很高保护价值的古建筑没有被充分保护起来。一方面是国家的财力、精力有限，另一方面则是相较于故宫、天坛那些皇家建筑，能人巧匠在民间设计的优秀建筑并未受到足够的重视。

古道建筑保护协会以普及古建筑相关知识、弘扬我国古建筑文化、唤起群众古建筑保护意识、增强民族认同感和自豪感为目的，初步阶段以北京市地区清朝城墙遗址以内的区域作为目标范围，对目标范围内的重要古建筑、遗迹或历史街区进行数据收集、测绘和改造。在推广普及上，本协会采用线上与线下同步推广的方式，扩大受众面。在线上，设立重点项目有偿众筹平台、建立内容详尽的在线查询应用页面和虚拟交互界面，并开放微信、微博等接入口；在线下，组建相关古建筑周边的生产线和推广销售渠道，同时在不可移动文物遗产的实地，设置印刷有网页链接或二维码的标牌，引导一般民众通过扫描进入在线介绍页面的方式了解相关文化遗产知识，与古建筑进行虚拟交互，起到普及和宣传对不可移动文物遗产的保护意识的作用。

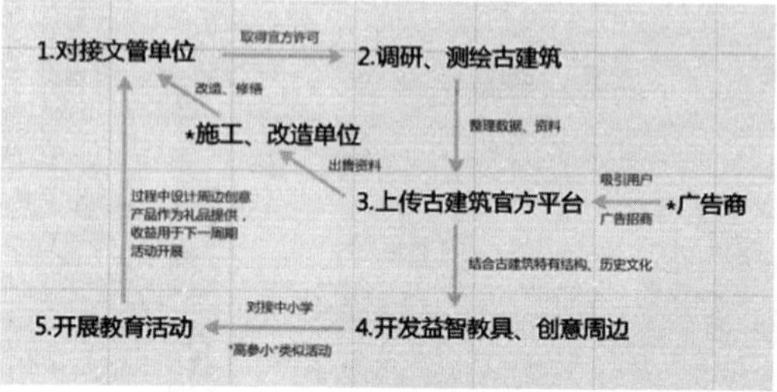

图 2　整体项目流程

团队会展开实际的调研和勘察，发现那些未被关注的古建筑，同时对接文管单位，取得相应许可和帮助，开展一系列测绘和数据采集、整理工作。建立线上平台，通过 AR 技术等让人们可以更好地和古建筑进行“互动”，开发益智教具及创意周边，让使用者在使用过程中就可以了解到古建筑所特有的结构和独特文化。

“古道”集建筑学相关专业众学子之力，致力于以下三类业务，旨在保护古建筑及城市风貌。

1. 古建筑信息采集

北京的故宫长城、西安的大明宫、洛阳的白马寺等古建筑早已成为中国各大城市不可或缺的人文景观，然而，除了这些人们耳熟能详的古建筑以外，还有很多的古建筑犹如沧海遗珠，默默地存在于人们的视线之外。这类古建筑的历史价值并不见得逊色于知名建筑，我们要做的便是将这一类建筑重新呈现在人们眼前。

本协会对于此类的建筑进行专业的测绘、信息采集和整合，为文保单位等相关机构提供可靠的古建筑信息参数，填补古建筑数据资料，便于古建筑的修缮和维护。我们也会将这类信息进行整理编辑，向广大群众进行推广，加深群众对此类古建筑的认识和关注，提升群众的保护意识。

图3　古建筑数据还原、建模过程

2. 历史街区调研和改造设计

胡同等历史街区是一座城市发展的印记，凝聚了城市居民世世代代的记忆，有着不同寻常的历史价值。以北京为例，每一条胡同都记载着自明清以来的历史更迭和市井生活，胡同穿过的位置和方向是延续数百年的城市肌理，胡同内的每一个院子都有着不为人知的历史故事，胡同内的一砖一瓦都有可能是历经百年沧桑的文物。然而今天的胡同，往往更多的只是被当作寻常住所使用，环境卫生差、私搭乱建现象屡见不鲜，降低了居民的生活质量，更有甚者破坏了胡同的原有风貌，令人痛心。

我们协会在此背景下，通过实地调研，发现和评估现有历史街区具有价值的古建筑和风貌，并向居民和社区普及相关保护知识。在此基础上，我们将以设计改造的方式，为居民提供一套将保护城市风貌与改善生活品质相协调的、廉价的、合理的改造方案，以此促进历史街区的风貌保护。

图4　智化寺调研采访

3. 古建筑和城市风貌保护的知识普及

除了上述两项服务，本团队还将建立一套可定时更新的关于特定古建筑和城市风貌的文化库。该服务通过在古建筑、历史街区以及其他区域架设带有二维码及网址的展板，供游人和居民扫码、登录，便可以进入本团队制作的古建筑及风貌介绍页面，通过浏览页面信息，随时随地了解特定建筑的相关背景和历史价值，与古建筑进行虚拟交互，从而了解到古建筑及城市风貌的重要性，为保护工作建立群众基础。

建立拓展阅读及相关推送功能。用户访问在线介绍页面，将提供更为全面的拓展阅读链接，同时推送关联文物遗址的地理位置、详情介绍等有关信息，且可定时进行更新扩充，如在浏览清朝某亲王王府的信息时，在线应用页面将推荐有关当时的皇室族谱、重大历史事件的延伸阅读，以及能够显示相应联姻、继承等有关历史人物的文物遗产方位及参观路线，同时提供用户反馈功能，能进一步整合正确的信息，完善资料。

对已消失文化遗址的追溯标记。为了能够让用户更好地体验历史全貌，本产品计划对于北京旧城区域内因各种原因已不复存在的历史文化遗迹进行调研记录，同时进行实地标记，并以虚拟模型的形式再现，如部分已经消失的城门、城墙、牌坊、碑记等，通过虚拟交互功能，让游客有更直观的认识，同时也能唤起广大民众对于古建筑的保护意识。

二、创新与优势

（一）新技术新角度表达传统文化产物

在古建筑保护的基础上，关注历史街区居民与成长环境的关系，普及历史文化并考虑自发的信息反馈，构建自己的信息数据库，最终将生成可以随时随地以在线访问、查询等方式使用，可以虚拟交互的在线应用页面，有利于传统文化的保留与传播。结合 AR、VR 等热门技术，应用于古建筑保护工作中，以新的视角重新让人们关注起这些被遗忘的古建筑及传统文化。与产学研基地建立良好的合作关系，保证了协会中专业人才的持续输入，同时为高校学生们提供最具有专业性、最实际的实践机会，此方式也极大程度上控制了测绘等工作的成本，利于公益项目更快速地发展。结合古建筑风格、中国传统文化等设计出一系列周边产品，其中包含益智教具和相应课程，以产品为载体渗透传播古建筑文化。

协会由两个已有创业经验的团队共同组建，负责人焦泽栋也是以法人身份注册并运营文创公司有两年以上的大学生创业者，之前积累的相关资源都可以引进协会当中。作为北京工业大学的创业团队，校方能提供的建筑方面专业性指导及相关资源也十分充分。协会有着强大的顾问团，指导老师沈千帆曾任团市委副书记，有着丰富的创业项目指导经验和推广联络的资源；指导老师戴俭现任中国建筑学会理事等职务，从建筑学方面给予团队最专业的指导。项目发展过程中成功与多家文保单位签订合作协议，并邀请石家庄深泽县文管所所长甄红梅作为团队的文创导师，进一步加强与文保单位的联系。现协会注册成员已超过 200 名。

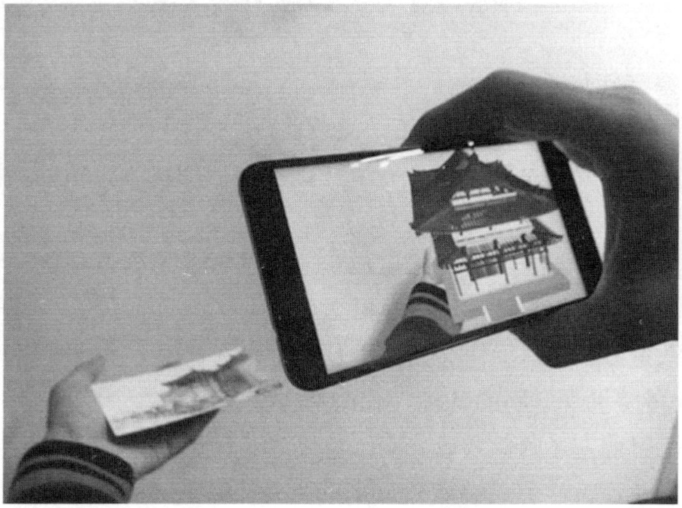

图 5 增强现实软件实操演示

三、现状与需求

（一）专业的事需要专业的人干

由于广大建筑学专业学生对于古建筑知识有着浓厚的学习热情，并有心加入保护北京古建筑乃至中国文化遗产的行列，这一人群为获得北京古建筑的原始信息和资料提供了保障。同时团队与产学研合作，由朝阳团区委提供实习费用，由本团队向建筑系和有设计、产品推广特长的学生提供实习岗位，为本团队源源不断地注入了新鲜血液。

对于需求市场也是如此，近年来，古建筑保护相关单位也逐渐重视北京古建筑及历史街区的保护，希望能用“接地气”的方式普及古建筑相关知识，唤起大众对古建筑保护的意识。从当今的趋势来看，古建筑以及城市风貌的保护行为将越发为人所接受和重视。

目前，文保单位对于古建筑以及城市风貌的信息收集主要局限在部分重点文物，而对于更广范围内的古建筑，更多的只是停留在定义阶段，而实际的保护工作主要由基层单位和居民自身完成，缺乏专业知识和保护手段。在推广方面，市面上缺乏具有专业背景支持的古建筑周边生产和推广商，古建筑类纪念品和古建筑类益智玩具大多以知名旅游景点类古建筑为主，且在比例、结构、细节上有专业性错误。“古道”的成员具有建筑学专业背景，作为自身的实习需要，我团队的服务具有劳动力成本低、专业性高等优势。另外，我们还与我校相关学院签订协议，以此确保有源源不断的建筑系学生加入。这为我们在市场上建立一个专业的推广和周边销售体系打下了有力的基础。

四、成果与转化

（一）得到各界认可，不忘初心，继续前行

测绘方面，完成北京智化寺、石家庄深泽文庙的深入、精确测绘，整理为测绘图集。

通过计算机建模，完成了对梁思成笔下《清式建筑营造则例》中大悲堂的复原，成功实现了人们与该建筑的虚拟交互。

古风貌改造方面团队，协会完成了专门为北京东四地区礼士胡同 125 号院、史家胡同 45 号院量身定制的环境美化改造方案，并且参加了同年 10 月的北京设计周展览，目前上述两例改造方案已经交付施工方，正处在实施当中。

在现有专业建筑学测绘、调研数据的支持下，通过古建筑拼图、DIY 模型等，使儿童在玩玩具的同时可以了解和认识古建筑的结构和特点。在产品附上二维码对建筑进行相关介绍，结合 AR 和 VR 等新技术，开发新技术创意产品。以创意产品为媒介，激发人们对古建筑的保护意识。基于激光点云技术的相关理论和实践，将文化创意产品进行融合，打造属于高端商务领域的相关产品，在所有古建筑相关的商务洽谈活动中，进行产品推广。

协会成立以来测绘 14 处建筑群，已为五百余人次提供了实习机会；同时与多家文保单位达成合作意向；搭建起了协会独立官方网站；AR 及 VR 软件已基本完成，即将在应用商店上线。项目内容参展北京文博会、首都高校创意集市等多个项目，除“创青春”大赛以外还荣获首都大学生创意集市金奖等多个荣誉，并接受新华社、中青报等采访。

图6　2016年“创青春”全国大学生创业大赛参赛成员合影

五、愿景与未来

保护历史是每个人的责任

古道建筑保护协会致力于协助文保单位加快文保工作进度，不断召集更多有古建筑情怀且有一定古建筑专业知识背景的人参与到这一项目中来，旨在宣传与古建筑及城市风貌相关的历史文化知识，增强人们对于历史文物的热爱与保护意识，目标用户主要为有机会接近或游览不可移动文物遗产的学者、游客、一般民众等，也包括居住在文物遗产单位周边的当地居民。团队希望能够通过科普有关知识的方式，使人们对文化遗产有一定的了解与关注，促使文化遗产保护区居民配合有关文化遗产的保护工作，培养其自豪感与主人翁意识。目标能让中华传统文化产物永久长存。

古建筑是一座城市的记忆，是城市历史的见证者。我们身处在历史之中，每一个人都是历史的创造者，我们每一次记录和改造，每一次设计和宣传都将留下印记，总会有更多的人看到并加入我们，路很远，但我们一直在路上。

作者：古道建筑保护协会

DK：大城市旧小区停车系统设计

2016 年全国三维数字化创新设计大赛，二等奖

随着居民生活水平的提高，近年来大量机动车辆进入城市普通家庭，居民人均汽车保有量大幅增加。然而，私家车的逐步普及使得住区停泊车位配备不足的问题愈发明显。由于大量已建成的居住小区机动车停车泊位配建不足，随着小汽车加速进入家庭，停车难问题已经不再局限于道路，逐渐蔓延至居住区，特别是一些老旧居民区由于自备车位缺口较大，不得已将停车矛盾推向社会，小区内占压绿地等，引发诸多管理问题。一些小区内车辆占用周边道路停车的问题突出，对道路通行的影响不断增大。

大部分老旧居住小区基本未设置停车场（库），住宅小区的停泊车位远不能负荷高速增长的城市居民私家车数量，停车问题尤为严重，经常造成车挡车、车堵道、停车难等问题。与此同时，由于大多数小区物业管理水平较弱，缺乏相应的停车管理措施以及适当的人员进行疏导，使得城市居民机动车辆的停放问题再一次陷入困境。这些都严重影响了小区居民的出行、交通和生活质量。有时小区里有了病人或不幸失火，救护车和消防车也开不进去。车辆乱停乱放已成物业管理的“顽疾”。

因此，如何解决旧小区停车问题，成为了我们这次研究设计的主要目标。

图1　团队成员合影（杨子璇、周建祎）

一、痛点与创造

小区停车难的问题展开调查及研究

首先，我们进行了北京市老城区范围内旧小区停车困难原因的调查，研究了大多数小区的住户居民数量和居民小汽车持有量以及停车位的饱和程度对于小区停车问题的影响。我们通过与当地居委会、居民以及小区物业公司等实地调查，走访和收集相关数据及反馈意见，进而进行汇总与讨论，发现造成我国大中城市中心区停车难，以至于行车难的原因是多方面的：

1. 私家车保有量与日俱增

首先，自改革开放以来，我国经济有了突飞猛进的发展，人民收入大幅度上升，在大中城市涌现出了一大批白领、金领阶层，他们由于工作或者生活的需要，购买小汽车是必然趋势。其次，汽车产业也得到长足发展，“九五”计划国家把汽车产业作为优先鼓励发展的产业以来，我国大城市机动车增长速度进入最快时期，年增幅平均在15%以上；另外，国外的汽车厂商也看上了中国这个巨大的市场，纷纷进入中国市场，争抢市场份额。这就导致小汽车市场的价格战，小汽车价格不断下降，小汽车进入寻常百姓家成为现实，直接导致了城市停车问题的产生和进一步加剧，解决城市停车问题变得迫在眉睫。

2. 历史造成的原因

我国的大中城市一般都是历史名城，城市中心大都是老城区，文物古迹多，城市道路相对狭窄，富余的用地空间很少。此外，我国的大多数城市过去所进行的城市交通规划设计和城市建筑规划设计没有较好地考虑提供一定数量的地面停车场，而根据现状新建和改造停车设施具有一定的技术和经济难度。但是，这些城市的市中心又都是繁华商业区，有着巨大的交通吸引力量，大量的小汽车没有停车位，乱占道路停车，使本来就拥挤的交通状况，更是雪上加霜。

3. 城市规划弊病

城市规划不尽合理是问题产生的根本原因。我国很多大中城市的城市规划未能与交通规划同步进行，使交通规划远远落后于城市规划，这就为问题的产生埋下了隐患，使得城市布局不合理，从而在城市结构上引起交通拥堵，造成了不但行车难，而且停车更难的局面。即便是考虑到城市交通问题的城市规划，其规划的系统性、可行性和长远性亦是考虑不充分，不能从对城市的土地利用性质和开发强度、小区人口数量、就业岗位数量及其分布等多方面的综合考虑中作出停车需求的准确预测，亦不能从对城市机动车保有量及其增长、分布，城市道路网密度，人均占有道路面积，城市道路占地率等静态交通指标的分析中对停车需求作出准确调整，并提出相应对策。另外，大批新建项目在场地规划建设时缺少配建停车场规划，也是导致停车难的一个重要原因。

4. 停车设施存在严重缺口

我国城市道路建设严重滞后于经济发展和交通发展是停车问题日益恶化的重要原因。我国的人均道路面积、道路网密度、道路占地率等指标与发达国家相比，差距明显。尽管这几年各大城市加大了道路设施建设力度，但还是不能满足目前的交通发展速度。

我国城市的停车设施建设普遍不足，市中心情况更是严重，是导致停车难的主要原因。按照国家规定，城市公共停车场总面积可按规划城市人口每人$0.8m^2 \sim 1.0m^2$计算，与各大城市人口乘积计算出来的停车设施面积远远大于目前的停车设施总面积。

停车场停车位的分布不合理使得城市停车难问题更加突出。在市中心的停车场及停车位数量很少，但是交通吸引量要远远大于城市其他地区；而在城市其他交通量少的地区，又有着富余的停车设施资源，由于停车设施是不可移动资源，不能在城市中有效地调配，从而导致停车设施虚假化的“不足”。

5. 管理不规范

管理不善是我国停车难问题产生的重要原因，管理需要依据，而我国现在的停车管理法律、法规很不健全，这是首要原因。

停车管理体制也亟待改革，现在停车管理所涉及的部门太多，包括城市规划部门、交警部门、交通部门，还有工商税务部门、物价部门等几乎所有与之相关的部门都参与到了停车管理中来，造成政出多门，部门之间协调工作步履维艰、管理效率低下，严重影响停车设施功能的有效发挥。

管理手段落后也是需要解决的一个问题。当前我国的停车管理手段落后已是有目共睹的事实，国际上先进国家正在研究并开始使用的信息化、智能化管理系统，在我国各大城市基本上还是空白。

6. 建设资金资金投入短缺

作为城市基础设施的停车场，具有一定的公益性，应当得到政府的扶持。但是，政府对公共停车场建设经营的优惠政策不明确，并且缺乏较为完善的停车场法规体系，对停车收费、停车位建设标准等问题难以实现规范管理和严格执法。这样，公共停车设施的建设、经营难以得到合理的投资回报，从而无法吸引社会对停车设施的投入，制约停车产业的发展。

以身边生活的某小区为例，进行三维建模和拥堵现象模拟。该小区占地面积9.6公顷，建筑面积10万平方米，有高层建筑10栋，每栋200户，合计居民约2000户，地上800个停车位，地下700个停车位，小区的机动车保有量为每户1~3辆，缺口500~600辆，由于小区在规划阶段没有预留足够的停车空间，导致车辆在路侧随意停放，占据了机动车和行人的行驶空间，从而使其他机动车只能小心地在窄路中行驶，导致通行能力大幅降低。

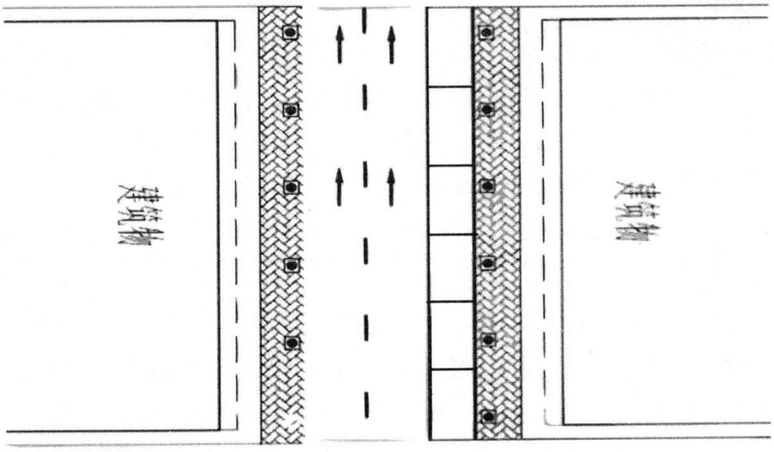

图2　小区停车模拟

接着，根据小区停车的实际情况进行了可行性研究，DK团队小组成员讨论并提出一些常用的解决小区停车拥堵的常用措施，如在小区周边停车，扩建地面停车场和大力发展地下停车场等。但当我们试着用这些方法去解决问题的时候，却暴露出更多的问题，如如果让小轿车停在小区周边，会造成此车无人看管，易造成意外损伤；扩建停车场有没有多余的土地；建设地下停车场投资成本又很高昂。因此根据前面方案出现的问题，最终提出了适合大城市小区现实情况的新型停车系统——小区空中停车走廊。

图 3　空中停车走廊系统

二、方向与路径

选定方案并进行设计

首先，我们设计的是空中停车走廊系统的入口，空中停车场从旧停车场起，通过升降机，使机动车进入空中停车场。空中停车场则修建在人行横道和地面停车线的正上方，既不妨碍机动车在地面的正常行驶，也不妨碍下方停车。其中每辆进入升降机的汽车需经过侧边操作按钮，升降平台将车抬起 5 米，与空中停车场车道平齐，自行进入空中停车场。

接着设计的是停车走廊的主体部分。在空中停车走廊中机动车在空中停车场道路上靠左行驶，并可以在右边停车，行人可以通过最右边的路肩，走到下桥人行楼梯返回人行道。在空中走廊上靠近住户楼房侧设置隔音板，减少停车时对住户居民的干扰。停车走廊的主体部分通过限制其宽度与高度，使其尽量不影响侧方住户的采光，同时又可使小轿车等可以自由通行。每过一段会设置一个下桥楼梯，可供停好车的居民安全便捷地下到地面。在小区中部的宽阔地带，也设置错车区，使轿车在空中停车系统中出现问题时可以及时停车，防止

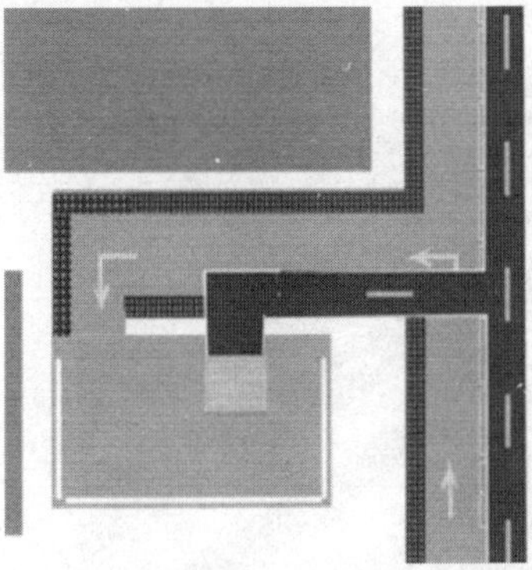

图 4　停车走廊入口俯视图

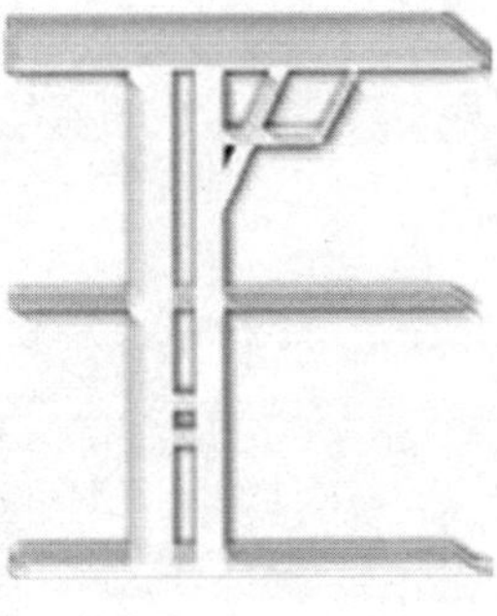

图 5　升降平台侧面

其影响整个停车系统的正常运行。在整个停车走廊主体的下方放置各种花卉植物，改善和净化小区的环境，使得居民出行时仿佛置身花廊，为建设绿色文明小区做出一份贡献。

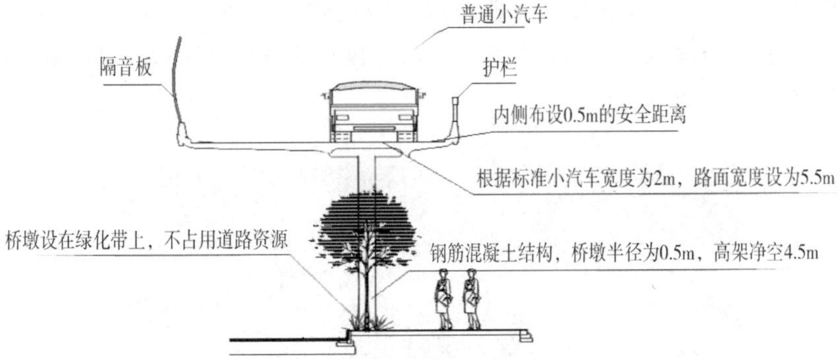

图 6　空中停车走廊断面展示图

三、创新与优势

空中停车走廊系统的变革

在建造方面的优势是空中停车走廊系统主体部分由于荷载较低，桥面宽度较窄，钢筋混凝土桥墩较细，使得其建设成本低。而高架占地与人行道绿化带合并，减小占地面积，汽车在桥面右侧停车，增加停车位数量，节省用地。充分利用人行道上方空间，增加停车位，缓解停车拥挤状况。

图7 主体部分效果图

在设计方面的优势是空中停车走廊系统在出口处采用升降系统，使小汽车达到预定高度，压缩了小汽车由地面进入空中停车走廊的空间，无须上坡道，在狭小的空间中节约了场地以及建造成本。每辆自主控制升降时间与速度，两台同时工作，保障进车效率。

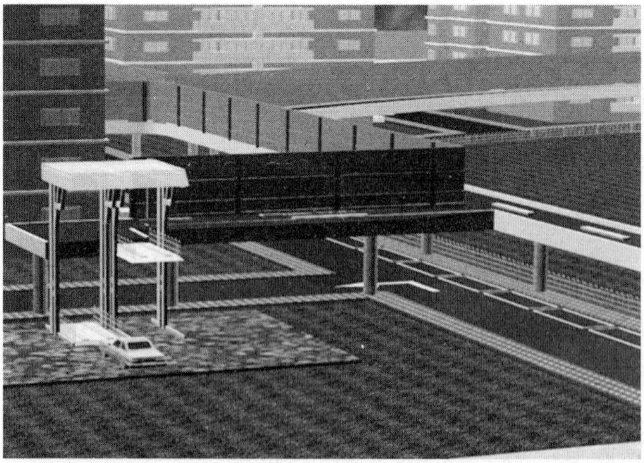

图8 出入口部分效果图

通过“空中停车走廊系统”的设计，将使小区增加固定停车位1000个，使该小区停车难的问题得到根本解决，规范小区停车，小区道路更加通畅，方便居民出行，实现行人与车辆最大化分离，保证住户行走安全。并使小区整体环境得到较大提升，有助于政府，居委会和物业公司更好地管理和服务好小区，充分提高该小区居民的生活幸福指数。

四、梦想与未来

"空中停车走廊系统"面向的是所有被汽车拥堵所困扰的小区

城市老旧居住小区停车问题是机动车普及的一种必然结果，其解决必须建立在各方面的共同努力上。在管理、政策方面采取有效的应对措施，为老旧居住小区停车问题的远期控制提供支持，诸如政府相关部门可结合各小区的实际情况，着手对小区重新进行合理的规划，加大资金的扶持力度，有能力的小区物业、开发公司整合资源对立体停车系统进行建设，并对车辆进行合理收费，满足广大业主停车需求；而在规划层面上，则需要更多地挖掘我们可利用的地上空间，通过像"空中停车走廊系统"这样方式，来增加居住小区停车位数量，进而缓解现阶段停车困难的局面，实现车辆停放规范有序。

作者：周建祎　杨子璇

“红菌”团队：尽一份力为还祖国一方碧水

2015年“挑战杯”全国大学生课外学术科技作品竞赛，二等奖

我国的水环境污染已经逐渐从发黑发臭的有机物污染转变为由氮磷引起的水体富营养化污染。而目前我国绝大部分污水处理厂普遍存在着氮磷处理不达标、处理成本能耗高问题。近些年来，专家们提出了面向未来城市打造城市污水处理“概念厂”，以探索中国环境保护的未来方向。而垃圾渗滤液作为城市污水的重要一部分，含有大量的有机物和氨氮，会造成严重的水体富营养化污染。如何有效经济地处理渗滤液，一直是我国水处理方面的重点和难点。而传统处理工艺存在诸多缺陷导致效率不高，开发新型高效的垃圾渗滤液处理工艺势在必行。利用“红菌”实现脱氮的厌氧氨氧化技术由于其处理能耗成本低、高效环保等优点，势必成为未来城市污水概念厂的主流技术。

由中国工程院院士彭永臻教授指导、6个北京工业大学环能学院的研究生组成的“红菌”团队首次采用三级SBR系统依托“红菌”处理垃圾渗滤液，将三个SBR反应器有效耦合及优化控制，并将菌种分离，为“红菌”提供了良好的“生存环境”，通过预处理去除有机物、短程硝化产生亚硝态氮以及最终的厌氧氨氧化反应，成功实现了对垃圾渗滤液的深度脱氮。

图1　“红菌”团队成员合影（中间为指导教师彭永臻院士，左三为团队负责人苗蕾）

一、现状与机遇

随着经济的快速发展和人口的大量增长，水资源短缺和水环境污染问题越来越受到人们的关注。从小到大，我见证了周围环境的变化，人民生活水平逐渐提高了，然而天慢慢没有那么蓝了，水也渐渐不那么清了，于是越来越多的环境灾害产生了。我想，也许就是那个时候，我便给自己定下了一个要做一名环保人的梦想。我想用自己的头脑和双手为国家的环保事业贡献一份自己的力量。

北京工业大学环能学院有一群辛勤奋斗在一线的师生们，在中国工程院院士彭永臻的带领下着眼生活污水处理，针对目前生活污水处理工艺能耗高、成本高、处理效果不理想等问题，不断钻研，反复试验，以通过新工艺处理城市污水，从而有效解决传统工艺中存在的这些问题。在了解这些情况后，我怀着满腔热血来到北京工业大学，拜师于彭永臻教授门下。那里的实验条件让我惊叹，那里的科研氛围更让我激动！在获得了硕博连读资格的时候，我兴奋之余也默默感受到了无形的压力。毕竟博士不同于硕士，需要更强的创新和更深入的研究，而此时的我也不断地感受到外界对于博士的评价——带着高度眼镜，不苟言笑地闷头于理论研究。我不禁问自己，难道我的博士生涯也要如此度过吗？作为一个高级知识分子，怎样才能够将最新的理论更好地应用于现实，更好地为人民服务？

对于这个问题很快我便找到了答案。我的导师彭永臻教授，真可谓是水环境治理领域的领军人，他不仅对于当下研究热点有着自己独到的见解，更是不断鼓励学生们理论研究一定不能脱离实际应用。彭教授一直强调说我们是做工程应用的，所以我们的研究一定要从实际出发。目前，实验室很多专利得到转让，很多技术逐渐应用到污水处理厂的升级改造中，还有一些先进技术开始建立中试基地，为未来的示范工程做铺垫……

“红菌”团队的灵感来源于2015年9月的一次世界水协会在亚洲组织的一次峰会。我很荣幸也参加了这个大会，在会上，我见到了很多知名的专家学者，也学到了很多新的理论和技术。特别是大会上有一个专题讲到了面向未来城市的污水处理“概念厂”的规划。大会上，专家们提出要在我们国家建设一个污水处理的“概念厂”，从追求水质可持续、能源可回收、资源可循环以及环境友好四个追求理念出发，以探索中国环境保护的未来方向。而污水处理“概念厂”能够真正实现处理水质达标、能量自给同时又对周边社区环境友好理念！大会上提到了一句话——预测未来最好的方式就是创造未来，这句话深深打动并鼓舞着我。此时我深深感悟到：我们所做的这些不就是在为水环境的改善而努力着吗？我们就是在创造未来的路上！

二、方向与历程

我们所研究的课题是采用厌氧氨氧化技术（也就是“红菌”技术）处理垃圾渗滤液实现深度脱氮的研究。目前垃圾渗滤液的处理成本很高，能量消耗严重，相当一部分水厂还难以实现排放水质达标。如何在保证处理水质达标的情况下，降低处理能耗以及成本是研究者们追求的目标。厌氧氨氧化是20世纪90年代提出的新技术，到目前经过了20多年的研究得到了快速的发展。由于厌氧氨氧化脱氮效率高、处理成本低且环境友好，因此受到全世界科研工作者的热捧。目前，全世界做厌氧氨氧化理论研究的科研人员很多，然而真正要将这样一个崭新的技术应用到实际工程中，让它很好地为我们服务却是一条很长很艰难的路。我就算是其中一个在路上拼搏的人吧。

目前，应用厌氧氨氧化的技术基本限于处理高氨氮废水，主要是以污泥消化液为主，处理垃圾渗滤液较少。而垃圾渗滤液属于典型的高氨氮废水，特别是晚期垃圾渗滤液，其C/N很低，氨氮很高，非常适用于厌氧氨氧化技术。然而垃圾渗滤液又属于复杂多变的水质，对微生物的毒害性较大，其中的有机物更是对厌氧氨氧化产生较为严重的影响，因此，垃圾渗滤液也较难应用于厌氧氨氧化技术。再加上厌氧氨氧化菌由于自身生长缓慢，较难富集，这就进一步增加了厌氧氨氧化技术在垃圾渗滤液处理中的难度。机遇总是和挑战共存，越是有难度，越是能激发出我们这群科研者的决心。然而，实验从一开始便出现了问题。由于经验不足，在富集厌氧氨氧化菌的过程中出现了很多问题，甚至有一次因为疏忽使得反应器温度过高导致绝大部分的厌氧氨氧化菌死亡。那一次的经历让我痛心疾首，也让我认识到实验不是想当然，不是靠着一腔热血就可以完成，更是由不得半点马虎。做科研，就是要脚踏实地，胆大细心。

在经历了半年的富集培养后，我们取得了小阶段性的成功。于是我们开始逐渐将厌氧氨氧化技术应用到实际垃圾渗滤液的研究中。起初，刚刚向厌氧氨氧化反应器中掺入短程硝化出水的时候，系统还是比较稳定的，这也大大鼓舞了我们的自信心。于是我们很快加入渗滤液的原水，这个时候问题出现了。由于渗滤液中有机物的影响，使得厌氧氨氧化菌极度不适应，系统逐渐崩溃。发现问题后，我们及时更改了进水策略，并分析了问题原因所在，于是提出了再添置一个反应器来先去除有机物，以减少对厌氧氨氧化菌的影响。这也就是我们最终的工艺系统——三级厌氧氨氧化SBR系统。通过这个三级系统，我们将菌种分离，为“红菌”提供了良好的“生存环境”，并将三个 SBR 反应器有效耦合及优化控制，通过预处理去除有机物、短程硝化产生亚硝态氮以及最终的厌氧氨氧化反应，成功实现了对垃圾渗滤液的深度脱氮。此外，本工艺中还能够有效减少温室气体的排放，且污泥产量低，二次污染小，更加环保，在未来污水处理厂的建设中有着广阔的应用前景。

三、性能与优势

为了检测对晚期渗滤液深度脱氮的处理效果，我们采用三级 SBR 系统处理氨氮为 2000 ± 100mg/L、COD 为 2200 ± 200mg/L 的实际晚期垃圾渗滤液。试验表明，总氮去除率达到了 90% 以上，成功实现了对实际晚期垃圾渗滤液的深度脱氮。与现有技术相比，本作品提供的处理系统，在不添加任何有机碳源的条件下，能够达到对垃圾渗滤液进行深度脱氮的目的，出水氨氮和总氮达到国家一级排放标准（氨氮低于 15mg/L，总氮低于 40 mg/L），减少了水体富营养化。节约了 60% 的供氧费以及 100% 的碳源，大大减少了污水处理的处理费用和基建费用，处理成本降低 8 ~ 10 元/吨。

三级 SBR 系统将菌种分离，为各个菌种提供相应的环境，并去除渗滤液中的有机物，同时装置采用连续进水方式，能够为“红菌”提供良好的生存环境（pH 和温度均适宜）。图 2 和 3 分别为工艺的运行图和模型图。

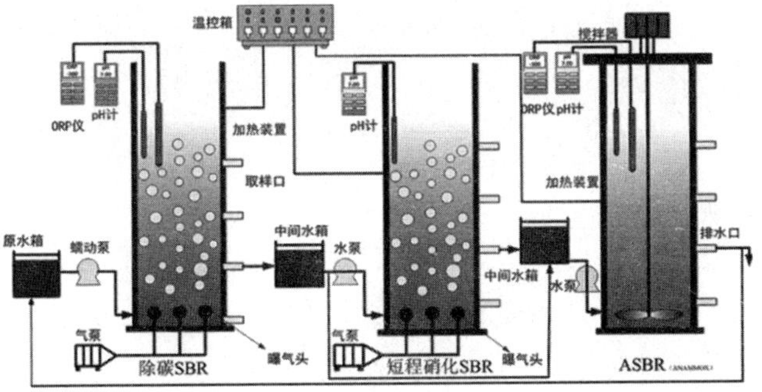

图 2　利用“红菌”处理垃圾渗滤液的三级 SBR 系统运行图

图 3　以依托“红菌”的三级 SBR 工艺为主体的处理垃圾渗滤厂模型图

四、成果与获奖

在项目研究期间，我们组的成员取得多项成果。其中取得国家发明专利 2 项，发表相关论文 4 篇。与此同时，我们从 2014 年就开始着手参加“挑战杯”课外学术作品竞赛。我们的作品《利用“红菌”处理垃圾渗滤液实现深度脱氮的新工艺及装置》经过层层选拔，从校选赛脱颖而出，在北京市取得特等奖的优异成绩，最终出现在广州举办的全国“挑战杯”决赛现场。在比赛现场，我们的作品也引来了很多专家学者驻足查看前来询问。通过激烈角逐，我们的作品最终得到了大家的肯定，荣获第十四届“挑战杯”全国大学生课外学术科技作品竞赛二等奖，这也是参加“挑战杯”全国大学生课外学术科技作品竞赛我校博士组取得的最好成绩。

五、感悟与未来

作为团队的负责人，我知道需要比其他人付出更多的努力，因此我常常为了修改申报书工作到凌晨一两点；为了保证申报书的质量，我会一遍遍地翻看申报书，连个标点符号也不放过；为了保证作品质量，我会在文印店待上大半天。我的队员们，更是不遗余力地在付出。我们能取得今天的成绩，离不开团队里每一位成员的努力和付出。每当实验遇到问题的时候，他们总会提供力所能及的帮助，他们的无私帮助让我觉得我不是一个人在前进。现代社会需要的是团队合作精神，所以我们在一起就好比一个强大的团队，每个人都在为实现梦想创造未来不断地努力。小梦想汇聚成大梦想，小力量汇聚成大能量，我们每一个人，都在实现梦想的道路上收获知识、锻炼能力、提升能力。

由于在我们团队里每个人都是热情满满地在付出，大家齐心协力地向同一个目标努力，最终在我们大伙儿共同的努力拼搏下，我们取得了“挑战杯”首都大学生课外学术作品科技竞赛特等奖和“挑战杯”全国大学生课外学术作品科技竞赛二等奖的成绩。整个“挑战杯”的比赛从首都赛到国赛一共历时八个月左右，这对于博士研究生而言一定很浪费时间吧？但是我们都不以为然。我们认为，参加“挑战杯”这个比赛，不仅可以将自己的研究应用到实践中，更是锻炼了自己的综合能力。因为我们是一群有着共同梦想和目标的人，在我们看来，社会需要的是一个全面能力的人才，而不仅仅是一个科研机器，我们都希望可以用自己的头脑和双手来为祖国的一方碧水贡献一份力量！

有梦想的人是有目标的人，能够脚踏实地地走在实现梦想的道路上，是一件无比幸福和快乐的事情。当梦想实现的那一刻，将会是笑容最灿烂，心情最愉快的那一刻。马丁·路德金的梦想是黑人和白人地位平等，他的梦想已经实现，而我们，还走在实现梦想的道路上，充满艰辛但是无比快乐着！

作者：苗蕾

蓝鹏节能科技："液体压力能回收"推动节能技术发展

2015 年北京市节能环保低碳创业大赛，团队组冠军

2016 年第九届全国大学生节能减排大赛，三等奖

2015 年全国青少年科技创意大赛，二等奖

工业生产中时常存在高压液体直接排放或节流处理等能源大量浪费的现象，不仅违背了国家节能减排的政策要求，也限制了工业生产的利润提升。而本团队研发的新型液体压力能回收装置通过回收高压液体的压力能达到节能以及降低运行成本的效果，可广泛应用于反渗透海水淡化、地下苦咸水淡化、合成氨、电厂、污水处理等众多工业领域。

以反渗透海水淡化为例，通常过程操作压力介于 60 ~ 80bar，分离淡水后从膜组件中排放出的浓盐水压力仍高达 50 ~ 65bar，将这部分压力能直接释放将造成很大浪费，据统计浓盐水压力能直接释放所造成的损失约占产水总成本的 30% ~ 50%、占运行费用的 75%。

"蓝鹏节能科技"的全称是蓝鹏节能科技团队，团队由北京工业大学环能学院刘中良教授为代表，李艳霞副教授、博士研究生刘宁以及北京北咨能源环境工程技术有限公司侯晓煌作为团队参与者，共同为液体压力能回收技术的发展而努力。经过坚持不懈地探索，团队成功研发了一款具有完全自主产权的液体压力能回收装置，其关键技术指标达到甚至超过国际先进水平。

图 1　“蓝鹏节能科技”团队成员合影（前排中为团队创始人刘中良教授）

一、痛点与机遇

能源浪费与技术封锁催生创业机遇

工业生产中时常存在高压液体直接排放或节流处理等能源大量浪费的现象，不仅违背了国家节能减排的政策，也限制了工业生产的利润提升，如反渗透海水淡化、合成氨、电厂、污水处理等众多工业领域都存在上述的能源浪费问题。以反渗透海水淡化为例，作为海水淡化的主流技术，反渗透海水淡化可利用储量巨大的海水资源作为处理对象，提供高效、稳定、可持续化的淡水资源，从根本上解决淡水资源紧缺危机。

反渗透技术属于压力驱动的膜分离技术，采用半渗透膜将盐水和淡水隔离时，淡水会自发透过半渗透膜向盐水侧渗透，若在盐水侧施加外力阻碍淡水的流动则渗透速度下降，当压力增加到一定值时渗透现象完全停止，膜两侧流体处于平衡状态，这时的平衡压力称为渗透压（标准海水渗透压约为 25 bar）。若在盐水侧进一步增压，引起盐水侧淡水反向渗透流动，这一现象为反渗透。只有进料海水操作压力大于海水的渗透压力时才能使海水中的淡水通过半透膜实现分离。通常反渗透海水淡化过程的操作压力介于 60～80bar，分离淡水后从膜组件中排放出的浓盐水压力仍高达 50～65bar，据统计浓盐水压力能直接释放所造成的损失约占产水总成本的 30%～50%、占运行费用的 75%。而安装了压力能回收装置的海水淡化系统的能耗从 6～8 $kW \cdot h/m^3$ 降低到 4～5 $kW \cdot h/m^3$，甚至可以降到 2 $kW \cdot h/m^3$，因此，回收浓盐水压力能是降低反渗透海水淡化成本的有效途径。

国外对此方面的研究较为成熟，相关产品已有多年的应用经验。即使如此，已商业化的压力能回收装置仍存在各自的不足。相比国外发展，我国在压力能回收装置方面的研究起步较晚，和国外的技术水平差距很大，关键技术都为国外所掌握，而现有研发内容局限于重复及效仿国外产品，缺乏创新性产品。目前国内相关领域仍在进口价格高昂的国外设备。面对这一现状发展自主创新并具有优异性能的压力能回收装置十分必要。

二、研发过程与方案

确定技术方案，突破技术封锁

目前，世界先进的回收装置有转子式和活塞阀控式。转子式装置对部件的加工精度要求极高（通常各部件间隙在几到十几微米），增加了加工难度和成本，特殊结构导致装置在小处理流量时泄漏率增大，因此该装置只适用于中大处理量的情况；活塞阀控式压力能回收装置主要由两个功交换器、控制阀和截止阀组成，高压液体与低压液体通过自由运动活塞隔离。此类装置存在初投资高、磨损、泄漏及装置维护不便等问题。此外，设备不够紧凑，采用活塞隔离液体控制难度大。

团队在分析常用的各类装置缺点的前提下，结合我国加工技术与成本要求提出了回收装置的设计方案。装置的设计过程涉及机械、流体动力学、密封、工程力学、材料力学等学科，团队在装置设计之初查阅并有针对性地学习了上述学科中的相关内容，为设计过程打下坚实的理论基础。在此基础上根据装置的设计参数，按照学科中涉及的知识对装置进行了理论分析。经过多次完善之后确定最终的设计方案，按机械设计程序分别对装置外壳、轴、轴承等零部件进行了设计、选型、校核等方面的工作。由于装置各部分结构的特殊性，单纯地采用理论分析计算等常规的方式进行设计与校核困难较大，因此，结合 ANSYS 等软件对关键部件进行仿真分析。在此基础上确定各零部件尺寸，并选择经济可靠的配合精度及表面粗糙度，学习机械制图后绘制零件图和装配图。完成设计过程与绘制图纸之后加工回收装置并搭建性能测试平台对装置主要技术性能进行测试。

所研发的回收装置采用目前世界最先进产品的工作原理（帕斯卡定律：液体的不可压缩性），回收过程只需配置两台回收装置，装置运行时存在增压和泄压两种工况，两种工况通过压力能回收装置切换相位完成转换，两种工况循环交替实现压力能的回收功能。

所研发的回收装置具有完全自主知识产权，并非简单重复国际商业化产品技术，新型的回收装置结构紧凑，运行时不需要其他截止阀、伺服阀等辅助设备，同时简化了回收系统与自控系统，提高了回收过程的安全性；特殊流道的设计可以实现装置稳定运行；回收装置通过同步旋转切换即可完成工况间的切换，切换过程安全快捷。装置的成功研发不但成功突破国外对相关领域长达几十年的技术封锁，而且许多性能都达到甚至超越了国外先进产品的水平。

三、性能与优势

"新型回收装置"成为行业新秀

模拟反渗透海水淡化系统构建测试平台对回收装置进行性能测试，装置的高压管路流量为 $3m^3/h$，低压管路流量为 $2.5m^3/h$，在 3.0MPa 的操作压力下装置不同管道对应的流量能稳定在各自水平，并随切换周期稳定变化，具有良好的密封性能。装置压力交换管路可在高低压之间交替切换，循环交替完成压力能的回收。低压海水（约 0MPa）在高压浓盐水（约 3.0MPa）的增压下增压成为高压海水（约 3.0MPa），实现回收高压浓盐水压力能的功能，压力能回收效率高于 98%，达到甚至超过国际先进水平（现有先进装置回收效率一般在 96% 左右）。

图 2　液体压力能回收装置外观

在加工精度和初投资方面，该装置对加工精度没有苛刻要求，降低了制造成本和初投资；在装置处理量适应性方面，装置适用于各种处理量，对不同处理量要求的场所不但可以通过改变设计参数实现单台机组的流量调节，还可以通过并联方式灵活处理；装置在高压下可以保证良好的密封性能，实现更高的压力能回收效率；装置运行维护方便、使用寿命更长。

相比于其他产品，本团队的技术方案具有极强的创新性，并且各项技术具有较高的技术门槛，可以保证在一定时期内保持领先。这不仅为团队创业提供了技术保障，更为我国压力能回收产业注入新鲜动力。

四、利国利民

响应国家政策，解决民生用水疾患

我国是能源资源严重短缺的国家，改革开放30年间，我国在节能减排方面做了巨大的努力，长期以来国家通过制定法律、颁布政策等措施明确了严厉的奖惩机制，《中华人民共和国节约能源法》《国务院关于印发节能减排综合性工作方案的通知》《能源发展“十一五”规划》《“十一五”资源综合利用指导意见》《国务院关于加强节能工作的决定》等众多文件中提倡节能减排是贯彻落实科学发展观、构建社会主义和谐社会的重大举措；是建设资源节约型、环境友好型社会的必然选择；是推进经济结构调整，转变增长方式的必由之路；是维护中华民族长远利益的必然要求。

近期，为贯彻落实国家有关节能法规、强制性标准及重大政策要求，强化重点行业、重点企业及重点耗能设备的节能监管，逐步完善工业节能监察体制机制，工业和信息化部决定组织开展国家重大工业节能专项监察，并发布了有关事项通知，指出了五项监察任务：一是，钢铁企业能耗专项通知执法监察；二是，合成氨、平板玻璃、焦炭、铁合金、烧碱能耗限额标准贯标专项监察；三是，电解铝、水泥行业阶梯电价政策执行专项监察；四是，落后机电设备淘汰专项监察；五是，高耗能落后燃煤工业锅炉淘汰专项监察。工业和信息化部第21次部务会议审议通过《工业节能管理办法》，是落实《节约能源法》相关规定和“十三五”绿色发展理念的重要举措，自2016年6月30日起施行。《工业节能管理办法》的主要内容有：强调用能权交易制度、明确节能管理手段、建立健全节能监察体系、突出企业主体地位、重点抓用能大户。由此可见，国家对节能减排的尤其是工业在这方面做出了巨大的努力。

而在我国的工业生产和工艺流程中，由于设备陈旧、生产工艺落后，有许多工序仍然存在高压液体经过减压阀将其减压降到所需压力以满足工艺要求，或者具有较高压力的废弃液体被直接排放到环境中。在减压和排放的过程中，大量的液体压力能转化为热能而散失在环境中，如果这些压力能可以回收利用，将会大大降低工艺流程的能耗。例如，在合成氨生产中，铜氨液需由13MPa节流减压至0.4MPa，氨合成系统分离出来的液氨是从32MPa经减压阀将其压力降至1.6MPa；在尿素的生产过程中，高压尿素熔融液和氨基甲酸氨液需由20MPa节流减压至1.7MPa，进行分离后循环使用；在聚乙烯的生产过程中，聚乙烯熔融液和乙烯气混合物需由280MPa节流减压至0.4MPa进行分离后循环使用；在化肥厂脱碳流程中，从 CO_2 吸收塔出来的碳酸丙烯酯富液从 1.65MPa 减压至 0.5MPa。天然气有很大一部分含有硫化氢需要脱除，络合铁脱硫是目前常用的脱硫工艺之一，在这一工艺中需要将 2.0MPa 左右的富液节流至常压（0.1MPa）。如果在这些领域能够实现高压能的回收并将之用于再生产将大大提高能源使用效率、降低能源消耗、增加经济效益，同时落实和响应国家政策。

就海水淡化而言，淡水资源紧缺是当代遭遇的最严重的全球性挑战之一，目前，世界三分之一的人口正在遭受淡水资源紧缺的危害，预计 2025 年这个数据会提高到接近三分之二。人口增长、工业化、淡水资源污染、环境变化等因素都使提供安全丰富的淡水资源越发困难。面对这一现状，世界各国一方面需采取相应措施，如节约用水、合理开采地下水、广开水源、完善排水系统等，来高效利用现有的淡水资源，缓解淡水紧缺带来的压力；另一个更重要的方面是通过海水淡化和废水回收等方式从根本上解决淡水危机。其中海水淡化技术可利用储量巨大的海水资源作为处理对象，提供高效、稳定、可持续化的淡水资源。因此国家越来越意识到海水淡化的重要性，前后出台了多项政策支持海水淡化的发展，将海水淡化列入我国战略性新兴产业，在财政、税收上予以重点支持。政策不但涉及促进海水淡化解决沿海地区的缺水问题、解决淡水危机，而且强调重点开发应用海水淡化技术，带动海水利用产业快速发展。本团队研发的液体压力能回收装置突破国外的技术封锁，生产过程不必再依赖进口设备，大大降低了生产运营成本，有利于我国淡化技术发展并缓解人民用水问题。

五、畅想未来

"蓝鹏节能科技"团队目标

"蓝鹏节能科技"的液体压力能回收装置，虽然目前处于科研阶段，但已接近工业应用水平，因此，团队一直在与相关部门、企业商讨技术落实事宜，争取早日将该技术落实到实际中。在保证技术不断成熟的基础上积极做好技术宣传工作，如在 2016 年 11 月 1 日至 5 日由国家发展和改革委员会、商务部、工业和信息化部等共同主办的第十八届中国国际工业博览会中，团队展出了该装置的模型。此外，在参与了多项赛事后，本装置的知名度也随之提高，引起了多家企业的关注，相关的合作事宜正在洽谈中。

经过了长期的探索与努力，我们希望能早日就该回收技术与相关企业达成合作，将其应用在工程实际中，为我国液体压力能回收技术的发展与应用贡献一份绵薄之力。

图3　“蓝鹏节能科技”团队获奖现场

作者：刘宁

太阳能半导体制冷器：为汽车保暖降温的贴心管家

2015 年“挑战杯”首都大学生课外学术科技作品竞赛，三等奖

面对交通工具所带来的环境污染和能源紧缺等日益严重的问题，汽车全方位、多角度的技术发展已在世界范围内引起高度重视，车辆的节能和环保已经成为最有研发前景的方向之一。在车辆的组成中，能源控制技术是生产车辆的关键技术之一。搭载太阳能板等新型装置，对车内进行温度调节的措施，已经成为汽车发挥节能、环保优势的关键之一，其现实的实用性和设计理念也必将为汽车其他部位的设计提供一个借鉴的实例。

本项目将基于太阳能发电的温度调节装置应用在汽车上，来更好地满足车辆对燃油的节约和环保的理念，通过利用太阳能这一可采集的清洁能源来代替化石能源，进而调节停放车辆的内部温度，减少碳排放，并利用半导体制冷，抛弃对臭氧层有损害的制冷剂，做到从产品的材料本身和工作方式双环节的环保。

目前，在车内温度调节方面上主要是利用夹在窗缝的太阳能风机来进行车内换气，但是需要离开车后将窗户降下来布置，不仅密封性不好，而且对防盗没有任何好处。况且由于太阳能板在侧面，必须将车停在条件恰好能让风机启动的地点。这套系统只能进行循环不能调节温度，只在夏天适用。

台湾也有人做过相关研究，利用太阳能驱动原车风机换气，但是这套系统需要涉及原车线路，并且在停车状态下与外界空气长期循环有可能会缩短空调滤芯使用寿命。而且在人离开条件下，外界空气质量改变时也不能及时关闭。并且也只能在夏天进行使用，利用率并不高。

曾经有斯柯达车型配备过太阳能循环空气的原厂配置，也只能在夏季循环空气却不能调节温度；在冬天加热方面，国内外一般都在卡车上开发安装了柴油取暖设备，简单来说，就是一个小型的柴油炉，但是加热必须依靠化石能源。

综上所述，国内外并没有出现过利用半导体片进行温度调节的先例。

一、硬件与原理

半导体制冷器的各种分类及制冷原理

半导体制冷器件大致可以分为四类：

（1）用于冷却某一对象或者对某个特定对象进行散热，这种情况大量出现在电子工业领域中；

（2）用于恒温，小到对个别电子器件维持恒温，大到如制造恒温槽，空调器等；

（3）制造成套仪器设备，如环境实验箱，小型冰箱，各种热物性测试仪器等；

（4）民用产品，如冷藏烘烤两用箱，冷暖风机等。

半导体制冷器的尺寸小，可以制成体积不到 $1cm^3$ 的制冷器；重量轻，微型制冷器往往能够小到只有几十克或几克。无机械传动部分，工作中无噪声，无液、气工作介质，因而不污染环境，制冷参数不受空间方向以及重力影响，在大的机械过载条件下，能够正常地工作；通过调节工作电流的大小，可调节制冷速率；通过切换电流方向，可使制冷器从制冷工作状态转变为制热工作状态；作用速度快，使用寿命长，且易于控制。

半导体制冷器件的工作原理是基于帕尔帖原理，该效应是在 1834 年由 J. A. C 帕尔帖首先发现的，即当利用两种不同的导体 A 和 B 组成的电路且通有直流电时，在接头处除焦耳热以外还会释放出某种其他的热量，而另一个接头处则吸收热量，且帕尔帖效应所引起的这种现象是可逆的；改变电流方向时，放热和吸热的接头也随之改变，吸收和放出的热量与电流强度［A］成正比，且与两种导体的性质及热端的温度有关，即 $Qab = I\pi ab$。

πab 称作导体 A 和 B 之间的相对帕尔帖系数，单位为［V］，πab 为正值时，表示吸热，反之为放热，由于吸放热是可逆的，所以 $\pi ab = -\pi ab$

帕尔帖系数的大小取决于构成闭合回路材料的性质和接点温度，其数值可以由赛贝克系数 αab［V. K－1］和接头处的绝对温度 T［K］得出 $\pi ab = \alpha abT$ 与塞贝克效应相，帕尔帖系数也具有加和性，即

$Qac = Qab + Qbc = (\pi ab + \pi bc) I$

因此，绝对帕尔帖系数有 $\pi ab = \pi a - \pi b$

金属材料的帕尔帖效应比较微弱，而半导体材料则要强得多，因而得到实际应用的温差电制冷器件都是由半导体材料制成的。

二、方法与路径

太阳能半导体制冷器的设计方案与工作方式

本项目开发了一套基于太阳能发电的温度调节装置，利用汽车本身的空间结构，计算并设计出一套可以调节温度的装置。

在夏天和冬天，汽车停放一段时间后，车内温度与人们所期望的温度会有很大差距。夏天，车内积聚热量，多数人会立刻打开空调制冷，这样不但浪费燃油，还产生了大量的碳排放；而冬天需要带速产生热风，同样造成燃油消耗以及碳排放。本设计将太阳能电池板所产生的电能储存在蓄电池里，可以为半导体制冷装置提供稳定的电流。半导体温度调节装置连接冷热开关、温控开关。冷热开关可以改变电流的方向，实现升高和降低汽车内温度的双功能，相应的半导体温度调节装置采用双侧液冷，车内外各放置一套散热水排和循环水泵。温度开关设置的温度范围为20℃～25℃，车内温度不在这个范围内，该装置自行调节车内温度。

本项目开发的太阳能供电式车内温度调节装置，主要由四部分构成，包括太阳能采集与存储系统、温度控制系统、液冷散热系统、半导体制冷系统。

太阳能采集与存储系统：柔性太阳能电池板、太阳能控制器、蓄电池。

温度控制系统：数字温度控制器、温度感受器、正负极转换开关。

液冷散热系统：散热水排、水管、水泵。

半导体制冷系统：半导体制冷片、液冷交换器。

工作流程：柔性太阳能电池板布置于车顶，由于太阳能电池板产生的电流不稳定且不够大，不能为半导体制冷片提供足够强的电流，本设计将太阳能电池板所产生的电能储存在蓄电池里，根据车型的不同将太阳能控制器、蓄电池布置于发动机舱或者后备箱内，这样可以为半导体制冷系统提供稳定的电流。半导体制冷片（共计3片）及液冷交换器置于中控台下方，并且半导体温度调节装置连接冷热开关、温控开关。冷热开关可以改变电流的方向，实现升高和降低汽车内温度的双功能，相应的半导体温度调节装置采用双侧液冷，车内外各放置一套散热水排和循环水泵。温度开关设置的温度范围为20℃～25℃，车内温度不在这个范围内时，该装置自行调节车内温度。

电器部分采用自动控制比较容易实现，利用太阳能转换的电能会储存在电源中，电源为各部件供电。车内温度高于或者低于某一温度时，温控开关会自动发出指令，使装置进行升温或者降温。当温度达到预设温度时，开关会自主控制继电器进行断电。

（1）温度控制系统：对数字温度控制器进行温度设置，此套装置用于夏季制冷时，当温度传感器感受到车内实际温度高于设定温度时，半导体制冷系统开始工作，为车内降温。温度降到设定温度时，温度控制器使半导体制冷系统停止工作，但水泵持续运行。此过程使车内温度保持在预设温度左右。此套装置用于冬季时，工作原理与工作方式相同，只需调节正负极转换器，即可使该装置用于制热。如图 1 所示。

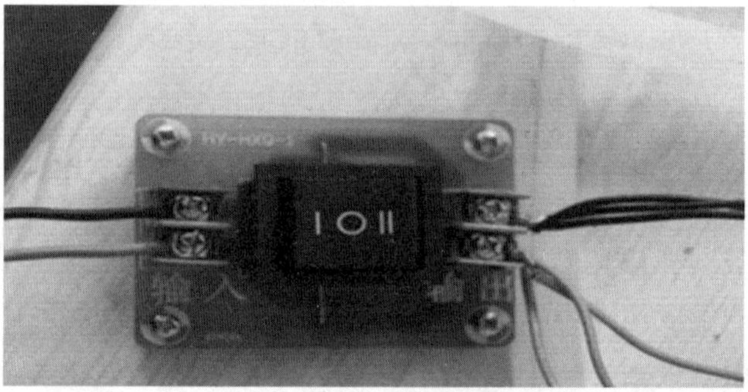

图 1　正负极转换器

（2）半导体制冷系统：此装置用 3 片制冷片，在其两面涂硅脂灰膏，提高装置传热效率。制冷片两面接液冷交换器，如图 2 所示。半导体制冷系统尺寸小，重量轻，不污染环境，且易于控制，通过调节工作电流的大小，可方便调节制冷速率。通过正负极转换器切换电流方向，可使半导体制冷系统的工作状态在制冷与制热之间转换。

图 2　半导体制冷片及液冷交换器

（3）液冷散热系统：液冷散热具有均衡热量的工作特点，由于分列于半导体制冷片两侧的换热器表面积较大，换热效率较高，所以只需要低转速的散热水排对其进行散热就能起到不错的效果。

此装置以防冻液作为循环液，它能吸收大量的热量而保持温度不会有明显变化。它在水泵、半导体制冷系统、散热水排之间往返流动，避免循环液暴露在空气中而变质。水泵推动循环液流动，吸收了热量的液体会从散热水排中流出，而新的低温循环液将继续吸收热量。水管连接水泵、半导体制冷系统、散热水排，使循环液在一个密闭的通道中循环流动而不外漏，使液冷散热系统正常工作。

三、成本与收益

太阳能半导体制冷器与汽车空调的能耗经济性对比分析：

本装置按每天工作 5 小时算，消耗电能为 234.24W × 5h = 1171.2W · h =4216.32kJ。

1L 汽油燃烧释放能量 32120kJ，按普遍的热机效率会有 32120kJ × 25% = 8030kJ 能量转化为机械能。假设能量全部用于汽车空调，则该套装置工作 5 小时约相当于汽车启动后燃烧 0.53L 燃油。

若冬季、夏季本装置各工作 4 个月，每月工作 20 天，则每年工作 160 天（每天按工作 5 小时计），则全年可节省约 85L 汽油。以目前油价计算，每年节省人民币约 544 元。

整套装置成本约 1300 元，使用 3 年即可收回成本。

注：1. 整套装置若批量生产，成本会降低很多，缩短成本收回时间。

2. 此理论计算按热机效率较高值计算，且未减去摩擦阻力及设备耗能。

四、控制与性能

（一）太阳能半导体制冷器的控制方法

整套装置包含三个开关组件，在使用时应先打开水泵与风扇开关然后打开制冷片开关。在工作过程中制冷片是否工作由温控器根据设定温度与车内环境温度进行对比来进行控制，达到设定温度后断开制冷片电源以节约能源。

整套装置电路图如图 3 所示。

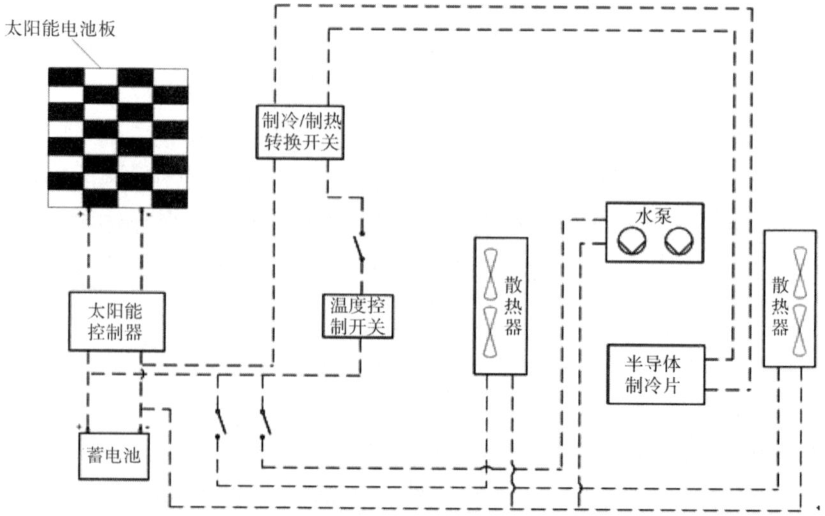

图3　工作电路图

（二）性能分析

（1）能量采集与使用

本项目能量完全来源于太阳能，只要有阳光即可为蓄电池持续充电。而对能量的使用可人为控制，并且受温度调节系统的智能调控，充分发挥所采集的太阳能的利用率，减少不必要的浪费。

（2）电路设计

分别设计了充电和放电电路，最大限度为蓄电池充电，人为调控用电器工作，方便使用。

（3）测试

在38. 5cm×25. 5cm×16. 5cm的泡沫箱中对该装置进行测试，用电吹风对箱内加热至41. 3℃，启动该装置，为泡沫箱降温。温度降至35℃用时36. 9秒，温度降至30℃用时76. 6秒，降至25℃用时133. 9秒。由起始41. 3℃降至人体适宜温度仅用时不到2. 5分，而此装置总功率较低，为342. 24W，但是降温效果好，性能较强。

系统各部件性能参数，如表1所示。

表 1　硬件系统参数表

部件名称	单位（说明）	数值
太阳能控制器	数量/个	1
	单体额定电压/V	12
	单体额定电流/A	40
半导体制冷片	数量/片	3
	单体额定电流/A	6
水泵	数量/个	1
	单体工作电流/A	1
散热水排	数量/个	4
	单体工作电流/A	0.13

完成制作后，作品实物外形照片如图 4 所示。

图 6　实物图

五、创新与应用

太阳能半导体制冷器的创新点及应用：

（1）本设计的电路是独立的，不用改变原车的电路系统。

（2）通常情况下半导体制冷片是用来降低温度的，但我们加了双向开关，既能在夏季降低车内温度，又能在冬季提高车内温度。

（3）半导体制冷片两端采用双侧液冷。

（4）采用了太阳能供电，不需要耗费化石能源。

（5）加入了温控系统，用户可以按需使用。

（6）此套系统可应用于小型家用轿车，出厂装配及后期加装均可。

作者：尤琦　王皓轩　崔雁清

北京夸克力科技有限公司：行走在自主创新的路上

2013 年“挑战杯”首都大学生课外学术科技作品竞赛，一等奖

2016 年“创青春”首都大学生创业大赛，铜奖

“我们正在打造一个开放的、拥有自主知识产权的物联网信息安全平台，通过与投资方合作，结合权益融资的方式，由己方投入技术和部分设备，实现物联网技术的产业化。”在北京夸克力科技有限公司的一份商业计划书中这么描述着。

为积极响应北京市委、市政府十三五规划中“大力发展符合北京城市定位的物联网产业建设，推进物联网产品自主创新”的号召，打造物联网时代下的高科技产品将是“夸克力科技”团队在自主创新道路上的新的风向标。

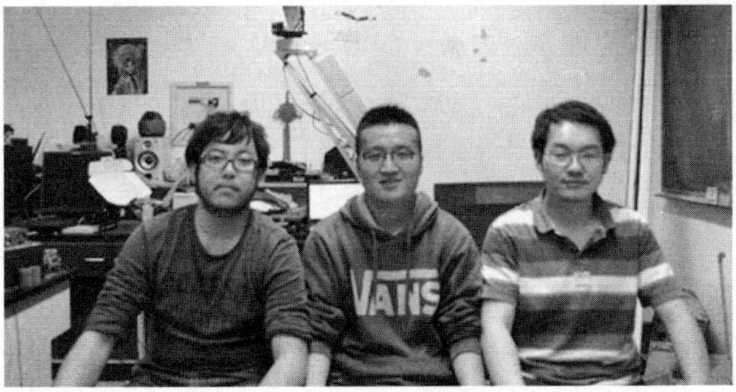

图 1　“夸克力科技”前身“那是蚂蚁”团队成员合影（最右为团队创始人杨光）

2014 年 5 月 6 日，北京夸克力科技有限公司注册成立于北京京仪科技孵化器，其创始人为北京工业大学 2014 届本科毕业生杨光。“夸克力科技”由我校创新实验室与管理团队引入投资方，共同发起设立，注册资本 100 万元。

2014 年 6 月，夸克力公司战略联合北工大数理学院，专注互联网技术以及互联网安全，为企业客户提供信息化建设、安全接入网方案等信息安全产品。

2014 年 6 月至 2015 年 5 月期间，夸克力公司本着安全高效、责任优先的原

则，先后承接了校党委宣传部信息系统建设、校团委宣传部信息系统建设、校信息化建设、北京京仪科技孵化器等信息化建设，获得了用户的一致好评，产生良好的经济和社会效益。

2015 年 5 月至 2015 年 12 月期间，夸克力公司组建物联网硬件团队，为客户研发了物联网智能网关、环境监测系统等硬件解决方案，积累大量硬件研发经验。

2016 年年初，夸克力公司立项“安骑客”（OnBike）智能车锁项目，结合公司以往的智能设备网关、安全加密传输网络经验，能够形成一套可靠、便利、安全的自行车智能车锁解决方案。

一、起点与启点

（一）在北工大诞生的那只“青春无畏”的蚂蚁

“New science and new technology”，缩写是“nsant”，所以我们将这个创业团队取名为“那是蚂蚁”，可以说“那是蚂蚁”是“夸克力科技”的起点。

2011 年初，三名来自北京工业大学应用数理学院的本科生大男孩，杨光、蒋晓冬、邵泽群，怀着对实现青春创业梦想的美好憧憬，组建了“那是蚂蚁”工作室。

在杨光的同学眼中，杨光是一位名副其实的计算机工程大神，他擅长 C/C + +，C #，PHP 等多种编程语言，精通 SQL，熟练使用 MYSQL、Oracle、sqlserver，擅长接口编程，精通 winsock。精通 arm 单片机，精通 lwip，有多年物联网开发、管理维护经验，以及多年信息管理系统设计开发经验与团队管理经验。

“蚂蚁们”利用课余时间参加各种科技竞赛，制作出多项科技小发明产品。随着专业课的深入学习、编程能力的提高、新成员的加入，2011 年这个小团队发展成为一个有模有样的工作室。随着研究发明工作的不断推进，在数理学院领导和老师的帮助下，他们在自己的创新实验室里，终于孕育出了一件“令自己满意”的科技作品——“智能远程遥控电磁武器平台”。

这项曾获 2012 年北京市物理实验竞赛一等奖、2013 年第七届“挑战杯”首都大学生课外学术科技作品竞赛一等奖等多项奖项的作品背后，蕴含着创作团队风雨无阻的执着。

图 2　《智能远程遥控电磁武器平台》

作品的选题是由北工大数理学院王吉有教授提出，经杨光、邵泽群、蒋晓冬、吴岩等几位感兴趣的同学多次讨论后确定下来。“智能远程遥控电磁武器平台”可以代替人去执行危险的任务，如：狙击、探测、监视等。控制人员可以根据搭载的传感器对目标进行监测，进而实施精确打击，而且所搭载的电磁炮噪音和热效应极小，不易被探测，大大增加了隐蔽性，是主导未来战场的“无声”力量。

在技术上，“智能远程遥控电磁武器平台”采用多级磁阻发射技术，效率高、可靠性高，其中控制系统可接入互联网，能够增强多元化控制，专门设计的控制电路功能可接多种传感器外设，扩展能力强，并且可采用多种操作系统操作，使得其交互性、操作性高。在电磁干扰方面，全部装置功率总线与数据总线，分层分块减少电磁干扰。“那是蚂蚁”团队结合计算机技术、网络技术和机械原理研究物理效应并将其应用化，作品具有很强的战略和现实意义，应用前景十分广阔。

在“电磁武器”的研发期间，“蚂蚁们”面临了诸多困难：资金拮据，几个人节衣缩食节省下来生活费投入研究；学校课业安排不开，几个人努力挤时间学习……困难永远不会阻挡逐梦者的脚步，凭借过硬的技术保障，经过精心的设计与制作，“蚂蚁们”带着科技作品“远程操控型跨平台电磁武器的研究与设计”角逐北京市挑战杯，一举夺得 2013 年第七届“挑战杯”首都大学生课外学术科技作品竞赛一等奖。

图3　实验室的一角

二、机遇与转型

（一）抢占“物联网”的超级风口

随着互联网技术不断地演化和完善，团队技术与经验逐年积累，在北京京仪科技孵化器支持下，北京夸克力科技有限公司于2014年5月6日应运而生，着手研发互联网产品。

两年期间，年轻的夸克力公司已拥有《基于非对称密钥加密技术的数据链路层加密透传软件》、《基于SSAT的嵌入式加密透传软件》、《VPN自动组网网络资源分配软件》、《基于SSAT的虚拟私有云平台》、《SSAT多功能网络管理软件平台》、《基于SSAT的VPN软件》共6项软件著作权，合力开发了“夸克力OA系统”、“夸克力CMS系统”、“夸克力自动化微信营销平台”、“夸克力ERP系统”、“夸克力CRM系统”、“夸克力投票系统”等多项互联网产品，为企业客户提供信息化建设、安全接入网方案、无线/有线网络集成解决方案、商用信息加密解决方案、商用DTU加密透传解决方案、互联网应用开发以及相关配套的培训服务。

所有产品中，夸克力的明星互联网产品当属“投一票”网投平台。

2015年，夸克力科技第一款互联网产品“投一票”平台正式投入市场运营。平台为企、事业单位提供高效、可靠的在线投票展示服务，主要包含微信在线投票、微信问卷调查、电子画册、特效场景制作、视频制作及在线展示等功能。

在“夸克力”工程师们的不断优化下，“投一票”平台具有可用性强、安全性高、响应速度快等多项优势。服务器采用“异地双活+多机镜像”，保证服务期间100%可用性。平台采用专业防火墙且投票规则多达5种，从手机短信到微信验证，交互、科学、合理地严防刷票。后台的服务代码经过千锤百炼，从业务到前端都实现毫秒级响应，加上专业级 CDN 加速服务，可不断为客户提升使用感受。除此之外，平台的 UI 设计师均拥有北大研究生学历，保证产品的设计方案大方美观。在“夸克力科技”的高效业务管理下，使得项目从需求对接到上线运行一般不超过 5 工作日，这使得“投一票”平台赢得了所有用户的口碑。

自平台开办以来，“投一票”累计注册人数达 4 万人，其中微信注册人数 37959 人。期间累计访问量 31188457 人次，日峰值访问量高达 142144 人次，日峰值流量达到惊人的 122GB！

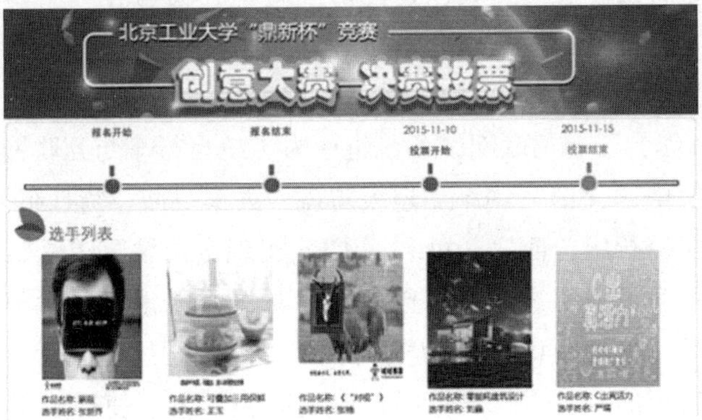

图 4　“投一票”产品

2016 年 6 月，随着 3GPP 组织（移动通信标准化团体）将 NB－IoT 标准协议（即“窄带蜂窝物联网”）确定为物联网通信的全球统一标准，不少互联网业内人士皆认为 2017 年很可能成为物联网大规模商用的肇始元年。据美国市场研究公司 Gartner 预测，到 2020 年，全球物联网设备将达 260 亿台，市场规模将达 1. 9 万亿美元；麦肯锡的预测更惊人，到 2025 年，市场规模将达 11. 1 万亿美元（相当于 70 万亿人民币）。

“我们正处在移动互联网时代与物联网时代悄然转换的节点，社会在发展，科技在进步，可以预见到一年后，硬件即服务的大时代将会到来，这不仅是一次技术的变革，也是一次价值观的变革。‘物’和‘用’将会更加紧密的结合在一起，届时”物权“的概念将被转变甚至颠覆，在此过程中需要不断储备、不断磨砺自身的技术实力，才有可能在新时代中站住脚，用更先进的科技，更人性的技术服务大众，从而‘物尽其用’。”夸克力创始人杨光说到，“夸克力科技应随时代而行，接下来，我们将不遗余力研发‘物联网’产品，抢占‘物联网’这个超级风口。”

三、创新与发展

自主创新，着力打造物联网品牌产品

“去年北京市政府提出了《北京市清洁空气行动计划》引导广大市民自觉践行绿色环保出行；市文明办、团市委、社工委联合发布了《3510绿色出行蓝天畅通永相伴》倡议书。在这样的政策环境下，越来越多的市民选择了购置自行车出行。随之而来自行车的防盗、管理、行车安全等问题会为市场带来新的需求，这些需求必然会诉诸“互联网+”、物联网这样的新产业新技术。借鉴汽车行业互联网转型升级的成功经验，我公司推出了”安骑客“（OnBike）智能自行车锁解决方案，将为人们带来更加方便、简单、安全可靠的生活方式。”公司创始人杨光说到。

“安骑客”作为一套物联网设备，将成为传统自行车与互联网的连接点，为所有骑行居民提供“无锁”锁车、超级防盗、丢车找回、骑行组队等多项功能。该项目对于个人骑行用户而言，可利用GPS实现定位轨迹追踪，使得无钥匙解锁更加简单方便。另外用户可自行创建骑行社区，邀请好友参与骑行活动，丰富日常健身生活。更具新意的是，“安骑客”通过鼓励用户骑行，在提供健身计划等多种健身教程的基础上，支持用户自建减脂计划，使得使用“安骑客”的用户们可以享受到骑行健身专业化指导服务。

对于传统自行车企业而言，“安骑客”拥有成熟的解决方案，使得在自行车上安装“安骑客”达到“0研发投入”的效果，从而快速形成产品，帮助传统自行车企业迅速转型。同时，该项目支持按需二次开发，可迅速形成知识产权，助力自行车企业成为行业技术的领航者。

对于社会而言，“安骑客”一方面倡导绿色出行，有利于推广《北京市清洁空气行动计划》，可在一定程度上缓解交通拥堵问题；另一方面，借由“安骑客”平台，不分男女老少，通过骑行增强力量，增加耐力，提高柔韧性和协调性，从而强健身体，符合《全民健身计划纲要》，提高人民身体素质。

“安骑客”开发前期，夸克力科技将部分精力投入到了市场调查工作当中。在前期进行的公开个人市场调查的统计结果显示，98.6%的问卷调查用户表示非常重视自行车安全问题，并愿意购买相关智能锁产品。公开调查问卷涉及调查对象200人，主要来源于自行车骑行协会用户，小部分来自街头繁华商业地段的随机调查。在前期进行的公开企业市场调查的统计结果显示，100%的被调查企业表示非常重视自行车物联网产品，并愿意投入一定的代价以购买相关解决方案，从而确保企业处于行业领先位置。公开调查问卷涉及企业16家，主要来源于北京、天津两地周边自行车企业，部分来自北京地区传统销售门店。

目前本产品已处于研发调试的中后期阶段，正在接受中期调试后的完善，预计在未来的两个月内完成完善工作，并小面积试水市场。在中期调试阶段，“安骑客”有2000多的个人手机用户进行软件试用，并定期基于应用反馈，针对试用客户反馈的问题由重到轻逐级解决相关问题，目前中试结果已达预期水平。公司预计将在连续两个月得到良好市场反馈的情况下，大面积进行宣传推广，扩大市场用户范围，正式面向市场；如若客户在试水阶段仍有大量不良反馈，公司还将完善开发，解决问题，并在连续两个月得到好评的情况下正式推向市场。

“安骑客”是一款倡导大众绿色、健康出行的“启发式”科技创新产品，它的问世，无疑是物联网大潮中的一场技术革新！

四、梦想与未来

夸克之内，别有洞天

与“夸克力科技”合作过的客户们对“夸克力”的产品都有着绝对的信任与情怀，但都曾对一事心生疑问——何为夸克？

量子物理学中著名的“标准模型”假设无法再加以分割的物质粒子分为两种，分别为夸克与轻子。但令人惊讶的是，夸克可能由更小的粒子组成。夸克之内是否别有洞天，仍是当今量子物理学领域中的未解难题之一。

“追求卓越，勇于创新”是每一位夸克力人永恒的价值观，正如人类对于夸克坚持不懈的探索与研究。回眸过去5年夸克力科技的自主创新之路，我们会惊叹于当年那只蚂蚁的顽强无畏，惊叹于那些科技产品的敢为人先。夸克力科技正怀揣着他们内心深处的梦想，向所有关注夸克力的人们不遗余力地证明：夸克之内，别有洞天！

“在即将到来的鸡年里，我们希望夸克力能够再接再厉，创造更多的价值，收获更多的荣誉。”夸克力科技创始人杨光说，“夸克力不仅是我们创办的一家公司，更是我们实现自我价值的平台。和而不同、追求卓越、勇于创新是我们走到一起，共同进步的精神纽带，也是我们的商道！”

2017，夸克力科技将成立独立的设计部门，聘请更加优秀的设计师，为客户提供更加出色的设计；

2017，夸克力科技将把互联网技术产品线化，以求为客户提供更加标准的互联网技术服务；

2017，夸克力科技将推广公司的物联网产品，让更多的人“用”到更多的硬件，让生活更加便利美好。

同时夸克力科技将大力提升自身技术实力，建立自己的技术储备，为达到更高、更远的目标做好准备，为提供更专业、更优质的服务而努力！

作者：张鑫

金相大赛：小圆块中的大天地

2016 年全国大学生金相技能大赛，二等奖

金属材料的使用通常遵循着“成分—组织—性能”的相互关系。金相即金相学，就是研究金属或合金内部结构的科学。不仅如此，它还研究外界条件或内在因素改变时，对金属或合金内部结构的影响。所谓内在因素主要指金属或合金的化学成分；所谓外部条件就是指温度、加工变形、铸造情况等。

由于一般金属表面比较粗糙，入射光产生漫反射不便于在显微镜下观察，因此表面要进行特殊制备，得到一个光亮洁净的，表面组织未发生任何变化的表面。通常来说，金相技术一般包括镶嵌、磨光、抛光、腐蚀、观察五个步骤。首先要从被研究对象上选取合适的部位进行切割，选择合适的观察截面后进行镶嵌，而在金相技能比赛中重点考察的是之后的磨光、抛光、腐蚀及观察。

图 1　第五届全国大学生金相技能大赛，在预磨时观察

一、金相初赛之校赛

作为材料学院的一名本科生，对金相并不陌生，但其实对于金相技术的接触还不深刻，也仅仅是停留在理论层面，至于具体上手操作还不熟悉。在校赛期间，学院专门准备了赛前自由练习的教室以及随时可以为我们提供技术指导

的人员，为我们提供了最好的参数条件。我利用赛前自由练习的机会，熟练磨光和抛光技术，和当时的技术人员探讨出现的问题以及解决或者避免的方法。比如，在训练过程中，磨光时我经常会出现样品边缘部位有方向不一致的划痕和蹭边的现象，给抛光造成困难，而换方向继续磨光时又会出现新的不一致的划痕，很是懊恼。当时，我便从耗材到设备到技术、从砂纸到样品到机器一个一个排除原因，最后发现是由于我在剪砂纸时剪得过小，导致砂纸不能恰好卡在预磨机的钢圈内，在磨光的过程中砂纸有些翘边，而在提起样品观察时，预磨机转速比较快，我没有迅速提起，所以翘起的砂纸又会蹭到样品的部分边缘部位，导致出现不一致的划痕。找到原因的我激动不已，找到合适的剪砂纸方法，控制好砂纸的大小正好卡在预磨机钢圈内，解决了“蹭边”的问题。

又有一次在抛光的过程中，总是出现横向波浪状的纹路，加抛光膏、加水后都没有明显的改善，有类似损伤层的迹象，我当即与技术人员孙胜君交流。在多次尝试后发现，造成这样组织的原因有二：其一，可能是由于在磨光时用力稍大，导致留下来损伤层；其二，在抛光时，应该沿与划痕垂直的方向进行抛光，而且应该多次更换抛光方向，避免损伤层的扩大，即使肉眼可见的损伤层在腐蚀过后也不是特别明显。

在平时的练习中，我发现总是细节决定成败，实验中每一步都在为下一步做铺垫，所以我专注细节，力求把每一步都做到极致完美，当你把每一步都做得无可挑剔时才能做出漂亮的样品。

在校赛的一次次比赛中，我经历了最初的“钻石面”到最后光滑平整的样面，发现“世上无难事，只怕有心人”。其实在我们的成长过程中有很多这样的例子，起初都不会一帆风顺，如果被开始的困难吓倒，那就永远看不到最后完美的结果。没有一条路会顺风顺水，也没有一条路会举步维艰，只有用心才会在重重坎坷前找到通向那个“光滑完美”的世界。

二、全国比赛备战

经历了校赛后，我们一行几位同学被选去参加全国大学生金相技能大赛，比赛安排在暑假期间的七月底，期末考试后我们也留校备赛，每天除了吃饭睡觉就是在实验室里跟小铁块“较劲”。有时候也会觉得疲惫，尤其在做不出好的样品时，但是我们几位同学互相鼓励，互相切磋，一起交流经验，一起探讨技术，也为枯燥的时光增添了几抹色彩。那些一同奋斗、一起努力的时光也成为我大学期间一份值得永远珍藏、时时品味的珍贵记忆。

指导老师魏建忠和宗斌老师都十分负责，在我们遇到困难而不知所措时给了我们许多指导性的建议，攻克了许多技术上的问题，在督促我们的同时也提醒我们要注意休息。魏老师严肃认真，对我们要求也比较高，每次不管遇到什么问题他都能给出可行的解决办法；宗老师经验丰富、注重细节，他对待我们的问题总能正中要害，治标治本，更在我们比赛时的心态方面给出了很多指导，让我们在比赛时能够从容应对，快速适应，也让我看到了除了比赛成绩之外的意义，让我觉得这是一件非常有意义的事。

三、参赛

带着激动而又忐忑的心，我们来到了主办学校——清华大学。优美的校园环境和深厚的校园文化让这座古老而又充满活力的名校散发着蓄势待发的气息。无心流连于校园美景，一心只想着比赛时的每个细节、每个可能出现的状况、每个技术动作。第一天是复赛，我的比赛时间被安排在下午 B 组，所以早上很早我就来到观摩室观看早上同学们的比赛结果。清华大学不愧作为一所顶尖级的大学，在比赛设施上都非常专业，更加便于大家交流、观察。每个比赛室都安装有高清监控，图像传输到观摩室，其他参赛选手、指导老师可以实时观察选手在比赛时的每一个操作。在观摩室观察时，我发现腐蚀时略比平时深一些投影出来的图像好看，和魏老师商量后，我决定把腐蚀的时间增加 1s。

下午比赛时，我进入状态比较快，所以开始比较顺利。经过 180 号、400 号、600 号、800 号砂纸后，在过最后一道砂纸时，意外出现了：由于比赛时的设备以及耗材和我平时训练时有差异，我总是不能控制好样品，再加上 1000 号砂纸太细了，总感觉样品浮在砂纸表面上，而以我的经验，这种情况发生时容易出现多个面，所以我立即拿起观察，但是惨剧还是发生了。我也没时间想太多，迅速换到上一道砂纸，磨去刚才的不平面。

在接下来的抛光、腐蚀中，我格外小心，按照平时训练的步骤按部就班。第一次腐蚀后在显微镜下观察时，发现有一道划痕，这时我注意到了距离比赛结束还有八分钟，按照以往的速度是可以进行第二次抛光腐蚀。我又立即加快速度，完成抛光腐蚀，在比赛结束前三分钟交上了样品。从复赛的整个过程来看，我发挥得并不是太好，主要体现在不适应比赛的预磨机，而在短时间内也无法找到适合自己的方法，所以在之后的半决赛、决赛时也出现了这个问题，我也只能通过平时的经验去尽量修正。

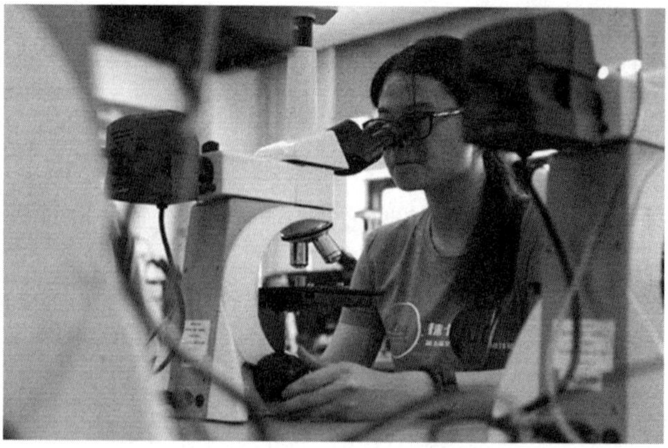

图2　第五届全国大学生金相技能大赛，显微镜观察中

对比赛场地的设备不适应这个问题我在比赛前也有想到，但是没想到会这么严重，一直贯穿始终。好在平时练习时，我也遇到过这种情况，知道自己该如何做，再加上心理上没有给自己太多的压力，心态很好，所以在比赛时遇到这种突发状况不会惊慌失措而影响整个比赛状态。

比赛结束后，我也认真思考过，庆幸自己平时练习得比较认真，也庆幸自己在练习时能遇到各种各样的问题，不至于在比赛时遇到平时没见过的问题而乱了阵脚。

回顾整个参赛历程，发现这不仅仅是一个简单的金相技能比赛，而是一个让我们成长的平台，在和来自其他一百多所高校的同学们同场竞技、互相切磋的同时，我们的技术得到快速的提升，我们的心灵也经历了一次历练，更加成熟。在比赛的那种气氛下，每个人的闪光点都能被激发，同时弱点也被放大，除了技术上的收获，我们更加收获了一次自我认知的机会。

作者：任笑薇

熠帆五方：篮球梦想的坚守与追求

2016 年荣获“创青春”全国大学生创业大赛，铜奖

日本动漫《灌篮高手》是一代人的青春，NBA 是男孩子们梦想的延伸。篮球是一项风靡全球的体育运动，但在顶级球员中，中国人的身影却很少。近年来，随着我国经济实力的增强，人民对体育消费的需求逐渐增加，国家的顶层设计、政策支持为体育产业发展提供了制度保障和资源扶持。资本市场也源源不断地向体育产业投入大量资本，体育产业发展迅速。

“熠帆五方”团队成员孙华锦、屈春阳，还有徐思迪，都是北京工业大学的学生，他们是三个从小接触并热爱篮球运动，对篮球有较深入了解的男孩。一直关注国内外篮球运动发展的他们，发现了在当今体育产业发展的大环境下，中国篮球发展缓慢的一些原因，他们希望通过开创一种新的篮球训练体系，在获得经济效益的同时改善中国篮球的发展现状。

图 1　“熠帆五方”团队成员合影（左侧为团队创始人孙华锦）

一、梦想的开端

中国篮球的现状催生创业机遇

十九世纪末，篮球这一运动在美国诞生，如今它已经成为了一项风靡全球的体育运动。中国是世界上人口最多的国家，但是在世界范围内有名的篮球运动员却屈指可数。从小学到大学校园，在篮球场上打篮球的青少年随处可见。但是这样庞大的青少年篮球人群，却同我国现有的篮球软硬件设施形成了巨大的反差。

随着我国经济实力的增强，近些年来，人民对体育消费等软实力的需求逐渐增加，可是篮球领域依旧发展缓慢。2014 年，国务院颁布了《关于加快发展体育产业，促进体育消费的若干意见》的 46 号文件，文件中提出：

（1）到 2025 年，体育产业总规模超过 5 万亿元。

（2）将全民健身上升为国家战略。

（3）支持符合条件的体育产品、服务等企业上市。

（4）支持符合条件的企业发行债券等非金融企业债务融资工具。

（5）对部分体育企业给予税收优惠。

（6）取消商业性和群众性体育赛事活动审批。

此后，资本市场逐渐向这一领域倾注，篮球事业也借着这股东风呈现出空前良好的发展态势。

创始人孙华锦从小受到家庭体育氛围的熏陶，很早就接触到正规的篮球训练，进入北工大后，在这个大平台上，继续着对这项运动的热爱，同时也结交到了日后的团队成员，为日后“熠帆五方”的成立奠定了基础。

随着年龄的逐渐增长，已经关注了篮球培训行业几年的孙华锦萌生了在这个领域干出一番事业的想法，跟朋友们说了之后，几个人一拍即合。不过，想在这个领域有所发展，除了有梦想和热情，还要有充分的准备。

之后，他们对北京市的篮球培训市场做了较为深入的调研，采用的方式是实际走访调查以及互联网平台搜集等，将北京市主要的篮球培训机构其运营模式、训练时间、训练体系、训练场地、收费标准，以及受众人群等基本信息做了统计和分析。

经过分析，他们发现了如下问题：北京地区篮球培训市场现状较为混杂，训练方式丰富多样，良莠不齐，训练场地不固定，训练受众人群主要是青少年，时间主要集中在寒暑假及法定节假日，缺少甚至没有专业训练设施，培训教练员水平差别较大等。

在他们寻求这些问题的解决方法时，熠帆资本与孙华锦达成合作意向，对此前其经营的篮球培训业务进行了整合及资本合作，于2016年1月29日成立了北京熠帆五方体育有限公司，同时将位于朝阳区豆各庄乡东村文化创意产业基地的五方运动中心，确定为公司的办公地点，作为他们团队的一个能够施展自己抱负的更大的平台。

从北京工业大学本科毕业至今，孙华锦一直任该公司董事长。北京篮球训练市场面临的重大问题，促使孙华锦一直在思考："我们可以为此做些什么？"

图2 熠帆五方公司网络主页

二、方向的探寻

知己知彼方能百战不殆

想知道自己的出路，就要知己知彼，了解市场上现有的那些培训机构的特色与短板。通过调研，孙华锦的团队发现，首先，现有的各类篮球培训机构，主要的竞争优势在于建立经营时间长，如哈林秀王、小飞人等篮球俱乐部，分别早在2004年、2006年就已初具规模，而且长期的企业营销及宣传使其有着较大的市场竞争力。其次，各家培训机构均有各自的竞争特色，如，国际篮球训练课程、外语教学练球训练、中考篮球集训等特色项目。除此之外，用户对培训机构的项目价格承受能力及地区分布的可选择因素，也是竞争对手的优势之一。经过调研，熠帆五方将市场目标定为幼教市场、校园篮球市场以及职业运动员市场。

现阶段，幼教市场尚未被完全开发，体育幼教的切入点模糊，所以熠帆五方规划以趣味篮球的角度进行切入并开发幼教市场。随着国家对于篮球的关注度越来越高，且关注对象日趋低龄化，好苗子的选拔将被赋予相当的重视。但当前篮球培训市场对于幼儿早前篮球教育的关注少之又少，因此，该部分具有极大的开发潜力及市场价值。幼儿篮球培训可以以篮球基本功、篮球表演为主，为公司未来青少年篮球特训计划培养优质生源。熠帆五方将通过自己的实际行动，在国家传播篮球思想理念、启蒙新一代篮球早前教育和提升基层篮球训练水平等方面贡献自己的力量。

在篮球幼教方面，熠帆五方提出了 Crazy Baby 计划，采用的是训练 + 亲子互动的模式，孩子们每周定时进行训练，收效良好，从家长的反馈来看效果也不错。一个已经在熠帆五方训练了几个月的孩子的家长说："在训练方面，五方的各位教练员对待训练工作一丝不苟，无论是什么水平的球员，他们在传授课程时都非常耐心并且严苛。这点是我非常看重的，我希望五方可以一直把这个特点延续下去。"

而校园篮球市场方面，虽然现有的篮球培训机构已有涉猎，但他们的训练不成体系，公司以自我销售为主（自主招生），且行业资源欠缺。青少年所聚集的校园篮球市场占有较大的市场份额，青少年出于个人对篮球运动的追求，以及其父母对于孩子的综合素质培养的需求，希望找到篮球培训机构满足此类消费意愿；其次，一线城市中的小学以及中学重视校园体育运动发展，渴望校园体育项目取得优异成绩，但自身硬件设施不齐全，训练水平不足以满足自身需求，希望得到高水平篮球培训机构的帮助或合作以提高自身成绩。他们认为在此方面，可以提高公司在整个篮球培训行业产品份额及盈利能力。

图 3　熠帆五方的教练在训练热爱篮球的孩子们

职业运动员市场的容量比较小，但同时市场拥有个体消费能力非常强的特点。针对这一市场特点，熠帆五方为职业运动员提供了专业的特训服务，以自身优质的教练团队、高水平的训练定制及先进的场地设施为优势，并结合我司的经纪职能为运动员创造更宽广的发展平台及篮球职业生涯发展途径。

经过一系列调查，熠帆五方将主营业务定位篮球专业培训和篮球相关经纪服务两大业务板块；业务服务的群体分为幼儿、青少年、半职业及职业球员，并制订了不同的训练计划；训练内容则以增强身体机能和强化篮球技术为主。他们希望结合当今中国篮球的发展，开创一种新的篮球训练体系，并且在获得经济效益的同时改善中国篮球发展的现状。

三、创新的光芒

别出心裁的训练体系

想在市场上成功生存下来，就需要有核心竞争力。他们的团队基于美国篮球特训体系，根据亚洲人种特质进行汉化处理，创立了自己独特的训练体系。他们聘请了来自美国（NBA、NCAA）、欧洲（欧冠球队）以及韩国的高水平外教、训练师等，采用中国教练与外教结合的方式，对球员进行特训，着重提升其场上表现力，强化其运动能力，同时加之科学系统的拉伸恢复，营养补充以帮助球员持续输出高质量的训练。此外，他们通过资源和市场的拓展引入世界先进篮球理念和运动康复体系，以此打造出一套较为完整的创新型的篮球训练体系和体育培训营销模式，并且在基础设施方面进行了相当数目的投资，包括专业器材和教练员两方面的投资。

树无根，亦无叶。打牢基础是篮球运动发展的重要环节。面对庞大的青少年市场，熠帆五方将全套特训体系经过改进与调整，衍生出更适合青少年的体系分支，逐步将与国际接轨的先进体系服务于更多青少年。为了取得更好的训练效果，在训练期间将新增专职人员进行专业的训练监控，数据及录像采集分析，阶段性训练报告等一系列强化措施。训练整体结束后对球员进行测评并与特训前数据进行对比，存放入球员个人特训档案。保证了球员在短时间的特训中各方面都有所提升。

怀揣“把最好、最先进、最正统的篮球教育带给中国孩子”的美好希冀，团队把着眼点放在了与学校展开合作上。目前，全国初高中，大学篮球校队对本校运动队成绩要求普遍较高，孙华锦认为这是一个机遇。他们抓住校方的这一心理，与其开展深度合作，为其提供优质高效的集体特训服务，以及为其重点培养对象提供高质量的测评及特训课程，甚至在学校所在地区建立分公司或子公司进行招生和课程销售。

2016 年 4 月，熠帆五方与北京陈经纶中学签署了校队训练服务合作合同，达成就陈经纶中学篮球运动队培训，相关篮球培训市场开发等业务的协议，他们聘用五方对其进行为期一年的训练。陈经纶中学篮球队是北京中学篮球队中的一枝新秀，在最近几年的北京市高中联赛中异军突起，连续几年取得不错的成绩，通过借助双方资源，双方达成了共同发展的合作意向，形成战略合作伙伴关系。

图 4 熠帆五方教练员到陈经纶中学给同学们做训练

2016 年 5 月，熠帆五方成立熠帆五方南京子公司，并与南京九中下属的腾龙篮球俱乐部达成合作意向，由熠帆五方为南京九中校队提供培训及经纪等服务。南京九中是一所篮球传统强校，学校建立了完善的运动梯队和体教结合的模式，曾经多次斩获全国中学生比赛冠军。与此同时，借助九中的品牌影响力及其他有关资源，熠帆五方也可向江苏省培训服务市场拓展。

2016 年 9 月 21 日，五方教练团队前往北京第八十中学，帮助该校女子校篮球队进行她们的首次特训。北京八十中女子篮球队是一支新贵球队，在最近几年的北京市高中联赛中作为“黑马”，取得了优异的成绩。八十中这次邀请五方对其进行特训，主要培养球队的整体磨合。五方外教从球员的基本功与体能着手，为球员在日后的训练中，总结出一套行之有效的体系。训练时外教对她们一视同仁，力量、体能训练标准与男球员一致，别看她们都是一群十几岁的小姑娘，却在训练中表现出了不怕苦、不怕累的精神，咬着后槽牙训练，令人佩服。

与此同时，熠帆五方也积极与各地区的篮协以及篮管中心寻求合作。在训练场所上，他们可派遣专业教练团队前往队伍所在地区为其提供高水平训练，地区青年队也可定时前往北京的训练基地进行特训。为了备战全国青年联赛，熠帆五方可以给全国运动会的队伍提供短期的、高强度、高效率的特训服务。

图 5　熠帆五方教练员给北京第八十中学的同学们做训练

四、感恩的反哺

感谢师恩，回报母校

如果说造梦的地方是在自己的脑海中，那么圆梦的过程，就不得不提到他们的母校——北京工业大学。北工大自主举办的“鼎新杯”创意创新创业大赛是他创业梦开始的地方，心里萌生出的“熠帆五方体育”的雏形，在学校组织的“创业训练营”中经过专业导师的指导和相关课程的学习，逐渐羽翼丰满，最终，他一步步完善了商业构想，顺利拿到了上海熠帆资本一期人民币 1000 万的融资。“创青春”大赛期间，在相关的各位老师的点拨下，他找到了公司的桎梏，及时调整了发展方向。如今，熠帆五方体育发展迅速，聘请到了曾供职于美国 NBA、NCAA 等联盟的专业教练，孙悦等国内顶尖球员也成了它的忠实客户。

孙华锦一直有工大情怀，他希望已经翱翔天际的熠帆五方，可以回馈给他无限支持与帮助的北工大。2016 年 9 月末，北京的树梢已经挂上秋意，北京工业大学男篮来到了五方体育中心，进行他们的首次特训。五方教练团队以队内的战术执行及球员磨合为主训练了球员。当时的北工大男篮正处于新老交替的关键时期——老队员退役，新入学的学员还没有适应比赛节奏。而五方教练团队要做的就是帮助新球员加速融入球队，使球队更快地捏合成一个整体。让球队在新赛季的征程中打出风格打出水平，能在强手如林的北京赛区中拔得头筹。

2016 年 7 月 11 日上午，校团委书记马立民与北京熠帆五方体育有限公司董事长孙华锦签订青年就业创业见习基地协议。校党委副书记沈千帆为就业创业见习基地授牌。

图 6　熠帆五方在为北工大男篮做训练

"今天我为工大自豪，明天工大为我骄傲!"这是北工大学生创业团队的愿望，也是北工大对于每个工大人的希冀。

五、未来的希冀

"熠帆五方"的未来不可估量

孙华锦，北京熠帆五方体育有限责任公司的负责人，他在创业路上不断成长、前行。

熠帆五方目前包括篮球专业培训和篮球相关经纪服务两大业务板块，业务服务的主要群体包括青少年、半职业及职业球员，内容以增强身体机能和强化篮球技术为主。

公司正在按照既定计划进展，各方面都较为顺利，已达到各阶段成果和目标。但仍需要完善内部的相关规程和管理制度，加快对市场的拓展和开发，不断提升自身的优势和核心竞争力，加快团队建设。

业务方面，五方特训体系在经典美式特训的基础上逐步完善，更新迭代，融入丰富的国际先进篮球理念及训练手段，配合五方运动中心的 NBA 水准的硬件设施和行业资源。他们已经对几十位 NBA、CBA、国手进行了专业的休赛季特训，伤后康复性训练，个人技战术水平提升，专业的经纪运作，让诸多球员在球场上展现出质的飞跃，达到了自己的职业生涯巅峰状态，良好稳定的效果也使五方篮球特训成为汤普森、霍华德、林书豪等 NBA 巨星来访北京参与活动之余保持身体状态，进行训练的首选。

不仅如此，五方特训还为大量青少年球员、CUBA、CUBS、NBL 球员提供了专业级别特训及相关服务，积累了丰富的经验技巧，对市场深刻的认识；在业内树立了绝佳的口碑与品牌效应，独占国内训练机构的龙头地位。他们已经与NIKE、乐视体育、腾讯视频、新浪微博进行合作；匹克则是他们在运动装备方面的合作伙伴。

在中长期规划的拟定中，公司预计将业务进一步拓展到幼儿年龄段的篮球基础特训、初高中及大学校队的训练合作、篮球赛事的特训服务、赛事运营及策划、海外游学留学等方面，逐步建立以篮球特训为核心，功能多元化的体育公司。

从地域上来讲，成立一年的熠帆五方已经将业务扩展到了与北京遥相呼应的南京，但他们认为这还不够。孙华锦说，他打算在五年内将公司业务拓展到南北方各五个城市。

他们曾发布在新浪微博的一篇文章中这样写道："我们不创造梦想，我们只是你梦想的助推器。"

也许有一天，在篮球领域、这世界，会因为熠帆五方变了样。

作者：刘沙

大头科技：共享，让艺术触手可及

2016年全国大学生创业大赛“创青春”，银奖

在艺术品这个市场上，国内环境较国外发展较为稚嫩：中国每年产生1.1万名新兴艺术工作者，而其中大部分因创作变现困难，被迫放弃艺术生涯；与此呼应的是大量艺术产品被闲置或遗弃。相反，在艺术产品需求方面，大量消费者因艺术品及服务价格高昂而放弃购买，有消费倾向的客户普遍存在艺术鉴赏能力不足的特点。

由此，数所顶尖大学的学生于2015年共同创办大头科技（北京）有限公司，核心项目为“猫八”（Mulbart）艺术共享服务中心。其是供需双方平等沟通和精准对接的共享服务中心，同时解决双方用户痛点，实现闲置的艺术产品与需求的精准共享对接，形成循环共享模式，为优秀的艺术作品寻求更多客户。签约高水平艺术院校学生，提供经纪服务。使新兴艺术工作者达到推广展销其艺术产品的目的，同时使闲置艺术产品得到有效利用，产生收益；满足艺术产品需求者低成本获取高水平个性化艺术定制的需求，同时使其获得大量艺术品鉴赏的机会，提升鉴赏能力。

图1　“大头科技”团队成员合影（中间为团队创始人杜济舟）

一、环境产生机遇

（一）宏观环境

1. 个性化定制

“互联网+”正在重塑和不断发展着文化产业的价值链。如今，创意已经有一个很大的变化，即创意集成化，在“互联网+”的条件下，通过社交媒体，通过众包、众筹等方式，有可能促使更多人实现观念、思想上的相互碰撞，“思考资源”远远比过去丰富。这样一来，物质生活已经得到初步满足的中国市场开始了“私人定制”的道路。其中通过互联网，人们看到了更多的可能性，也有了更多选择的空间，某种意义上改变了买卖和卖家信息不对称的情况。而这种“私人定制”不仅仅是节约时间成本，更重要的是彰显个性化和生活品位。

而猫八的产品正好可以满足这种“私人定制”的需求，猫八的产品都是出自高水平、高质量的新兴艺术工作者之手，这些高端有档次的艺术品可以充分满足消费者对于个性化的需求，更可以提高其生活品位，完美实现消费者的内心所想、生活所求。

2. 精神文化需求

进入新世纪以来，我国经济社会持续快速健康发展，已从解决温饱、达到小康到全面建设小康社会的关键时期。这一进程中从居民消费看，有两个重大变化：一是精神文化消费已进入快速增长期；二是精神文化消费结构出现快速变动和升级的趋势。

居民消费需求的显著变化说明，人们在温饱等最基本的需求得到满足后必然会追求精神上的丰富，我国已开始由传统的以实物消费为主向实物消费与服务消费（特别是文化消费）并重转变，精神文化消费进入快速增长期。

而猫八的一系列产品和服务都百分之百属于精神文化产品，也就是说随着整体市场的不断扩大，猫八的市场经营也会随之进一步发展。并且猫八的产品和服务属于中高档精神文化产品，不仅仅可以填补国内现在该市场四分之三的消费空白，更有深层次的市场潜力，并且可以占有较大分量的市场销售额。

3. 艺术人才体系的形成

2015 年年底，中国教育国际交流协会主办教育与文化创意产业研讨会，教育与文化创意产业领域相关人士就如何加强中国文化产业人才培养、构建高等艺术教育体系、推动中国特色文化产业走出去和提升文化产业软实力等话题展开讨论。

中国的艺术人才资源、教育体系正在不断地完善，并将在不久的将来形成一个较为完善的体系。在这条长长的产业链上，有教育、艺术品零售、拍卖、设计创意等众多具体行业与其息息相关。猫八要做的就是在中国未来的艺术人才体系中抢占先机。

首先，猫八所创造的共享模式形成了一个综合性的平台，向众多艺术工作者和消费者双向开放。综合性的平台不仅让传统的艺术品手递手交易形式转变为多元的销售渠道，艺术交易链条进一步获得拓展。这样一来，当众多艺术工作者参与到猫八的线上活动，猫八将会初步收集这些艺术工作者的信息和资源，将其转化为线下的人才库。在初创阶段，主动参与猫八线上活动的多为青年艺术工作者，这部分人群还没有被现有强大的拍卖公司和艺术经纪公司垄断，猫八希望可以通过共享模式让这部分青年艺术工作者主动参与到猫八的线上和线下活动，以强大的互联网黏着性吸引这些青年艺术工作者，在满足客户产品需求和艺术工作者收益的同时，在众多青年艺术工作者的身上打上猫八的烙印，使这些青年艺术工作者成为猫八的代名词。

而艺术教育的市场前景则更为广阔，猫八在这点上有强大的自身优势。猫八的合作方为清华美术学院，作为中国艺术最高学府，清华美院可以说是艺术教育市场的权威。猫八以清华美院强有力的专业知识和专业技巧为支柱，对广大群众进行普及性艺术教育，吸引众多对艺术感兴趣的人群：专业艺术生、艺术爱好者、相关艺术从业人员。让人们在了解接触意识开始就对猫八留下良好的印象，成为艺术市场的一块金字招牌。

（二）微观环境分析

1. 企业消费者

我们的主要企业服务对象是众多互联网企业和文化创意公司。对于互联网企业和文化创意公司，高品位和个性化的艺术品、艺术装饰不仅仅是对其公司内部建设的一种提升，更可以提高其整体企业形象。所以这两种企业对于猫八的产品服务有较大程度的需求，在我们前期进行的市场调查中显示，有 90% 的受访企业对于猫八的产品和服务有强烈的兴趣，并有立刻接触洽谈的意向，5% 的受访企业表示有兴趣但并没有购买想法，只有 5% 的受访企业完全没有兴趣。

2. 个人消费者

对于个人消费者而言，猫八主要将市场细分为高端白领阶层和艺术爱好者。其中高端白领阶层和企业消费者有相同的需求，即彰显个性和提升生活品位。猫八的产品出自各大艺术高校（现阶段为清华美院），高质量的艺术品可以满足其对于个性的要求，而充裕的产品数量更给了这些高端白领选择的空间，有不同的产品针对其诸多要求。而艺术爱好者会出于完全艺术角度或情怀选择艺术产品，猫八良好的线上宣传和自媒体运营会在其进入艺术圈的最开始将这些艺术爱好者吸附，并凭借猫八线上宣传和线下活动的有机结合，将这些艺术爱好者渐渐转化为猫八的潜在用户。

3. 艺术工作者

对于众多青年艺术工作者、在校艺术生和小题材艺术工作者而言，现在以书画为主的艺术市场并没有给予其展现自身才华的途径，也没有销售其作品的途径。猫八则为这些人群提供了一个绝佳的机会和平台。

首先，猫八在自媒体运营的过程中会和一些艺术工作者合作，对其进行包装和宣传，并在线下进行有针对性的活动，如作品展、拍卖、艺术教育等，给这些艺术工作者一个展示自身才华思想的空间。

其次，猫八会将这些艺术工作者的作品在进行包装介绍之后放到猫八的互联网平台上，并在作品通过拍卖、租用、直接销售等方式后收取部分佣金，将绝大多数的收益转移给艺术工作者，原本只有少量经济收益的艺术工作者的生活水平将得到大幅度的提高，也有利于更深一步的艺术创作。

最后，猫八更是一个艺术交流的空间，众多和猫八合作、进行创作的艺术工作者会有一个整体的艺术氛围，并且可以在相互交流之间提高自己的艺术创作水平，激发创作灵感。

二、创造独特，打造前沿

独创的平台概念为猫八项目稳固优势

猫八是前所未有的，在满足消费者和艺术工作者双方的前提下还可以实现收益，并且在此基础上形成猫八自身的品牌形象。它结合领先的互联网理念和共享平台，打造前沿的艺术交流共享和盈利模式，使整个行业再一次创造巨大价值成为可能。

（一）独创的租赁式共享模式

猫八将创造综合性的共享平台，向众多艺术工作者和消费者双向开放。从而使传统的艺术品手递手交易形式转变为多元的销售渠道，艺术交易链条进一步获得拓展。

（二）国内外顶尖艺术资源及高校艺术资源

猫八拥有国内外顶尖艺术家资源、博物馆资源、艺术院校资源。

（三）互联网 + 艺术的运营模式

对于众多青年艺术工作者、在校艺术生和小题材艺术工作者而言，现在以书画为主的艺术市场并没有给予其展现自身才华的途径，也没有销售其作品的途径，成为了被忽视的艺术资源。猫八则在自媒体运营的同时与这类艺术工作者合作，对其进行包装和宣传，并在互联网平台上盈利，将大部分收益转移给艺术工作者，使他们在更高的生活水平之上进行创作，从而实现一个良性循环。

（四）前沿性

与古董拍卖的传统艺术交易商不同，猫八经营的艺术品来源于新生代的艺术工作者，因而更偏重于当代和前沿的艺术，与潮流同步。同时会创造一个整体的前沿艺术氛围，这些艺术工作者可以在相互交流之间提高自己的艺术创作水平，激发新的创作灵感。

（五）艺术走进生活的理念

目前中国群众在物质需求达到初步满足的同时，开始追求精神文化方面的认知，群众对于艺术品、艺术服务的整体需求在提高，因而有必要满足消费者对于生活中艺术品的需求，并逐步实现“艺术走进生活”的理念。

三、稳步运营，持续创新

团队为项目制定新商业模式

（一）循环共享模式

闲置的艺术产品与服务，与个性化的艺术产品及服务需求共享对接，在解决双方需求的同时，降低双方成本，实现了艺术服务领域的 Uber 模式。

猫八以互联网为工具，以网站为主要运营方式，为新兴艺术家提供展示自我的平台（签约新兴艺术家），为艺术工作者提供交流合作的渠道（建立艺术家管理体系），为艺术需求者提供定制化、个性化产品和服务（艺术加工、艺术品交易），为普通人提供艺术感知和艺术教育机会（线下展览和线上教育）的综合性平台。

针对不同的客户群体，猫八有自身独特的产品和服务来满足其需求。而对于猫八价值链的上下游两端：艺术品的提供者——艺术家和艺术品的需求者——实际客户而言，猫八的存在节省了双方的交易成本和信息费用，可以促进二者交易高效高质达成，实现双赢。在此过程中，猫八起到的只是媒介的作用，以较低的成本撬动高额的回报，实现股东权益最大化的最终目标。

（二）艺术工作者经纪

猫八与艺术家签约，成为艺术明星经纪人，并利用自身资源为艺术家提供诸多展拍渠道，捧红艺术家。猫八与艺术家有长达数年的作品独家代理合同，推出艺术家的作品价值会有成倍的增长。

同时，猫八签约有潜力的在校艺术生或毕业不久的艺术工作者，不与传统艺术行业巨头硬拼为数不多的大师资源。将草根艺术家培养成大家名家后，该艺术家会成为猫八的骨灰用户，并给猫八带来极大收益。

（三）新运营方式

猫八为新兴艺术工作者提供了一个可以展出自己艺术作品的平台，在校或者是刚刚毕业的艺术生可能会面临资历不足和在艺术圈屡屡碰壁的情况，每年中国产生的高水平新兴艺术工作者数量达 1.1 万人，猫八作为一个艺术工作者展示自我的平台，可以让大多数的高水平艺术工作者进入猫八从创造的艺术体系，通过猫八的项目让自己的作品以多种方式出现在城市的各个角落，并能获取一定的经济收益。

并且对于艺术工作者——猫八为其提供一个与其他艺术工作者交流和合作的平台，他们可以在猫八这个平台上形成艺术社群，相互之间可以进行充分的艺术探讨并激发自身的创作灵感。

对于艺术需求者——猫八为其提供了一个与艺术家连接的纽带。猫八为艺术需求者提供了一个与艺术面对面而且没有门槛的平台，人们可以与艺术工作者以及艺术品近距离的接触，而不会受到那种艺术品和美术馆高不可攀的观念束缚。猫八可以为艺术需求者提供艺术品的新模式加工服务，对艺术需求者的室内进行装潢是艺术加工服务的一种，我们可以根据一些公司客户的需求对其整个公司进行室内的艺术品装潢的服务。我们根据公司的需求无偿提供艺术品进行展览。我们的模式是将艺术工作者为我们提供的艺术品在我们客户的办公场所进行无偿的展览，客户如果喜欢艺术工作者的艺术品，并且希望买下这件艺术品，可以通过猫八平台直接与艺术工作者联系。

这种模式很好地将艺术工作者与艺术需求者联系到了一起，在客户的公司就像是一个艺术馆，我们可以根据客户的需求定期对客户的空间进行不同风格装潢。根据客户的不同需求和不同的价值定位，猫八将为不同的公司可以定制不同的艺术品。客户可以通过我们在猫八的官方网站，为一些公司定制的室内装潢或者艺术设计来选择自己钟爱的模式，也可以根据自己的需求通过猫八来独家定制属于自己公司风格和价值的室内风格。

四、现在时与未来式

团队现有成果和未来期望

（一）现有成果

1. 成熟的应用程序

图 2　艺术品展示页面

2. 固定合作单位

猫八的合作单位具有顶尖名家（如张大千、齐白石等大师）的部分作品所有权，同时具有策划大型展览及拍卖会的能力。已建立合作的部分展拍机构也会定期举行大型展拍活动，猫八认定的优秀艺术作品也会在活动中进行展览拍卖。

猫八已与商务印书馆等国内顶尖出版单位建立合作联系（现已出版过一册《张大千作品集》），绝对有能力提供给艺术工作者出版高水准作品集的支持。

3. 空间共享

目前实现共享的空间主要集中在商业楼盘，猫八已经与数个房地产商签订协议建立合作，计划开展多种业务。

（二）未来期望：互联网模式的个性化产品服务平台

当猫八的影响力在各大艺术高校全面展开、在社会中形成一定的话题性、在客户群体中树立了一定的品牌形象之后，猫八将会升级为互联网艺术交易平台。艺术品线上交易，艺术家和客户的无缝对接，艺术家经纪人等经营项目会有更庞大的市场占有率，更高效的交易率，更便捷的交易方式。此时，猫八将会以专业化、个性化的产品与服务和独特的商业模式，成为艺术品产品与服务市场的阿里巴巴。

团队将不忘初心，秉承“共享，让艺术触手可及”的主旨；

今天的猫八，只供需双方平等沟通和精准对接的共享服务中心；

未来的猫八，将是消费升级时代的个性化共享电商服务平台“独角兽”。

作者：杜济舟

睿新明德：搭建艺术与生活的桥梁

2016 年“创青春”全国大学生创业大赛，铜奖

2016 年“创青春”首都大学生创业大赛，银奖

2000 年以来，中国艺术市场在持续发展的过程中，已经逐步形成了以专业画廊为主体的一级市场（或称专业零售市场）和以艺术拍卖为主体的二级市场（或称二手市场）。随着中国艺术市场的发展，长期以来没有理顺的结构性矛盾和艺术产业畸形发展的问题开始暴露。针对此问题，本公司迅速响应行业需求，开展艺术家经纪人业务，通过艺术品策展参展中心、艺术品定制服务中心、艺术信息交流中心、艺术品代租代销中心，搭建艺术品市场供给侧（资深艺术家与新兴艺术家）与消费侧（艺术品使用者与投资者）的桥梁，完成艺术品供需对接，实现艺术品在市场中的有效流动，实现艺术家品牌提升。最终通过明确艺术品估值，提高艺术品流动性，实现艺术品市场的金融化挖掘。

图 1　“睿新明德”团队成员合影（前排右二为团队创始人陈久盈）

一、我们是谁

一家有着大目标的小公司

北京睿新明德科技有限公司（Beijing Raise Mind technology co.，LTD）成立

于2015年7月，是一家将信息技术开发与艺术相融合的大学生创业公司。公司总部设立于北京经济技术开发区嘉捷科技园；科技研发基地设立于沈阳国际软件园；艺术鉴赏中心设立于北京市朝阳区雅宝路国雅大厦。经过11个月的前期运营调整与市场拓展，公司已全面开展“元艺术”项目。该项目的愿景是通过信息化手段打造中国第一家艺术家经纪公司，还给艺术创作者一个只有诗与远方的世界。目前公司合作意向书已签署27名资深艺术家，5名新兴艺术家，战略合作协议已签署1家画廊（导入艺术家40余名），1幢大厦，1个贸易平台。

公司预计通过五步走发展战略，完成艺术品供需对接，全面挖掘艺术品横向生态链、纵向产业链，并全力推动艺术品货币性质发掘。第一步，通过“元艺术”项目建立中国第一家艺术家经纪人公司，深度挖掘艺术家资源。第二步，艺术品代租代销中心通过添加非艺术家的个人艺术品代租项目，拓展业务范围，更大规模地明确艺术品租值，提高艺术品流通性。第三步，艺术品策展参展中心引入互联网+概念，完成策展参展服务自主化。同时，将艺术品策展参展中心的重点产业链上延至策展辅助性行业，如施工业、运输业等。第四步，艺术品定制服务中心引入“互联网+”概念，完成定制服务自主化。同时，将艺术品定制服务中心的重点产业链上延至定制辅助性行业，如工厂、原材料制造商等。第五步，经过以上四步的流动性革命后，艺术品具有一定货币属性，可以对艺术品金融化产品进行探索与开发。

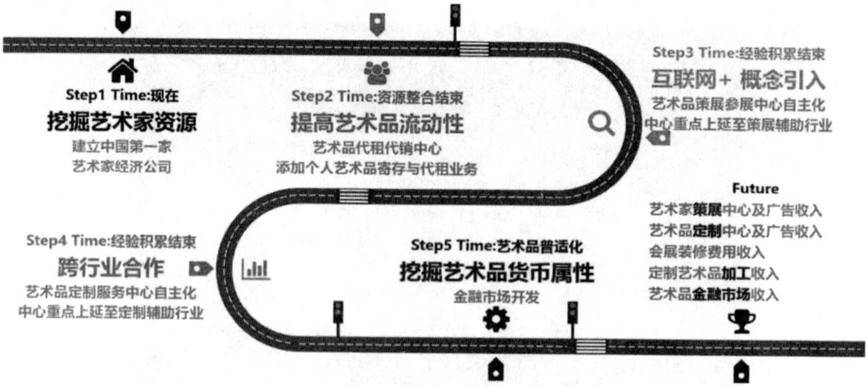

图2　公司规划图

二、我们解决什么问题

行业的问题与痛点

2000年以来，中国艺术市场在持续性发展过程中，已经逐步形成了以专业画廊为主体的一级市场（或称专业零售市场）和以艺术拍卖为主体的二级市场（或称二手市场）。随着中国艺术市场的发展，长期以来没有理顺的结构性矛盾和艺术产业畸形发展问题开始暴露，主要体现在以下四个方面：

第一，艺术品估值混乱、变现能力差，导致艺术品流动性低。由于我国艺术品市场未形成一套科学合理的评估鉴定标准，加上消费者对于“名家出品”的盲目追捧，使得许多画廊或拍卖行在交易时的成交价格远超产品实际价格，让多数消费者无法承担；对于新兴艺术家而言，由于未被公众足够认可，作品少有问津。以上现象均导致艺术品行业流动性过低，艺术品变现能力差。

第二，艺术家分层明显，艺术家之间的互动交流少。我国艺术家的分层较为明显，一些为德高望重的书画大家，一些则为刚刚起步的艺术新星。两个层次的艺术家，甚至同一层次内的艺术家缺乏一个交流互动的平台。

第三，艺术家的商业价值和艺术价值不匹配。许多艺术家潜心创作，对自身的艺术价值和其艺术品质定位不清晰，加上消费者对艺术品价值的判断过多依赖于艺术家的名望，而不是基于艺术品本身。尤其新兴艺术家，由于未得到公众足够认可，他们作品的定价往往不能真实反映其作品的艺术价值。

第四，艺术市场对新兴艺术家的接纳程度低。艺术行业是一个十分看重艺术家声望、作品收藏价值和升值空间的行业，无论是大众消费者、还是画廊和拍卖行等艺术机构对于新兴艺术家的认可程度均较低，新兴艺术家想要在艺术行业占领一席之地十分困难。

以上四个行业问题，产生的行业痛点为以下四条：

1. 艺术家琐事缠身。对于资深艺术家来说，其艺术价值虽已获得市场的认可，但为了维持在市场中的知名度，需经常参加晚宴、交流会，甚至商业活动来提高和维持自己的知名度。对于新兴艺术家来说，由于入行较短，艺术价值尚未获得市场的普遍认可，更需经常出席交流会或商业活动来打造自身的知名度。

2. 新兴艺术家生存困难。由于多数新兴艺术家成长期短，无重要的国际展览和学术成果，导致新兴艺术家凭借自身很难提高市场认可度，缺乏专业的人员帮助推广其作品。

3. 艺术想法交流困难。不同层次、不同领域艺术家之间的交流有助于触发创作灵感，提升创作水平，但目前艺术家大多通过艺术交流展、画展等方式进行短暂的交流切磋，缺乏长期、稳定、便利的交流平台。

4. 艺术品变现困难。由于艺术品定价缺乏统一标准，对升值空间的预估较为主观，因此艺术品变现周期较长、流动性差。

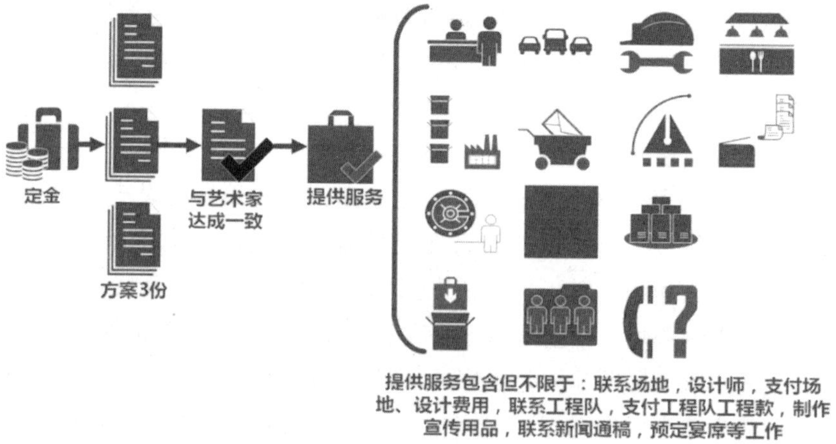

图 3　混展业务流程图

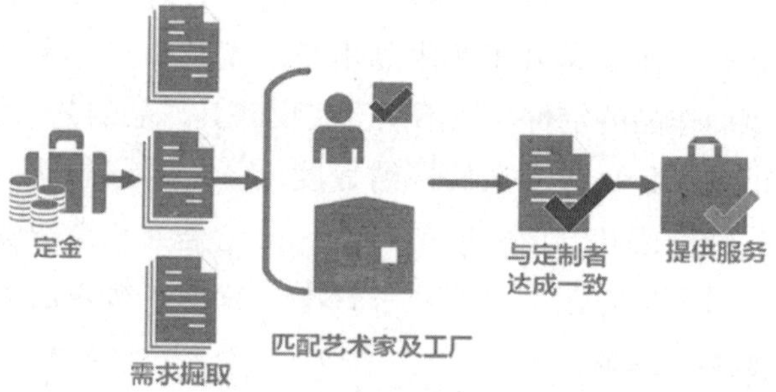

图 4　艺术品定制业务流程图

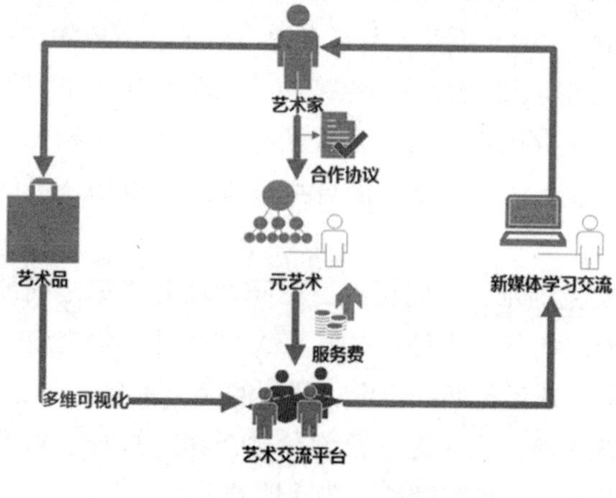

图 5　艺术信息交流业务流程图

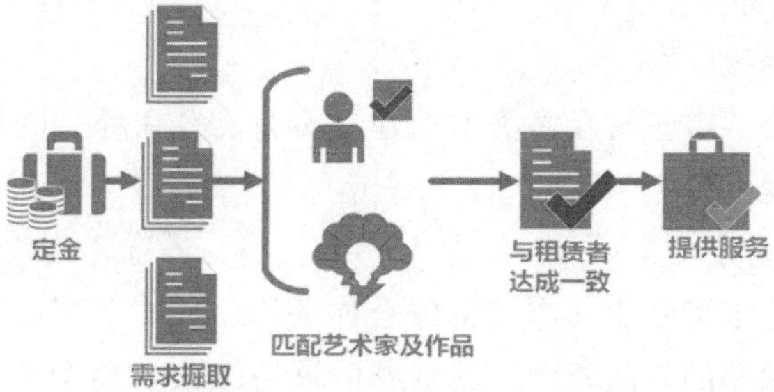

图6　艺术品代租代销业务流程图

三、我们靠什么活下来

优势与策略

艺术市场逐渐发展起来，团队期望为艺术与生活搭建一个方便快捷又不失质量的桥梁，并且在市场中取得一席之地，良好的软硬件基础必不可少，因此，团队各方面的优势体现了出来。

（一）创业团队优势

公司主创团队包含著名青年策展人1人，新兴艺术家1人和SK金牌合伙团队。

1. 著名青年策展人

李美娜曾在人民大会堂、国家美术馆及众多地标性会展中心办过影响力巨大的展览，人民日报、新华网和腾讯新闻等众多一线媒体对其展览进行跟踪报道。她在策展方面丰富的经验，助力元艺术高速顺畅地搭建策展服务中心。

2. 新兴艺术家

张元为ALFERD艺术学院毕业生，众多优秀的艺术作品在美国展览（宾夕法尼亚州展览2次，纽约州3次，加利福尼亚州1次），其独特的艺术风格受到美国艺术界的巨大好评，现携大量美国艺术家资源回国，力求将元艺术打造成艺术家梦想的家园。

3. SK金牌合伙人及其团队

有极高的技术功底，曾搭建过多个跨国交易平台。现因为对艺术品市场互联网化前景无比看好，携整个团队加入到元艺术项目。以丰富的技术经验，协助元艺术搭建艺术信息交流中心。

（二）渠道优势

1. 场地资源优势

通过普适性公益讲座与众多美术馆建立良好合作关系，为策展参展服务提供十分充足的场地资源。

2. 宣传渠道优势

与国内多家艺术类专业杂志有良好合作关系，同时公司的战略合作伙伴在美国也有着非常深厚的新闻资源，其筹办的展览多次被美国中文电视台及波士顿环球报道（全美华人关注度最高的电视台和美国波士顿发行量最大的报纸）。另外，公司线上有公众号一个，画廊网页一个，与众多美术馆公众号及艺术家群体友好互联，具有丰富的线上线下宣传渠道。

3. 销售渠道优势

公司现根据明确的市场定位，已与诸多高端英语教育机构及文化公司建立良好合作关系，有巨大的潜在客户资源。

4. 艺术家资源优势

公司与签署意向书的艺术家都有良好合作关系，高端艺术品获取渠道畅通。同时，公司与新兴艺术家签署了知识产权协议，拥有新兴艺术家签约作品的知识产权。

（三）市场优势

1. 广大的用户优势

所有签署意向书的艺术家在正式签署合同后，将免费拥有使用艺术交流平台的权利，通过前期用户积累，实现平台产品快速迭代升级。

2. 推广渠道优势

公司与厦门的一个文化创意产业园区正在据具体事项进行合作洽谈，该园区每年可以推出一到两个新兴艺术家的纪念品。

（四）经营理念优势

1. 盈利模式优势

本公司通过给予艺术家、场地和租赁单位较高的分成比例，达成与其良好的合作共赢模式，从而能巩固现有客户资源并吸引新资源。

2. 租金评估优势

本公司拥有大量艺术家资源，可以更加准确地评估艺术品租值。

公司项目作为一个全面的艺术品服务平台，团队在产品、定价、销售渠道和销售方式都定制了符合市场的策略。

（一）产品策略

1. 策展内涵挖掘

策展内涵挖掘，即在策划展览时除了展现艺术品的外在形式，也要注重其背后具有的意义。具体来说，专门针对某位艺术家的作品进行展览时，可针对在展的所有艺术作品设立鲜明的主题；在对不同艺术家的作品进行综合展出时，可将其作品背后的故事、艺术家创作意图以文字或影像的方式加以表达，以增强艺术家作品与消费者的共鸣和联系。

2. 品牌

注重品牌策略，即借助艺术品本身的品质和创意性，以及媒体宣传效果，加强对创作此艺术品的艺术家的包装和推广力度。尤其对有实力的新兴艺术家，公司致力于通过品牌效应增加其知名度。同时在此过程中，公司自身也将通过良好的信誉被艺术家和消费者所熟知和认可，继而形成品牌优势。

3. 多样化

公司致力于全面挖掘艺术品横向生态链、纵向产业链，完成艺术品供需对接，针对不同顾客群体开展不同的业务内容。主要产品服务有：艺术家经纪人服务业务，深度挖掘艺术家资源；艺术品代租项目，明确艺术品租值；自主化策展参展服务，将产业链上延至策展辅助性行业；艺术品定制服务，着重包装推销新兴艺术家作品，并对艺术品金融化产品进行探索与开发。

（二）价格策略

1. 渗透定价

为使公司产品能够迅速进入市场，我公司在充分考虑成本、竞争状况和产品需求的基础上，采取渗透定价策略，从而吸引大量客户，赢得较大的市场份额。公司制定价格时充分考虑到市场状况，定价如表1所示。

表1　北京睿新明德科技有限公司产品价格表　　单位：万元

产品或服务名称	价格
策展服务	60
业务拓展	0.1
艺术信息交流中心	5
艺术品代理服务	4

2. 需求价格弹性

通常情况下，公司所提供服务的需求价格弹性系数小于1，主要由于公司的资源、技术和宣传优势能够为顾客提供差异化产品，即使有提供类似服务的公司，公司本身的可替代性较小。因此，在具有一定市场占有率后，可随艺术品创作者名气的渐增，在一定程度上上调产品价格而无须担心需求量的大幅下降。

（三）渠道策略

1. 多渠道营销

公司通过导入已签订扶持计划书意向书艺术家的各种资源，如中央美术学院、美国 ALFERD 美术学院、纽约瑞普特艺术学院等，广泛挖掘艺术家及艺术品资源。同时，通过引进已签订意向书的著名画廊的艺术家资源，并与画廊开展合作办展等业务提升本公司在同领域的知名度。

2. 多区域营销

公司总部虽设在北京，但业务区域范围不局限在北京及周边城市，而是以北京为中心向全国各地，尤其是国内诸多艺术家经纪人空白市场发展。例如，在沈阳设立科技研发基地，结合该区域经济发展特点及艺术家创作风格，提供专业化、差异化服务；在美国 T + H 画廊建立宣传和销售渠道，结合中国的文化特色将服务渗透到国外艺术理念中。

（四）促销策略

1. 新闻宣传

公司与国内多家艺术类专业杂志建立了良好合作关系，可充分利用国内外深厚的新闻资源，以及公司设立的公众号、网页，对公司产品服务进行线上、线下无障碍宣传，以广泛吸引艺术家资源。

2. 以画抵费

针对资金短缺的艺术家，本公司在向其提供产品服务时，可允许其用作品的使用权或租赁权抵消策展费用或入会费，在有效缓解艺术家经济压力的同时，可与艺术家建立良好、互惠、稳定的合作关系，从而获得更多的艺术品资源。

图 7　公司标识

四、我们的未来与梦想在哪里

化繁为简，让艺术与生活互通

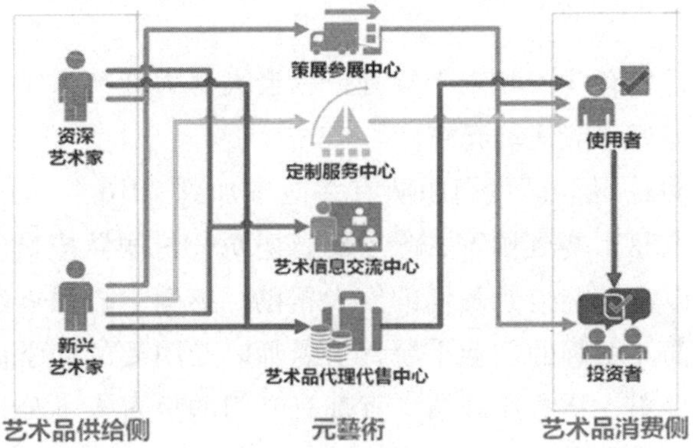

图 8　公司结构

公司主题元艺术的标识源于山、水、人之间的联系。图案上方绿色代表艺术家，使用山形是依据艺术家是艺术品的制造者，是艺术品的根本；图案下方蓝色代表艺术品，使用水蓝是欲通过水的流动性表达本公司对艺术品未来的愿景；图案中间黄色代表元艺术，试图通过联结艺术品与艺术家，实现公司价值。该标识通过暗喻的手法，体现元艺术让艺术回归本源的理念。对于人类社会，其本源是山水人。对于艺术，其本源就是艺术家与艺术品。我们的团队秉承着公司标识一样的理念，搭建艺术与生活的桥梁，让更多人接触到艺术品，让艺术家能创作更多更高质量的艺术品，我们已经做到了：

（1）通过资深艺术家对艺术品进行租金评估，规范艺术品市场，提高艺术品流动性；签署意向书的资深艺术家 27 名，通过战略合作导入的国际著名艺术家 40 名。

（2）建立新兴艺术家培养体系，以资深艺术家带新兴艺术家，提高新兴艺术家知名度；搭建元艺术信息交流中心：对已签约艺术家上传的作品进行多维可视化处理，让艺术家足不出户多维多角度观摩高端艺术品，同时该中心还外设评论功能，完成艺术家之间的信息对接，实现更高质量更高频率的艺术家信息交流。

（3）线下艺术普适性讲座结合线上新媒体平台进行信息传播，提高公众艺术素养；完成展览 2 个：2016 年 4 月 18 日，携约瑟夫 · 希尔（Joseph Scheer）

作品40幅，赴烟台美术馆开展普适性讲座，获得业内高度认可，接到十余座地方美术馆邀约；2016年5月11日，携奇奇·史密斯（Kiki Smith）作品9幅，赴深圳参与策展首届中国板画艺术节，深圳市副市长莅临参展。

（4）以新型信息技术引领艺术家探索新媒体艺术，形成艺术品新型创新机制。

元艺术将通过现有业务和未来规划，尽最大努力让艺术家能够纯粹地创作艺术，让艺术品能如水般流动起来。

在学校团委的号召下，我们团队有幸能参加到2016年全国大学生“创青春”比赛中。从北京市赛到国赛，除了要感谢每一位团队成员的付出外，还要感谢学校、团委以及学院给予我们的巨大帮助；感谢学校团委给予了我们在校生一个这么广阔而又温馨的创业平台，王老师以及团委的同学们为了让我们更好地完成自己的梦想，从参赛开始一直都有专门的负责人不分昼夜地跟进每个创业团队的进度；感谢指导老师袁文以及经管学院的老师们始终如一的支持与帮助，运营报告日臻完善的过程里，凝集的是每一位老师无限的专业智慧；最后感谢在这次比赛过程中遇到的每一个人，每一个指导老师，每一组创业团队，是他们让我们团队拥有了无限的活力与向上的动力。

作者：陈久盈

天道酬勤：记北京市挑战杯选拔赛

2015 年“挑战杯”首都大学生课外学术科技作品竞赛，特等奖

现阶段，我国的经济发展已经进入新常态，不仅经济增速由高速增长转变为中高速增长，经济结构也逐步优化升级，从要素驱动转变为资本驱动。在这一背景下，作为影响经济发展的重要因素，通货膨胀如果控制在合理范围内，就能够对我国经济的平稳健康发展产生积极正面影响。然而，目前学术界对通货膨胀的合理区间尚不能达成共识。所以，重新梳理影响经济增长的因素，研究通货膨胀与经济增长这一对宏观经济指标的相互作用、相互影响情况，对确定新常态下我国经济适宜的通胀水平和合理的增长速度有着十分重要的参考价值，对央行进行宏观经济调控、制定货币政策都有着很重要的现实意义。为此，我团队就我国通货膨胀率的最优区间进行了进一步研究，对货币政策的制定提出了自己的见解。

图 1　“天道酬勤”团队成员合影（右一为团队创始人王宇纯）

一、老问题　新背景

新常态下，通胀问题尤为关键

这个团队的两名成员都是纯正的“工大”人，他们都在北京工业大学经管

学院度过了自己的本科和研究生时光。王宇纯本科就读于金融学专业，研究生的专业是数量经济学，师从李京文院士。张骛宇本科同样就读于金融学专业，研究生阶段的专业依旧是金融学，师从李玫老师。这一作品主要研究的是通货膨胀水平与经济增速之间的关系，其起源于对经济数据的敏锐观察。

改革开放以来，我国经历了三十年的经济高速增长。高速经济增长实际上是由要素所驱动的这种模式虽然带来了漂亮的经济数据，却不可持续。近年来，我国经济发展已经步入了新常态，经济发展模式已经由要素驱动转变为资本驱动，这一变化所带来的直接后果就是经济增速明显放缓。

经济增长和物价稳定是宏观经济的两大目标。但是，学术界对通货膨胀和经济增速之间的关系却一直没有达成统一的意见，尤其是通货膨胀对经济增长的影响，经济学家们更是各持己见。但能够达成一点共识：过高或过低的通货膨胀率因其增加了未来经济波动的不确定性而对经济增长将会产生不利的影响。

如果通货膨胀严重，不仅会扰乱市场价格体制，还会导致融资成本大幅提升，影响投资规模，削弱投资者的购买力，导致经济效率降低，并最终使得经济增长放缓。但通胀水平也并非越低越好，长期较为严重的通货紧缩会加速经济衰退，首先表现在物价持续、普遍的下跌使得企业产品价格下跌，企业利润减少甚至亏损，这将严重打击生产者的积极性；其次，无论企业还是居民部门所面对的实际利率均继续上升，对投资和消费需求都会产生较大的负面影响；最后，长期的通缩压力还会导致失业率的大幅提升，实际就业率低于充分就业率，最终使得实际经济增长低于自然增长。除此之外，通货紧缩还会造成社会财富的缩水、财富分配的负面效应，还可能由于债权人与债务人的利益改变导致银行危机的发生。

由此可见，通货膨胀水平对一国经济发展有着十分重要的影响，通胀率过高或过低都将损害经济增长水平。合理的通货膨胀率在产生社会成本的同时也会产生相应的社会收益：不仅有助于提高厂商利润，扩大产出，还可以保持适度的市场竞争，有助于调整经济结构并挤出经济中的“泡沫”，也会促进企业加强研发投入和技术创新，改进产品和服务质量，对经济发展有着十分积极的作用。因此，寻找新常态下通货膨胀的最优区间具有很重要的理论意义和现实意义。

二、老方法　新用途

网格赋值法助力论文研究

在明确了研究目标之后，就需要对相关文献进行梳理，找到合适的研究方法来进行研究。关于通货膨胀与经济增长之间的关系，很多学者都进行了系统的研究，国外学者的结论可以归纳总结为三个观点：一是通货膨胀对经济增长有正向的影响，即托宾效应。二是“反托宾效应”，认为通货膨胀会对经济增长产生负面影响。三是认为两者不存在显著的关系。随着经济计量学理论和方法的进步，对两者关系的研究引入了门限效应（Threshold effects）的数值计算，对通货膨胀与经济增长间关系的研究更有说服力。而国内学者在研究我国的经济增长与通货膨胀之间的关系时，大都采用了定性的方法，鲜有对该问题的定量分析，仅有几篇文献对这一问题进行了定量分析，但他们的研究过程和研究结论缺乏说服力，有待进一步深入研究。所以，在当初研究这一问题时分两步进行，首先对经济增长与通货膨胀进行定性研究，其次是在此基础上进行定量分析。

在进行定性分析时，本文选取 1978 年至 2014 年我国 GDP 增长速度的年度数据作为衡量我国经济增长水平的指标，选取 CPI 年度数据作为衡量我国通胀水平的指标，并将以这两个指标在样本期内的走势共同绘制于同一张折线图中，从而得出了样本期内我国 GDP 和 CPI 的增长率表现出较为明显的协同趋势，更进一步采用了 Granger 因果检验，判断 GDP 与 CPI 是否存在（双向）因果关系。结果表明，我国经济增长与通货膨胀水平确实存在相应的因果关系，尤其是居民消费价格指数，与国内生产总值增速互为因果关系，故继续研究两者的数量关系，即探究最有利于我国经济增长的通货膨胀率，有着十分重要的意义。

在明确了我国通货膨胀与经济增长的因果关系后，本文运用门限模型定量地探究最有利于我国经济增长的通货膨胀率。本文借鉴 Khan 在研究发展中国家通货膨胀门限值时的模型，以及朱映凤等针对我国通货膨胀率门限值的研究，考虑到我国现阶段是工业化国家，工业行业的产值会对每年的国内生产总值产生很重要的影响，所以本文在模型中引入工业增加值作为自变量；此外，我国人口数量众多，人口增长率对经济增长必然会产生显著的影响，故模型中同时也引入人口增长率作为国内生产总值的解释变量，建立经济增长率、通货膨胀率、工业增加值、人口增长率的四元变量门限值回归模型。

在建立门限模型时，我们的研究引入了门限哑元变量，并采取了一种事先确定 k 值，再进行估计的研究方法。这种类似网格搜索的方法已经较为成熟，是我们在研究中的关键所在。令 k = 0%，1%…10%，最优的 k 值就是使方程中残差平方和（SSE）最小的值，即 R2 达到最大时，同时还需满足单个解释变量对被解释变量解释程度的显著性。

根据模型分析结果，当 k = 0% 时或当 k = 1% ~5% 时，哑元变量的系数的 t 统计量对应的概率值均小于 0.05，通过显著性检验，表明其对经济增长的影响显著。但随着 k 的增加，当 k =6% ~10% 时，门限值哑元变量对应的概率值均大于 0.05，未能通过显著性检验，表明其对经济增长的影响不显著。

再通过比较残差平方和发现，当 k =1% 、k =2% 、k =3% 三个方程的残差平方和相对较小，表明该方程整体的拟合程度都很好，其余大部分变量的 t 统计量的概率值也都小于 0.05，表明与经济增长率存在统计上的显著性关系。可得出结论：将我国通货膨胀率控制在 1% ~3% 有利于我国经济增长。

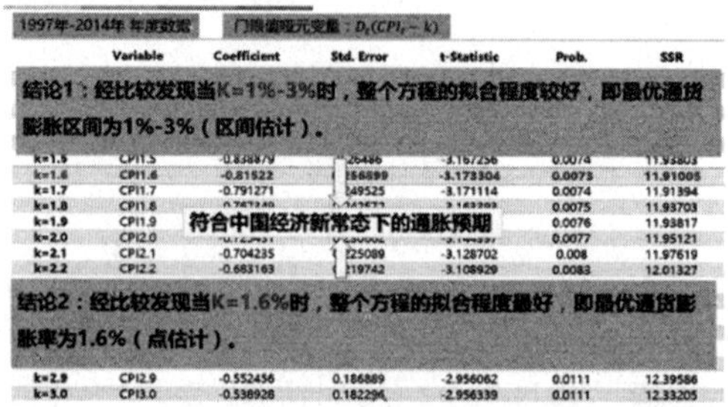

图 2　对我国最优通货膨胀率的估计

在引入门限哑元变量后，尽管得出 1% ~3% 的最优通胀率，但尚不够精确，故更进一步，将 k 值从 1.1% ~2.9% 带入方程，从而得到当 k =1.6 时，整个方程的拟合程度最好。可以得出结论：将我国通胀水平控制在 1.6% 左右最有利于我国经济增长。

三、小结论　大意义

经济学含义彰显研究价值

归纳一下研究结果，我国目前的最优通货膨胀区间在 1% ~3% ，而最优的通货膨胀点在 1.6% 。这些空洞的结论有哪些经济学含义呢？毕竟几个数字说明不了任何问题，也不具备说服力。所以，我们对这两点结论的经济学含义进行了分析，并通过横向和纵向比较得出了如下两点结论。

第一，横向来看，与发达国家相比，我国的通胀水平偏高。但这一结论是建立在我国目前仍旧是一个发展中国家的基础之上的。从发展中国家的角度来分析中国的通货膨胀率，就会发现目前的通胀水平处于一个合理的区间。此时，适当的通胀水平有利于经济发展。

第二，纵向来看，过去我国依赖于要素投资来促进经济增长，重数量、轻质量，这也导致了通胀水平上升。近年来，我国经济发展已经进入新常态，经济增长模式逐渐由要素驱动逐渐向资本驱动过渡。在这样的情况下，通货膨胀水平在1%～3%区间内是合适的。

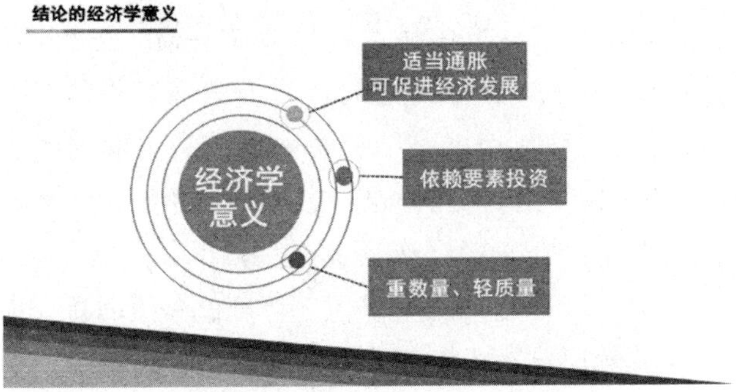

图3　结论的经济学意义图示

四、轻结果　重参与

参与了就要努力做到最好

整篇作品于2014年发表于CSSCI来源期刊《统计与决策》。2014年9月，学院启动了北京工业大学“挑战杯”课外学术科技作品竞赛的选拔。学院和学校的选拔过程相对顺利，但是在选拔过程中，论文中存在的一些问题也暴露出来。要想参加北京市的“挑战杯”并在当中取得好名次，就一定要对论文进行修改。但由于时间所限，伤筋动骨的大改无疑是不现实的，只能根据各位评审的建议，对文章进行外科手术似的修改。但限于专业知识储备有限，我们向所在学院寻求帮助。学院接到我们的求助后，非常热情地为我们提供了一系列帮助。不仅邀请了学院的院长、副院长和数名教授对论文的内容进行分析，还从研究方法、数据选择、研究背景和结论意义等不同方面提出了切中肯綮的建议。时间紧、任务重，为了拿出更出色的作品，两名团队成员根据各位教授的修改意见逐条对论文内容进行优化，使得论文从内到外都有一种焕然一新的感觉。当时的挑灯夜战至今仍历历在目。两名小组成员即使在凌晨1点依旧在对文章的其中一部分内容进行讨论。正是在反复地修改和讨论以及迫切希望成功的压力下，作品才逐渐从青涩走向成熟。与初稿相比，终稿简直就是另一篇论文。

苦心人天不负，经历了两周的等待，我们得到了特等奖答辩的入场券。对于我们来说，参与就是成功，更何况还有资格去角逐特等奖。在准备答辩的那几天，我们几乎住在了学院，反复对幻灯片进行修改，并在学院领导的建议下，将答辩文稿打印出来。这样一来，答辩时的随意性明显下降。学院专门请来对制作PPT有丰富经验的同学为我们的PPT进行了润色。同时，学校和学院也组织了多轮模拟答辩，让我们在模拟中寻找实战的感觉，甚至从校外聘请了专家来为我们把关。在不断地练习中，我们逐渐积累了对正式答辩的信心。

有志者事竟成。2015 年 5 月 30 日，我们两人代表北京工业大学参加了“挑战杯”首都大学生课外学术科技作品竞赛特等奖答辩，力挫群雄，拔得头筹，为工大赢得了特等奖的桂冠。在答辩的时候，心中虽然稍稍有些紧张，但这紧张却让我们的神经处于一种兴奋状态，那是一种求战若渴的状态。从最终结果看，我们的答辩无疑是成功的。王国维曾说，做学问有三重境界，第一境界是“昨夜西风凋碧树。独上高楼，望尽天涯路”。第二境界是“衣带渐宽终不悔，为伊消得人憔悴。”第三境界是“众里寻他千百度，蓦然回首，那人却在灯火阑珊处。”比赛之后，蓦然回首，才发现我们早已超越了自己。正是在不断地自我超越中，我们才铸就了自己的成功。

图 4　荣誉证书

话虽如此，但是我们的成绩并非我们两人的功劳，其中还凝结了学校和学院各位老师的辛勤汗水。同时也要感谢那些在参赛过程中为我们提供无私帮助的人。

作者：张骜宇

一平方绿色科技有限公司：体验自然，从一平方开始

2016年“创青春”首都大学生创业大赛，金奖

2016年“创青春”全国大学生创业计划大赛，铜奖

生活不只是眼前的雾霾，还有植物和远方。

2015年9月，由北京工业大学建规学院学生贾艳红设计的“家庭阳台智能菜园”首次在科技节亮相，荣获了当届大赛最佳人气作品奖。随后，她代表学校先后参加了许多展会，如首都大学生创意集市、大学生专利推介会、第十届北京文化创意产业博览会等。在这些展会上，“家庭阳台智能菜园”获得社会各界的密切关注和良好反馈，这让贾艳红感受到了人们对于室内种植的热情，也引发了她关于植物的诸多思考。

“如果以设计和科技为导向，我们能拿植物来做些什么?”这个问题不断萦绕在她的脑海。是通过设计优良的花器花架，打造室内花园？还是借助无土栽培技术，在家中拥有一个小农场？抑或是将植物与建筑结合，规划未来的山水城市……

经过反复思索与多方调研，她提出了一个美好的构想：通过整合植物、科技与设计，将绿色融入生活，使城市人重归自然，远离雾霾与空气污染。在校、院团委老师的鼓励与支持下，怀揣着梦想的贾艳红走上了创业的道路。

图1　“一平方绿色科技有限公司”团队成员合影（左三为团队创始人贾艳红）

一、痛点与机遇

城市的绿色缺失催生创业机遇

贾艳红就读于北京工业大学建规学院，学习工业设计工程专业。爱好设计的她是一名学霸，本科毕业以优异的学科成绩保研攻读工业设计硕士研究生。在陶醉于设计给生活带来的改变的同时，她还是一名硬件爱好者，热爱探索交互设计。

作品“家庭阳台智能菜园”的灵感来源于城市居民阳台上常见的小菜园。在前期调研阶段，贾艳红团队发现很多城市居民除了在家中养一些花草外，还会选择种植一些蔬菜，阳台菜园已跃然成了一种崭新的家庭时尚。但是，对于快节奏生活的都市人来说，在室内种菜也存在着很多不便，如阳台空间狭窄，以及出差、旅游等长时间不在家导致蔬菜无人打理等问题。针对种种问题，团队计划设计一款家庭阳台智能菜园。智能菜园的核心是一套智能的阳台垂直种植装置，内置水泵及温湿度传感器等，能够检测土壤温湿度，并通过物联网技术，将数据上传到云端，可以实现远程控制进行浇水等操作。同时将该智能菜园接入微信硬件平台，可以通过微信的公众账号对菜园进行智能管理以及与好朋友分享种菜的乐趣。

在创业的最初，贾艳红找到了三个志同道合的小伙伴，分别是来自建规学院的李顽强、张尧和来自艺术设计学院的赵宇浩，组成了最初的四人小分队。组建团队之后，团队开始了疯狂的头脑风暴，讨论公司名称、产品线、商业模式及以后的发展规划等。

四个人有过争吵，有过迷茫，有过无奈，但是谁都不曾有过放弃的念头。一个小教室，满黑板创意，团队激烈讨论，一次又一次地修改完善。“不忘初心，砥砺前行”，正是这份坚持，我们的创业公司“一平方”初见雏形。公司整合植物、科技、设计，专注于城市家庭室内种植，提供完善的室内种植解决方案，帮助人们打造更宜居的生活空间。在未来，将会与建筑乃至整座城市相结合，打造绿色宜居城市。

2016 年 1 月，创业团队通过了国家级大学生创新创业项目审核，成功立项，得到了学校的大力支持。同年被推荐参加 2016 年“创青春”全国大学生创业大赛——“挑战杯”创业计划竞赛。秉承“精益求精，追求完美”的理念，更好地备战大赛，团队吸纳了经管学院的蔡娇娇同学，为团队注入了新鲜的血液。后期吸纳了计算机及生命学院相关专业志同道合的同学，进一步壮大了团队。

二、方向与路径

整合植物、科技与设计，打造宜居生活空间

一平方绿色科技有限公司以环保、健康、美观为基本理念，整合植物、科技、设计，专注于城市家庭室内种植，提供完善的室内种植服务，将绿色植物与室内环境完美融合，帮助人们打造更宜居的生活空间。

目前主打产品——第一代阳台智能菜园是一套智能阳台垂直种植装置，主要面向城市家庭，采用物联网技术及翻斗式垂直结构。用户通过微信或 APP 对装置进行远程控制，并且可以邀请好友共同管理，共享家庭种植的乐趣。为丰富产品线推出了面向都市白领的 Mini Box，其智能控制部分与阳台智能菜园功能相似，附带整套种植工具和种子包，让室内种植过程更简单。在一代产品研发销售的过程中，研发团队着手于室内种植的衍生品设计，如礼品包装设计、各类种子搭配包、儿童种植礼包、游戏周边、VIP 定制服务等。产品主要通过线上线下销售以及一对一定制两种模式销售。

前期战略：进军北京等一线城市，推广室内种植产品与服务，提高品牌影响力，实现产品的研发生产和市场开拓。积极研发不同规格种植装置及配套产品，与蔬菜科学研究所合作，开发更加适宜室内种植的蔬菜种子包，进行相关衍生品设计，提供室内种植培训指导服务。将用户信息与互联网及大数据相结合，打造集室内种植专属定制、社交、学习、服务为一体的线上线下平台。

中期战略：公司成长为以绿色室内种植装置研发为主，周边产品研发为辅的综合型服务公司；打造室内种植与美化一条龙的产业链服务；与商场、办公场所、学校、政府机构等合作，推出服务大众、美化社会环境的绿色服务。

后期战略：后期将与产业化绿色住宅相结合，走中国特色的低碳城市发展路线。

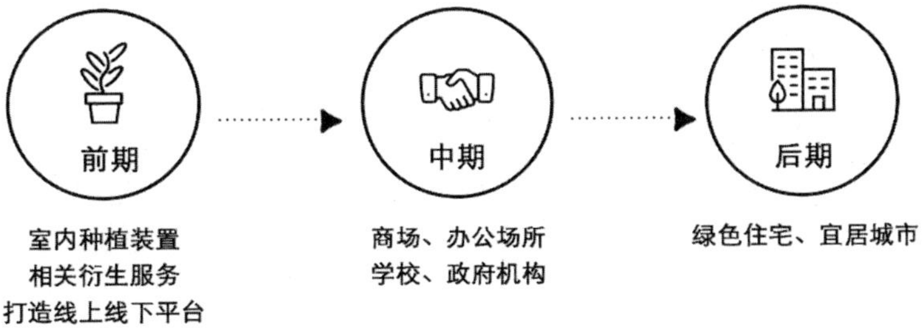

图 2　发展战略

三、性能与优势

（一）完善的室内种植解决方案

公司前期主打产品第一代阳台智能菜园满足了市场对于智能化、人性化阳台垂直种植装置的需求，同时推出了功能齐全的桌面级种植套装 Mini Box，满足不同用户需求。

为了拓展产品线、增加用户黏性，公司围绕种植设备推出了一系列的衍生品，如种植礼包、各类种子搭配包、儿童种植包等，以此来拓宽收入渠道，缓解研发种植装置的资金压力。

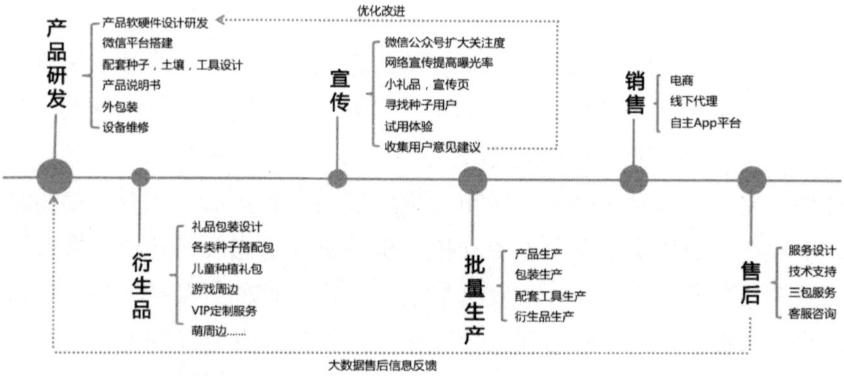

图 3　产品线规划

（二）第一代阳台智能菜园

公司产品第一代阳台智能菜园主要面向喜爱种菜的城市居民，采用了垂直种植的结构，能够充分利用空间。借助手机 app、微信公众账号进行物联网远程控制，能够让用户随时随地对家中的蔬菜进行远程看护，充分解决了都市人出差在外家中植物无人照顾的问题。该装置适合大规模批量化生产，能够有效解决目前室内种植过程中存在的问题。

图4　产品三维效果图

图5　产品实物

（1）产品结构与工作原理

产品结构：本产品技术方案为家庭阳台智能种植系统，该系统由种植装置、内部电路及基于物联网的远程控制云服务构成。

种植装置由外壳、翻斗式种植槽、集水槽、水泵、导水管及装置底座组成。

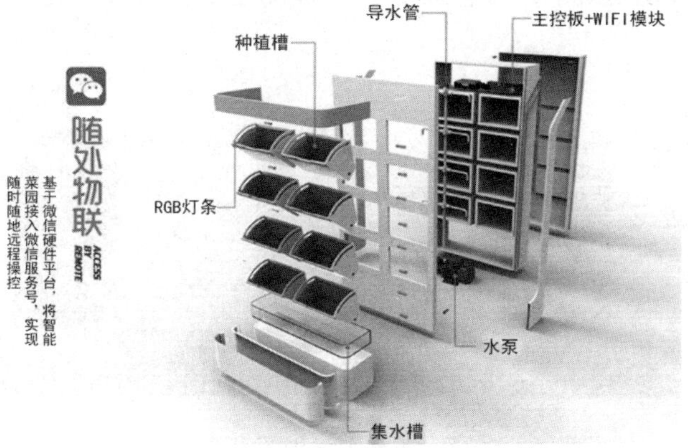

图6　产品结构

工作原理：种植装置采用灵活的翻斗式垂直种植方式，在装置外壳的同一垂直面上分布着四行两列共计八个翻斗式种植槽；翻斗式种植槽由外层种植槽和内层种植槽组成。种植槽能够绕旋转轴自由旋转翻出。内层种植槽通过键槽配合嵌入在外层种植槽内部，并且能够自由更换或者取出，方便换栽植土移栽。内层种植槽内填充有栽植土；种植低矮植物时，八个外层种植槽能够全部翻出使用；当种植植物较高时，上方的外层种植槽能够收起，为植物提供更多的生长空间。

导水管分层安装在装置外壳上，导水管的分层位置与各内层种植槽的顶部对应；菜园装置底座设置在装置外壳的底部，集水槽设置在菜园装置底座上，集水槽与水源连接，集水槽还能够收集内层种植槽内的栽植土浇水过程中由于翻斗式种植槽溅出来的水滴；集水槽与水泵的入水口相连，能够实现浇灌储水的目的。

内部电路由物联网控制板、土壤湿度传感器、雨滴传感器等构成；继电器连接到水泵和水泵的供电电源，能够实时监测土壤的水分含量及浇水情况。

（2）产品特色

①在结构上的创新之处。针对家庭种植存在的空间狭窄问题，在外观结构设计上采取了翻斗式种植槽垂直分布的方式，使种植槽能够轻松收起和翻出。当多个种植槽组合在一起时，可以根据蔬菜的高矮来组合种植。②在技术上的创新之处。采取了物联网远程控制，用户能通过手机 APP、微信智能菜园的公众账号，远程操作装置为植物浇水。同时可以邀请微信好友共同管理菜园，共享种植的乐趣。③在使用上的创新之处。用户可以在自动模式和手动远程看管模式中切换。自动模式中，传感器会自动检测土壤温湿度，自主对植物进行浇水等照料。

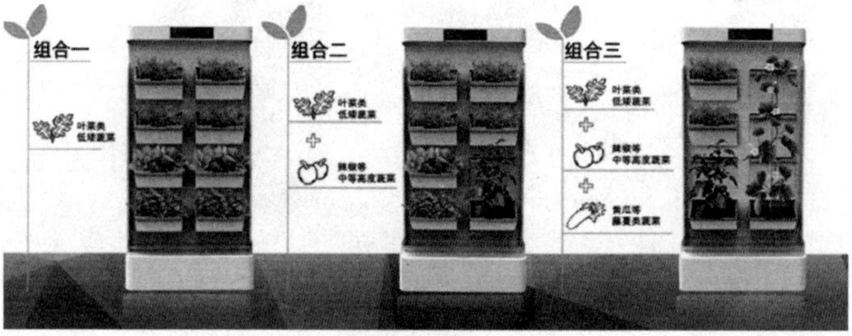

图7　多种组合种植方式

（3）产品性能

经原型实验计算：本产品在充分利用有限空间的基础上，基本实现了手机远程控制和垂直种植的功能。第一代阳台智能菜园（8 个种植槽型）的占地面积为 $0.5m \times 0.9m = 0.45m^2$，每个种植槽面积为 $0.5m \times 0.4m = 0.2m^2$，8 个种植槽面积为 $8 \times 0.2m^2 = 1.6m^2$，空间利用率超出原占地面积三倍多。

表1　第一代阳台智能菜园（8个种植槽型）主要技术指标

额定电压	12V	蔬菜种植面积	1.6m^2
产品规格（长宽高）	0.5m×0.9m×1.4m	储水槽容量	8L
使用可靠性	>97%	净重	10kg

（4）专利技术

公司产品在北京工业大学胡鸿老师的指导下申请国家发明专利1项（由于发明专利审核时间较长，目前初审通过，处于第一次审查阶段）。查新表明，国内尚无与翻斗式垂直种植结构相关的报道，由专利技术入股一平方绿色科技有限公司，故公司拥有知识产权，公司正式成立后，将对产品申请一系列的专利，具体包括：翻斗式种植槽关键结构、自动检测控制系统等，对产品进行全方位的专利保护。

（三）Mini Box产品

公司推出的桌面级种植套装Mini Box主要面向年轻白领，整合了智能硬件、土壤、工具、种子包等。包装盒下半部分可作为种植容器，一物多用。该装置适合大规模批量化生产，简单易用。如图8所示。

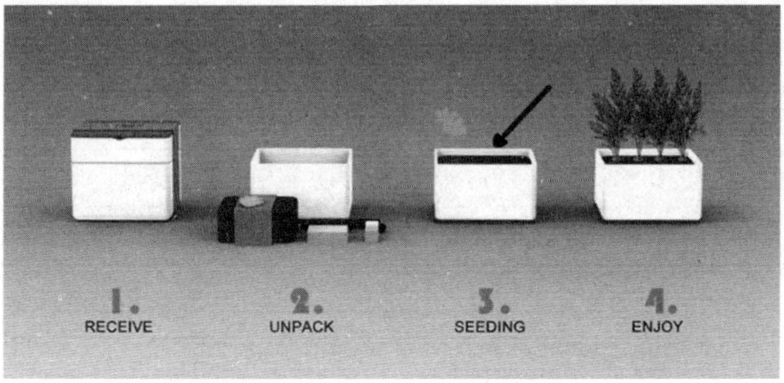

图8　Mini Box产品使用过程图

（1）产品结构与工作原理

产品结构：产品由包装盒、上盖、种子包装盒、附件盖、附件盒、工具、营养液、智能硬件、说明书、记录本、营养土块组成，包装盒上半部分为工具收纳箱，包装盒下半部分可作为种植容器使用。如图9所示。

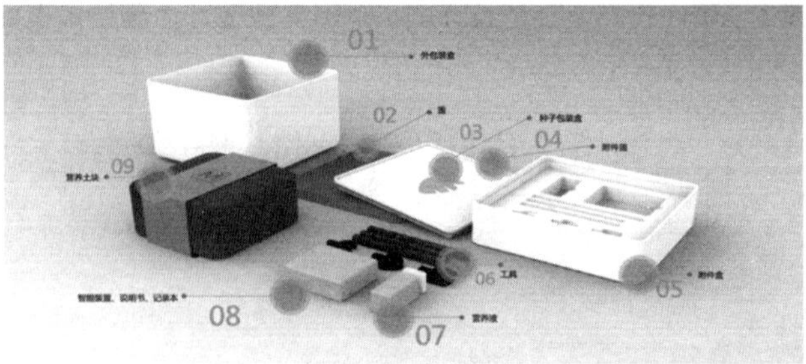

图 9　Mini Box 内部配件一览图

（2）产品特色

①在结构上的创新之处。将土壤、种子、工具包等整合到一个盒子中，为用户提供了种植一体化解决方案，免去了多次购买工具、土壤等的后顾之忧。②在技术上的创新之处。采取了物联网远程控制，即使不在种植装置身边，也能远程控制。③在使用上的创新之处。使用简单，用户收到 Mini Box 后，只需要简单几步，即可轻松种植。

（3）产品性能

经原型实验计算：本产品基本满足了手机远程控制、无公害种植的要求。

表 2　Mini Box 主要技术指标

额定电压	12V	蔬菜种植面积	0.03m^2
产品规格（长宽高）	0.18m×0.18m×0.15m	储水槽容量	200mL
使用可靠性	>97%	净重	400g

四、梦想与未来

勿忘初心，方得始终。

从校赛的初选到市赛的金奖答辩，五人小团队在校团委老师的鼓励和创业指导专家的帮助下并肩前行。一份商业计划书从最初简陋的十几页，经历了数十个版本的迭代，拓展成简明扼要而又内容全面的八十几页。最终团队斩获了市赛的金奖，并拿到了参加国赛的名额。

这些都得益于学校浓郁的创新创业氛围，这一件科技节上的小小作品，通过参加一系列的比赛，能够向更多的人来宣扬它所倡导的绿色理念。贾艳红说：“这些都要感谢学校一路给予团队的支持和帮助，让我们在前行的路上风雨无阻。”

这些年来，北工大紧密结合人才培养定位和学科专业特色，坚持依托以“挑战杯”“创青春”大赛为龙头的学生课外学术科技创新竞赛体系建设，以星火基金、国家大学生创新创业训练计划为载体的学生课外科技创新基金体系建设，以学生科技创新实践基地、学生科技刊物、学生科技论坛为平台的实践体系建设，广泛开展各类学生课外科技创新活动，为学生创新创业工作的蓬勃发展提供了充足的保障和肥沃的土壤。

大道至简，不管是创业还是做任何事情，最吸引人的地方一定是源自心灵本源的纯真。勿忘初心，方得始终。希望每一位同学，都能够找到自己的初心，矢志不移，有始有终地坚持下去。

作者：尤琦

壹贰设计：来自建筑学子的情怀与创新

2016年“创青春”全国大学生创业大赛北京市，金奖

作为70名建筑学学生为团队成员主体的“壹贰设计”，自创立以来，便有着与众不同的特质，面对着来自团队内外不同的机遇与挑战。

我们热衷设计、渴望表达，每一项类别各异的设计都同样地承载着我们对设计的理解和想象；我们用手绘勾勒建筑，表达内心，钢笔在纸上飞驰之间，经由简练的线条和自由的笔触，建筑真实、质朴地直抵人的内心深处。于是，内容覆盖校园大小各处建筑和场景的两百余幅手绘作品应运而生。我们令工大学子心目中的校园印象跃然纸上，将其制作成笔记本和明信片等文化创意产品与更多人和组织共同分享。我们对建筑的前世今生谙熟于心，更深知建筑发展历程中的每一个脚印对于民族文化传承、民族自信和软实力提振的重要性，我们视古建筑为美好的瑰宝，将保护和传承古建筑文化作为己任，为古建筑保护宣传和实践尽自己的绵薄之力。

图1　“壹贰设计”团队部分成员合影（左一为团队创始人李元浩）

一、壹贰设计的诞生

班会中迸发出创业星火

“壹贰设计”的筹备故事要从2015年10月的一次班会说起。在班主任王笑梦老师的提议和号召下，两个班的70名同学于周四晚七点半的课后，就近在一教的203教室召开了新学期的第一次班会。正是在这次会议上，我们考虑是否能够团结70个人的力量做些“特别”的事情，学生组织、小公司、纯资源共享的平台，都是呼声较高的备选项。

第一次的会议很简短，但我们提出了一个构想，让更多人对新学年的学习生活有了新的期待。虽然选择团队发展的方向是一个关键问题，但在探索中前进的团队，无论选择何种方向都有重新调整重心的机会，这样的信任基于三年建筑设计的70名学生的情谊，基于同吃同住，一起熬夜，一起工作，一起战斗的“战友情”。我们彼此笃信，在团队未来的规划中，无论境遇如何，都愿同舟共济、团结一致、披荆斩棘、共创未来。或者说，我们都愿将每一个人写进自己的未来里。这是一个契机。

在第一个人提出构想后，各种奇思妙想纷至沓来。在前几次的全体代表会议中，我们明确了发展方向，创建建筑及相关资源共享平台、建筑沙龙、收集整理建立数据库；在运营管理方面提出积分制以调动大家参与的积极性，鼓励大家上传电子书及各类素材资料。经过初步尝试，壹贰设计的公共网盘积累了一定数量的电子资料，是团队在资源共享平台建设上迈出的第一步。

我们深知在团队建设初期，取一个响亮的名字是非常重要的。在广泛征集了大家的意见后，呼声较高的有壹贰设计、壹贰家等浮出水面。经过团队的热烈讨论与头脑风暴，最终壹贰设计当选。壹贰设计这个名字，主要代表北京工业大学建筑系12级1班、2班。这个集体的全体成员对这两个数字非常亲切，这个名字给予组织里的每一个人特有的归属感。在确定组织名称后，团队本身的凝聚力也更强了。在团队成员的努力下，各项工作都进展顺利，那么下一个努力方向在哪里呢？仅限于分享资料和给进行科研工作的老师们打杂吗？当然不。我们提出了更多新鲜的想法，牵涉的领域更加广泛，难度系数更高，但是群龙不能无首，一个成功的团队不能没有领导小组。因此，团队通过无记名投票选出了前期领导筹备组的12名成员，参与重大决策并负责开展不同部门的工作，并由李元浩同学总体负责。

时间来到2015年11月，筹备组同学以每周两次例会的频率不停探讨着更多的发展可能。一方面是对结合自身专业特色《手绘工大》项目的筹备；另一方面是着手打造壹贰设计数据库。这个具有建筑学专业特色的数据库以 gis 系统的建立为基础，结合成员们的兴趣点与特长选择设计项目，最大程度发挥同学们的主观能动性与设计潜力。此外，壹贰设计团队为了规范运行、提升效率，根据工作分工设立部门。先行设立了财务部、管理部、设计部、研发部、宣传部和运营部，分别负责不同种类的工作推进。

各部门各司其职。其中，设计部的工作内容针对团队接到的设计任务，具体分为接到设计任务，组织同学报名参与，选出项目负责人，跟进设计过程完成项目；研发部的工作内容为短期或团队长期项目策划和组织，包括《手绘工大》一书的编辑与出版，工大 arcgis 的测绘工作及软件开发，北京五环内社区的调研及分层信息整理等；财务部负责管理资金，制定完善积分制度；管理部重点分配团队内部工作，组织调动同学们活跃参与设计项目和科研项目的积极性，统计分析各项任务的分工及完成情况，并作出评价，制定积分策略；运营部的工作内容主要为团队对内宣传，线上线下平台的管理，以及对外的项目接洽活动，项目收尾时的沟通等；宣传部主要负责公司的日常宣传以及公关工作，建立企业形象，宣传服务产品；最新成立的市场部负责对外联系甲方，接洽合作项目以及项目收尾工作的联系等。

由此，我们的设计团队逐步确认以大学生创业的形式开展项目，并争取到了相关经费支持。同时，建筑系的大四同学普遍能熟练操作 SketchUp、rhino、AutoCAD、Photoshop 等软件，有良好的设计能力和较高的审美能力，对于一般调研设计类型工作均能胜任。大家努力通过各种渠道寻找设计任务，在班主任王笑梦老师的帮助下，我们接到了一些设计类的小项目小试牛刀，开始逐步实现建筑设计从业与社会对接能力的提升，一个崭新的创业团队就此诞生。

二、筹备与开展

积跬步而至千里的寻路历程

面对如此多的项目提议，壹贰设计对于未来发展激动而迷茫。我们选择现有可利用的资源，试图进行团队和业务的初步实践。

《手绘工大》图册的制作出版是壹贰设计的开山之作，从分配任务，组织同学写生，作品收集整理到联系出版，凝聚的是整个壹贰设计每一名同学的心血。目前共收集作品 200 余件，包含北京工业大学所有教学楼、宿舍楼及服务类建筑以及重点景观。通过以手画心，表达以建筑学学生为代表的工大学子对母校的真挚感情。

图2　《手绘工大》原稿

在团队项目越来越多的情况下，如何为参与者计算酬劳就成了重点问题，初期的积分制条件已不适用内容与形式繁杂的壹贰设计团队。此时，大家调整了发展方向，决定申请注册成立自己的公司，以正规公司的方式运作。这个想法的提出，为壹贰设计的发展找到了更加正确的前进方向。团队也将试运营情况尝试进行工商注册，实现团队的正规化和商业化。对此，同学们甚为支持。而公司的运营及管理决策也由多次筹备组会议制定，比较重要的有在工作分配上，由两个班70名同学申请，经选拔后同学直接与工作提供者进行对接。在公司注册的准备过程中，寻找合适低价的企业孵化器或其他可能的企业住所是壹贰设计面临的较大问题。我们通过不同渠道分别联系到校内和校外所提供的企业住所和企业孵化器，价格高低不等，通过召开筹备组会议商定选择决策。寒假来临前，壹贰设计受邀与工大校报联系，商讨前期宣传事宜。在采访了指导老师和部分成员后，校报也准备为壹贰设计推出一些宣传板块，并准备在北京工业大学的官方微信公众号上向大家正式介绍壹贰设计，在宣传推广上迈出重要一步。此外，壹贰设计的官方微博开通为壹贰设计吸引了一些人气。

在壹贰设计各项工作如火如荼地进行时，创业想法与各项策划获得了学院在各个方面的大力支持。在寻找指导教师的过程中，戴俭院长为壹贰设计争取了更多资金、技术和人脉支持，并提出了古建二维码项目，在服务业发展和刺激内需的背景下，制作古建筑历史信息的二维码，在旅游、文化等行业存在巨大的商机。

在寒假期间，壹贰设计团队顺利确认了校内外导师，并与导师们进行交流和探讨，开拓了思路。壹贰设计一路走来肩负的希望越来越多，正加速前进。我们的愿望是，我们这70个鲜活的个体通过壹贰设计更好地凝聚在一起。它的每一次进步，都是背后更多同学目不可及的付出，是我们为之奋斗的现在和未来。

图3　石家庄深泽测绘

与此同时，古建筑二维码项目的研发，令大家内心深处对古建筑的热情一触即发，壹贰设计建筑保护协会应运而生。我们立足学院和老师的课程和项目，为古建筑和城市风貌的保护事业尽以绵薄之力。保护协会通过古建筑信息采集与整理、历史街区调研与改造及建立古建筑信息数据库的方法，保护日渐消失的古建筑及城市风貌。壹贰设计建筑保护协会将项目的主要目标市场定位在相关文物保护单位、古建筑科研单位、古建筑入住及周边居民。本项目有线上特定古建筑一对一简介、普及；线下举办古建筑测绘、历史街区改造活动。线上线下相结合的方式既扩大了古建筑保护范围，又提高了历史街区生活质量，同时普及了古建筑相关知识，唤起人们尊重和保护古建筑文化遗产及城市历史的意识。我们更受邀为石家庄深泽县文庙进行测绘，提供数据用以油饰修缮，我们自行前往蔚县对现存古村落情况进行考察。在手绘工大项目上，我们逐渐发掘其商业价值，将手绘作品开发成明信片、笔记本等校园文化产品，实现盈利。此外，我们也承接、完成了大小若干设计工作。

作者：李元浩

初生"金犊"不怕虎：表情包背后的广告人生

2016 年时报广告"金犊奖"，金奖

"……就是让我们更有机会做得比他更好，这便是好玩的地方，广告就是这么回事，如果你看了这本书还想进来或继续做下去，那显然你的脑袋或血液有些部分是有些不同或有些问题。"这是摘自现代广告业的大师级人物——大卫·奥格威《一个广告人的自白》里的一段话。正是这一段话，引起了两个刚刚步入大学的广告学系女生，对广告学和广告行业产生了无比浓厚的兴趣：为什么说广告人"脑袋有些不同"，或者"血液里有些问题"？她们决定用自己的实际行动，去探索心中的广告人生。

图 1　梁牧赫（左）、马天怡（右）在颁奖典礼与获奖作品的合影

梁牧赫和马天怡是北京工业大学 2015 级广告学系的学生。当时的她们也只是一个刚刚脱离高考苦海的大一新生。虽然进入大学校园学习的时间不长，但她们都对自己所学的专业有着浓厚的兴趣和使命感。在一次专业课上，老师展示了以前学长学姐的获奖作品，那是梁牧赫和马天怡第一次知道了"时报广告金犊奖"这个在行业里很有含金量的比赛。

正所谓“初生牛犊不怕虎”，梁牧赫和马天怡抱着试一试的心态和一点点的兴奋、一点点的激动，加上对广告行业无比的好奇，参加了第25届时报金犊奖的比赛。她们寻找了一个十分具有现实性和可操作性的类别，那就是动态表情包的制作，将品牌的人物形象制作成鲜活的、生动的、各式各样的表情，从而增加品牌的亲切感和认同感。梁牧赫和马天怡希望通过努力可以将她们的创意变成好的生意，创造更大的价值。

一、灵感与火花

“只有发生思维的碰撞，才能产生灵感的火花”

萧伯纳曾说：“你有一个苹果，我有一个苹果，我们交换一下，一人还是一个苹果；你有一个思想，我有一个思想，我们交换一下，一人就有两个思想。”

梁牧赫和马天怡平日里都是喜欢鼓捣一些“自己的东西”的人。马天怡喜欢随手拿着相机，记录身边美丽的景色，或是有趣的人和事。课余时间，马天怡也喜欢画水彩画，放松休闲的同时，也提升了绘画的技巧和熟练度。梁牧赫则是一个不折不扣的电脑发烧友，喜欢研究电脑的硬件不说，对图像处理软件、视频剪辑软件、电脑绘画软件也十分精通。正是她们二人的爱好，为日后获奖奠定了基础。于是，在赛事选题下发的第一天，二人一拍即合，决定参加这届金犊奖指定品牌类的表情包制作。

马天怡同学介绍道，这一系列作品是以表情包为主体的。她们认为表情包是当下非常流行的一种信息表达及传播方式。目前，表情包文化随着年轻一代的成长，逐渐发展壮大，成为互联网一代独有的一种亚文化。在年轻一代网民的线上日常交流中，特别是通过社交软件进行交流时，可以没有文字，但一定不能没有表情包，绝大多数人在微博、微信上都存有自己喜爱的表情包。可见，在一定程度上表情包已经成为年轻一代网民社交的“刚需”。“所以选择制作表情包是因为看准了它在年轻人身上的热度以及潜在的市场。”梁牧赫补充道，“芝加哥学派学者有关‘符号互动论’认为，‘事物本身不存在客观的意义，它是人在社会互动过程中赋予的，人对事物意义的理解可以随着社会互动的过程而发生改变’。表情包作为新型的文本符号也是如此。表情包本身更为灵活，比起文字来，更具有心理暗示的作用。‘一千个人眼中有一千个哈姆雷特’，表情包能给不一样的人带来不一样的感受，因而更容易被赋予新的含义。”能使自己制作的表情包，在社交互动的过程中，产生更大的价值，也是她们选择制作表情包的初衷之一。

在开始着手制作前，二人也上各类网站搜索了许多表情包来寻找灵感，她们发现大多数表情包千篇一律，都是以可爱有趣为卖点，又或者是用当下的流行语配合着搞笑的图片，在各大社交媒体进行着病毒式的传播。所以在题材的选择上，梁牧赫和马天怡则希望自己制作的表情包能够在生动、有趣的基础上体现一些与众不同并且有内涵的东西。为此，她们组织了几次头脑风暴的讨论，每一个人都毫无顾忌地发表自己的观点。

马天怡一开始提出的设想是以中华传统礼仪为主题的表情包，将传统文化元素注入现代的表情包中，一定是一次有趣的尝试。既然表情包称之为“包”，系列感就一定要强。因此，梁牧赫认为做一套二十四节气的表情包，无论从气势上还是形象上都会具有强烈的系列感。二人都各有各的考虑，各有各的想法。既然这两种方案各有优势，那为何不将优势互补，找寻一个的更恰当的主题呢？各种设想在相互碰撞中激起脑海的创作风暴，产生灵感的火花。

最终，将属于信息时代产物的表情包与本民族的地域文化结合，制作出具有中国特色的方言系列表情包这一想法应运而生。通过调查她们发现，当下网络上有一些方言极为流行，如年初的“猴塞雷”，还有之后的“好方”等，本是一些不同地域的方言，一些小众语言，却能够迅速被人们接受并使用，可见这是语言的魅力。由此她们决定借用各地方言，制作一套有地域特色的表情包。用一些符合中国传统文化的动作，如作揖、抱拳等，搭配上各地的方言，既满足了文化内涵，又可以通过不同地域的方言体现出系列感，以此来提高相关品牌在大众心中的知名度和认同感，使对应地域的购买者产生亲切感和心中的共鸣。

在制作表情包的过程中，她们的指导老师推荐她们制作一套文化创意衍生产品，充分发挥中国特色这一主题所具有的潜在价值，增加产品的附加值。在文创产品的制作过程中，她们搜集不同城市的热词，将其体现在产品上，每一套产品都体现着当地的文化特色。她们希望能够通过文创产品，让人们爱上这些城市，实现文创产品的自身价值，也为产品的区域投放创造更多的商业价值。

二、好事还要多磨

“即便磨难重重，我们从未退缩”

“将一个想法、创意变成实际作品的过程也不是一帆风顺的。”马天怡说，“在决定我们的主题风格后，开始制作每个形象的过程也是非常坎坷。”为了选出最有代表性同时最有关注度和话题度的方言，并能够在日常生活中使用，梁牧赫和马天怡在网络上查找了许多资料，从各大社交平台甚至电影中寻找合适的文字。待各种方言确定后还要为其选择合适的服饰搭配与形象，为确保服饰的具象性，她们尽可能地去还原每一件服饰上的细节。“最开始我们并没有想象过要把自己制作的表情变成动态的，”梁牧赫回忆道，“当时只有大一的我们并没有多么纯熟的 PS、Flash 技术，但在我们导师的建议之下，为了使我们的作品在赛会上更具竞争力，本着‘初生牛犊不怕虎’的精神，我们决定挑战一下自我，将表情制作成动态。”

因为最初没有往动态表情包方面考虑，草图和定稿也都只有静态的单一形象，所以梁牧赫和马天怡不得不从头开始思考，每一个形象需要搭配怎样的动作最合适，人物脸上表情如何变化最自然。她们在琢磨的过程中有着各种分歧并相互探讨，好不容易两个人的意见一致后，她们的导师又给予了许多不同的意见，讨论与激辩再一次开始了。

待一切想法确定下来后，她们便开始了磨难重重的制作过程。很多事情都是想得容易做起来难，两个新手，初来乍到，基本上每个步骤都是边学边做。马天怡说，多亏自己生在互联网时代，身边的资源随手可得。为了保证人物动作的流畅性，表情需要不断递加帧数，一遍又一遍地去抠动作的细节，小到一个眨眼的幅度，大到一个跳跃腾空的高度。如果出来的成品不尽满意，只能彻底推翻之前的设想，重新来过。经过制作、修改、再制作、再修改，记不清多少次，这样的过程持续了近两个月。即便如此，她们二人也从未打过退堂鼓，不断修改、不断前进、不断提高，终于完成了她们二人满意的作品，得到了导师的肯定。

三、有梦想敢实现

“应为梦想而去奋斗，别相信那些荒唐的梦”

梁牧赫说，她们两个人并不是科班出身，也并没有扎实的美术功底，在这一点上，她们比起专业的学生确实是有差距，会吃亏。但是，她们两个人都认为，埋下的种子总能收获，只要一心想做好的事情，肯去努力、肯在上面花工夫，她们也一定不会比别人差。

有志不在年高，年轻人的梦想是不可估量的。2016 年，梁牧赫和马天怡代表大学生“创意市集”参加了北京文化创意产业博览会，她们的作品也吸引了许多商业人士的目光，现已有多个人与她们合作。

与此同时，她们也发现了表情包背后的商业价值。表情包从诞生之时便是网友之间进行搞笑、表达心情、增添或者缓和聊天气氛的工具。但到今天，表情包开始大肆盛行，并且形成一种文化的时候，市场的需求也就越来越大，它就不单单是锦上添花的工具，而是有可能带来经济效益的新风口。互联网时代下，表情包成为人们在社交平台上表达自己情绪的途径之一，相信许多人喜欢也愿意拥有属于自己的一套私人定制表情包，一些企业和商家也可以通过推出表情包利用其传播效应来为自己进行市场宣传、提高知名度。因此，马天怡和梁牧赫接下来希望能够开展这样一项业务，为有需求的人们与企业设计制作表情包。

马天怡和梁牧赫认为，既然付出时间和精力，就要对得起自己的努力，参加金犊奖与文博会的收获和成果与她们之前的一步步努力密不可分。她们表示，希望有朝一日自己也能变成“脑子里有一点不一样的东西”的人。曾经她们敢于迎接挑战，如今她们敢于肯定自己，未来，她们也相信前途闪耀。毕竟“空想家只能做梦，而现实属于不断奋斗的人。”

作者：梁牧赫　马天怡　倪寒雨

“模拟联合国大会”的发展与成熟

2015 年国际关系学院模拟联合国大会，最佳立场文件
2015 年北京外国语大学模拟联合国大会，最佳媒体
2016 年北京语言大学模拟联合国大会，最佳通讯社
2016 年中央财经大学模拟联合国大会，杰出代表
2016 年中央财经大学模拟联合国大会，杰出代表
2016 年北京林业大学模拟联合国大会，最佳立场文件
2016 年优梦模拟联合国大会，法国内阁最佳阁员奖

一、社团介绍、创建初衷

梁启超说：“少年智则国智，少年富则国富，少年强则国强，少年独立则国独立，少年自由则国自由，少年进步则国进步，少年胜于欧洲则国胜于欧洲，少年雄于地球则国雄于地球。”如今，在这样一个全球化发展迅速的时代，青少年应当怎样承担起面向世界，使我们更好地呈现在世界的舞台上宣扬属于我们自己的风采与文化?

为了更好地使北工大学生开拓面向国际的视野，更好地锻炼演讲与英语水平，我们创建了属于北工大人自己的模联。

北工大模联创建于2010 年，至今已成功举办了八届北京工业大学模拟联合国大会。这八年以来，我们也积极地推动北工大人走向全北京、全国甚至全世界去参与活动，也逐渐地将北工大这个处于北京东南角的这样一个工科院校的新兴模联社团推广出去。

“模联大会”涉及学习研究、公共演讲、辩论和写作技巧，并且在过程中锻炼批判思维、团队合作和领导能力。

八年来，北工大模联人的奋斗让本不见经传的工科大学模联逐步受到了北京市各高校的关注和认可。

二、团队合影

图1　北工大模联创始成员

图2　现任北工大模联领导层（前排三人为现任社长）

三、对模联传统的继承与发展

（一）模拟联合国的起源及传统

模拟联合国活动源自美国，是一项历史悠久、开展广泛的学生活动。

早在1923年，联合国还未成立之时，美国就有一批学生对国际组织、国际政治充满了浓厚的兴趣，他们活跃在哈佛大学和其他大学的校园里，举办了跨学校的、针对国际联盟的模拟仿真——模拟国际联盟会议。他们模拟不同国家的外交官，参照国际联盟的议事程序讨论国际问题。模拟联合国活动则是对这类模拟会议的继承。1945年，联合国的成立引起了世界人民的广泛热情。1951年，美国加州伯克利大学（UC Berkeley）率先成立模拟联合国团队，开始进行模拟联合国活动。

经过60多年的发展，模拟联合国活动已经风靡世界，形式多样，规模不一，有国际大会、全国大会，还有地区级和校际间的大会，参与者由大学生到高中生，乃至初中生。同时，模拟联合国活动已经不仅仅是对联合国机构的模拟，还包括对其他全球或地区性多边组织、政府内阁、国际论坛等组织或者会议的模拟。越来越多的创新模拟，如历史模拟、未来模拟和国内问题模拟，模拟范围更加广泛。全世界每年有近四百个国际模拟联合国大会在五大洲的50多个国家召开。每年参与大会的师生来自世界100多个国家，总人数超过四百万。

模拟联合国活动源自美国，在美国发展得也最为成熟。全美各地的中学和大学都有模拟联合国活动。自2001年以来，模拟联合国走入中国并迅速发展，成为许多大学和高中备受欢迎的活动。

如果对中国的模拟联合国活动追根溯源，最早的开拓者应当是北京顺义国际学校。这所学校专门服务于在华外国人子女。早在1993年，北京顺义国际学校就召开了第一届北京模拟联合国大会（Beijing Model United Nations，简称BE-IMUN），该大会是海牙国际模拟联合国大会的分会。但是，它主要的参与者是各国以及中国国内的国际学校，独立于国内教育界，因此也没有任何中国籍的学生参加过。真正意义上的中国高校首次模拟联合国会议诞生在1995年的外交学院，首次高中生模拟联合国会议是2005年的北京大学全国中学生模拟联合国会议。

人们常常会问，你们这个模联有什么用呢？

模拟联合国活动之所以能够风靡全世界，是因为它是一项极富教育意义的活动。

第一，模拟联合国开阔视野。模拟联合国活动关注的问题广泛，大都是当今各国面临的热点问题，在这样一个充满激情和挑战的全球化时代，在我国改革开放继续深化，国际局势依然复杂多变的背景下，积极参与这项活动不仅有助于同学们对联合国的了解，更为同学们打开一扇窗，提供了一个舞台，让大家关心世界，用国际眼光来思考问题、讨论问题。

第二，模拟联合国活动中议题主要涉及的领域广阔。如和平与安全、人权、环境、贫穷与发展、货币政策、石油危机、全球化、公共卫生等。

第三，它能够激发学习潜能。阅读背景资料、会场上书写大量文件、听取发言、阐述观点，这些都对学生的语言和写作水平提出了很高的要求。模拟联合国活动是一种体验式的活动，特别在英文会议中，代表们融入了外交情境，需要自觉自主的运用英语进行表达，这样的环境下，大大激发了学生学习英语的热情。而在一些高水平中文会议中，代表们同样可能接触到一些英文阅读材料。虽然最终的大会只有短短几天时间，但是在会议之前代表要做好充分的准备。代表必须密切关注“自己的国家”，研究和学习一个国家的历史、政治、经济、外交政策等方方面面，只有这样才能充分扮演好外交官的角色。准备的过程实际上是一个多种学科知识的整合过程，代表们需要将政治、经济、历史和地理知识与大会要讨论的问题紧密结合，思考各个要素之间的联系。这样就打破了学科间的壁垒，形成了丰满完整的知识体系。

第四，模拟联合国更能够锻炼领袖才能。模拟联合国活动是一种互动性极强的学习经历，青年人不仅能够学习和讨论国际事务，还能够通过实践来锻炼自己组织、策划、管理的能力，研究和写作的能力，演讲和辩论的能力，解决冲突、求同存异的能力，与他人沟通交往等多方面能力。这些会让学生受益终身，其中包括研究、写作、意向条、演讲、时间管理、危机处理、团队合作、沟通与妥协等。

原联合国秘书长科菲·安南在一封致模拟联合国大会的贺信中说：“联合国依靠世界上每个人的努力而存在，尤其是像你们这样的青年。这个世纪，不久就会是你们的。”当今的年轻人将是未来决策的制定者。模拟联合国就是这样一个活动，让青年人的领袖才能得到锻炼。中国正越来越多地在世界舞台上发挥作用，中国的年轻人也应该为迎接国际化的挑战做好充分的准备。相信在模拟联合国的舞台上，青年学子能够上演精彩而震撼的一幕。

最后，模拟联合国还能培养精英学生。模拟联合国是世界上影响力最广泛的学生活动，如哥伦比亚大学，耶鲁大学，哈佛大学，斯坦福大学等世界知名高校都有每年一度的模拟联合国大会。除此，模拟联合国还分布在美国、日本、英国、瑞士、阿根廷、奥地利、比利时、埃及、荷兰、德国、加拿大、韩国、泰国等多国的高校中，富于朝气的年轻人在这个舞台上尽情地展现自己的风采！模拟联合国的活动长期受到了联合国总部的支持与帮助，给予许多国家的模拟联合国活动以函电鼓励和赞扬，并在联合国官方网站上建立了关于全世界模拟联合国的专版网页。

（二）北工大模联的特色

作为一所以工科为主的综合性大学，北工大模联从无到有一步步地发展成为面向北京、志向全国、心系世界的一所具有特色的模联社团。自 2010 年创建初始，我们就不断地在反思和提升办会水平以及学术能力。我们始终坚持北工大的自身特色，坚持独立办会、颇具特色的观点。从一个会场到人数变多的多个会场。规模逐渐变大，我们也积极邀请来自全国各地的高校模联人来感受属于北工大的特有的模联特色。同时，我们的组织模式也由原先的混乱不一到如今的各司其职、有序发展。与此相关的，我们也积极拓展与外校的联络。在自身独立办会的基础上积极举行日常的学术培训等来提升成员的水平以及增强组织的凝聚力。

北工大模联在不断提升与进步的过程中，在不同级别的大会中也取得了更加优异的成绩。

（三）重大活动及荣誉

校内大会：从创办之初每年下半年都会举行面向全国的模联大会。

图3　2013 年北工大模联大会

图4　2014 年北工大模联大会

图 5　2015 年北工大模联大会

（四）协会所获奖项

北京师范大学模联优秀团队

图 6　专家莅临北工大模联大会进行指导

成员近年全国高校模联大会所获得奖项：

2015. 11 荣获　国际关系学院模拟联合国大会　最佳立场文件

2015. 11 荣获　北京外国语大学模拟联合国大会　最佳媒体

2016. 03 荣获　北京语言大学模拟联合国大会　最佳通信社

2016. 04 荣获　中央财经大学模拟联合国大会　杰出代表

2016. 04 荣获　中央财经大学模拟联合国大会　杰出代表

2016. 05 荣获　北京林业大学模拟联合国大会　最佳立场文件

2016. 07 荣获　优梦模拟联合国大会　法国内阁最佳阁员奖

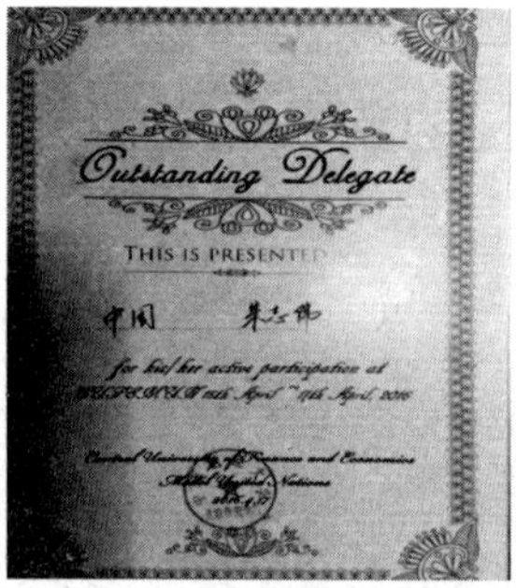

图 7　2016 年中央财经大学北工大模联协会朱志伟同学获得杰出代表奖

四、展望未来

（一）仍存在的问题

首先，鉴于我校是一所以工科专业为主的综合性大学，学校活动大多有关科技创新，校内模联日常活动及大会难以找到老师提供相关学术支持，导致社团的活动负责人任务量过大，活动质量难以保证。

其次是校内学生大多对模拟联合国了解不深、缺乏兴趣，所以招新时与其他社团相比认可度不高。新成员参加活动的积极性也不高，只有少数社员在招新之后仍能保持活跃。

目前，由于现实情况，我们也经常会出现经济紧张的状况。很多既定的目标与期望都难以实现。

尽管因地理优势，北京及周边地区参加外校模联大会的机会多且出行便利，但外出参会的人数却很少，导致我校模联协会校际交流的机会少，校际间认知度低。

一些成员反应，校内模联会议流程、文件写作及学术沙龙等相关活动并不能很好的帮助他们认识、适应正式会议的流程节奏。校内会前培训效率低下，对代表的帮助并不大。

每年校内大会招募的代表都有一部分是为了通过参加校内模联大会获得创新学分，抱着功利的心态参加模联大会，导致大会学术水平难以提高。

（二）对未来发展的期冀

针对校内招新中存在的问题，我们尝试采用不同的吸引方式。例如采取创新学分等较为功利化的东西以提升招新的人员数量以及在招新之后采取学术沙龙的方式来加强社团的活动和内部人员的交流。结果有一定的招新成果，但无法达到长效性发展，大部分社员在参加几次活动后就放弃参加，后期会因为创新学分而参加校内会以至于校内会水平整体不高，效果并不显著。

因此，我们逐渐在发展过程中意识到问题以及不断完善发展路径和方式，我们提出以下策略：

1. 针对招新问题，我们希望提升招新的影响力与招新力度，加强对新生的介绍交流。同时对于创新学分的问题仍然可以做吸引的一项，但并不能让它成为最主要的一项。更新不同形式的招新方式，采取线上线下的招新方案。对于招新后的日常活动，我们正在创新不同的日常活动，采取以学术沙龙、学术讲座等形式从不同方面对新生进行指导培训，同时加强日常的活动氛围以提升社团凝聚力。除此之外，注意培养新生中不同能力的人才为模联今后的发展奠定基础。

2. 对于地区交流的问题，我们希望加强与各个模联社团的联系，积极地促进社员参与活动并积极宣传北工大模联协会。前期以北京市内为主逐渐加强与域外模联社团的交流，也希望能够选派人员去有关社团参加活动交流，加强交流与合作。后期积极地提升本校模联的学术水平与规格，吸引外校代表参加，也愿意和相关学校共同办会以达到共同合作与进步的目标。

因此，我们有信心在我们的共同努力下使北工大模联成为宣传北工大的一个很好的名片，也希望我们能够成为对外宣传北工大的一个很好的平台。

五、总结

通过北工大多年的发展，我们见证了北工大模联从发展缓慢到蓬勃发展的几年。我们有信心在我们的共同努力下使北工大模联成为宣传北工大的一个很好的名片，也希望我们能够成为对外宣传北工大的一个很好的平台。

作者：朱志伟

创科尚品：创造智能投影产品给用户

2014 年在亚马逊中国平台首创彩绘系列配件

2015 年产品在亚马逊中国 CE 品类中排名前五

北京创科尚品科技有限公司成立于 2014 年，法人代表戴欣伟，公司目前总人数 6 人。成员以“90 后”为主，100% 拥有本科及以上学历。

图 1　团队成员合影

2014 ~ 2015 年公司主要业务为数码产品配件，品牌为“GAMMABAI”，主要销售平台为 AMAZON. CN，主要产品为亚马逊 Kindle 配件，亚马逊平台首创彩绘系列产品，打破中间价位段市场空白，成为 2014 ~ 2015 年亚马逊中国 CE 品类 KA 卖家，细分类目排名前五。

2016 年公司做出调整，转为跨境电商出口，注册“ARTLII”品牌，致力于为全球消费者提供质优价低的移动投影设备，产品理念如图 2 所示。

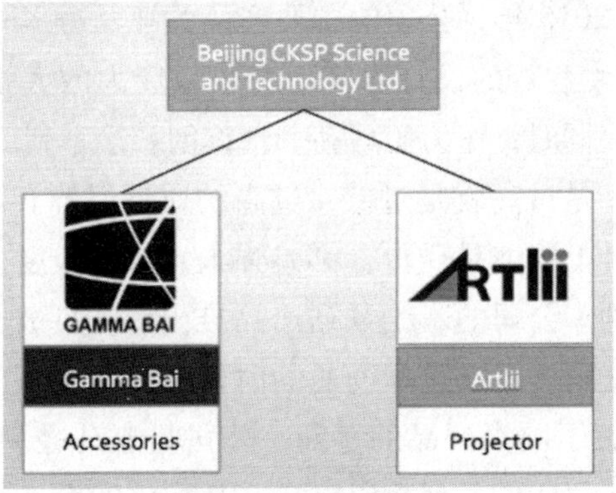

图2　产品理念

公司于2016年创新推出的Fun系列迷你投影仪畅销北美及欧洲等多地市场。目前已经开通的市场为美国、英国、德国、法国、意大利、西班牙、法国、印度、加拿大、日本。

一、市场空白的弥补

亚马逊平台首创彩绘系列产品

随着大数据时代的到来，数码电子产品在消费产品中所占有的比重越来越大，数码电子行业的分工也越来越细致。在2014～2015年，公司也借着大数据时代的东风，将主要的精力投入到数码电子产品上，主要的业务涉及数码电子产品的配件领域。数码电子产品属于高新制造业，对产品的设计也更加强调其科技性与创造性。“科技兴则民族兴，科技强则国家强”。习近平主席在出席全国科技创新大会、两院院士大会、中国科协第九次全国代表大会时发表重要讲话，他强调在我国发展新的历史起点上，把科技创新摆在更加重要的位置，吹响建设世界科技强国的号角。提出了“到2020年时，我国进入创新型国家行列”的目标。数码电子产品的设计与从业，具有高度的创新性。2014～2015年公司主要业务为数码产品配件，品牌为“GAMMABAI”，主要销售平台为AMAZON. CN。亚马逊中国是全球最大的电子商务公司亚马逊在中国的网站，一直都秉承“以客户为中心”的理念，亚马逊中国承诺“天天低价，正品行货”，致力于从低价、选品、便利三个方面为消费者打造一个可信赖的网上购物环境。亚马逊中国经营图书、音像、软件、图书、影视等。平台的优势促成了公司的优势，在举国崇尚科技创新的时代背景下，公司具有很强的竞争力与创造力，符合时代发展的潮流。公司一个时期的主要产品体现了公司一段时间内的核心竞争力。在2014年、2015年，公司的主要产品为亚马逊Kindle配件，该配件体现了科技创新中“高大上”的设计水平，在数量庞大的大学生创业队伍的发展史中具有重要的意义。同时，作为亚马逊平台首创彩绘系列产品，在一段时间内，彩绘系列产品的价格不是过高就是过低，过高的质量但鲜有消费者问津，过低价格的产品无论是在设计上抑或是质量上都差强人意，且极度分化的价格也容易造成产品市场价格的垄断。公司的彩绘系列产品推出后，打破了彩绘系列产品市场中间价位段的空白，让消费者在选择商品的时候拥有了更多的选择和便利，同时也通过创新的设计打破了同类产品的垄断。公司与亚马逊中国开展了许多合作，取得了可喜的成果。公司凭借系列数码电子产品配件的设计，成为2014~2015年亚马逊中国CE品类KA卖家，细分类目排名前五，取得了很大的成就。雄关漫道真如铁，而今迈步从头越。北京创科尚品科技有限公司凭借着雄厚的实力与领异标新的创新能力在同类产品中独占鳌头，取得了非凡的成绩。

二、产品结构的调整

转型电商出口类产品

正所谓“不破不立”，一个公司在发展的过程中难免要进行产品结构的调整。“山重水复疑无路，柳暗花明又一村。”在互联网经济大力发展的时代，由于政策的支持和市场的决定性作用，电商出口的导向引导了一批又一批致力于创新创业的大学生团队。当改革进入深水区，逆水行舟，不进则退。公司很好地把握住了互联网经济时代背景下的创新机遇，在取得了数码电子类产品的成功经验后，大胆地将产品的结构转向了电商出口类产品。通过对市场数据的充分调研，公司在2016年进行了产业结构调整。以统计到的2016年前十个月的数据为例，深圳海关共验放跨境电商进口货值约12.7亿元人民币，同比增长155%；其中，验放出口跨境电商货值7.02亿元，同比增长257%。可见，电商出口类产品十分紧俏，电商出口类行业的发展前景良好、具有广阔的开发空间。公司选择在2016年进行产业结构调整与产品结构的转型决策是十分正确的。唯有顺应时代的潮流和市场的趋势，力量单薄的创新创业团队才能在复杂的竞争中获得更大的利益。公司此次在2016年的产业结构转型就是顺应了时代的潮流和市场的趋势。2016年公司做出调整，转为跨境电商出口，注册“ARTLII”品牌，成为公司发展史上的又一重要里程碑。从“ARTLII”品牌标识的设计研发到最终成功注册，中间经历了许多辛苦的环节。从“ARTLII”品牌标识的设计来看，采用了大胆的黑橙配色，使得产品的标识具有时尚的气息、神秘感与科技感。橙色象征着热情，代表着本次调整的电商出口类产品能够为消费者带来便捷的温暖；黑色象征着科技感，体现着一种精益求精、一丝不苟的造物态度，是对当下流行的“工匠精神”最好诠释。一个小小的标识，反映的是大学生创新创业团队的智慧与严谨的态度，是公司文化与软实力的最好体现。本次的转型升级，公司致力于为全球消费者提供质优价低的移动投影设备，产品理念为手机的第二块屏幕。有了2014年、2015年的丰富经验，公司在进行移动投影设备产业的实行过程中也更为顺利。经过全面、严谨的市场调研，公司认为在当前的电商出口类产品中，移动投影设备产业有待进一步的开发。他们利用电子数码产品工作中积累的丰富经验和对创新创业的执念，凭借自己的专业技术，在移动投影设备行业进行了大胆的尝试与摸索。移动投影设备是近年来流行的一种科技设备，一经推出就迅速占领了国内市场。在VR技术火热的当下，移动投影设备充当了VR技术的物质载体，大大地提升了消费者的感官享受，使得VR技术在短短的几年间得到了迅速地发展。由于技术不断地被更新，投影仪越来越“迷你”了。因此，根据In－Stat的分析和统计，许多公司现正积极地把眼光投入这个领域，希望能在这个急速增大的市场里分一杯羹，无论是手机还是移动电视，都能在其中看到嵌入式投影仪的身影。预计装有微型投影仪设备的交易量能在2018年前达到2000万，而其中移动设备将占有90%的份额，相比现有仅占15%的份额是大有提升。可见，移动投影设备产业是一个新兴的、具有高度竞争力的产业，其产生与发展一直依附于科技的进步和消费者日益增长的物质文化需要，是同类市场中的主流。In－Stat近期的研究表明，尽管现在独立的或是作为附属设备的微型投影仪（可以接入原有设备，如手机，iPod或笔记本电脑）主导着市场，但从“接入式”到“嵌入式”这一趋势已越来越明显。独立的或是作为附属设备的微型投影仪市场将在五年内从约37%跌落到少于4%。根据数据表示，尽管在五年内，影响微型投影仪市场的个人电子产品消费肯定会增加，但是微型投影仪总体的市场份额仍然会因为移动设备市场份额不足的原因而减少。但市场的困境阻止不了科技进步的步伐与时代的发展，公司于2016年的产业结构升级与转型，顺应了科技发展的潮流，使得公司在竞争力上更占优势。

三、销售业绩的创新

Fun系列迷你投影仪畅销全球多地市场

公司于2016年创新推出的Fun系列迷你投影仪畅销北美及欧洲等多地市场。目前已经开通的市场为美国、英国、德国、法国、意大利、西班牙、法国、印度、加拿大、日本。公司于2016年转型以来，将更多的精力投入到迷你投影仪这一产品的开发、设计与销售上来，将迷你投影仪打造成为了独具公司特色的文化创意品牌。这是继公司的产业结构升级调整以来，又一次重大的战略转折，将原有的竞争优势继续扩大，继续深入科技创新能力转化为生产力的实践；继续以实践证明大学生创新创业团队的专业性与可行性。Fun 系列迷你投影仪，是公司转型顾及微型投影仪产业后的新产品，在便利性上和用户体验程度上都达到了新的高度。用户体验是当下设计的重要一环，通过用户体验可以得出系列的数据来检验产品的成功与否。在用户体验的成功检验下，公司的产品再次迎来了质量与口碑的双丰收。2016 年是高新技术与微电子技术迅猛发展的一年，公司借政策的东风与市场的选择，在微型投影仪产业继续深入开发下，才有了 Fun 系列迷你投影仪的诞生，使得全世界的消费者在选择同类商品时多了一份选择的权力。这不仅仅是产业结构的调整与升级和科学技术的深化，而且是建立在二者基础上的销售业绩的创新。

作者：戴欣伟

艺美童心：少儿美术教育背后的机遇与情怀

2013 年第六届“挑战杯”创业竞赛，银奖
2014 年“创青春”首都大学生创业大赛，铜奖
全国创业基金总评审，二等奖
第十五届“星火基金”优秀项目——“艺美童心书籍设计”
第十四届科技基金优秀项目——“给孩子们讲艺术史”
被评为 ICAA 国际少儿书画大赛“先进单位”称号
被评为 ICAA 国际少儿书画大赛“中国百家美育名校”称号
2015 年艺美童心书籍设计荣获我校优秀毕业设计奖

艺美童心顾名思义，用艺术美化孩童们的心灵。艺术拥有无限的美，这种美是一种境界、是一份气质，更是高等教育的体现。教育的形式是无限创意和纷繁多变的，但我们要给予孩子的美—艺术中最根本的灵魂。这种美是真（科学）善（道德）、美（艺术）中的美，也是一个民族国民素质整体提高的体现。

艺美童心教育科技有限公司成立于2014 年2 月10 日。艺美童心少儿美术教育中心致力于发展中国少儿美术教育和相关产业，专注 3 ~ 12 岁少儿综合素质成长，立足美术教育，研发“绘本教学法”“故事教学法”“手工教学法”，引导孩子们画出美的作品，做出美的物件，享受美的过程，更重要的是交给孩子们为善为美的根本，永存一颗童心。同时将教学成果和市场紧密结合反复验证和升华，发展公益事业延伸开发相关产业。我们拥有一支专业强大具有丰富的少儿美术教育经验的师资团队。我们秉承高品位、高素质、高标准的教育定位，以新颖优质的教学服务，为中国少儿的成长提供系统、高效、完备的教育实施方案。我们力求将品牌打造成为教育公益事业领头兵，中国少儿最喜爱、中国家庭最认可、中国教育最需要的高端品牌。

教育是一个永不衰败的行业，教育投资将会是一场永不会输的投资，学习终将成为我们的终身信仰。

图1 "艺美童心"团队成员合影（圆圈中头像团队创始人吕凯）

一、我们的精神

属于我们的艺美童心精神

艺美童心在传播知识的同时也在一直致力于宣扬一种文化："一种乐观积极、奋发向上的精神，一种勇于改变自我、突破束缚、追求美好生活的精神。"无论是孩子们亦或是老师们都要时刻微笑着面对生活，因为有微笑才有希望。艺美童心另一个主要特征是"以人为本"的办学理念。我们尊重每一个孩子的成长经历与鲜明个性，根据每一个孩子的特征配置课程。

二、我们的机遇

少儿美术教育问题催生创业机遇

随着我国经济的不断发展和社会的持续进步，人们已经认识到艺术教育的不可替代的作用。增强艺术教育观念，在学校教育中使学生能得到知识和能力的全面发展，力求体现素质教育的要求，以学习活动方式划分美术学习领域，加强学习活动的综合性和探索性，注重美术课程与学生生活经验紧密关联，使学生在积极的情感体验中提高想象力和创造力，提高审美意识和审美能力，增强对大自然和人类社会的热爱及责任感，培养创造美好生活的愿望与能力。但当我们意识到这些问题的同时，大多数学校的艺术学科依旧被排挤和限制，无种无收。学生被培养成绘画无法动笔的"美盲"，更严重的是使他们失去了一个最重要的培养、开发创造性思维和能力的最佳机会。美术教育是美育的重要方面。它不只是教儿童画画，更重要的是培养儿童敏锐的观察力、丰富的想象力，和生动的表现力。它也是陶冶儿童的情操开发智力最好的形式之一。

近几年，我国政府加大了对民间办学的投资力度，鼓励民间办学。随着我国经济的发展和社会竞争的加剧，越来越多的家长发现孩子仅仅接受学校教育很难满足成长需要，孩子要想在未来的竞争中取胜就必须全面发展。正是基于这些因素，在传统教育市场之外又开辟了一个新的市场，即针对少儿艺术教育机构的兴起。目前，我国少儿美术培训市场规模超过300万人次，并且现以每年30%的速度增长。据统计，每年参加少儿培训的儿童与青少年超过1亿人次且逐年上升。我们的创业点由此产生。

“教育培训业是21世纪最朝阳产业之一”。中国家庭越来越重视对孩子的艺术教育投资，近年来越来越多的父母给孩子投资艺术教育，艺术教育投资已然成为中国家庭一项最主要的支出。中国人的教育开支目前已占到所有消费开支的15%左右，而全国的少儿美术培训机构达到5万家，据统计，当前中国少儿美术培训市场的市场总值达到150亿元人民币，相当于国民生产总值的0.1%，而且美术培训市场在相当一段时间内保持持续增长。我们在普及地区研究的同时也调查了贫瘠地区的状况，贫困山区越来越需要大家关注。目前公益性服务有很多，如医疗养老、关爱妇女儿童、志愿者、关爱残障人士、绿色环保、动物保护、扶贫赈灾、支教助学等。艺美童心少儿美术公益服务属于支教助学类的特殊性，越来越多的企业在走两条路线，实现公益带动盈利，盈利支持公益，这两条路线并不矛盾，是相辅相成、统一发展的。中国的教育市场缺少这样两种性质的企业，对于支教助学只是国家在实行，私人企业也只是捐款资助，不能保证孩子真正地享受到教育，即使捐款落实了，也不能保证质量的正规。艺美童心抓住现在市场上的弱点，发挥自己长处，走出一条不同常规的路线。

三、“艺美童心”立志成为少儿美术教育的领跑者

为什么创业的切入点选择“少儿美术教育”？创始人吕凯这样说道：“首先，我很喜爱小孩，因为小孩的创造力总是可以激发我的想象力，所以我愿意和他们在一起去创造美。其次，我具备专业的职业素养，这一点很重要。可以说，美术考学的人分为两种：一种是从小开始学美术，另一种是为了高考而冲刺学美术。上了大学后这两种人的水平差异还是很大的。我是从四岁开始学美术，一直走专业路线，上大学后，对于美术知识有一个系统地掌握，所以我有能力将我所学到的专业知识教授给他人。”

四、我们的方向

选定"创意美术"教学方式解决行业瓶颈

目前，在我国孩子们似乎接受着正规的教育，但是在美术教育中有很多问题。美术教育是美育的重要方面，它不只是教儿童画画，更重要的是培养儿童敏锐的观察力、丰富的想象力和生动的表现力，它能够陶冶儿童的性格，也是开发智力最好的形式之一。但是，当今少儿美术教学出现了一些怪的现象，如教学生画儿童画的教师越来越多，美术基础的老师也越来越少，画画获奖的越来越多，可真正懂美术的越来越少，这些现象无疑是给美术教学带来了冲击和不良的影响，使少儿美术教学偏离了正确的方向。老师不能为了参赛而教学，学生不能为了参赛而画画。总的来说，中国少儿美术普遍还存在着以下几点问题：①教学模式不完善，传统美术教学若停留在单纯的应试层面，只能教出画匠；②教师自身素质的欠缺，导致无法更好地开展教学，部分教学一味强调技巧训练，将少儿美术与成人美术混为一谈；③社会不良因素对少儿美术教育造成了冲击，与市场经济的逐步深化相伴而来的急功近利等不正确思想及行为冲击了美术教育；④传统美术教学注重临摹，它忽视了儿童的成长历程，教材内容脱离儿童实际。

在发放的1300份问卷结果反映出在适宜的家庭中86%的家长希望孩子接受系统科学、创新独特的美术教学。98%的孩子愿意参加培训学习，期望接受综合新颖的美术教育。

艺美童心产品为服务型产品，路线为品牌发展战略，主要内容则是我们的专业课程。课程作为独立产品能够进行开发设计及营销。在国家对儿童教育专业机构的大力扶持的情况下，中国市场上少儿美术教育机构专业品牌缺乏，同时，中国市场中家长对少儿美术教育拥有广大的需求，于是我们推出了品牌产品。相对于竞争对手，我们的产品除了培养孩子的绘画能力外，以维护孩子的天性为基本出发点，主要方向为培养孩子的发散性思维与创造力。

五、我们的优势

"智能管家"成为行业新秀

艺美童心立足美术教育，研发"故事教学法"通过西方的绘本故事，东方的民间故事引入课程，提炼出教学内容。结合手工教学，让孩子们画出美的同时也做出美的物件，享受美的过程，更重要的是交给孩子们为善为美的根本，结合西方艺术的同时却也不忘东方国学艺术神奇深邃之美。艺美童心为孩子们创造美丽世界，伴孩子们美丽成长。

我们的课程内容与众不同、设置科学合理、方式寓教于乐、受众容易接受、操作规范性高。师资一专业知识功底、丰富教学经验、热爱教育培训、具有爱心。吕凯说："特别要说一说的是，启蒙老师对于小孩的成长很重要。我遇到的启蒙老师就很好，他是一个89岁的老教授，在教学上很有规划，帮我打下了扎实的美术基础。如果我当时没有得到他的系统授课，现在的我也不可能把这些课程讲的如此的细致。所以，我也很想成为一名让未来艺术家们牵挂的启蒙老师。"除此之外，价格较低、性价比高。同时开设其他服务，如为孩子建立成长档案，记录属于他们自己的美术成长历程，并且装订成册设计成书刻录成盘。积极组织孩子参加国际国内各种书画大赛，让更多人见证孩子成长，增加孩子学习的自信、动力和兴趣。我们还组织孩子参加全国美术考级以满足个别孩子和家长需求，为孩子举办各种大师讲座，邀请国际国内知名绘画大师与孩子零距离接触，对孩子们的学习做出鼓励引导；组织家长老师带领孩子进行国外国内游学考察课外旅行写生，让孩子对美术的热爱延伸到生活中，在生活中感受美；带领孩子们观赏各种画展和艺术设计展，并为孩子们的作品举行定期展览；通过微信、微博发表艺术大师解读和教育法宝，对孩子和家长进行艺术培养，协助家长伴孩子们快乐成长……这些都是我们的特色优势。

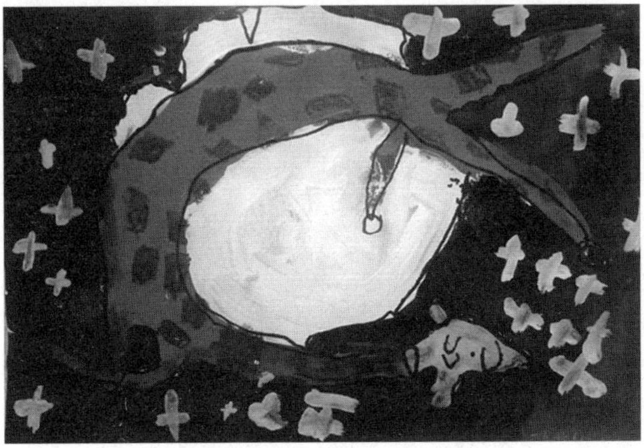

图2　创意绘本课程"长颈鹿不会跳舞"

"以绘本教学为例，目前市场上很多少儿美术教育机构在绘本教育过程中都反映出一个普遍的问题，那就是他们只交给孩子如何画一个属于自己的绘本，但是一年之后除了画绘本之外，孩子很少或者几乎没有学到任何东西。而我们的课程就是针对这个问题寻求突破。一方面我们也有这样的绘本创作课程，另一方面，我们特别注重系统地教授孩子绘画的技巧和知识。家长们一致反映：课程很细致，觉得很满意。”创始人吕凯说道。

六、我们的目标

打造中国少儿美术高端品牌

艺美童心少儿美术教育中心致力于发展中国少儿美术教育和相关产品事业，专注儿童综合素质成长，同时将教学成果和市场紧密结合，反复验证和升华，用孩子的作品共鸣孩子的心声。我们拥有一支专业强大的综合艺术研发团队，具有丰富的少儿艺术教育经验。我们将秉承高位、高素质、高标准的教育定位，以新颖优质的教学服务，为中国少儿的成长提供系统、高效、完备的教育实施方案。力求将品牌打造成为中国少儿最喜爱和中国家庭最认可的中国教育最需要的高端品牌。

作者：尹博

"菜猿编程"：探索"互联网+"时代的编程入门教育

目前，我国互联网处于快速发展阶段，行业人才需求量逐年扩大。据统计，未来五年我国信息化人才总需求量高达1500万～2000万人。在此背景下，我国IT教育培训行业的市场规模也在逐年扩大，年增长速度稳定在15%以上。

随着"互联网+"的不断深入，对普通人来说，接触编程、了解编程，能给工作生活带来更大的便利。而技术的发展也使得普通人学习编程的门槛逐渐降低，新兴的图形化编程语言，甚至连少年儿童也可以轻松掌握。未来的世界将是"人人编程"的世界。

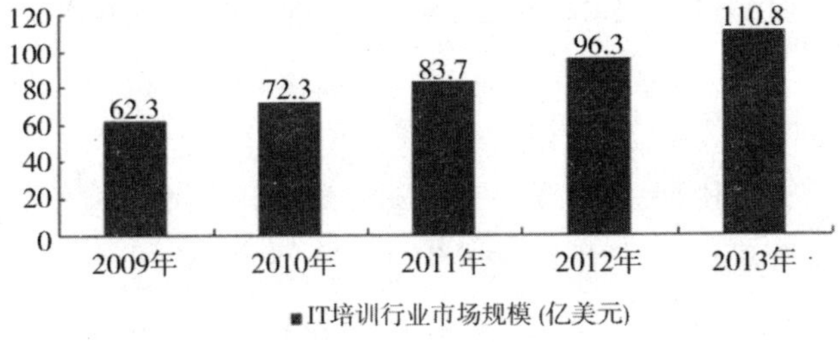

图1　2009～2013年IT培训市场规模走势

"菜猿编程"是一个在线教育创业项目，主要面向编程初学者群体，特别是每年百万人规模的计算机相关专业大一新生，以及广大的青少年编程爱好者群体。基于互联网技术，打造"内容+产品+教学+服务"四位一体的编程入门在线教育体系。

"菜猿编程"项目的载体是北京忆欣弦科技有限公司。公司成立于2016年9月2日，坐落在北京朝阳区，创始团队共有10名成员，均来自北京工业大学。菜猿团队并没有太过亮眼的背景和资源，用流行的词语来说，是正宗的"草根"团队。但正是这样一个源自学生的草根团队，能够真正感受到学生的需求和困扰，并怀揣着真诚而坚定的信念，希望通过自己的探索和努力，找到“互联网+”时代下最有效的编程教育模式，更好地服务于编程初学者群体，让更多的人能够顺利进入计算机世界的大门，领略编程的奇妙魅力。

图 2　菜猿团队在北工大科技节宣讲计算机相关技术

一、初心

“菜猿编程”的创始人桑弘毅，是北工大都柏林学院物联网工程专业的一名 13 级本科生。桑弘毅从初中开始学习编程，曾荣获 NOIP 竞赛福建省二等奖。进入大学以来，桑弘毅独立编写过 20 余个游戏和应用，参与过 2 个星火基金重点项目，成功申请 5 项软件著作权和 1 项实用新型专利。同时，桑弘毅热衷实践，大一开始就在学院创办了学生组织“BDIC 计算机工作站”，利用课余时间为同学们开展“C 语言”和“算法”的相关培训。大二期间，桑弘毅加入了在线教育领域的创业公司——天津先驱领域科技有限公司，担任首席技术官，带领团队设计研发了“掌艺—艺考在线教育平台”。大三期间，桑弘毅加入北工大“全景摄像”项目（北京伟开赛德科技发展有限公司），负责 360°全景视频安卓客户端的研发工作。与此同时，桑弘毅还作为“TEDxBJUT”团队的核心成员，参与组织了多次大型 TEDx 演讲大会，并独立开发和维护了大会的票务系统。正是通过不断地实践，桑弘毅锻造了自身强大的综合能力，积累了一定的经验，为自主创业做好了准备。2016 年 8 月，桑弘毅开始筹备建立自己的公司。

对于“为什么选择编程入门教育作为自己的创业项目”，桑弘毅表示，编程是一件很有趣的事情，学会编程，不仅能锻炼逻辑思维能力，还能根据自己的想法，创造出独一无二的产品，解决工作生活中遇到的问题。然而，每一位学习编程的人，都经历过入门阶段的痛苦和迷茫，觉得编程知识枯燥、晦涩，已学的内容毫无用处，而想制作有趣的实际应用时又无从下手。有许多编程初学者在这个阶段挣扎徘徊，却得不到有效的帮助，最终消磨了兴趣和热情，放弃了编程这条路。桑弘毅自己也曾深刻体会到编程入门的艰辛，因此，他希望通过自己的努力，去探索更有效、更有趣、更通俗易懂的编程入门教育模式，降低编程入门的门槛，帮助更多的编程初学者顺利进入编程世界的大门。这就是桑弘毅开展“菜猿编程”项目的初心，也是菜猿团队始终坚守的本心。

二、起步

2016 年 8 月，怀揣着服务编程初学者群体的初心、探索编程教育新模式的理想，桑弘毅找到了两位合伙人——孙浚哲和阎善珉，两个人都来自北工大都柏林学院。两位合伙人同样对当下的编程教育弊端感触颇深。三人一拍即合，决定筹建公司，正式运营这个项目。

三人凑集了个人账户上的存款，共计两万元整，作为公司的启动资金。为了更专注地投入编程教育事业，桑弘毅和老师、家人沟通后，下决心休学一年，专心投入创业。

2016 年 9 月 2 日，北京忆欣弦科技有限公司注册成立，而这个“编程入门在线教育”项目也正式命名为“菜猿编程”，进入了商标申请流程。“菜猿”的含义是“菜鸟程序员”，明确表明了项目面向的群体。每一个程序员都有自己的“菜鸟”阶段，只有顺利度过这一阶段，才能经历蜕变，成为独当一面的“老鸟”。

图 3 “菜猿”注册商标

公司成立之初，桑弘毅在微信上发布了一则招募公告，介绍了自己的创业项目，表达了创业的初心，并邀请有志于此的同学朋友加入自己的团队。这篇招募公告得到了热烈的响应，许多人热情帮助转发，以支持这一创业项目。最终，桑弘毅从闻讯而来的十余名应募者中，挑选了 8 名成员，组建了最初的团队。

创始团队包括 3 位合伙人在内，共计有 11 名成员，其中 4 人负责教程原创工作，3 人负责新媒体和运营工作，2 人负责技术研发，2 人负责财税法政等综合事务。

2016 年 9 月 11 日，“菜猿编程”的第一项业务——“菜猿编程宝典”微信公众号正式上线运营，标志着“菜猿编程”项目正式开始运作。

三、探索

菜猿团队做的第一件事，就是创办一个编程入门主题的微信订阅号——“菜猿编程宝典”。当前市面上已经存在了上千万个微信公众号，而单篇文章的平均阅读率已经低于 10%，要想在浩如烟海的公众号中脱颖而出，并不是一件容易的事情。面对这一现状，菜猿团队选择从内容质量入手，开设了包括 C 语言、Java、Python 在内的五个小课堂栏目，以及其他初学者喜闻乐见的版块，坚持创作通俗易懂又有趣的编程入门教学文章。公众号上线不到四个月的时间，菜猿团队就撰写了 100 篇高质量原创文章，吸引了一批忠实的“粉丝”。而这些“小课堂”原创教程，则成为了菜猿编程最受欢迎的代表性产品。

图 4 “菜猿小课堂”原创教程内容

在公众号上线一个月后，也就是2016年10月中旬，“菜猿”团队开展了第二项业务——运营“编程初学者交流社群”。利用微信和QQ这两个最大的社交平台，“菜猿”团队创建了自己的编程交流社群，给初学者营造良好的学习交流氛围，并提供免费的答疑服务。这一举措，拉近了菜猿团队和粉丝群体的距离，桑弘毅表示，正是通过运营社群，菜猿团队才得以真正走进初学者群体当中，将心比心，设身处地的感知初学者的困惑，把握初学者的需求，为“菜猿”在编程入门教育领域的探索营造了最真实的环境。经过三个月的运营，菜猿编程共计拥有4个微信群和1个QQ群，总计数百名成员。菜猿团队每天坚持为社群成员提供耐心、详细的答疑服务，还不定期组织社群讨论会和社群实践活动，通过这样周到而贴心的服务，菜猿编程收获了一批铁杆支持者。

当然，创业也不会一帆风顺，菜猿团队也进行过不太成功的尝试。同样是2016年10月，“菜猿”团队基于PHPWind框架进行二次开发，设计了一个“菜猿编程－初学者交流社区”论坛网站，并成功申请了ICP备案，公开上线运营。但“论坛社区”的运营并没有菜猿团队想象的那么简单，它需要有足够数量且较高质量的种子用户群体，持续不断地输出内容，才能达到较好的预期形态。由于缺乏经验，时机也不成熟，而且论坛的整体模式较为陈旧，这个论坛社区在上线一个月后仅拥有不到一百位注册用户，日活跃用户仅为个位数，最终菜猿团队不得不暂时放弃了这款产品。

图5　“菜猿编程”论坛网站

在“论坛社区”的实践失败后，“菜猿”团队并没有放弃，而是继续结合互联网技术，进行编程入门教育模式的探索。在2016年11月期间，菜猿团队尝试使用当下最热门的“直播”模式，开展了 3 次直播教学课程，数十名学员参与了课程。通过几次直播课的实践，菜猿团队积累了经验，初步了解了直播教学的授课模式。紧接着，菜猿团队精心设计了一期“项目实践”培训课程，为期一周时间，包含一次直播课、相关录播视频、样例源代码等相关材料，以及后续的线上答疑服务。这次项目实践课是“菜猿”团队的第一项“收费业务”，每位学员需要缴纳 30 元学费。这样有趣又超值的课程，虽然仅在社群内部小范围发布，却仍吸引了二十余名学员报名参与，并获得了较高的评价，初步验证了“线上项目实践教学”模式的可行性。

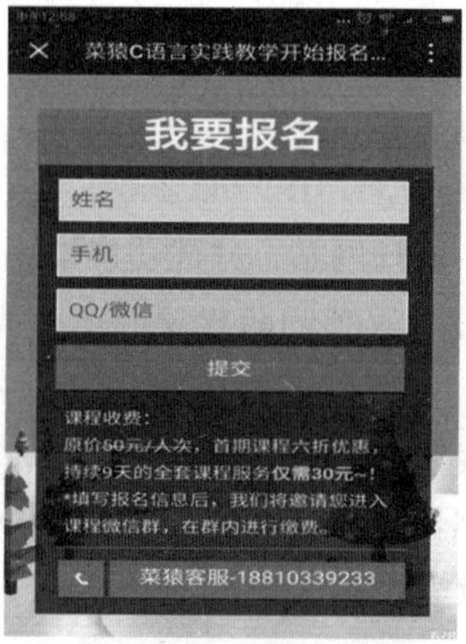

图 6　“项目实践教学”报名页面

时间进入 2016 年 12 月，由于相当一部分团队成员面临期末考试的压力，菜猿团队暂停了传统业务（公众号教程栏目、在线教学课程等），给团队成员留下了更多的复习备考时间。桑弘毅认为，虽然我们都有激情去闯出一片事业，但学业也同样重要，不是每位成员都有条件像自己一样选择休学创业，因此，作为团队领导人，也要考虑到团队成员的个人发展，帮助团队成员一起把握好学业和创业之间的平衡点。当然，在这期间，菜猿团队并没有完全停顿，而是根据现状，灵活地开展了“期末复习辅助业务”，在社群内为初学者答疑解惑，并根据大家的需求，在公众号上发布相关的复习资料、样卷讲评等内容。这样“接地气”的贴心服务，进一步拉近了菜猿团队和粉丝们之间的距离。

图 7　“菜猿编程宝典”公众号粉丝增长情况

四、前进

在 4 个月的探索过程中，通过尝试各种不同的模式，以及与大量初学者的深入交流，桑弘毅逐渐摸准了编程入门教育的“脉搏”——编程初学者真正迫切需要的，是通俗易懂的教学讲解、有步骤的引导和及时回馈以及细致贴心的答疑帮助。同时，桑弘毅也总结了菜猿编程发展过程中的经验教训，发现菜猿当前迫切需要做的是“促进分享”和“社区化”。当前菜猿编程的产品和服务，虽然受到用户的好评和支持，但其本身并不具有较强的分享性，导致粉丝数量增长较慢。同时，仅仅凭借菜猿团队自身的努力，能生产的原创内容是有限的，无法满足更多编程初学者的具体需求。

根据这些需求，桑弘毅重新规划了菜猿编程下一阶段的发展路线，总共分成三个部分：

第一，继续坚持此前受到好评的业务，也就是公众号原创教程和社群答疑服务。正是这两项核心业务，为菜猿编程收获了第一批铁杆“粉丝”，并且这些业务也确实贴合了编程初学者的需求痛点。

第二，设计研发一款“编程学习任务打卡系统”。在菜猿编程的社群中，许多初学者曾表示缺乏引导，不知道如何系统性的学习编程知识，希望得到菜猿团队的帮助。在调查了市面上在线教育领域的相关产品后，桑弘毅认为，“任务打卡”产品能较好地解决这一问题，如“背单词打卡”功能，能够有效督促学生学习英语。不同于传统任务打卡系统的是，菜猿编程的这款新产品，将扩展任务模式，把系统化的学习过程拆分为一系列“小型任务”，并推荐互联网上的优质教学资源，帮助学生更好的学习编程。同时，结合“经验值等级系统”“勋章系统”和“积分奖励系统”，菜猿编程的任务打卡系统将更具有趣味性，给予学员更多的“正反馈”。在一个月的紧张研发过后，这款产品已经于 2017 年 1 月上旬开展内测。

图 8 “任务打卡系统”内测版截图

第三，为了提升原创内容的生产能力，桑弘毅决定开展“众筹悬赏教程”的创新模式，由初学者提出关心的知识点和问题，发起众筹，再加上菜猿团队的补贴，筹集出悬赏金，向具备一定编程水平的学霸、教师、技术人员征集相应内容的教程稿件。菜猿团队将针对这一模式开展试点实践，以验证其可行性，积累实际操作经验。

五、未来

回顾 4 个多月的创业历程，“菜猿编程”从最初的一个设想，一步步筹备、到起步运作，经历了许多的困难与挫折，也在不断地探索和前行中，逐渐找到了未来的发展方向。

在 2017 年元旦，桑弘毅在公众号的推送中写道：“也许，作为一个普通的大学生创业团队，我们还有许多不成熟的地方，在这个创业浪潮风起云涌的时代，是最最普通的‘草根’。但与那些含着金汤勺诞生的团队相比，我们能真正走进编程初学者的世界，将心比心、感同身受。我们只想踏踏实实地为编程初学者群体，为正在入门阶段迷茫徘徊、在编程学习道路上辛苦前进的朋友带来切实有用的帮助。”

这是菜猿编程的初心，也会是菜猿编程在未来发展中永远坚守的本心。

展望未来，菜猿团队将继续“撸起袖子加油干”，努力编写更多更高质量的原创教程，探索更有趣、更有效的编程入门教学模式，迭代完善“任务打卡系统”等新产品，给更多的编程初学者带来更优质的服务。

也许“菜猿”是一只蜗牛，但一定是那只坚持不懈、努力向前的蜗牛。终有一天，这只蜗牛会爬到最高的枝头，触碰到最温暖最灿烂的阳光。

作者：菜猿团队

数模三人行：埃及水资源数学模型

2016 年美国大学生数学建模竞赛，一等奖

2016 年第二届“鼎新杯”课外学术科技作品竞赛，二等奖

数学建模对于大多数理工科大学生来说并不陌生，抱着对数学的热爱和试一试的心态，我们三个人组队参加了 2016 年的美国大学生数学建模竞赛。团队由 2014 级樊恭烋学院的三名女生组成，其中，孙一铭和臧明远的专业是电子信息工程，王雅倩的专业是机械工程。在大一的时候，孙一铭和王雅倩同学曾和另外一名同学参加了校级数学建模竞赛，虽然没有取得出色的成绩，但这一经历也使我们发现了建模的乐趣，为我们的美赛打下了很好的基础。

我们是从大二上学期教我们微分方程课的李静老师那里得知美赛的，由于我们刚上大二，而且所学专业并非数学、计算机类，李老师并没有对我们提出很高的要求，只求成功参赛。但我们打从心里重视这一国际级比赛，既然决定参加了，就要全力以赴。

图 1　数模三人行团队成员合影（从右次左：组长孙一铭、组员臧明远）

一、"模型"的建立——一个新的开始：团队的建立与备赛

在一个寒风凛冽的下午，随着比赛报名页面的保存和提交，美赛50810组正式成立。按照老师的指导，小组由两个擅长数学和一个擅长英语共三个人组成。三个人即将面对的，是为期四天的比赛和全然的未知。

俗话说，万事开头难，尤其是对于美赛建模这种完全陌生的比赛，比赛报名、比赛流程、论文提交等都不知道该怎么进行，更不知道应该从何准备起。所以，我们所做的第一件事就是了解美赛。不管是比赛还是考试，都有其特有的一套思路和评定标准。所以，了解一个比赛的比赛目的和评定标准就显得尤为重要。

在比赛前，指导老师给我们开了一个小会，分享了之前老师所带过学生的经历和总结出的经验，同时，在老师的指引下，我们浏览了数学中国的网站，找到了之前参加过的同学们分享的经验和比赛指导。我们三个也向彼此分享了之前搜集到的一些信息，比较了美赛与国内各级建模比赛的差别。其实，由于举办方的不同，美赛同国内的比赛还是有很大差别的。首先是论文都要用英文表述和呈现，其次就是比赛时间，国内基本为三天而美赛则为四天，最后是题型的不同，美赛分为数学专业题目和跨学科题目，选择余地更大但题目设置也相对比较广泛等一系列的差别。

当然，这些是我们搜集到的最直观的信息，但在这些信息之下传达的是更为深层次的这个比赛的特质，也就是美国人的思维。美国人解决问题的方式和中国人完全不同，不管是从解决题目还是结果表述和呈现，这样他们所采用的评定标准自然也是按照他们的那一套思路进行的。所以英文语言表述只是一方面，更重要的是整个结题和分析过程应当按照美国人的思路来。相比起结果，美国人更注重过程；相比起公式，美国人更喜欢图表；相比起长篇大论，美国人更喜欢开门见山……这些都是这个比赛的特质，也是我们在比赛过程中应该关注的地方。

有了对比赛的大致了解和比赛特质的基本掌握之后，按照每个人所擅长的和老师给出的分工建议，我们开始分别着手更加具体地学习和准备。一方面，我们到图书馆借阅建模相关书籍，研究了比较常用的数学模型的原理和应用范围，做了较为详细的笔记，按照应用范围进行分类和整理，同时，也尝试用MATLAB对模型进行分析和仿真。这里要感谢学院设置的MATLAB和微分方程课程，学习过程虽然困难重重，但相对还比较好上手。另一方面，我们从指导老师那里拷了往年获奖同学的论文资料，通过分析他们的论文结构和写作思路，

分析美赛的评判标准和关注点。也从指导老师那里借阅了关于英语文体写作相关书籍，了解了英语写作以及在数学论文写作过程中特有的表达格式。在整个准备过程中，我们合理分工，兵分两路，双管齐下，对美赛有了初步的了解。

对建模和论文写作有了基本了解之后，准备工作似乎还差点儿，一天我们约好了三个人坐在一起找了一道往年的美赛题，模拟了一次整个分析问题的过程。读问题的时候，确实有些懵，不知道该从何入手，所以我们先对问题进行了翻译，找出重点词并且进行圈画，确定了问题想问什么之后，我们通过查找借阅的书籍，找到适合这种情况的模型，之后我们看了该题获奖论文的分析思路，分析总结了我们思考过程中忽略的地方。虽然我们没有完全模拟整个过程，但是通过这种对问题分析过程、破题过程的模拟，我们对美赛的比赛过程也有了更进一步的了解。

万事开头难，但是一个好的开始确实是必要的，且影响深远的。有了对美赛的比赛过程、比赛特质、评判标准等有了一个较为全面的标准后，我们找到了明确的前进方向，也就不会那么迷茫和不知所措。虽然比赛的题目还都是未知的，但至少我们做了我们能准备的事情，剩下的也就是见招拆招了。

二、“模型”的求解——埃及水资源数学模型的探索与创新

有了一定准备的基础后，我们也建立起了自信心，团队之间也有了一定的默契。开赛的第一天，我们怀着紧张的心情坐在电脑前等待着题目的公布。经过我们指导老师李静的赛前指导，我们对这样的数学建模大赛有了一定的了解，并在选定题目前仔细分析了我们自己的优点、缺点，我们团队的优势以及同学的专业。我们团队有两名同学来自电控学院，一名同学来自机电学院，首先我们对于数学知识有一定的基础，还有编程以及数学软件的基础，但是由于不是数学专业的学生，我们最终还是选择了交叉学科的题目，一方面是想充分发挥我们的长处与掌握的知识。另一方面，我们一致觉得这次交叉学科的题目很有趣也很有意义，题目是按照规定选择某一轻度或中度缺水的国家或地区进行具体分析，分析其缺水的原因，预测未来一段时间内水资源的情况，以及提出相应的干预措施延缓水资源紧张的问题。我们在确定了题目之后，与指导老师进行了讨论并说了说我们的大概思路，获得老师认可后我们开始做大量的数据调查工作。一位同学开始搜集大量的关于世界各地水资源信息，并做出筛选与对比，其余两位同学首先查阅了大量的书籍与资料，在对题目进行合理的分析后选择合适的数学模型与数学方法进行套用。一开始我们团队的三个人并没有很明确的个人分工，大家都是拿到题目后一股脑的做自己的事情，由于数据资源较庞大，所以开赛的第一天上午我们并没有什么可观的进展，过了午饭的时间我们甚至还没有达到统一意见，有的同学在查数据的资料，有的同学在查模型的资料，还有的同学还在考虑是否要更换题目。直到晚饭时我们交流了一下才发现这样没有明确的分工效率的确是很低的，同学们都好像在忙，但是大家没有忙到一个点上，在进行了沟通之后我们决定一定要有一个明确的分工才行。于是我们各自分配了自己的工作，并且我们意识到合作中有效的沟通非常重要，自己做了哪一部分工作或者哪里遇到了问题一定要和组员沟通，不能一直由着自己的想法。意识到这些问题后，我们才算是真正进入了比赛的状态。

找到了正确的方法后，我们似乎是乘上了快船，整个比赛的效率及进程加快了很多。直到比赛第三天，我们又遇到了瓶颈。之前的一切似乎进行得很顺利，但是对于比赛来讲，我们的数学模型进行到了一半却发现所选的地区——印度，并不是很符合题目的要求，首先我们分析了其水资源的影响因素，但是由于印度的人口增长较快，且其地理因素、社会因素的影响较大，将其代入数学模型会有很大的误差，所以我们面临着两个选择：一个是硬着头皮用“印度”继续分析下去，但是结果肯定不会理想，实际与模型的吻合度也不会很高；一个是直接重新选择另一个国家，但是这个工作量较大，而且在这样的情况下也不一定来得及。在几番讨论之后，我们最终决定换另一个国家分析，而且我们的团队一致认同这一意见。其中原因有以下两条：首先，我们参加这个比赛是为了提高自己的数学建模能力，能够利用数学知识解决实际问题，认识到数学的美；其次，我们觉得这个题目也是给了我们一个激发自己潜能的机会，在看似不可能完成的情况下，尽力做到最好就是我们的目标。

所以，我们又利用了吃饭睡觉等休息的时间，重新进行调查，由于之前的资料涉及埃及这一国家，所以之前的工作也为现在做了铺垫，我们重新分析其地理、人文、天气、社会等因素，设定变量带入模型，尽管当时的情况很是忙乱，但是我们都能感觉到这个团队一直是忙中有序的。由于是美赛，还要将其翻译为英文，团队里英文好的同学在比赛的最后一天，开始作翻译，而另外两位同学也在尽力完善模型。在这短短的三四天内，我们团队的默契已经达到了用眼神就可以意会的程度，更让我们自己体会到了一种“苦中作乐”的感觉。虽然辛苦，但是这个团队从磨合、合作到最终完成比赛的过程是让人快乐的。

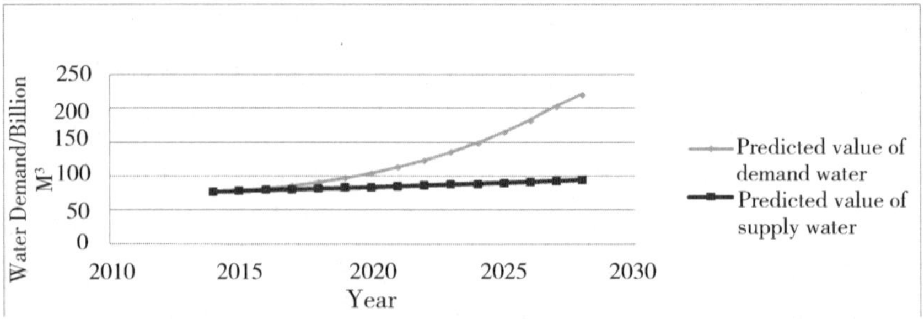

图 2　供水量与需水量未来 15 年预测数据

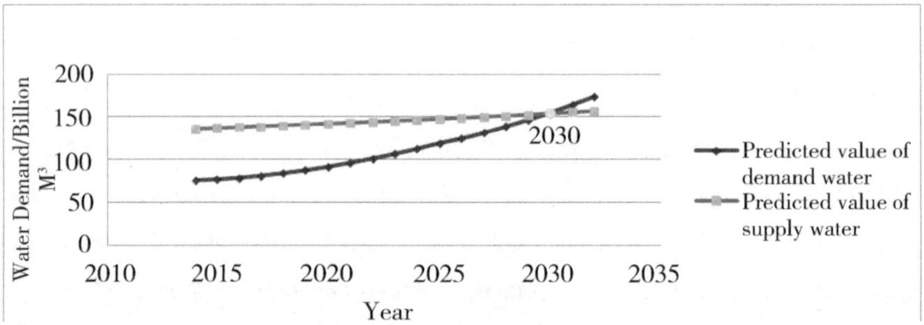

图 3　加入干预措施后的未来水资源预测

在比赛最后的一个小时内，我们就将论文完成了提交。这时的我们相视一笑，大家都明白，不管结果如何，这几天的努力与陪伴才是最珍贵的。我们都很感谢这次的比赛机会，不仅给了我们一个勇于尝试、团结协作、一起发现问题解决问题的机会，也很感谢我们的指导老师在比赛期间给予我们的帮助，李老师不仅关心我们的比赛进程，她更像是个大姐姐一样，提醒我们吃饭，在我们遇到问题找不到合适的方法而急躁时，耐心开导我们帮助我们，李老师给予我们的这种心灵上的鼓舞更是我们坚持不懈的动力，我们也非常喜欢这样的感觉，和老师的关系更像是朋友，我们共同度过每一个难关。这次竞赛我们不仅在数学建模方面有所提高，在解决问题时，也学习到了多方面、多范围的知识，更重要的是收获了团队间珍贵的友谊与默契。在这之中，我们也明白了一个道理，问题和困难并不可怕，重要的是沉静内心，学会耐心，只要找到问题的突破口，就没有不能完成的。这次比赛也为我们这个团队树立了更多的信心，我们相信在将来，任何困难都不足以使我们畏惧，我们会勇敢面对，一直向前。

三、“模型”的分析——成功后的喜悦与思考

在寒假的比赛结束之后我们回归到了正常的学习生活。4 月中旬的一天，我

们得知美赛出结果了，在网站上查询结果，并没有看到“1st/2nd/3rd”的字样，而是“Meritorious”，诧异的我们查词典后才意识到原来获得了一等奖。喜出望外的我们立刻将这一好消息告诉了李老师和她的研究生们，他们也为我们取得的成绩感到十分高兴。

在我们看来，这一奖项的确有些幸运的成分，但也与我们四天四夜的辛勤努力分不开。

第一，我们选择的题目并不是自己擅长的学科领域，在毫无专业基础知识的情况下，我们针对埃及这一地区在互联网上查找了近十几年大量的统计数据，分析水资源的供求关系，并从自然地理角度、人文社会角度预测了供水量、需水量的增减变化。同时制定了针对埃及的水资源干预政策，具有针对性和可实施性。

第二，虽然我们并没有统一学习过数学建模，但通过参考历年优秀论文，我们确定了至少要建立 2 个模型的方案，并针对具体问题具体分析。为了解决全球水资源短缺的问题，我们从供需平衡的角度建模，寻求合理解决方案，缓解水资源短缺问题。针对供水量和需水量建立不同的数学模型（多元线性回归分析模型和多变量灰色预测模型），绘制拟合曲线，找到平衡点，制定相应的干预政策，最后进行了模型的评价及推广。这样的论文模式使我们的研究思路更加清晰，也便于我们对论文查漏补缺。

第三，我们的计算机编程功底并不是很强，但我们善于查找资料，乐于学习新知识，建立数学模型后在 MATLAB 和 Excel 中编程、绘制拟合曲线，计算、预测 15 年内埃及的水资源趋势，并根据这一趋势设计干预措施，对其实施效果进行了预测和比较分析。较为完整地解决了这一题目。

第四，我们建立的数学模型是从实际问题出发的，此模型包含多个变量，可根据具体区域的特点进行改进，并可广泛应用于各个国家或地区的水资源或其他资源的预测和评价，具有实际应用价值。同时，也具有深刻的现实意义，呼吁人们更多的关注世界水资源短缺问题，寻求切实可行的解决办法，对人类的生存发展至关重要。

第五，我们团队分工明确，开始大家一起讨论思路、查找资料，之后 2 个人专攻模型的建立求解，另外 1 个人负责论文的书写。这也是我们团队的一大特点，每个人都各有所长，合在一起时又能产生“1 +1 >2”的效果。美赛的成功离不开我们之间的默契配合。

在 6 月的时候，我们为了参加“鼎新杯”课外学术科技作品竞赛，将美赛论文翻译成为中文，经过作品申报和答辩之后，我们很荣幸地获得了二等奖。

在 2017 年 2 月我们还将参与“挑战杯”的预选。

通过美赛，我们意识到了团队之中的分工合作对于一个项目、课题的成功至关重要，一个团队的能力不是看个人能力有多强，而是在一起合作时，成员间互相激发出的潜力有多大。

最后，感谢团队中每个人的辛勤付出！感谢李静老师的悉心指导！

作者：孙一铭　臧明远　王雅倩

InfoVortex

2016年中国高校计算机大赛——移动应用创新赛，二等奖
2016年中国高校计算机大赛——移动应用创新赛，用户体验奖

团队简介

高锴庚：北京工业大学大三在校生。曾在高中时获得全国计算机奥林匹克竞赛北京赛区二等奖。大一期间曾参加星火基金“仿生六足爬行机器人”“绘图机器人”项目组并担任组长。大二时参加了国家级大学生创新创业训练计划项目并担任上层软件总设计者。擅长C/C++，C#，熟悉UI设计、MVC框架、网络协议等高级程序设计理念和知识。

邓华龙：北京工业大学大三在校生。曾在高中参加过省足球机器人比赛，并获得银牌和铜牌。大一期间担任星火基金“无线充电”项目组组长。大二时参加了国家级大学生创新创业训练计划项目并担任控制器软件总设计者。具有使用C/C++、st进行编程的能力。项目准备期间两个人均已具备使用swift编程语言，利用Xcode IDE进行IOS APP设计的能力。

项目介绍

“信息漩涡”是一款能够应用于诸如头脑风暴等需要团队信息交流协作的实用工具。有了信息漩涡，团队成员能够非常方便地记录下新点子并且和整个团队的所有成员通过iPhone、iPad、iPod Touch进行共享并实时修改协作。在你有新的点子时，你可以在应用中创建新的“灵感”，并且通过插入文本、图片和笔画等元素来完善此灵感片段。当所有小组处于同一网络环境时，你可以将此灵感通过网络分享到所有用户的设备上，并且能够实时协同更改。

（一）快速精准记录新点子：

* 通过简单编辑器，你可以很快地记录新的灵感。
* 插入并编辑具有格式的文本、图片、声音等内容。
* 通过设备的摄像头和麦克风快速记录下周围的新灵感。

＊可随时将简单编辑器切换为功能更完整的白板编辑器，像真正的白板一样，允许自由调整任意元素的大小和位置等。

＊通过内置的画笔工具在白板编辑器中进行绘图及批注。

（二）强大的分享和实时修改功能：

＊当团队成员处于同一网络环境时，会议主持者可以新建讨论组，并邀请所有成员进入。

＊当成员处于讨论组时，可将灵感分享到讨论组中，此灵感将被推送到所有成员的设备上。

＊通过设置灵感权限来控制讨论组成员的可见性和可更改性。

＊拥有权限的成员可以修改处于讨论组内的灵感，修改将推送到每位成员的设备上。

＊当编辑者在白板编辑器中开启“协作模式”后，所有在白板的操作会实时同步到每位成员的设备上，甚至连笔迹都会实时更新。和所有成员一起共同完善灵感。

（三）存储下每一个珍贵的灵感：

＊可将你和其他人的灵感存储到设备的灵感库中，以便将来查看。

＊通过分类功能将库中的灵感进行分类保存，使得灵感库更具条理性。

＊可从库中直接发送灵感到当前讨论组中。

＊通过 Airdrop、邮件等途径导出或共享灵感。

图 1　InfoVortex 海报

一、敢想

“说起计算机比赛，一般能想到的都是诸如 ACM，蓝桥杯等名声早已显赫的大型高强度比赛，以及类似于创业大赛这类的综合性强的比赛，而这两者的比赛教学和培训流水线也早已经在学校内成型，并且很多参加上述比赛的学生都是从大一就开始积极地参与准备。但是对于像我这样不是很喜欢钻研高精尖技术的人来说，这些比赛对于我则没有太大的吸引力。我认为，技术只是产品和服务的基础，而一款真正成功的产品，真正深入人心的服务，需要更多的是灵感，是创意。有一次，我无意中看到了一个名为移动应用创新赛的比赛出现在教务处的网站中，引发了我的兴趣。中国高校计算机大赛作为大学生计算机比赛中同样非常出名的比赛，包含有三个比赛项目：团体程序设计天梯赛、大数据挑战赛以及移动应用创新赛。前两者在之前便已经出现，并且有一定的知名度。而这个移动应用创新赛，也就是我们最终参加的比赛，却是刚刚创立的。首先，这意味着所有参赛的选手在对比赛的了解和准备上都处于同一条水平线；其次，这也和我的兴趣点相符合。于是，抱着试试看的心态，我决定和同学一起报名参加比赛。”高锴庚同学这样描述自己当时参赛的想法。

高锴庚同学在了解到这个比赛后，便找到了同在班里而且同为计算机专业的邓华龙同学，并告知了他的想法，两个人也一拍即合。在几天的讨论和筛选中，我们的应用方案诞生了。InfoVortex - 头脑漩涡是一款头脑风暴的效率软件，它不仅能够实现本地的灵感快速记录和分类管理，还能实时的将灵感的创建和改动同步到其他的设备中。高锴庚同学作为程序的主设计师，而邓华龙同学负责 GUI 的设计。

这是一个挑战，首先，他们完全没有 iOS 平台的应用开发经验。手机 App 的应用架构，开发 iOS 所推荐使用的语言和开发环境，App 用户界面的交互设计，这些对于他们来说全是未知。而唯一能够做到的，就是从用户方面出发，构思我们即将开发 App 的题材与创新点。其次，学校内并没有能够提供 iOS 开发所需要的指导教师和开发环境，这也意味着比赛所需要的所有设备和知识需求都只能靠他们自己解决。知识的匮乏，使得刚开始的开发异常困难，虽然在其他语言的应用经验能够在开发思路上减轻些负担，但是新的开发语言的结构，形式上的差异，也导致在实际操作中停停顿顿，需要在一边开发中对发现的问题进行针对性的寻求解决方案，这使得这个过程十分的烦琐与无助。每天投入了大量的工作时间，但是仅能较昨天的成果前进小小的一步，挫败感时常萦绕在他们心头。但即使如此，他们也没有放弃，在 iTunes U 上学习斯坦福 iOS 开发公开课，在 Google 上搜索产生的问题，在 GitHub 上学习并引用已有的优秀开源框架和资源。虽然公开课上只有英文字幕，但两位同学也通过查询官方文档和网上前人的经验，来克服语言理解上的困难，进行知识的吸收，两个人也逐渐了解了 swift 语言和 iOS 的开发，这也使得项目的进程逐渐地步入正轨，开发速度逐渐地提高起来。

二、敢做

初赛是提交一个宣传视频和海报来对程序的设计思想和现有进度进行介绍，为了体现出创新的能力，在应用宣传片上，两个人也没有采用传统的介绍手法，而是用很富有冲击力的形式表现出这款 App 的创新卖点。在完成了程序的演示版本以及宣传视频的分镜稿后，两名同学拉上了同班的几名同学到教室和咖啡厅里开始了宣传视频的拍摄，虽然拍摄过程中发生了对镜头视角与内容的分歧，但在两人与演员们共同的讨论中，一段富有创意的视频最终浮出了水面。而之后，两人也制作好了一份描述软件详细内容的海报，并在五月底将其与制作完的视频一并提交给了大赛组委会。

功夫不负有心人，在六月底，两个人在大赛组委会官网查询到了进入复赛的消息，而且还是以初赛第一名的成绩入围。而复赛的提交内容，是一个软件的宣传演示视频，以及程序源码和开发文档。但是提交截止日期是在 7 月 31 日，而近乎整个七月，两位同学都参与了赴美国圣何塞州立大学的暑期学校项目，所以这些内容的制作与提交都必须在美国完成，这对需要一边参与暑期学校课程，一边准备提交内容的两位同学是一个不小的挑战。随着技术水平的不断提高，之前所设计出的应用架构也被一次又一次地推翻重来。两位同学在白天参与学校的课程和各项活动，晚上则开始对程序进行优化和调试，准备开发文档，设计程序图标，对第一次的宣传视频分析优缺点，来拍摄第二次的宣传演示视频。也是抓住了这次去美国的契机，视频以讨论周末行程为主线，来介绍程序的使用目的和使用演示，展现程序的交互性和人性化。经过了多日的彻夜准备，所有的比赛内容都准备完毕，并在截止日期的前一天进行了提交。

而在这期间，由于事先没有足够的能力设计出整个应用程序的架构和应用功能，每次向程序中添加新的模块和功能都是一段噩梦般的经历。为了能够在不破坏原有代码库的基础上添加几行代码，经常整夜整夜地重写代码，这对他们也产生了极大的打击，甚至有过放弃的念头。但是，当每一个惊艳的功能被添加到程序中，并且能和其他功能进行优雅互动的那一时刻，成就感也使他们有了前进的动力。

8 月，是等待复赛结果的日子。等待复赛结果的心情是很复杂的，两位同学都迫切地想接到比赛工作人员来通知参与决赛的电话。在复赛的微信群里，许多参赛选手都陆续发了收到通知电话的情况，而这一两天，两个人都没有收到任何消息。当时学院的老师还来询问他们情况怎么样，而他们也向老师表达了悲观的看法。然而，就在第三天下午，一个电话打给了他们，“恭喜你们进入了决赛!”。

收到进入决赛的消息，两个人都是欣喜若狂，经过了几个月的努力，终于有机会去登上最高的比赛舞台。但伴随而来的就是更大的工作量，对软件功能的补充和优化，对用户界面的美化以及宣讲内容的准备。如何提升软件的竞争力？这是这个月所有工作的主要目标。伴随着学期的开始，两位同学一边上课，一边为决赛做准备，甚至有些时候不得不在课上进行代码的编辑和程序的调试，而在休息时间，两个人依旧进行着讨论与工作，希望能将 InfoVortex 这个软件做到最好，展现出其最大的竞争力。虽然失去了部分睡眠与娱乐的时间，但是他们逐渐筑起了通往成功的桥梁。

图2　团队讨论过程（从左到右：高错庚、邓华龙）

三、敢赢

三个星期很快便过去了，两位同学带着电脑和程序踏上了前往清华大学参加决赛的路途。9 月 22 日下午到达酒店进行签到，随即参加晚上的决赛启动仪式。在启动仪式上，两位同学见到了来自各个大学的不同团队，也瞬间感受到了阵阵的压力，而在之后对演示和答辩顺序的抽签仪式上，高错庚同学十分幸运地抽到 16 这个序号，刚好在 30 支队伍中处于中间位置。虽然这个顺序原本是在 17 日下午才进行答辩，可被提到了 17 日上午，但比答辩顺序更重要的，是对软件的最终调试和第二天演示的准备，在启动仪式过后，两位同学立刻就投入到了准备之中。邓华龙同学负责对软件社会背景意义和主要功能及其优势进行介绍，高错庚同学则接着对软件功能进行实际演示和解说。这注定是个不眠之夜，两名同学按照分工进行着讲稿的准备，ppt 的优化，程序的演示过程演练，但是想法不同，想展示的东西自然有所差异，自然而然两人会出现思想上的分歧，无论是在 ppt 的格式上还是演讲将要展示的内容上。随之而来的就是不断地讨论、不断地试验、不断地修改，直到凌晨四点，才得出了相对满意的结果，完成了一份较为完美的、符合两人预期的演讲流程。然而仅仅休息了两个小时后，早上六点，两名同学就急急忙忙前往餐厅吃完早餐，准备跟随大巴前往清华大学科技园的 H + Lab 进行最终的答辩。

在大巴上，随着一阵一阵地摇晃，两个人都陷入了深深的困意，但是到达科技园，进入实验室的场地，找到一个等待位置后，所有的倦意就消失了，随即开始的是对答辩过程一遍又一遍地演练。一遍一遍地背下的演讲稿，又一遍一遍地对不满意的地方进行修改，再次循环。一次又一次地进行演示的排练，又一次一次地修改顺序，进而往复。从早上八点半到十一点，两名同学就不断地重复这个过程，没有倦意，没有拖沓，只有为了更好地将程序展现给评委而做的努力。

答辩的序号到了 15 号，两位同学开始候场，心中开始迸发出激动和紧张，但脑海中依然是不断地演练着讲稿的内容，生怕落下哪个段落，哪个内容。终于，轮到 InfoVortex 团队开始进行答辩。一进入答辩室，看见的便是十个左右的评委坐在两排桌椅上，面对着两个投影屏幕以及中间的一个桌子。放好设备，插好转接口，连上投影屏，打开软件，连上局域网，所有准备工作就绪后，随着两位同学的问候，答辩开始了。但之后却出现了一个小插曲，两位同学打算先将第二版的宣传视频播放给评委老师观看，但一进行播放，投影仪就会出现过热而导致强制停机，反复了几次都无法解决这个问题，最终只好在电脑上播放，然后将电脑托在手上，靠近评委让他们观看。这个意想不到的插曲的确给两个同学带来了一些压力，但也缓和了答辩的严肃气氛，与评委老师有了些交流。调整一下心情与状态，两位同学便继续按照之前的演练和分工，开始进行接下来的答辩。首先邓华龙同学介绍了软件的背景，即为 brainstorm 的活动提供更有效的帮助，接着介绍了软件项目分类，灵感片段，白板和同步功能，以及它们的特点和优势，而在这之后，高锴庚同学便以旅游计划为主线背景，通过实机的操作，将各个功能演示给评委老师，来表现软件已经拥有了很高的完成度。而之后，邓华龙同学再次对软件的社会意义进行总结—让创新变得更加简单。之后是评委提问环节，询问了两位同学软件的使用定位等，也对软件提出了添加语音功能的建议，而最后的英语问题，高锴庚同学在倾听完问题后，也立刻用英语给出了漂亮的回答。整个过程，可以说很成功，没有出现断节的现象，也没有出现将哪部分遗忘的情况，虽说心中也是焦躁不安，但两名同学都对这次的答辩很满意。

图 3　比赛现场演示

走出房间，两个人如释重负，之后便是等待结果的时间。18 日下午，所有参与决赛的团队来到了清华大学 FIT 楼二层多功能厅，参加苹果公司的宣讲活动，并与一些苹果公司的工程师进行了互动，而在这之后，便是颁奖的时间。带着激动而又紧张的心情，两名同学等待着颁奖结果，最后也凭借软件的实力和出色的答辩收获了二等奖和用户体验奖。

当你有心去做一件事的时候，就算你刚开始一无所知，你也能克服一切，去实现自己的目标。

作者：高锴庚、邓华龙

柘草匠心：柘草背后自然思想与传统工艺的发展

2016 年 10 月受邀参加北京国际设计周意匠集活动
2016 年“十一”期间在北京三里屯出展作品
2016 年 11 月参加居然顶层设计节
2016 年 8 月贪玩节目组将作品录制成相关节目

柘草手作工作室 2013 年创立于北京。专注于设计制作日用器物，主要以大漆、金属与织物为材料，大漆来自漆树，金属来自金属矿石，织物则来自棉这种草本植物，于是就有了木、石、草——柘草。愿用来自自然的材料手做出有温度的美好器物。

“柘草手作”这几个字，在日常生活中大家一个不小心就会将“柘草”中的“柘”读错，其实“柘”应该读“zhe（四声）”，与“这”同音，从表面上看，“柘”是由“木”和“石”组成，由表及里，与我们追求自然风格的原创手作的初衷相符。

事物的发展总是存在着两面性。有时科技越是发达、社会越是进步，人们与自然的距离就越远，尘世中生活的人们想要贴近自然的欲望就越强烈。但谁也不能否定的事实是，伴随着科技迅速发展步伐，人所创造的社会必须与自然和谐存在，否则社会就必然为自然所否定。社会越是进步，人们越是渴望贴近自然。显而易见的是，迅猛发展的科学技术在极大地改善和提高物质生活水平的同时，也给我们带来了原本不曾预料的困惑，物质文明成果所带来的一切并非如当初我们的渴望，走进自然、贴近自然决非一种空洞的观点，而是现实社会的人们在承受了现代文明洗礼之后必然的选择，也是人们在这方面所作出的努力，将人与自然的距离拉近，从而使得两者和谐共存。至于如何使两者和谐共存成为了摆在我们面前的现实问题。在反复的思考下，成立“柘草手作”工作室的想法渐渐地浮现于我们的脑海中，并不断激励着我们和我们的创业团队在人与自然和谐相处的这条道路上不断发现新的方向。

一、我们的故事

（一）成立之初

柘草手作工作室的创始人——魏贤哲、张旭，两人2016年毕业于北京工业大学艺术设计学院工艺美术系。在大学专业期间，我们学习到的大漆工艺、金属工艺等一些传统工艺受到专业方向和老师的影响，我们对其热爱且真挚，用心且专注。我们不断想尝试将所学的传统工艺与自己的设计结合起来，做出有自己风格又不陈乏传统工艺浓郁特点的手作物品。在产生了这个想法之后，我们便想拥有一间属于自己的工作室，并在这里来完成我们初心的手作设计。但是大二的我们因为没有充足的资金和大量的自由时间，所以我们想要拥有一间独立的屋子来做工作室这件事情是有些不切实际的。我们就只能在心中计划着工作室的建设，于是我们先从网络着手，利用线上虚拟操作发展线下实践活动。线上线下相结合的这种方式传播快、效果好、影响力大，受到无数创业者的喜爱与青睐。自微信面市以后，整个新媒介领域再次掀起了一次文化传播热潮，微信本身在集其他聊天工具功能之外，自身还突破了仅是聊天工具的局限，并在人际传播、休闲娱乐、社会关系维系、商业价值等方面发挥着重要的作用。我们紧跟时代的潮流，学习了相关微信公众平台的制作方法和新媒体的运营宣传手段，并且创立了自己的微信公众号，我们把它命名为“柘草”，这就是柘草最初的样子。俗话说“万事开头难”，当我们开始运营微信公众号后，“柘草手作”不断地发展起来。

图1　团队成员合影

（二）初步发展

初生牛犊不怕虎，雏凤清于老凤声。有了属于我们的公众号之后，我们发现了身为它开拓者的苦恼，如用这个公众号来发些什么内容，怎么可以吸引微信用户的关注等。这个阶段我们几乎每天都在讨论这个事情，先从发布自己在课上做的作业开始，然后我们进行观察后发现这种做法并不能吸引人来关注，慢慢地我们意识到了自己的年轻幼稚和青涩之处，开始在网上疯狂地搜集资料。这些资料有些是我们特别喜欢的创意设计，有些是别人做的有趣手作，还有些是大师画作。我们希望通过转发这些有趣的信息来吸引人们的关注。同时我们也在广泛地加着微信好友，每一期的柘草我们都积极地转发并推荐给好友，扩展着柘草的知名度。这种做法好像有了些起色，就这样过了一段时间关注的人上百了，这时我们发现了一个问题，那就是在这些关注的人里面有些是对工艺美术不感兴趣的人，也就是对我们的理念不感兴趣的人，这又让我们犯了难。我们在新媒体宣传的发展道路上遇到了新的问题。

山重水复疑无路，柳暗花明又一村。在某一次的课堂上，我们从老师的口中了解到毕业的学长学姐开起了夫妻店，并且从事着自己本专业的工作。于是，我们通过老师找到了相关学长学姐并成为了朋友，从学长那里得到了很多建议和这个专业的行情，我们感觉之前推送的内容太杂乱，所以我们对公众号做了新的定位。新的定位会使微信订阅号的内容变得更加专业，使得在微信公众号的宣传推广方面变得更加主动。

“雄关漫道真如铁，而今迈步从头越。”改革后的柘草只推送优秀的手作人的作品，这样我们过滤掉了一些对我们理念不感兴趣的人，同时也成功地吸引了我们需要的人。我们利用课余时间制作着我们自己设计的手作器物，同时也放在柘草公众号上推送，在 2015 年 1 月，这些手作器物以个人项目入选北京工业大学第十六届“星火基金”。这时我们的信心倍增，充分利用时间设计制作手作器物，然后放在公众号上进行宣传，我们在微信公众平台上可以凭借自己的力量吸引到更多的这个圈子里的人。公众号的成功使我们接触到更多的人，与更多的人成为朋友，我们会利用大漆工艺，帮朋友做金缮，修复他们的器皿、用具。我们把这些事情一一做好后依旧放在柘草上进行推广。这样一来，我们既是宣传了自己的作品，同时利用这些机会不断提升着我们的专业实践能力，使得我们工作室的作品和我们所从事的工作被越来越多的同道中人所了解。可以说微信平台受众的重新定位使我们“柘草手作”工作室越办越好，吸引了越来越多的“粉丝”。

图 2　公众号图片展示

（三）进一步推广

纸上学来终觉浅，绝知此事要躬行。柘草就是这样一步一步发展，现在它的关注人已经上千了，我们大学一毕业就在东四租了一间屋子做工作室，继续做我们热爱的事情，因为有线上的宣传，2016 年 8 月贪玩节目组找到我们，将我们的理念和我们的作品录制下来，给我们做了一期节目，随后节目组将视频放到优酷网上，这样我们的工作室得到了媒体的宣传又有了些发展，关注柘草公众号的人越来越多。新的信息传播媒介的产生改变了人类的生活方式给人们的发展带来更多机遇，在媒介融合的背景下，信息传播模式代表了未来社交平台发展的走向。但是作为新兴媒介的微信，在短时间内不可能代替传统媒体，两者将在相互交融、相互配合下，共同发挥社会传播的功能，共同维护社会的和谐稳定的发展。我们借着新媒体的东风为我们的“柘草手作”工作室增添了活力，新媒体平台的发展带动了“柘草手作”工作室的发展。我们利用形式多样的新媒体平台宣传着我们的思想，我们的思想也被越来越多的人接受。收获的不仅仅有自豪感，而且还有实践过后获得的宝贵经验，这些经验有利于我们在复杂、日新月异的竞争环境下生存并发展下去。

二、我们的精神

柘草手作在传播知识的同时也在一直致力于宣扬传统文化。传统文化是我国文化的瑰宝，传统手工艺是传统文化在工艺美术领域的具体体现，传统文化是工艺美术领域的文化内核。传统手工艺的繁复制作以使传统手工艺逐渐与市场脱轨，使市场越来越小，受知人群也愈发减少。所以柘草手作另一个主要特征是“贴近自然、不忘初心”的理念。这个理念不仅承载着我们对自然、低碳生活的愿景和希望，而且还是我们“柘草手作”工作室得以生存与发展的精神，指引着我们在浮躁的当下为都市中的人们传递自然生活之美。

木、石、草，柘草工作室的字面就透露着自然的相貌，大自然是地球给予我们的珍贵礼物，质朴的木、石、草更为突出代表。传统手工艺的制作更是离不开对大自然的汲取。大自然是丰富的资源宝库，同时大自然中万物的形态又是工艺美术设计时的造型来源，值得我们珍惜与保护。我们“栢草手作”工作室的理念充分与自然的思想相结合，以“五大发展理念”为理论支撑，从事绿色的工作、低碳的设计。

天行健，君子以自强不息；地势坤，君子以厚德载物。自然为我们带来了丰富的宝藏。“天有时，地有气，材有美，工有巧，和此四者，然后可以为良。”这句话来自是中国最早的设计著作——《考工记》。《考工记》所说的“天有时”，强调一切事物从整个自然与时代的系统出发进行设计。“地气”是指自然界的客观条件。学以致用，天人合一。“材美”“工巧”则是强调主题方面的主观因素。

沉舟侧畔千帆过，病树前头万木春。在栢草手作在成立工作室之初面临着种种问题与困难，但问题会变成引申我们思考的导线，引出我们对成立栢草工作室的出发点——传统手工艺文化产品与市场的结合和对传统手艺工艺文化的复兴。传统文化是我们“栢草手作”工作室实设计生命的来源，我们通过自己的不懈努力正为我国的文化事业和伟大复兴的“中国梦”奉献自己的一份力量。

三、我们的未来

从材料与工艺做到回归自然，何尝不都是一种对本质的解读与思考？现代快餐式的消费文化使得大家对艺术作品也产生了快消的思想，大机器机械化生产出来的产品虽方便简洁，但其还是缺少灵魂与本质，批量化生产使其失去了它的稀有与珍贵。传统文化亦然，我们需要做的，是将其在变得为大众所接受的同时不失其本质与内涵，使传统文化设计作品走进市场，走进生活。

四、我们的方向

我们要进行的关于专业如何更好地与商业相结合的方向前进计划制定，详细阐述传统手工艺文化与商业交融的解决方案。同时我们应开阔眼界，与时俱进，跟随时代潮流同时不忘初心，通过栢草公众号这个平台将艺术作品与商业结合，使传统工艺文化的发展得到新的出路。

五、我们的目标

“莫愁前路无知己，天下谁人不识君。”虽然在这几年中做工作室过程有很多困难，但无论如何都坚持了下来，今后同样要继续努力，非常感谢大学几年对我们有非常大帮助的郭子龙老师、白昀泽学长、李芳园学姐、张智成学长和朋友。困苦的时光总是弥足珍贵，不寻常的经历总会耐人寻味，从柘草提出至今，回忆里的每一分每一秒都是大家的付出。筑下梧桐方能引凰，我们身为新时代的艺术人才应不断拓宽自己的知识面与人际交往范围，了解各行各业情况才能更好地将所学倾入作品，才能将作品推向市场、面向世界。从前我们对将来进行的是遐想，自从有了柘草，有了属于我们的公众号与工作室，现在我们所做更多的，是展望与规划。我们一直在路上，希望在今后的过程中，我们能不忘初心，继续前行，成为大众最喜爱和专业人士最认可的中国传统手工艺文化的高端宣传发展中坚力量！

作者：魏贤哲

“进的不只是球”：机器人协会的探索与创新

2014 年中国机器人大赛暨 Robocup 公开赛 RoboCup 中型组，亚军

2014 年中国机器人大赛暨 Robocup 公开赛 RoboCup 中型组技术挑战规定项目，优秀团队奖

2014 年中国机器人大赛暨 Robocup 公开赛 RoboCup 中型组技术挑战自选项目，优秀团队奖

2014 年华北五省（市、自治区）大学生机器人大赛 RoboCup 中型组，三等奖

2015 年 RoboCup 世界杯中型组，季军

2016 年 RoboCup 世界杯中国赛中型组，冠军

2016 年 RoboCup 世界杯中国赛中型组技术挑战赛，冠军

北京工业大学机器人协会是由共青团北京工业大学实验学院团委科技协会领导的学生自主管理的社团组织。以“传承创新，追求卓越”为宗旨，力求搭建实验学院科技创新实践平台，为学生营造良好的科技创新氛围，全面提升学生的综合素质。协会为大家搭建一个成熟的平台，让学生在协会中可以根据自己的兴趣选择要参加的小组，协会有专业人员进行教学培训，从而促进同学们的技能水平，提高学习机器人的积极性，丰富课余生活。协会成立至今举办了丰富多彩的活动和严谨完备的知识讲座，深深吸引了广大学生的关注，同时结合时代的发展方向，把握先进思想，成功地举办了一系列活动，把学生理论知识与实际操作相结合，取得了丰硕的科技成果，得到学校和同学的认可和好评。在这个信息技术高速发展的时代，北工大实验学院机器人协会将会充分发挥科技社团的优势，努力推动全校师生机器人学习热情，提高机器人协会乃至北工大实验学院的机器人水平，成为北工大实验学院面向社会的窗口。

图1　北京工业大学机器人协会合影（前排右二为协会会长鲁宁）

一、机协法宝：Robocup 中型组 Ares 队的机器人

Robocup 即机器人足球世界杯比赛。机器人世界杯足球赛的发起是为了促进分布式人工智能研究与教育的发展，通过提供一个标准任务，使得研究人员利用各种技术，获得更好的解决方案，从而有效促进各领域的发展。机器人世界杯足球赛的终极目标是：“到 21 世纪中叶，建立一支完全自治的、类人的机器人足球队，并能在世界足联的官方比赛规则下击败人类最好的足球队。”RoboCup发展到今天，已有 10 年历程，由最初的 40 多支发展到 47 个国家和地区 300 多支队伍的3000 多名选手。RoboCup 比赛分仿真组、小型组、中型组和带腿组等。

北京工业 RoboCup 中型组 Ares 队成立于2011 年，近几年来，我们的研究兴趣主要集中于机器人结构、多机器人协作、机器人视觉、机器人控制等内容。Ares 从建立至今，连续参加了 5 届 RoboCup 公开赛，取得了优异的成绩。

在 RoboCup 四种类型的比赛中，中型组要求每一个机器人都是独立自主的，因此，中型组被公认为水平最高和难度最大的比赛类型，比赛双方各有 2 台或者4 台全自主移动机器人，每个机器人必须自带各种传感器、控制器、驱动器、电源等设备。比赛中，各机器人球队不允许使用超声、红外设备，也不允许人为的干预。每队分别拥有4 个体积不超过45cm × 45cm × 80cm 的机器人队员，在18m × 12m 的球场上自主运动（每年比赛场地大小不尽相同），相互配合，将一只标准的足球射入对方球门取胜。中型组的机器人有的领域也叫作自主移动机器人，二者在结构上没有严格的区别。它的研制涉及计算机、自动控制、传感器、无线通信、精密机械和仿生材料等众多学科的前沿研究和综合集成，是人工智能的新挑战。

北京工业大学 Ares 队采用的处于世界领先水平的机器人平台。一台中型组机器人包括驱动控制系统、通信和决策系统模块、传感器模块、主动控球系统、挑球装置、电池组等。

（一）驱动控制系统件

中型组机器人采用全向型的基本运动机构，底盘下有三个直流电机控制的全向轮，三个全向轮成 120 度分布。全向轮系的基本构造是大轮边缘套有侧向小轮，这样机器人在横向移动时始终保持与地面为滚动摩擦，大大减少移动阻力。这种结构不仅底盘低而且运动时速度快、灵活并且平稳。这样就可以保障机器在转身、运动时既快速又不会倾斜或摔倒。

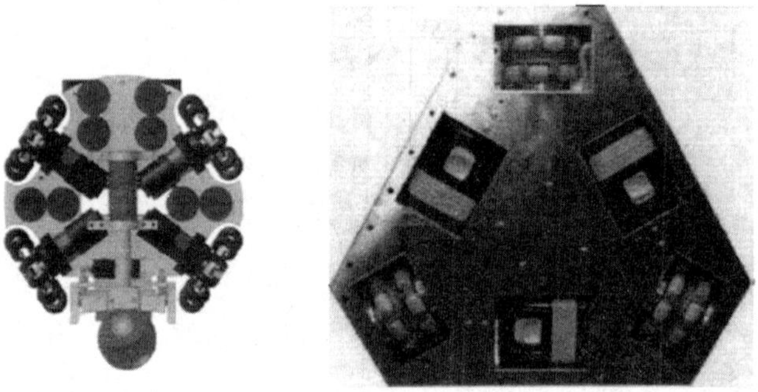

图 2　中型组机器人底部图

（二）通信和决策系统模块

机器人的通信包括两部分：一是上位机和下位机之间的通信；二是机器人本体与远程工作站的通信。上位机与下位机主要是串口通信。说白了就是在中型组机器人（下位机）上再绑一个笔记本电脑（上位机），机器人的行为（如进攻还是防守）都由笔记本控制，相当于“大脑”。远程工作站相当于足球赛的主教练，它和机器人决策系统之间通过无线局域网连接，从而实现通信。如果比赛时机器人有犯规行为，“裁判”就会采取决策。

（三）传感器模块

中型组头上顶着的就是他的“眼睛”，它是一个全景摄像器，具有 360°的水平视角，能够获取机器人周围场地的全景图像。它是中型组足球机器人最重要的传感器之一，其设计方案是在摄像器件的正上方安装一面凸面镜，根据镜面反射原理，远处物体所发出的光线经过镜面反射后集中通过摄像头的镜头，形成以机器人为圆心的一定半径内物体的全景图像。

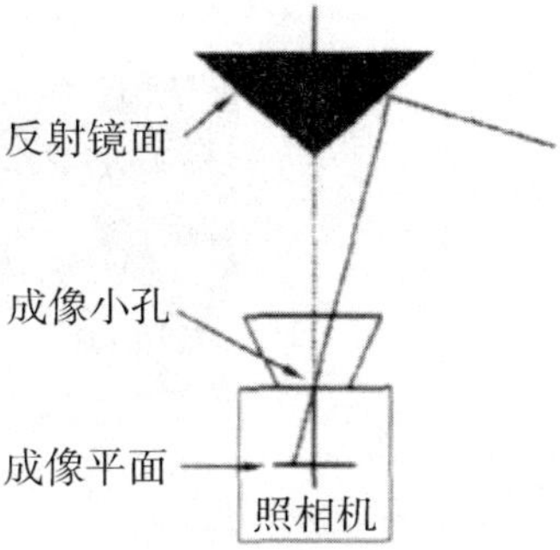

图 3　传感器原理图

（四）主动控球系统

主动控球系统里有一个吸球机构，或者可以叫它吸球器。它的工作原理是靠滑动摩擦力来“吸住”球的。当球向前滚动时，两个吸球机构上两个黑色的小轮子的转动方向如图 4 所示。这样足球会受到相切于其上表面向后下方的两个滑动摩擦力，这两个力与地面的支持力合成后，合力是水平向后的一个力。另外，两个轮子的转动也能带动球的转动，这样在机器高速带球进攻的时候，既能保证持球不被对方队员所抢，也能保证在带球过程中球是自然滚动状态，不会犯规。

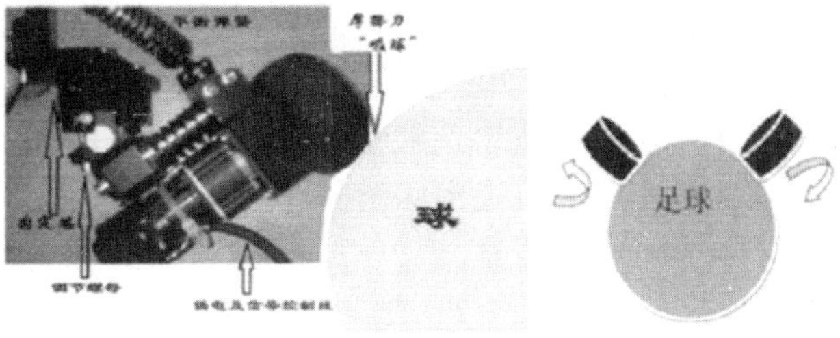

图 4　控球系统图

我们在吸球机构设计的过程中也考虑到了各种参数的可变性。当吸球机构固定在机器上时，我们可以通过它上面的两个较长的调节螺母来调节其在水平和竖直方向的位置，以便两个小黑轮和球处于恰当的位置，从而使球获得适当的作用力。

（五）挑球装置的设计

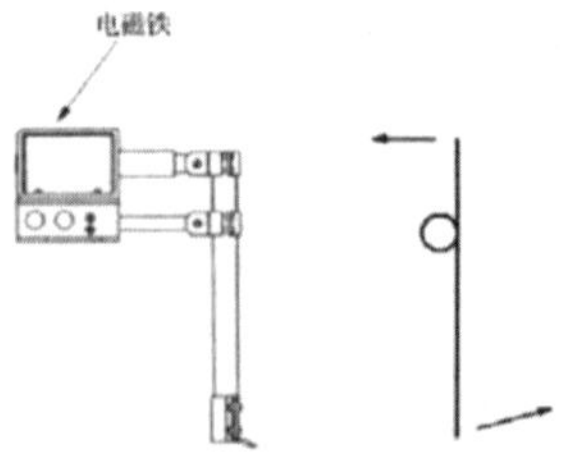

图 5　挑球装置图

在挑球装置中，我们采用了电磁驱动方式，运用杠杆原理形成一个挑射的机构。如图 5 所示。为了提高电磁铁的驱动力，我们设计了一套升压电路，将 24V 的基本供电拉升到 380V，储存在一个电容阵列中。我们试图通过设置电容放电顺序将电能最大程度地转化为击球的机械能。经过调整，目前我们的机器人击球最大飞行高度在 2.4 米左右，最大腾空距离为 12 米左右，而且可以根据在场地上的不同位置调整射门的力量。挑球的工作过程：足球机器人运动控制系统接收到挑球命令后控制电磁铁工作，电磁铁的移动衔铁产生平行拉力并作用于挑球机构的杠杆，通过杠杆将足球挑飞；挑球完成后电磁铁停止工作，复位弹簧将电磁铁的移动衔铁和挑球杠杆复位，以备下次挑球。

除此之外，机器人的环境感知系统也是机器人的重要组成部分。

（六）全向视觉系统的设计与标定

折反射式全向视觉系统的全景摄像机得到的图像带有非线性的畸变，即摄像机呈现的是球形图像，如图 5 所示，远处垂直场景的成像变形较小。全向视觉系统只有经过距离标定才能完成视觉测量。通过建立色块大小与距中点距离关系的一个哈希表的方法对图像处理。

（七）颜色识别

颜色空间指的是人眼所感知的一段光谱。当前比较流行的是以 R、G、B 为三基色的颜色系统。RGB 色彩模型也有它的局限性，如容易受到光照的影响，并且由于比赛场地上不同位置的光照强度不同，使得一种颜色在场上不同位置处可能有较大的变化，这样就不能通过一组单一的阈值来判断颜色类别归属，在 RoboCup 的比赛中，由于各种颜色受到灯光强弱、物体表面反射等因素的影响较大，比赛前需要在实际的场地上采集一定数量的机器人视觉数据，并根据采样数据的颜色特征得到颜色阈值信息。在比赛场地上机器人通过摄像头捕获实时视频，并从中截取静态图像进行处理。可采用手工标定等方式从图像中找到实际比赛中所用球的颜色、场地的颜色和障碍的颜色。对这些颜色进行分析学习并以文件的形式记录下目标物体的颜色范围，亮度等信息。

（八）机器人多机器人协作及行为控制

在比赛时，用的是全局规划和个体自主行为相结合的方式。场外的教练程序会对场上形势变化和裁判盒指令做出反应，在事先输入的方案库中搜索应对当前局面最适合的方案。方案库里的方案数量，已可以应付一场比赛正常进行的大部分情况。多机器人的联合定位，也可测量出场上临近队友的相对位置、球的位置、“敌人”的位置。

二、难点攻克：守门员机器人难题的研究

Robocup 如同人类足球比赛一样，守门员是把守球门的最后一道防线，而己方守门员在面对对方机器人的进攻时，往往是需要处理球在空中飞行过来的情况，如何让守门员机器人正确判断球的位置是完成成功补救的前提。如果采用常规的全景摄像头无法准确地获取球的具体位置，极易造成守门员的误判，进而使扑救无法成功。机器人协会的成员们从 Kinect 3D 视觉研究入手，去尝试解决守门员判断球具体位置的问题。一开始，团队提出了两种方案设想：①阈值标定法；②深度图像处理方法。

第一种方法阈值标定法的主要思路就是先获取 Kinect 彩色图像，并将图像的信息二值化，也就是将图像上像素点的灰度值设置为 0 或 255，使整个图像呈现出明显的只有黑和白的视觉效果，标出球的颜色，再将符合阈值范围的像素点标记成红色，从而计算出球的重心位置，然后再将球重心的坐标映射到kinect 坐标系，进而查找出球的深度坐标信息。

再将球的坐标信息传给下位机，使机器人能够根据数据移动并进行扑救动作。然而这种方法存在非常致命的问题，此种方案需要处理的数据量过大，容易出现丢帧的情况，经测定 FPS 只有 10 左右，严重影响了流畅性，在酷睿 i5 3337U，4GB 内存的条件下，信息处理速度过慢，使得机器人不能做出快速反应，而这对于守门员调试队员来说，也会直接导致其任务量增加。

随后，协会的成员们改用了另外一种方法，即深度数据处理法。它的核心思路是先获取 kinect 深度图像，再对其进行中值滤波和锐化的处理，再利用霍夫变换寻找代表球的圆，进而求出球的球心坐标，然后再将球重心的坐标映射到 kinect 坐标系，进而查找出球的深度坐标信息，再将球的坐标信息传给下位机，使机器人能够根据数据移动并进行补救动作。这种方案使得在同样条件下需要处理的数据量大幅减小，相比之前 FPS 提高到了 30。但深度数据处理法也

存在相应的短板，获取圆的位置可能会不正确，从而发生异常。

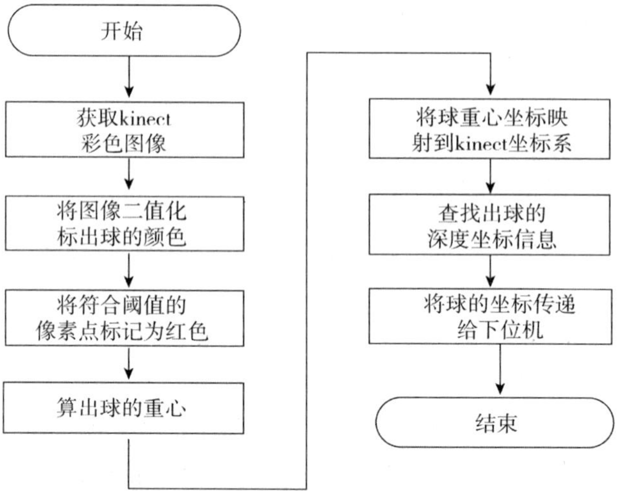

图 6　阈值标定法

在解决了守门员机器人对球位置判断的问题之后，北京工业大学机器人协会的成员们还对 kinect 技术的应用提出了展望，他们希望将来能够通过 kinect 对球的落点进行预判，从而使机器人做出更准确的扑救行动。

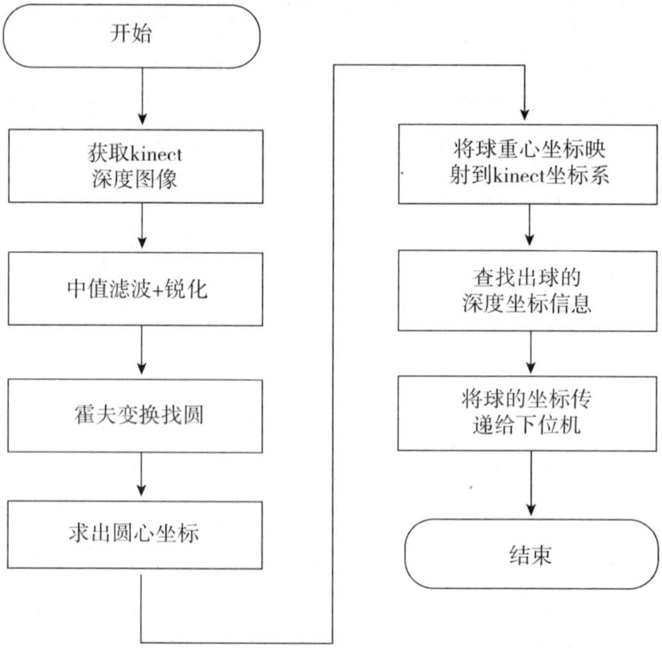

图 7　深度数据处理法

三、冠军之路：Robocup 中国赛中型组冠军游记

伴着四月和煦的微风与醉人的晚霞，怀着忐忑与激动的心情，我们坐上了去往安徽的列车。这次比赛于每个人而言，都有着不同的意义：对于大三的学长学姐而言，这是他们参加的最后一次中型组比赛。因此，大家更希望可以在此次比赛中取得好成绩，为自己三年在机协奋斗的日子书写上一个完美的句点。对于大二的学长学姐而言，他们即将从前辈们的手中拿过交接棒，成为机协新的主力。对于大一新生的我们，是一次不可多得的学习机会。

北京工业大学机器人协会的成员们乘火车前往了比赛城市合肥。在火车上，他们仍潜心研究代码，积极思考、讨论战术。到达比赛地点的当天晚上，所有人就着手开始组装之前托运来的机器，并进行调试。根据赛程安排，第一天就是技术挑战赛。所谓技术挑战赛，就是指两个中型组机器人在五分钟内传接球，期间不断互换位置，机器人中间还随机摆放障碍，考验了识障、避障、机器人自主判断的能力。

除了不断地调试自己的机器，观察其他队伍的比赛也是必要的，不仅是知己知彼，依据其他队伍表现出的战术特点调整自己的战术，更是学习别人的战略战术，增强自身。我们半决赛的对手是国防科技大学，这个对手防守非常厉害，可以说是固若金汤，加上了 kinect 设备的守门员对于各个方向的球都能轻易掌握。我们在了解了这一个情况之后，彻夜研究国防之前比赛的录像，希望能找出防守盲点，取得突破。终于，功夫不负有心人，我们找到了突破点，及时改变了自身比赛策略以及战略战术，在比赛中，突破了对手铜墙铁壁般的防守，取得了胜利。

就仿佛命运安排一般，我们遇到了宿命的敌手——北信科，一直以来，我们的关系与其说是竞争对手，不如说是惺惺相惜的朋友，没有对手间剑拔弩张的敌视，反而更多的是朋友间的互相帮助，提升技术水平。但比赛始终是比赛，只有充分发挥自己的最高水平，才是对对手最大的尊重。

比赛一开始，双方的攻势就十分猛烈，开场五分钟了，却始终没有出现第一个得分，双方球员的死死看守，你追我赶，可以说是本次中型组比赛中最精彩的一场了。我们在场外都暗暗攥紧双拳，等待第一个进球的出现。只见对手三号拿到球后，绕过我方防守队员，一个大脚射门，取得了本场第一个得分。

我们没有泄气，比赛继续，随着之后追回比分，情况渐渐焦灼起来，比赛始终没有出现一方占据很大优势的情况，直到上半场结束，比分停留在了 4：4 平。中场休息时，我们如同赛车换轮胎般，给机器充电、保养、微调程序、讨

论策略的更改。下半场开始，赛况更是焦灼，进攻、防守两边不停变换角色，两边机器在赛场飞驰，队员间都配合默契，进攻却瞬间又被化解，比赛好不激烈！然而比分还是毫无变化。渐渐接近比赛结束，我们都在心里揣测，莫非要准备进行点球大战？却见，我方三号机，拿到球，转身对准射门，毫无迟疑就将球踢了出去，力度、角度一瞬间就计算了出来，球以完美的弧线飞着，这一刻时间仿佛被拉长了，我们都紧张地盯着球，球还在飞着，一瞬发愣的时刻，球已到了门边，擦着门框进了球门。领先了一分，我们却不敢有丝毫放松，时间不知不觉间流逝着，比赛仍旧焦灼。哨声突然响起，原来比赛时间到了，我有点愣住了，不一会儿，耳边灌来了观众的欢呼声，我才敢真切地确定我们赢了。瞬间大家都奔跑着欢呼，庆祝来之不易的胜利。

图 8　北京工业大学机器人协会成员参赛合影图

对于这次比赛，北京工业大学机器人协会指导老师范青武、刘旭东、黄静等老师对学生悉心指导，校、院各级领导及学院团委等各相关部门也给予了大力支持。比赛中，协会展现了顽强拼搏、积极进取的优良精神面貌。此次优异成绩的取得，一方面有利于提升我校的对外形象，另一方面也证明了协会学生出色的动手实践能力，为协会今后的改革奠定了坚实的基础。

作者：北京工业大学实验学院机器人协会

实验学院团委宣传部袁一铭

实验之星：携手并进，共同开启探索 BIM 之门

2016 年第二届全国高校 BIM 毕业设计作品大赛，二等奖

BIM（建筑信息模型，Building Information Modeling）技术的一大优势就是在施工前将建筑在电脑里模拟建造一遍，在施工前提前发现问题并解决问题，同时在施工过程中基于 BIM 技术实现项目的精细化管理。伴随着 BIM 技术在全球范围内建筑业领域的广泛推广，业内陡增的 BIM 人才需求，迫使建筑相关专业的 BIM 教育及学习必须行动起来，保证土木工程专业 BIM 人才持续、稳定地供给。

“实验之星”团队由北京工业大学实验学院土木工程和建筑工程技术专业的 5 名学生以及赵源和吕锋两名指导教师共同组成，于 2015 年 10 月组建。团队成员年轻有活力，学习和创新能力强，指导教师经验丰富，致力于 BIM 技术应用和在教学中的推广工作。本项目以毕业设计为契机，依托实际工程项目，开展了基于 BIM 技术的相关工作。

图 1　“实验之星”团队合影（左四和五为指导教师）

一、机遇与挑战：依托实际工程，把握建筑行业发展前沿技术

现代IT技术日新月异地发展，为BIM的发展提供了良好的硬件、软件条件，使得协同设计、优化设计、信息集成和共享成为现实。BIM技术和20年前CAD技术的推广普及一样，对未来的整个建筑设计业来说将会是一次彻底的信息革命。BIM技术根据工程项目的物理和功能特性数据库，实现了从传统二维设计到动态三维建模的演变。除了项目的三维可视化以外，BIM技术还针对模型中特定对象的信息，进行更广范围的分析，如施工执行、进度安排和费用控制。因此，当前BIM技术在工程中受到的重视程度也在加强，运用也越来越广泛。

本项目所依托的实际工程为“国家半导体技术工程化研究平台”，建筑面积为24573.73m^2，建筑首层投影面积为5424.19m^2，由南楼、北楼、连接楼三部分组成。南楼为4层，采用钢筋混凝土框架剪力墙结构，建筑高度（室外地坪到女儿墙）为23.85m；北楼为7层，采用钢筋混凝土框架剪力墙结构，建筑高度为37.35m；连接楼为2层，采用钢筋混凝土框架结构，建筑高度为13.05m。建筑东西向最大长度为68.10m，南北向最大长度为120.9m。

根据实际工程项目施工图及相关资料，完成基于BIM的土建工程和安装工程模型建立；基于BIM的土建和安装招标阶段工程量清单及招标控制价文件编制；基于BIM的招标文件编制。通过BIM技术实现了土建和安装工程的三维建模，使得多专业共同协调设计图纸，对于指导现场施工有重要的作用。通过BIM技术的应用，学生充分利用所学专业知识、理论联系实际，完成设计任务书所规定的任务、独立开展工作、增强动手能力，复习和巩固所学专业知识，更培养了学生以下的能力：综合运用所学理论知识和专业技能的解决工程实践问题的能力；学生基于BIM的招标阶段相关文件编制能力；学生调查研究与信息收集、整理的能力；培养和提高学生的自学能力，运用计算机辅助解决项目管理相关问题的能力；学生独立思考和解决实际工程问题的能力，具有初步的科学研究和应用技能；培养和锻炼学生的沟通能力、团队协作的能力。

二、项目实施：基于BIM技术进行模型建立和项目招标编制

在项目实施过程中，由指导老师分解模块任务内容，团队组长沟通协调，启动任务前编制小组成员分工计划，明确小组成员工作任务分工，要求每位小组成员按时保质保量地完成自己的分工任务。

图 2　团队分工介绍

Revit 作为一款专门面向建筑的软件，它的功能是非常强大的，用 Revit 辅助建筑设计需要设计者对 Revit 建模有着非常熟练的掌握，相比于辅助建筑设计，对于初学者来说用 Revit 来做建筑表现更加容易上手一些。Revit 的建模是通过组合不同的建筑元素来完成，如梁、柱、门、窗，既然是模拟实际建造，便有着实际建造的一些特点，如掌握建筑各部分精确的尺寸，了解建筑各部分材料的运用，构造做法等。综合来说，用 Revit 建模，必须对你的建筑方案有深入准确的了解，才可以建出一个完善的 Revit 模型。这个观念对于一个刚刚接触 Revit 的同学来说是很重要的，对自己的建筑方案了解的不够准确、细致、深入的话，建模的时候会碰到很多困难，让自己不得不停下手中的建模工作，来确定某一部分的尺寸、材料或构造等。Revit 模型的细致程度最终取决于设计者所做方案的深度和对方案的了解程度。

图 3　国家半导体技术工程化研究平台项目三维模型图

机电安装企业对于 BIM 技术应用的需求非常强烈，从 BIM 技术的应用价值来看，BIM 技术的碰撞检查能够给企业减少损失、降低风险，且其应用成果能够轻松延伸到其预制构件、机电清单、采购管理以及设备运输管理，在提高效率的同时，优化了其管理效率和管理流程，实现精细化管理。随着高层建筑的快速发展，结构层数越来越多，平面布置和立面体形越来越复杂，从而使得用计算机进行计算分析已成为高层建筑结构设计不可或缺的手段。因此，通过学习并掌握 MagiCAD 软件的操作，运用 MagiCAD 软件，识读国家半导体技术工程化研究平台项目工程施工图和安装工程施工图纸，根据工程项目图纸，先从国家半导体技术工程化研究平台项目工程施工图和安装工程施工图纸中解剖出需要使用的那一张单独的图纸，另保存为参照。之后建立三维立体图，关联相关给排水、电气等项目，再保存为 3D 图。打开相关的 3D 图纸，以另保存的平面图为参照，参照时以另保存的平面图为附着底图，在上面使用相关模块功能建立三维模型。在建立模型中，需分层建立，分不同功能，不同材料的管道、线路，单独建立模型，最后再把各个楼层之间关联在一起。本项目建立了国家半导体研究平台工程项目的给排水和电气安装模型，并详细阐述了模型建立的过程和在建立模型中的问题和解决方法，并使用广联达 BIM 安装算量 GQI2015 软件计算出给排水和电气的工程量。

图 4 电气三维立面图

目前市场上使用的各类工程量计算软件中，广联达 BIM 土建算量软件是应用最广泛的软件。广联达 BIM 土建算量软件采用建模的方法，从三维空间考虑各类构件之间的扣减关系，以表格输入作为补充，内置全国各地清单、定额计算规则，运用三维计算技术，按照实际进行扣减。它具备了提供三维建模、工程量表、提高开放性等一系列的处理方法和功能。它不仅帮助算量人员从繁杂的手工算量工作中解放出来，还在很大程度上提高了算量工作的精度和效率。广联达计价软件 GBQ 主要通过招标管理、投标管理、清单计价三大模块来实现电子招投标过程的计价业务。支持清单计价和定额计价两种模式，产品覆盖全国各省市、采用统一管理平台，追求造价专业分析精细化，实现批量处理工作模式，帮助工程造价人员在招投标阶段快速、准确完成招标控制价和投标报价工作。GBQ4.0 采用统一管理平台并有全国各省市的具体特性，由于本次设计项目位于河北廊坊，所以采用的是河北特性的 GBQ4.0。

本项目应用广联达钢筋算量软件 GGJ2013、广联达土建算量软件 GCL2013 对国家半导体技术工程化研究平台工程结构进行了工程量的计算，根据计算结果，应用广联达计价软件 GBQ4.0 进行了工程造价的计算，通过软件计算得出该工程建筑面积为 24573.73m^2，工程总造价为 32838586.2 元。总工程单方造价为 1336.33 元。钢筋工程总造价为 4976751.3 元，单方钢筋量为 83.287kg，单方钢筋造价为 202.523 元。

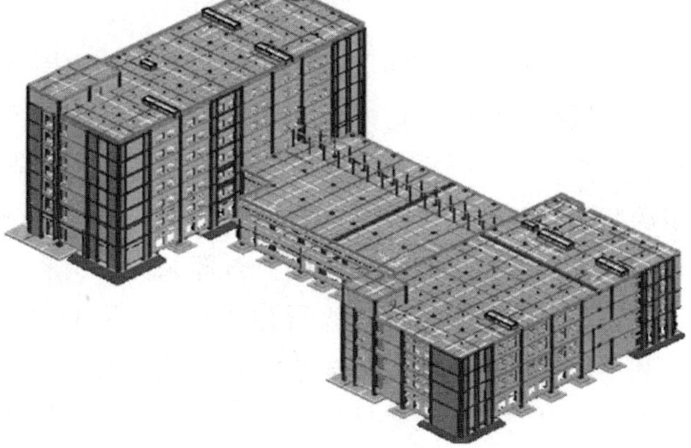

图 5　钢筋工程三维模型图

广联达工程招投标沙盘模拟执行评测系统又分为沙盘操作执行软件和招投标评测软件。沙盘操作执行软件主要是选择招标条件和招标方式的招标策划编制软件，并可以系统地绘制出招标计划。本项目在拟定的国家半导体技术工程化研究平台项目工程施工（含桩基）项目图纸的基础上，结合 BIM 土建、安装招标控制价文件资料，基于广联达工程招投标沙盘模拟执行评测系统，编制招标策划文件，内容包括招标条件及招标方式判定、招标计划编制。并且，本项目基于广联达电子招标文件编制工具 V6.0，结合制作出来的招标计划结果文件，编制预审文件及完整的招标文件，内容包括封面、目录、招标邀请书（招标公告）、投标人须知、评标办法、合同条款及格式、技术标准和要求、投标文件格式；评标方法中需制定详细的评分细则，最终完成完整的招标文件。

三、难点突破：针对项目各模块解决实施困难

在 Revit 的日常操作中所碰到的难点集中在创建一个新的族模型，Revit 软件的特点是以构件图元的形式添加到整体项目中，当碰到异形构件图元就需要自己来创建。在新建的过程中难点存在于拉伸、融合、旋转等工具的组合使用及参数的添加和工作平面的设置。这些难点存在的主要原因是接触软件实践过程过短，解决的方法就是先逐个熟悉各个工具的特点再混合使用，多建立几个族来检验，在参数添加方面要将注释尺寸及工作平面的设定很好地结合起来，这样才能在族添加到项目中后修改参数时保证正确性。在 Revit 建模中最大的亮点莫过于最后的组合链接，由于时间的紧迫，我们将 Revit 分成两部分，同时由两个人来完成，这样可以大大节省时间。但同时也会出现一个问题，那就是要保证项目的高度准确无误，否则就会出现后期组合后不能统一，各部分衔接不上的问题。

土建工程量计算过程中，由于工程复杂，柱、梁及剪力墙构件的种类样式多且都分区间段，每层都不相同，这样大大增加了土建和钢筋工程模型建立和工程量计算的难度。由于施工图纸部分内容与标准图集要求不符，每一个细节的确定，需要多次与工程现场的工程师进行沟通协调，使得模型的建立和工程量计算更加合理。并且，遵照定额计量规则，对部分构件钢筋及混凝土工程量进行手工计算。对比手工计算与软件计算所花费时间，手工计算花费时间远远多于软件计算，利用软件强大的信息处理功能和高效率的计算速度所带来的高效性是手工算量无法比拟的。目前软件还不能解决所有的工程量计算问题，面对一些复杂或特殊造型的建筑物，软件有时显得无能为力或者需要各种变通手段，无形中增加了操作的难度，也会影响算量的系统性。

安装工程模型建立和工程量计算过程中，BIM 技术的应用尤为显著，针对管线中的明显碰撞问题，需要通过改变高度等方法来绕开碰撞管道。在整体模型的拼接问题上，需要将楼层、相关层高和主干管道等精确定位对准。三维模型的建立比图纸的视觉效果更加清晰、有立体感，可以直观地分析相关线路的分布情况，确定准确的材料使用量，大大减少了设计变更、浪费等情况的发生。

队长完成项目后说："一开始，我们不相信图纸上的二维模型竟能在电脑上如此逼真的显示，真的无法想象，但我们竟然通过 BIM 做到了！完全通过参数在电脑里实现建筑算量和仿真模拟，并完成三维动画演示，看着我们的想象力在电脑里表现出来，BIM 太神奇了！从项目刚开始进行目标规划的编制，到一步一步地摸索，再到实验室寝床旁的挑灯夜战，挫折过、气馁过，但是老师一

直鼓励我们努力坚持。非常感谢在这个过程中给予我们指导和帮助的老师、校外专家以及一些网友，还要感谢一下我们自己！”

四、BIM技术应用及前景：BIM技术将成为建筑业未来发展的方向

“不久的将来，项目的管理人员到现场时，只需带着一本小小的手册，用手机扫描手册的二维码，就能提取出他想知道的信息，可能是要查询的标准、规范、管理制度，也可能是这座建设物任何部位的图纸、技术交底。”听河北中儒软件科技股份有限公司董事长李双宝介绍这种利用BIM技术实现野互联网+项目管理的前景时，真有点儿像电影大片里展现的高科技场景，这也许就是BIM技术的奇妙之处吧。BIM的全面应用，将带来以下好处：更加准确的工程量统计将有助于进一步规范施工招投标中寄生于工程量“模糊”带来的诸多行业通病；为施工企业更高效的组织和管理提供了可能，大大减少资源、物流和仓储环节的浪费；使得设计意图更准确地贯彻到施工的每一个环节，减少施工现场的工程量，提升效率的同时，降低对项目周边的污染和影响；成果的检验，也可能因BIM的引入而变得更加规范和可操作。

BIM技术是一项贯穿建筑全生命周期的信息技术，在项目的规划、设计、施工和运营阶段都有较为广泛的应用。BIM技术必将不断深入到建设领域的各个角落，成为提高建筑企业经营管理水平和核心竞争力的有力工具和必备手段，并结合互联网，实现项目管控的智能化。本项目结合实际工程的图纸和资料，通过前期BIM技术的深化，能快速解决传统CAD图纸难以解决的碰撞点多、返工率高、材料浪费等问题，尤其在安装工程方面表现得更加突出，处理管线碰撞、布置等问题，指导现场施工，事半功倍。

作者：赵源　路景顺　欧阳雪

主编简介

李王英 成都职业技术学院副院长、工会主席。西南交通大学工学学士、电子科技大学工商管理硕士，先后在清华大学、北京大学参与研修班和优秀干部递进班学习；四川省第十二届青联委员、四川省高校党建理论研究会理事，成都电商职教集团理事长和成都旅游职教集团副理事长。曾在成都市乡镇政府、县级部门机关、县人民政府工作，对区域中心重点镇推进城乡经济和一体化有理论研究及实践成果。十余年高职院校工作期间，分管学生思想政治教育和主管校区工作，在大学生思政工作、志愿者活动、校园文化建设、多校区管理等发表多篇文章，促进学院成为全国示范（骨干）高职做出贡献；荣获中宣部、教育部、文明办、团中央、全国学联五部委联合表彰的先进个人和省市教学成果奖等荣誉称号、证书。

张　帆 男，1980年3月生，讲师，成都职业技术学院团委书记，主要分管学院共青团工作。参与了成都市社科联课题《成都地方高职院校学生创业教育与推进成都建设“创业之都”研究》、四川省教育厅思想政治教育研究课题《高职院校学生的敬业精神和职业道德培养的实践与研究——以成都职业技术学院为例》、四川省高等职业教育研究中心课题《高职学生“4PS”职业素质培养管理体系研究》、成都职业技术学院院级课题《开放式人才培养模式下的学生管理队伍的建设》等课题。在学生管理、大学生就业创业、共青团工作改革创新等方面取得了一定的成绩。

高校校园文化建设成果文库

校园文化建设理论与实践

——基于爱国主义教育

李王英　张　帆◎主编

光明日报出版社

图书在版编目（CIP）数据

校园文化建设理论与实践：基于爱国主义教育 / 李王英，张帆主编. -- 北京：光明日报出版社，2018. 4

ISBN 978-7-5194-4160-9

Ⅰ. ①校… Ⅱ. ①李…②张… Ⅲ. ①爱国主义教育—成人教育—教育研究—中国 Ⅳ. ①G72②D647

中国版本图书馆 CIP 数据核字（2018）第 081572 号

校园文化建设理论与实践——基于爱国主义教育

XIAOYUAN WENHUA JIANSHE LILUN YU SHIJIAN——JIYU AIGUO ZHUYI JIAOYU

主　　编：李王英　张　帆

责任编辑：曹美娜　郭思齐　　责任校对：赵鸣鸣

封面设计：中联学林　　责任印制：曹　净

出版发行：光明日报出版社

地　　址：北京市西城区永安路 106 号，100050

电　　话：010-67078251（咨询），63131930（邮购）

传　　真：010-67078227，67078255

网　　址：http：//book. gmw. cn

E - mail：caomeina@ gmw. cn

法律顾问：北京德恒律师事务所龚柳方律师

印　　刷：三河市华东印刷有限公司

装　　订：三河市华东印刷有限公司

本书如有破损、缺页、装订错误，请与本社联系调换

开　　本：170mm×240mm

字　　数：230 千字　　印　张：15

版　　次：2018 年 6 月第 1 版　　印　次：2018 年 6 月第 1 次印刷

书　　号：ISBN 978-7-5194-4160-9

定　　价：68.00 元

编委会

主　编　李王英　张　帆

编　委　（排名不分先后）：

赵　刚　赵　琪　阚　燕　郑　曦

林　颜　丁　岚　任竹梅　王南丁

罗桂平　何杉杉　陈文佳　李　科

前言

培养当代大学生的爱国主义精神，是在大学生中培育和践行社会主义核心价值观的必然要求，是一项基础工程、铸魂工程。如何打造大学生深刻认识社会主义核心价值观、爱国主义精神的丰富内涵的平台；如何将该项工作与大学校园文化建设紧密结合，潜移默化树立大学生正确价值观；如何打破常规方式方法，用大学生喜闻乐见、易于接受的活动方式开展活动。三个问题摆在我院共青团工作者的面前。

为此，我院共青团迎难而上，通过调查研究、整合资源、潜心实施，于2014年启动了“重温红色记忆，精耕蓬勃未来”——成职“百千万”在行动主题教育活动。活动开展以来，取得了良好成绩，由参与人数5500多人，辐射到人数20000多人，多次受到媒体报道和社会一致好评。

主题活动以三个层面开展，涵盖我院所有爱国主义教育相关活动，这是调查研究、整合资源的结果。实现全院三个校区一盘棋，拳往一处打，劲往一处使，一个声音一个步调的良好开局；实现与我院校园文化建设无缝对接，涵盖从新生入校到毕业的所有空间和时间；实现我院共青团活动品牌化发展和活动创新能力的提升，为我院共青团改革创新提供了重要实践机会。

第一个层面，开展“百名小编走访谈”活动，弘扬革命文化，传承红色精神。每年暑期，我院甄选出优秀青年100人组成采访团，在接受访谈培训、素质拓展、礼仪培训后，“百名小编”们开始了走访抗战老军、口述历史访谈、入户慰问老战士、参加军民联欢喜迎“八一”等活动。“百名小编”们先后访谈了“红色老人”30余人，参加各种慰问联欢活动20余次，他们用最平凡、最温暖的方式陪伴老红军们度过了炎热酷暑。与老红军们唠家常、做清洁、分享精彩大学生活的同时,也聆听他们口述的红色历史故事,既帮助了老红军们排遣寂寞,又带给了他们简单温馨的生活环境,同学们还用精心准备的联谊表演给老人们带去朝气和活力。铭记着红色回忆,让温暖永传递,同时同学们不再限于从课本上了解历史的基本史实,而是走出课本,亲访历史,重构历史。这是主题活动的起点,“百名小编”们将把“弘扬革命文化,传承红色精神”的“火种”带入校园,点燃青年大学生的爱国热情。

第二个层面,开展“千名团员建川行”活动,激发爱国热情,树立正确三观。每年秋季学期,组织“千名团员”参观建川博物馆,并围绕主题开展素质拓展等活动。三年来,已有5000多名成职学子走进建川博物馆,印象建川,铭记历史。习近平总书记指出:“历史是面镜子,以史为鉴,才能避免重蹈覆辙。对历史我们要心怀敬畏,心怀良知。历史无法改变,但是未来可以塑造。铭记历史,不是为了延续仇恨,而是要引以为戒。传承历史不是为了纠结过去,而是为了开拓未来,让和平的薪火代代相传。”①同学们走进历史、了解历史、解读历史,谈感触、写感想,激发爱国热情,树立正确三观。当代大学生要树立崇高理想就必须正确认识社会发展规律,正确认识国家的前途命运,正确认识自己的社会责任,确定在中国共产党领导下走中国特色社会主义道路,为实现中华民族的伟大复兴而奋斗。

第三个层面,开展“万名学子爱国情”活动,活动全院覆盖,信念引领校园。“万名学子”开展主题团会、征文、演讲、主题报告会等分支活动,各类活动已开展1800多次,实现了培养爱国主义精神、培育和践行社会主义核心价值观的全院、全员、全覆盖。实现了宣传方式创新:黑板报、宣传栏、校园广播等传统宣传模式与网站、微信、微博等新媒体的有机结合,通过新媒体宣传报道了2000多条相关信息。实现了主题活动与各分院地域相结合,发挥地域优势,整合资源,搭建活动平台;主题活动与各分院特色相结合,发挥特色亮点,德行天下,传递高尚品质;主题活动与各分院专业相结合,发挥专业特点,技走人生,丰富实践项目。采取项目化下的项目化管理模式,推进活动项目化进程,评选出活

① 习近平:《携手共建合作共赢新伙伴 同心打造人类命运共同体——在第七十届联合国大会一般性辩论时的讲话》,载《人民日报海外版》,2015年9月29日。

动优秀项目18个，创新项目6个，表彰优秀600多人，激发成职学子自觉参与融入主题活动的热情，更进一步激发他们的爱国之情、报国之志。

三年来，活动开展成果斐然，形成成果6项、调研报告11份、项目材料120余套、心得体会5000余篇，全院学生爱国热情、思想境界、综合素质明显提高。活动受到广泛关注，中国新闻网、新浪网、教育导报、四川日报、四川教育网、成都日报等多家媒体进行了报道，全院学生形成自觉参与，随时关注活动动态的良好态势。活动形成鲜明特色亮点：一是活动已形成制度化、体系化、常态化开展，形成相关制度6项，形成“百名小编走访谈、千名团员建川行、万名学子爱国情”梯层次活动体系，形成每月都有相关活动开展的良好氛围；二是“点面结合”覆盖全院青年学生，活动方式百花齐放，已形成了良性循环，学院团委坚持“两手抓”：一手抓主题活动“点”的培养，“点”是活动骨干，他们是活动的策划者和组织者，同时也是参与者和受益者，更是标杆和榜样，学校团委十分重视“点”的培养，组织相关培训30余场，受益9000多人，涵盖理想信念、时事政治、素质拓展、能力提升等多个领域；一手抓主题活动“面”的统筹，采取项目化下的项目化管理模式，统筹各项目之间，进行整合和资源的优势互补，取得了“1+1>2”的良好效果；三是创新活动方式，贴近当代大学生开启走“心”模式。活动的开展广泛征集同学们的创新活动方案，最大限度将活动权限交由同学们，让同学们感受到“我的活动我做主”，开启活动“心”模式的实践，证明只有解放思想、转变观念，才能激发广大大学生的创新意识。

苏格拉底曾说：“世界上最快乐的事，莫过于为理想而奋斗。”①因此，如果说社会是大海，人生是小舟，那么理想信念就是引航的灯塔和推进的风帆。理想信念能够指引人生的奋斗目标，提供人生的前进动力，提高人生的精神境界，树立正确远大的理想信念对我们当代大学生具有十分重要的意义。让我们高举培养爱国主义精神的大旗，培养和践行社会主义核心价值观，为实现中华民族伟大复兴的“中国梦”而奋斗。成绩属于过去，奋斗成就未来，我们将踏着青春旋律，不忘初心，继续奋斗，让青春更美丽。

① 李浩燃：《做新时代的弄潮儿》，载《人民日报》，2017年11月7日。

目 录

CONTENTS

第一章

百名小编走访谈

一、活动概述

(一)红色文化走访谈活动背景

重视学习、重视教育、重视能力、重视知识结构的合理与完整,是新时期社会发展对高校教育的新要求。高校由于专业和学科因素的限制,往往在人文精神培养和人文知识的灌输方面显得欠缺,这就需要校园文化的课外延伸教育和环境熏陶发挥补充作用。坚持科学与人文精神并重、弘扬时代旋律的健康校园文化,将有效弥补常规教育和课堂教学的不足与缺憾,实现科学精神与人文精神的有机统一,形成良好的素质教育氛围。高校学生的智力发展并不平衡,兴趣爱好、知识水平和结构等因人而异,丰富多彩、高品位的校园文化生活为学生展示才华、实践志趣、充实自我、调整改善知识结构,提供了不可或缺的广阔天空。同时,当代高校学生往往缺乏对历史文化和基本国情的深刻了解,加上人格心理、价值观的不定型,逆反心理和网络文化的冲击,使主课堂的政治理论教育效果不同程度地受到削弱。主课堂的教学和灌输固然是思想政治教育的主阵地,但校园文化活动的潜移默化亦有十分重要的作用。通过举行形式多样、内容健康向上的校园文化活动,如先进人物事迹报告会、红色旅游、社会实践、校园征文、演讲比赛等,都能够起到很好的思想教育作用。在校园文化活动中,学生既是受教育者,也是校园文化活动的主体,学生的主动参与容易消除逆反心理和思想障碍,正确的思想易于被学生接受,教育效果比较理想。高校校园文化建设与素质教育协调并进的事实,充分说明了重视和开发校园文化活动的重要意义。

学校是培育人才的场所,良好的校园文化作为一种潜在的隐性课程,具有情景性、渗透性、持久性、愉悦性等特点,对学生良好的思想品德和良好的行为习惯的养成,有着巨大的促进作用。因此我们在校园文化建设的每一个环节中都能力争站到"艺术"的这个视角上,营造出高品位、高蕴涵。

老红军身上所具有的是勇往直前、迎难而上的品质,而这正是我们当代大学生所缺少的,经过这一次的社会实践活动,队员们对抗战有了进一步的了解,也更加深刻地体会到了红色年代里革命战士们艰苦奋斗和坚强不屈的革命精神。历史无言,精神不朽。新县革命老区的红色精神将是一笔无价的精神财富,它将成为一面旗帜,迎风招展,永远飘扬在青春的年代里。

(二)红色文化走访目的

1. 铭记历史,缅怀先烈

在现实生活的压力下,有多少人会把这段沉重的历史放在心上。战在后60年里,局部战争并未间断,地区冲突屡见不鲜,强权政治、霸权主义以及形形色色的恐怖活动成为人类安全新的威胁。今天的日本,当年的战犯还在受到供奉,右翼分子企图为法西斯招魂的闹剧,仍在一幕幕上演……一个世纪过去了,这时的人们彻底遗忘了祖先的叮嘱,和平安逸的生活让人们失去了对战争的恐惧。

中国进行的抗日战争,是落后的农业国同先进的工业国之间的较量,其中既有落后挨打、四亿国人不敌几十万倭寇的惨痛经历,又有以土枪刀矛同洋枪大炮拼搏的壮举。这是一场实力悬殊的战争:14 年抗战,中国军民不畏牺牲,英勇作战,伤亡之比高达1:6。"战而胜,凯旋而归;战如不胜,决心裹尸以还!"正是以爱国主义为核心的民族精神,支撑起了这个民族在一次次苦难,一次次屈辱中奋起抗争,永不言败。中国人民抗日战争胜利 70 周年,长征擎起的熊熊革命火炬,没有随着其结束而熄灭历史。而现在的我们爱国意识逐渐减弱,人心底也不再自然朴实,金钱利益蒙蔽双眼,尊老爱幼、孝敬父母的优良传统也在逐渐消失。不能遗忘,也不容遗忘,口述历史,重温红色经典,希望将正能量在一代又一代的炎黄子孙身上传承下去,在建党 95 周年之际,谨记历史惨痛的教训,不断为中国"十三五"的建设做出贡献,推动中国伟大复兴梦的实现,传承红色精神,感受人性温暖。当中华民族最终夺取抗日战争的完全胜利,血火淬炼的抗战精神,在历史的星空定格成永恒。

2. 民族气节,我辈传承

2015 年 7 月 7 日中共中央总书记、国家主席、中共中央军委主席习近平提到全党全国各族人民要牢记由鲜血和生命铸就的中国人民抗日战争的伟大历史,牢记中国人民为维护民族独立和自由、捍卫祖国主权和尊严建立的伟大功勋,牢记中国人民为世界反法西斯战争胜利做出的伟大贡献,珍视和平、警示未来,坚定不移走和平发展道路,坚定不移维护世界和平,万众一心把中国特色社会主义推向前进。

回顾习近平总书记在2015 纪念中国人民抗日战争暨世界反法西斯战争胜利 70 周年大会上的讲话:经历了战争的人们,更加懂得和平的宝贵。我们纪念中国人民抗日战争暨世界反法西斯战争胜利 70 周年,就是要铭记历史、缅怀先烈、珍爱和平、开创未来。同年的 7 月 30 日,中共中央政治局就中国人民抗日战争的回顾和思考进行第二十五次集体学习,习近平在主持学习时强调:深入开展中国人民抗日战争研究,必须坚持正确历史观、加强规划和力量整合、加强史料收集和整理、加强舆论宣传工作,让历史说话,用史实发言,着力研究和深入阐释中国人民抗日战争的伟大意义、中国人民抗日战争在世界反法西斯战争中的重要地位、中国共产党的中流砥柱作用是中国人民抗日战争胜利的关键等重大问题。

伟大的中国人民抗日战争,是中国人民近代以来争取独立自由史册上可歌可泣的一页,是中华民族历史发展进程中饱经沧桑的一章。伟大的中国人民抗日战争,使中华民族的觉醒和团结达到了前所未有的高度。伟大的中国人民抗日战争,开辟了世界反法西斯战争的东方主战场,为挽救民族危亡、实现民族独立和人民解放,为争取世界和平的伟大事业,做出了彪炳史册的贡献。

3. 民族脊梁,向老兵致敬

70 年前,战士们带领着中国人民经过艰苦卓绝的浴血奋战,打败了穷凶极恶的日本军国主义侵略者,赢得了近代以来中国抗击外敌入侵的第一次完全胜利。这一伟大胜利,彻底粉碎了日本军国主义殖民奴役中国的图谋,洗刷了近代以来中国抗击外来侵略屡战屡败的民族耻辱；重新确立了我国在世界上的大国地位，中国人民赢得了世界爱好和平人民的尊敬；开辟了中华民族伟大复兴的光明前景，开启了古老中国凤凰涅槃、浴火重生的新征程。这一伟大胜利，也是中国人民为世界反法西斯战争胜利、为维护世界和平做出的重大贡献。在这其中，老兵们用自己的生命、鲜血、青春保卫着祖国，为抗日战争的胜利做了最伟大的贡献。

近年来，抗战老兵的生存问题引起了社会广泛关注，但就目前来看，生存现状还不如人意，“贫困”是了解他们情况不可绕过的一个关键词。随着民间慈善组织和志愿者的关注帮助，部分抗战老兵的生活困难得到了一些缓解，精神上也得到了一定的抚慰。“抗战老兵”是一个熟悉而又陌生的群体，他们的身影频繁出现在战争片中，以抛头颅洒热血的形象展示在世人面前。可现实中他们却过着隐遁的生活，他们有在家享受儿孙绕膝的退休工人，也有至今孤苦无依的农村老汉。而在几十年前，在那个炮火纷飞的年代，他们的足迹留在了中条山战役，留在了洛阳保卫战、徐州会战、长沙会战等诸多战役中，他们中间有远赴国门外的中国远征军，有深入敌方腹地的侦察兵，其中也有老兵，八年的抗战全过程都参加了一线战斗。他们舍家、舍命、舍青春，保卫了生者，他们是当初最苦、最平凡的人，但他们更是最伟大、最光辉的英雄。

（三）浅谈开展大学生校园文化活动的意义

大学校园文化是具有自身特色的一种社会亚文化，是指在大学校园区域内，由学校管理者和广大师生员工在教育教学、管理服务和学习生活等活动中所形成的一切物质、精神财富及其创造形成过程的总和。从文化形态上看，大学校园文化包括物质文化、制度文化、行为文化和精神文化四个层面，而校园文化活动属于行为文化层面，是校园文化的外在表现和实现途径。离开了校园文化活动，其他一切文化结构要素均失去了存在的价值。校园文化活动依据不同的分类标准还分为不同的形式，如主流文化、支流文化、暑期文化、文学文化、爱情文化、交往文化、网络文化、手机文化、广告文化等等各种校园文化活动。

高校校园文化活动兼有社会文化和校园文化的基本特征。以铸造学生灵魂、养成良好气质为核心的社会文化和以弘扬科学人文精神、造就高素质人才为核心的校园文化，在高校校园文化活动中形成有机的统一，为培养全面发展的社会有用人才起到潜移默化的作用。开展大学校园文化活动，促进大学校园文化建设的意义，就在于通过营造一定的物质环境、精神氛围和制度环境，使身在其中的每个成员的思想道德、价值观念、心理素质和行为准则在潜移默化中产生认同，从而实现对大学生精神、心灵和性格的塑造。

校园文化活动是指在高等学校历史发展中形成的反映着人们在生活方式、价值趋向、思维方式和行为规范上有别于其他社会群体的一种团体意识、精神氛围。它是维系学校团体的一种精神力量，即凝聚力和向心力。校园文化活动作为第一课堂的补充、延伸和拓展，在培养学生的综合素质，特别是对于陶冶学生情操、培养健全人格、促进学生健康成长和全面成才方面有着不可替代的作用。

1. 导向作用

校园文化活动蕴含着较深层的价值体系，这一体系是在长期的教学、科研与管理实践中凝结而成的。它为学生提供了行为的参照系，潜移默化地指导其正确认识和处理个人与集体的关系，把个人行为引导到集体目标上来，因而深刻地影响着学生的思想品德、行为规范和生活方式，具有水滴石穿的力量。导向的成功与否，是校园文化活动发挥了积极的正面效应还是产生了消极的负面效应的重要标志。可以说，校园文化活动在一定程度上为学生规定了一种目标模式。

2. 规范作用

在校园文化活动建设中，建立与健全各种规章制度，并通过抓制度落实为青年学生创造一个有章可循、有法可依、公平竞争、自我成才的良好环境。可以促使他们养成良好行为习惯，自觉地将他律行为转为自律行为，不断提高学校学风建设的整体水平。

3. 激励作用

校园中凸现出来的榜样是这个特定的文化区间内涌现出来的正面典型。他们集中地反映出学生的精神风貌、价值观念、思想道德素质和生活行为方式。校园榜样真实贴近他们的生活，其激励的力量是无穷的，它既是校园精神的生动体现，又是校园文化的形象教材。它所产生的“共生效应”和“魅力效应”,是推动校园文化全面发展的动力和能源。充分发挥榜样的激励作用,对于弘扬正气、优化校风、培养校园精神、建设校园文化具有现实而深远的意义。

4. 凝聚作用

这是指学校的文化氛围特别是良好的校风能激发学生对学校目标、准则的认同感和作为学校一员的使命感、自豪感、归属感,形成强大的向心力。所谓校风,即学校富有鲜明个性特点的教学意识、育人意识、道德意识、文明意识以及为全校师生认同的集体荣誉感与责任感。它对于学生来说,具有很大的同化力、促进力和约束力,能使每个学生都在和谐、融洽的人际关系中,最大限度地挖掘内在潜力。这种高凝聚力主要表现为:集体与个人的关系休戚与共;集体对个人有很强的吸引力;个人对集体有很强的认同感。

5. 调节作用

大学生紧张的学习生活需要缓解与调适。“一张一弛方为文武之道”,校园文化活动展现的这一片天地可以让他们心理得到放松、心态得到调整,从而保持良好的心境。

6. 认识整合功能

学生的认识是在不断地模仿、比较、分析和判断的过程中形成的,而一定的文化氛围正是他们模仿的“蓝本”。与此同时,校园文化自身渗透着优秀的民族文化和丰富的科学知识,学生在健康向上、丰富多彩的校园文化中,通过不同思维的不断碰撞,在寻找个人与集体、社会的结合坐标的过程中,不断整合自己的思想与价值体系,从而逐步深入地认识社会、认识人生,并获取许多课堂上得不到的知识与技能。

二、活动实施方案

革命红军老战士们一生都很艰苦,入伍前食不饱穿不暖是很正常的事,而上学读书更是一种奢侈;参军以后,在同样的生活环境下,他们还要面临药品长期不充足、医疗设备不先进甚至随时牺牲的可能;但他们最终顶住所有压力,突破重重困难,取得了抗日战争、解放战争、抗美援朝的胜利。对于现在这种和平安稳的生活,老干部们感到非常满足和珍惜,他们表示十分感谢党的正确领导,希望生活在今天的人们能好好珍惜这来之不易的一切。然而大学生提起红色年代，提起建军节，就开始噤声。现在中国很多的大学生对西方的节日记得一清二楚，例如圣诞节、情人节等。但是对抗战胜利日等重大历史纪念日却缺乏基本的了解，其中的一个原因，固然是受到了西方文化的影响，但从另外一个方面来看，也反映了校园的整体风气。在这个缺乏信仰的时代，当代大学生应肩负使命，谨记先人教诲，历史不应被遗忘。

为此成都职业技术学院百名小编走访谈，经过系列面试选拔组成了一支有热血、有青春活力的百名小编走访组，精心制定活动实施方案，以抗日战争为背景，走访抗战老兵，见证历史、还原历史。

（一）活动前期

活动成立了以财经分院党总支书记周红艳为顾问，以分团委书记李科为总指挥，以赵刚老师为领队的“百名小编走访谈”服务活动指导委员会。指导委员会负责“走访谈”服务活动的日常组织和领导，协调“走访谈”服务活动的各项工作。

此次活动成员主要是2015级各专业同学，共计一百名学生，将百名小编们分为统筹组、走访组、后勤组、通讯组4个小组，分别负责活动的统筹协调；对老革命红军进行照顾以及红色文化访谈；团队安全以及应急事件的处理与反馈；文字资料记录整理，对活动进行报道并将通讯稿、心得统一存档。

根据此次走访谈活动的具体需要，我们调查了解老红军的基本情况，事先与老红军管理机构联系，并对活动成员进行“访谈专题”培训，做到有组织、有计划、有材料、有成果。

（二）活动进行时

1. 慰问抗战老兵　重温红色经典

用最平凡温暖的方式陪伴老红军度过炎热酷暑的夏季，陪他们唠家常、做清洁、分享精彩大学生活等形式的同时，聆听老红军们口述的红色历史故事，在为老红军们排遣寂寞的同时带去简单温馨的生活环境，精心准备联谊活动，给老人们带去朝气和活力。铭记红色回忆，让温暖永传递。

2. 入户访老兵，追忆红色情

将百名小编分为多个小组，同时进行入户访谈，通过文字笔录、有声录音、拍照、摄影等方式记录访谈内容，收集历史碎片。访谈老战士们作战时期生活条件、医疗状况、教育情况等问题,并了解他们现在生活中所需的物质和情感需求,在访谈中学习红色文化,感悟红色精神!

3. 军民联谊,献礼“八一”

在走访谈最后一日,与干休所共同举办军民联谊活动,用军礼表达对子弟兵的敬意,以唱红歌、舞蹈、书画互动、系红领巾等多样的活动,展现当代青年的活力,表达对老战士们深深的祝福。致敬英雄,献礼“八一”。

(三)活动后期

将走访谈过程中的图片整理成图集,将文字笔录、录音整理成文字资料,根据不同活动主题,归类整理装订成文册,将“老红军口述历史”“军民联谊活动”的视频进行精心修剪整合。

通过制作的图集和文册,让成都职业技术学院的学生们通过传阅等方式将这些成果在校内进行展示,并通过微信、微博等平台推送,主动联系媒体对走访谈活动进行宣传报道,实现网上网下联动并进的活动形式,呼吁更多的人参与其中,传承红色精神!

三、活动的价值与成果

(一)力践于行,实现价值

1. 呼吁子女“常回家看看”

通过这次的实践调查,我知道了以前有参加过红军队伍的老战士们都已经上了年纪,他们现在的生活都会有些不易,即使社会或国家有对红军老战士们设立一些优惠政策。但是有一些是无法弥补的,如:有些老战士们的老伴去世了,他们的子女们也常年在外工作,没有人能与他交流,常年孤独寂寞;也有些老战士们的生活现在不能自理,只能依靠子女们,但子女们有些却也忙于工作很少回家,因此只能找来保姆,让老人们感觉不到家的温暖;有些人没有子女,其只能一个人靠着社会和国家的帮助生活等等。

在此次走访过程中,我对红军的故事了解了不少,我知道他们内心的感受是孤独的,当没有任何人和他们一起聊天说话时,我知道他们十分渴望团圆。在这次实践调查后,我有一个任务就是以后多陪陪老人家,多和他们说说话、聊聊天,多替他们做一些力所能及的小事,使他们感受到人性的温暖。同时,我也切身感受到，身为子女，我们的“孝”道，是陪伴，是常回家看看。

2. 弘扬红色精神，增强爱国意识

70 年的熊熊革命火炬，没有随着长期结束而熄灭，在与老红军访谈、交流、口述的时候，我们在老红军的眼睛里看到了强烈的爱国意识和对老战友的怀念。一起抛头颅、洒热血、英勇杀敌，老红军们回忆抗战期间与战友们在一起时很幸福的事情，金而现在的我们爱国意识逐渐薄弱，人心底也不再自然朴实，钱利益蒙蔽双眼，尊老爱幼、孝敬父母的优良传统逐渐消失。历史，不能遗忘，也不容遗忘，口述历史，重温红色经典，希望将正能量在一代又一代的炎黄子孙身上传承下去，在建党 95 周年之际，谨记历史惨痛的教训，不断为中国十三五的建设做出贡献，推进中国伟大复兴梦的实现，传承红色精神！

（二）抗战历史资料成果

在百名小编走访中，我们通过亲访、亲闻、亲录的方式，对抗战老军进行历史故事访谈，以文字笔录、有声录音、拍照、摄影等方式记录走访内容，最终整理成图文资料，并抽取有关的史料，与其他历史文献相比对，对当日搜集的信息进行整理，补充历史、贴近历史，获取宝贵的抗战历史资料。

黄沙百战穿金甲，不破楼兰终不还

2016 年 7 月 13 日，百名小编走访组前往武侯区长寿桥干休所拜访了刘尚武老红军爷爷，刘尚武爷爷今年已经 94 岁的高龄了，但是爷爷的身体还是十分硬朗。当他向我们讲述他的作战经历时，双目有神，满腔爱国情义尽显，刘尚武爷爷骄傲地说自己曾头戴墨镜，腰挂洋刀，脚穿皮鞋，像“李向阳”一样，打扮成日本军官，神气十足地混进“鬼子”的区分队，化装成“伪军”的县基干连和公安队的队员，打得鬼子落花流水，不到半小时便结束了战斗。敌军所抢的粮食及物资，也被全部缴获。

刘尚武原名刘守仁，1922 年 12 月出生于江西省介休县。他家几辈人都很贫穷，上无片瓦，下无寸土，过着吃不饱穿不暖的悲惨生活。他父亲给地主当长工，母亲给别人当奶妈，弟兄几个给别人打短工，从事着繁重的体力劳动。当日本的铁蹄践踏到家乡时，他遭到了日本鬼子的毒打。1942 年 7 月参加了革命，他历任山西省介休县平原游击大队战士、副班长、班长、排长、区分队长，新8团(后先后改为42团、127团、550团)连长、副营长、营长、副团长,184师教导大队大队长,552团团长。50年代初,原四川省军区江津军分区政治委员、老八路、山西平原的“李向阳”、离休干部刘尚武同志,曾先后出席过西康军区、西南军区、全国英模代表大会。他身上的处处伤疤,是他对党和人民事业无限忠诚的最好证明。

当年日本鬼子经常到根据地组织大规模扫荡,实行“三光”政策(烧光、杀光、抢光)。根据地群众的生活难以维持,也很难支持游击队活动,到了大年三十连顿白面饺子也吃不上。刘尚武很难过,决心在除夕之夜,夜袭义安镇鬼子据点。这时他已担任区游击队分队长,在和指导员商量后,天黑后带着分队出发了。当时下着鹅毛大雪,地上积雪已有半尺多厚,他们一行人神不知鬼不觉地摸到义安镇外。刘尚武和游击队员们硬是用手指和脚趾挖雪、摸缝、抠登,翻过了十来米高得像城墙一样的“雪墙”。他们兵分两组,交叉掩护前进,迅速向营房摸去。他们先干掉了哨兵,然后朝营房里摔了8颗手榴弹。“轰轰轰”连续爆炸,掀起了强烈的气浪,把正在吃喝玩乐的两屋子敌人炸得人仰桌翻,满地爬滚。刘尚武他们不等敌人喘气,迅速堵住屋门口,进屋缴了敌人的枪械,拿了一些东西,坐在枪托上,滑过了“雪墙”,在墙外指导员等战友的接应下,转眼之间便消失在白茫茫的雪夜里,等被炸毁据点的敌人来追时,他们早已消失得无影无踪。此次战斗仅用了十多分钟,且区分队无一伤亡,并打死了20多个敌伪军,缴获了10来支枪,两大块猪肉,几条毛毯,这就是夜袭义安的故事。

而后在1943年。当时已经当上班长的刘尚武接到上级命令,需要在15天之内攻破日本军队位于介休县夏庄村的碉堡。碉堡足有三层楼高,地处交通要塞,过了此处才能渡黄河,进延安。

日军把碉堡守得严严实实,四周挖了两三米宽的战壕,密密地围上了一圈铁丝网。通向碉堡的唯一道路是一座吊桥,狡猾的敌军只有在辨清对方身份后才会放下吊桥,准许通过。天黑过后,碉堡上的探照灯便开始四处“张望”,夜晚突袭的办法也行不通。听到这里,我们竟也跟着犯难:到底该怎么攻破呢?

小编们认真聆听刘尚武爷爷讲述抗战事迹

老人不紧不慢地讲,经过打探他了解到,把守碉堡的只有两个“正宗”日本人,其他是40个警卫队队员,即“伪军”,清一色的中国人。得知了这一信息后,刘尚武打定主意从警卫队身上突破,便连日进村侦察,结识了警卫队的李武。老人说,李武是“走在路上遇到的”,他是夏庄村的人,在警卫队当班长,日本人曾经打伤过他的母亲和妹妹,他早就想报仇了。很快,刘尚武便和李武商议了详细的作战计划。

约定的日子到了,刘尚武带了一帮弟兄在马路边埋伏。晚上大约11点多,碉堡上的手电筒一明一灭,闪了三次,这是约定的暗号。刘尚武带着弟兄踏上刚放下来的摇摇晃晃的吊桥,带头冲进碉楼。他们兵分三路,一组在外围掩护;一组去大院里的警卫队宿舍;一组跟着上碉楼。上哨、放吊桥的警卫队哨兵是李武安插的自己人,但二楼的日本兵还是被惊动了,一发觉情况不妙就冲出来,“砰”一下把打头的一个战士打下了楼梯。情况紧急!刘尚武立马朝他回了一枪,又扔出个手榴弹,一声轰响,葬送了一个日本兵。

短短十几分钟时间里,打死7个敌人,包括两个日本兵,俘虏了35个警卫队员,还收缴了枪支弹药若干。敌人或被歼灭,或四散,刘尚武他们获得全胜,走后还放火把碉堡烧了个干干净净。真是大快人心!

奇袭摩天岭:1949年12月,刘尚武带领三营,从甘肃岷县出发,又随18兵团进军大西南,参加解放四川、西康两省的战斗。当部队行进到甘肃武都县大王庄时,他们营接受了师长林彬下达的“追歼胡宗南——一个步兵师”的任务,迅速进行了准备。胡宗南这个步兵师,经我军沿途截击,一部分已被我友邻部队歼灭,另一部分正向四川方向逃窜,企图翻越摩天岭进入川西平原与胡宗南主力军汇合。打好这一仗,也为我军从西路进入四川,完成对胡宗南军队的合围打开通道。师首长命令他们必须在川、甘交界的摩天岭截住敌人,并派师侦查科长任成宣带一个侦察排协助他们。此时敌人距他们约100里,摩天岭距他们约500里。为了完成这次任务,刘尚武和教导员杨应春进行了简短动员,并找了一个回族老大爷做向导,迅速带领部队进行追击。在追击过程中,刘尚武对向导大爷非常尊重,把自己的马让给大爷骑,而他跟在大爷后面,使大爷把所知道的沿途情况毫无保留地告诉给他。敌人发现他们在追他,也不分白天黑夜地逃窜,尽管从岷县出发,已经一连十多天没有很好休息,但部队士气很旺,个个精神抖擞,就像“飞毛腿”一样,飞快地追击敌人。当时天下起雨,道路泥泞,十分难走,随身带的粮也要吃完了,沿途又找不到吃的,大家把裤腰带紧了又紧,继续坚持跑着,最终经过两天两夜的急行,军队于第三天黄昏到了摩天岭脚下,而敌人只是到了摩天岭山上,还未翻越摩天岭。摩天岭犹如一条巨龙,横亘在他们面前,在暮色中仰首望去,上面白雪皑皑,望不到顶。而山上到处是悬崖陡壁,沟壑纵横。大雪封山,天黑路滑,夜间翻越相当危险。但夜间翻不过去,就有追不上敌人的可能。刘尚武决定连夜翻越。队伍沿着一条曲折的羊肠小道艰难地向上攀去,越往上走,山势越陡,负重的骡马要靠人推着拉着才能往上移,雨越下越大,风越刮越紧,空气越来越稀薄,他们又冷、又饿、又困,但坚持攀登,第二天凌晨终于登到了山顶。从山顶往下走,虽不到四、五里路,但下山比上山还困难,脚下像抹了油,三步一滑,五步一跤,很难站稳。满山雪茫茫,路在哪里连向导也说不清。怎么办?刘尚武灵机一动,让三排长王彦斌带着两个战士把枪往怀里一抱,就地往山下滚去,结果能行,随后,全营战士都这样,不到1个小时全部滚到山下。山脚下,有两个村:上底坎儿和下底坎儿,敌人估计追赶军队不敢黑夜下山,因此也就没有继续往前走,就在上、下底坎儿住下来。刘尚武他们首先消灭了敌人一个排哨,然后从俘虏口中知道了敌人在两个村子的部署,就兵分两路同时围歼敌军,决心在天亮以前解决战斗。刘尚武亲自带领九连围歼上底坎儿村敌人,战士们犹如猛虎下山,迅速冲进村里。正在酣睡的敌人突然觉得"天降奇兵",也不知道多少部队,吓得晕头转向,乱作一团,纷纷地举起了双手,战斗进行不到半个钟头就结束了。

上底儿坎的战斗结束后,下底儿坎战斗仍在继续。经过一阵激烈的巷战,大部分敌人被他们打垮了,剩下100多人被压缩到了村东一个小山包上和周围几间瓦房里负隅顽抗。后刘尚武和杨教导员率领九连迅速赶到。在四面夹击下,敌人被迫全部缴械。此次战斗进行得十分顺利。刘尚武营仅伤亡15人,但确歼灭了1400多敌人,还缴获了大量的武器弹药。战斗结束的时候,东方刚刚破晓。摩天岭追击战的胜利,打开了我西路军进川作战的突破口。不久,刘尚武带领部队随着550团,又参加了解放川北7座县城、20多个乡镇的战斗,转战千余里,逼近成都附近,继续参加了成都战役。成都地区解放后,刘尚武后又随着550团参加岁修都江堰水利工程。在岁修工程中,550团将三营机炮连的经验在全团推广,使550团在不到两天时间里,完成了清除外江2360.2立方的淤积在河道里的泥沙、石头任务。加之其他部队努力,虽然都江堰岁修工程延误了整整两个月,但抢修中赢得时间,都江堰仍然提前开渠放水。刘尚武营奇袭摩天岭,时任62军副军长方升普在后来回忆录中给予高度评价。

"李向阳"进城:那是1944年夏收季节,洪山镇的"武装征粮队"和伪警备队,经常到农村抢粮,所到之处奸淫烧杀,无恶不作,区游击队分队长刘尚武决心歼灭"征粮队"。刘尚武和另两名侦察员化装成卖炭的商贩,进洪山镇进行侦查,在其表兄的帮助下,摸清了敌情,并机智地对付了敌人的盘查,返回了驻地。为了歼灭"征粮队",农历5月初的一天中午,刘尚武头戴墨镜,腰挂洋刀,脚穿皮鞋,像"李向阳"一样,打扮成日本军官,神气十足地带着化装成"鬼子"的区分队,化装成"伪军"的县基干连和公安队的队伍,神气十足地走进了洪山镇。当刘尚武带着"鬼子队"冲进敌伪驻地时,敌人酗酒、玩牌、抽鸦片、打瞌睡,毫无准备,在喊杀声、枪声、手榴弹爆炸声中,乖乖缴械投降,不到半小时便结束了战斗。此次战斗打死敌人30人,俘虏日伪军100余人,缴获长短枪支100多支,炮弹、手榴弹700多颗。敌军所抢的粮食及物资,也被全部缴获。

刘尚武爷爷说:热爱祖国拥护共产党是他们坚定不移的信念。没有经历过的人没有评价的权利,而这些历经抗战、解放战争、朝鲜战争、越南战役的老兵们,他们是历史的见证人。

访问抗战老兵,重温红色经典。残酷的历史摆在我们眼前,我们更要居安思危,学好知识,为祖国未来发展做贡献。

岁月匆匆,在老干部的脸上留下痕迹。伴随着年龄增长,我现在能明确感知到他们行动迟缓,听力下降。这些老战士都进入了耄耋之年,想起他们年轻时的英勇无畏,保卫国土,我就会为他们感到难过。我无比诚恳地祝愿老人能够健康长寿,纵然离去,历史也不会遗忘他们。

封侯非我愿　只为海波平

2016 年 7 月 12 日百名小编走访组前往武侯区长寿桥干休所拜访各位老红军爷爷,老爷爷已经 80 岁以上的高龄,却依然精神抖擞,为志愿者们讲述往日的事迹时慷慨激昂,还不时声形并茂地描绘战场的激烈。

案例一:宋继年,1924 年出生,第一次参加八路军的时候不满 10 岁,1944 年 17 岁时入党,1945 年以前是地下党,1945 年 18 岁的时候从地下党转入地上党,后来快 20 岁的时候动员热血青年,带了 20 个人当八路军,现在只剩下他一个人了。抗日战争持续了十八年之久,老人讲到在孟良崮战役中,他并不是主攻,而是二线支援部队,战役艰苦,国民党装备(坦克、庄家、炮、枪支)比八路军先进,因此吃了很多苦头。21 岁时担任侦查员指导员,带了三个人,夜间摸情况,侦察到国民党新增加了一个旅,平均每人吃了 2 斤面,最后还给老百姓家留了一斤面。1947 - 1949 年这三年时间失去了很多战友的同时,却缴获了众多国民党的武器,为八路军提供了大量武器,后来成为排长,一晚上缴获 3000 多发子弹。在解放战争后期,进军西藏,解救了众多的老百姓。老人一生众横捭阖,做到团长职务时一心记挂的也仍是人民的利益。

采访结束后小编与老红军合影留念

案例二:付万里,1929 年出生,今年 87 岁,曾在解放战争时期从事保密工作。1947 年参加地方上的报社,接触通讯;1949 年,转到部队,开始后勤工作,在中国人民解放军司令部,从事绝密密码研究、生产等方面工作 10 多年;1955 年,来到了成都军区;1966 年,在都江堰冠县公安局担任军管会主任;1970 年部队协助地方斗争;1974 年,重新回到部队,一直做着密保工作到 1981 年,1981 年后定居成都颐养天年。

案例三:杨庆昇,1930 年出生,今年 86 岁。老人带志愿者们参观他的家,进入书房,大概有五六十本书,记载的全是抗战英雄的故事。他担任过战士—副班长—班长—排长—指导员—副政委—政委。16 岁当兵,1949 年 5 月到部队,1950 年 3 月云南昭通解放。1949 年从老家广西到云南参与解放云南的一系列战役,其中记忆最深的是参加 1979 年 2 月 17 日—1979 年 3 月 16 日的中越战争,曾从早上 8 点持续打到下午 6 点,云南解放后,去了昆明学习军事、政治知识,长达 3 年,回来后在南充 112 团担任指挥员。当时的信念是:以实际行动感谢党、感谢毛主席。

案例四:赵光灿,1934 年出生,今年 82 岁。1949 年 9 月参加革命,那时候才 15 岁,在地下党从事宣传工作,宣传解放军战绩,17 岁参军。1950 年初云南解放,在国民党区宣传共产党政策,主要是在学校里面刻蜡版。参军后期准备去抗美援朝,其实是先去军事学校培训,培训以苏联专家讲课为主,从军事训练、教、装备等,都苏联帮助建立的学校。三年后,准备去的时候,朝鲜已经停战了,当时自己在北京,后来大多数人去搞国防建设。1953 年 8 月停战,作为国防军人员,老人住在国防工厂,老人在工厂里是军事代表,那个工厂是兵工厂,后来内牵到重庆,80 年代末期到了成都,那时候进兵工厂需要家境好和较高的政治条件,在工厂里就是保证质量,要对军队可以使用的产品进行检查,1954 年在工厂工作,做到 1990 年离休。2000 年 11 月 24 日,触发脑梗,不会讲话半边身体不能动,经抢救过后的第 20 天慢慢能坐起来,到了 40 天左右的时候,就能扶着走路了,老人的妻子照顾他的配药和生活起居直到现在。

追忆红色历史,让我们能够更好地感受老红军们翻山越岭,走过山川,蹚过河流,历经重重困难而不退缩的伟大精神。在老红军的身上,我们明白了现在的幸福生活来之不易,体会到老战士为国家浴血奋战的爱国情怀,看到了誓死卫国的责任担当。这次的"三下乡"活动让我们走进红色文化,理解到"梅花香自苦寒来"的含义。

锐旅退万敌,丹心定九州

已是耄耋之年的牛爷爷在接受志愿者们的访问时,依旧精神矍铄,眉目有神。这位了不起的老人,戎马一生,无论是抗日战争、解放战争还是抗美援朝都有他作战的身影,获得了解放战争的军勋章、解放全中国的军勋章、抗美援朝的军勋章等各项大大小小的勋章。

在讲述到兰州战役胜利过程中,牛爷爷不时用双手向志愿者们演示作战场面,他声音铿锵有力,难掩自豪,那些抗战画面仿佛就在眼前。但只要是战争都是残酷的,在谈及伤亡的战友们时,老人双目泛红,声音哽咽:"中国的土地,是战士们用鲜血换来的。有些战士抬着伤员,不顾自己,把自己的水壶给伤员接小便;护士不顾受伤,在敌人打进时候扑倒伤员身上,大家身上那些勇敢精神和不怕牺牲的精神是让人永生难忘的!"

"世界人民对中国有了新的认识,帝国主义对中国有了新的看法,中国不好对付。美国在南海挑起的争端,中国态度很坚决,不承认、不接受,周总理留下的东西我们要保护,我们绝不会让步,毛主席的态度:中国的一寸土地都不能丢!"在讲到海南仲裁案时,牛爷爷语气坚定,不容否定。

长征途中,红军与国民党围追堵截之际打过很多恶仗、险仗,其中不少成为出奇制胜的经典之战,至今在我军军史上闪耀着灿烂光芒。

比如,遵义会议后的四渡赤水,就是中央红军长征中一次惊心动魄的精彩军事行动,毛泽东本人也视之为自己军事指挥生涯的“得意之作”。四渡赤水是一组环环相扣的战斗,从1935年1月中旬到4月初,中央红军在黔、川、滇边界的赤水河流域转战近3个月,灵活机动,迂回穿插,调虎离山,最终成功跳出了几十万敌军层层布设的包围圈。整组战斗跌宕起伏,险中取胜,将军事指挥艺术的创造力发挥到极致。

“四渡赤水出奇兵”,是在出敌不意的运动战中让红军化险为夷,赢得主动。“奇兵”之为“奇”,离不开精心运筹,更要有一股子勇于创新的精神。

红军四渡赤水,固然有为形势所迫,但从主观上看,更体现出党和红军强烈的使命感和进取心。长征路上,党和红军虽然饱经磨难,但对中国革命、对民族命运始终充满了责任担当。面对强敌的重重包围,红军官兵一直在积极主动地寻找生机、寻求出路,由此演绎出一幕幕以少胜多、以弱胜强的战争奇观。这种源于使命而勃勃进取、为了职责而不断创新的精神,今天依然弥足珍贵,值得传承弘扬。

作为党绝对领导下的人民军队,我军肩负着为实现中国梦提供坚强力量保证的历史重任。在前行的征程中,以强烈的使命感、危机感作牵引,增强主动运筹、开拓创新的自觉性,对我们攻坚克难、闯关夺隘,推进改革强军无疑有着重要意义。

今天的赤水河畔,草木茵茵,风景如画。当年的马蹄声、厮杀声已经远去,但红军“瞻之在前,忽而在后,空灵奇幻,如神龙在天,见其首而不能见尾”的灵活机动战术,却铸就了不朽传奇,留下了传世辉煌。

如同四渡赤水一样,红军长征中出奇制胜的经典战例,其实无不是在实战中被强敌“逼”出来的,被残酷的战场环境“炼”出来的。这给我们以深刻启示:无论是军事理论创新,还是训法、战法创新,都要紧贴实战,紧盯未来战场,在真打实备中催生灵感、探寻胜道。练为看、练为演,只能练出花拳绣腿。多在实战背景下摔打磨砺,才能练就制胜本领。

抗战向小编讲述当时抗战战略

李德宏老人在《我们都是太阳》歌词中写道:“你们是早晨的太阳,我们是西下的太阳。无论是朝阳,或是夕阳,我们都是太阳,有一分热就要发一分光。”在谈到时代文化变化时,他说:“现在吃米饭喝牛奶跟以前当然不一样,这是你们该享受的,但是还是有一点代沟,欣赏的东西不一样,但是可以理解,我想我们都是太阳,都可以沟通。”青年是太阳,是实现中国梦的新生力量。回顾历史,再访红军,我们不只是为了铭记历史,同是借古观今,砥砺前行。红色正能量需要更多的青年传承下去。

(三)小编感悟

入户访老兵,追忆红色情

在此次社会实践活动中,我们分为三个小组同时进行入户访谈,通过文字笔录、有声录音、拍照、摄影的方式记录访谈内容,收集历史碎片。老战士们一生都很艰苦,入伍前食不饱穿不暖是很正常的事,而上学读书更是一种奢侈;参军以后,在同样的生活环境下,他们还要面临药品长期不充足、医疗设备不先进,以及随时牺牲的可能;但他们顶住所有压力,突破重重困难,取得了抗日战争、解放战争、抗美援朝的最终胜利。对于现在这种和平安稳的生活老干部们感到非常满足和珍惜,他们表示十分感谢党的正确领导,希望生活在今天的人们能好好珍惜这来之不易的一切。

【篇一】

爱党敬国,奉献无价

从小就听老人们念叨没有共产党就没有新中国,小学的课本上有这句话,音乐课上老师也用歌声唱出这句话,但那时的我们对党和国家完全没有概念,也不懂什么爱国爱党,后来年龄随之增长,学的知识日益丰富,才明白爱党爱国是身为中华民族一分子的基本责任。

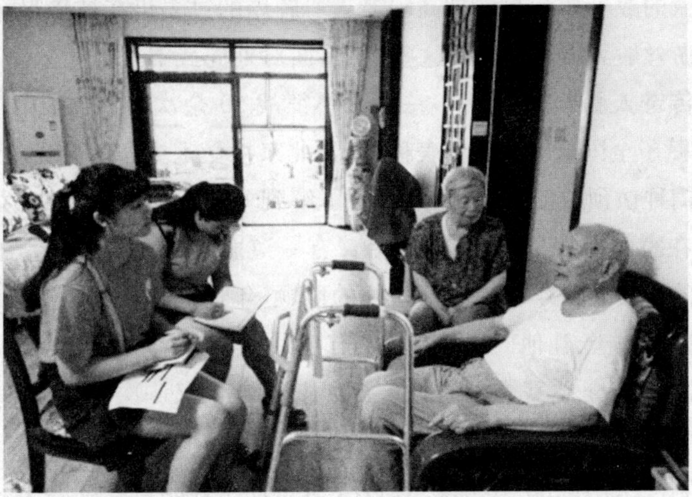

这次对老红军的回访让我们对爱党爱国有了新的认识,久经战争的老红军们对爱党爱国的信念早已经深入骨髓。在回访过程中,我们充满敬意的聆听老红军们对我们的谆谆教导,他们以几十年的经验告诉我们一定要坚定不移地走中国特色社会主义道路,拥护中国共产党,坚持党的领导,要跟着党走,为中华民族的为复兴而努力,为实现伟大的中国梦而奋斗。想以前从政治书上看到这些话语时并没有什么深刻的理解,但今天从这些看着中国从建立走到现在的老红军们口中说出,我们听后心中骤然升起万千思绪。

这些老红军们有的活跃在战争前线,有的活跃在战场后方。在战场后方的工作同样艰苦,同样重要,可那些在背后默默奉献的人却很少有人知道,即便如此,他们也从不埋怨,兢兢业业的处理烦琐复杂的后勤、情报工作,解决战场前线的后顾之忧。

繁华易逝,容颜易老,任何人和事终将成为过去,唯有先辈们留下的红色精神能永生永续。

供稿:范玉丹

【篇二】

岁月催人老

经过这几天的入户走访,我们积累了很多的文字纪实,视频音频资料,当年英明神武的战士如今都已是高龄老人。辉煌的过去仍在被传唱,但他们说话时已如游丝般无力。很心疼这些老人,面对刘向武爷爷,他是受人称赞,妇孺皆知的传奇人物"李向阳"。一生大小征战 50 余次,辗转祖国山河无数。1950 年被赋予全国英雄模范代表称号,到北京接受毛主席的会见。而在我们第一次登门拜访预约正式访问时间时,了解到刘向武爷爷今年 94 岁,7 月 12 日早上刚在家门口摔了一跤,左手手臂有一道血痕,长约 5 厘米,血肉可见。叱咤风云的大英雄现今已离不开保姆的照顾,年迈沧桑行动缓慢。纵然国家照顾着这些老战士,让他们每月有工资有补贴,不必为生活所忧。但我依然会感到心里沉甸甸的,当我看到他们老去的身影,一次又一次地我忍不住会泛起泪花。

李白有诗:君不见高堂明镜悲白发,朝如青丝暮成雪。短短几天的接触,我就像对待自己的亲爷爷一样,跟他们聊天,带着亲切,带着敬畏。

戎马一生,这些老人已经是时代的旧人;风风雨雨,岁月的年轮已经是一圈又一圈。唯望老战士,老爷爷,能安度晚年,阖家喜乐。

供稿:薛雯雯

【篇三】

追寻光辉足迹,迈向伟大复兴

我们党已经走过了95 年的历程,为了在时光流逝中永葆党的先进性,传承红色精神,7 月 16 日,成都职业技术学院财经分院百名小编走访谈团队走进武侯区长寿桥干休所,进行入户访谈。

今天我们团队主要访问的是朱炳章爷爷,他为我们讲述了他的抗战经历,以及中华人民共和国成立后他在西藏和四川任军事教师的经历。他谈到那段岁月时,曾几度哽咽,他说他想过放弃,想过回家,想过要平凡度过一生,但故事的最后,他还是选择义无反顾。他那时其实和我们一样,一样有着青春,一样有着热血,但是为了保家卫国,他将足迹留给高山垫土,将热血洒在希望的旗帜上。听完他的故事,我们心灵深处的悲壮乐章被拨动了,眼泪在眼眶里打转……他们的款款真情,换来了祖国灿烂的春天,他们永远与祖国的壮丽河山相依相伴,永远,永远……

因为来之不易,所以倍感珍惜,因为前路漫漫,所以任重道远。或许我们总在追寻的途中,或许我们总在前进的路上,但只要每一步都走得坚实,就一定能收获耀眼的风景。每一天的访谈,每一位的故事,每一刻的温情,每一次的感动,珍藏于心,那是我们今生宝贵的财富!

供稿:宁露

【篇四】

寻访红色历史

不知不觉活动进行过半,经过这几天的不懈努力,我们已经采访了干休所内多户人家。老红军爷爷都对我们热情相待,也给我们讲述了许许多多当年的故事。

在干休所里，听老红军爷爷描述当年烽火岁月的马蹄声响，赤壁鏖兵，千军势如潮，浩气比天高。尤其是他们那终其一生为国家、为人民的奉献，那对党的忠心，我们每一个人都被此深深地震撼。采访的那么多户人中，最让我印象深刻的还是刘尚武老爷爷，也就是“双枪李向阳”的原型。如今，老爷爷已经是耄耋之年，虽然难掩岁月留在脸上的痕迹，但过往的革命斗争经历仍然让老爷爷看起来精神矍铄，充分表现出了红军战士应有的精神面貌。参加过四五十场战役的老爷爷，面对我们的问题，回想着当年的故事，眼中时不时透露着深邃。与老爷爷交流了五十分钟，我们受益匪浅。还有九十六岁的魏克老爷爷，身体硬朗，对当年发生的事情仍然记忆犹新，去年九月还作为代表去北京天安门参加了阅兵，这无上的荣耀是后辈们无法企及的。

一路走来，我们见识到了很多，学习到了很多，听了爷爷们讲述的战争时期的故事，才真正地领略到了诗中“红军不怕远征难，万水千山只等闲”的气势。先烈们所开创的事业伟大而卓越，先烈们所展现的意志坚定如磐石，身为当代大学生的我们，正是需要这种红军长征精神、兴国精神的洗礼！

供稿：贺月

【篇五】

传承红色精神，牢记历史文化

时间悄无声息的过，回忆革命的征途，回忆革命的事迹，回忆革命的精神。革命战争的胜利，是战士们用点点滴滴的鲜血换取而来的。他们不屈服、不言败，再艰苦也要坚持。这些行为构成了老红军们为了革命的斗争事业，宁愿牺牲自己的伟大精神。

在一天时间的访谈中听到了许多来自不同老红军身上的故事，每个故事都是艰苦的，他们在艰苦的环境下坚持下来，不屈服，创造了今天的和谐社会。杨爷爷的一句“当时的信念就是不怕死，勇敢，尽自己最大力量报效国家”使志愿者们都沉默下来，心里充满对爷爷的敬佩之情。聆听教诲，让爱国精神深入人心，把奉献精神作为不懈追求的优良品德，在实现中华民族伟大复兴的历史征程上谱写出更加辉煌的青春乐章。

每天的访谈都会使志愿者们得到不同的感悟，历史已经成为过去，我们要尊重历史，了解历史，牢记历史，并传承红色精神，发扬老红军爷爷身上勇敢、机智的优秀品质。

供稿：马玉婷

【篇六】

重温红色经典

我们百名小编走访谈团队准时抵达长寿桥干休所，第一组队员回访靳雄飞老人，深刻感受了红色时代精神。

靳雄飞老人今年88岁高龄，参与过解放战争后期渡江战役，解放大西南战役。老人平时喜欢看书报、新闻，曾在军区陆军学校任政教主任职务。他教导我们珍惜时代机遇，热爱党校、家国。战火纷飞的年代，他们浴血奋战，坚守了领土和主权完整。如今中国国富民强，欣欣向荣地迅速发展，都靠老一辈革命先烈的辛勤付出。时光荏苒，革命战士们年轻的躯壳已经褪去，他们的行动开始迟缓，这让我们感到无名的心痛。近代中国受尽列强侵辱，百年苦难苦苦孕育才诞生了新中国。渡江战役时期，老人一直在前线，负责把受伤战士扛回后方进行医疗救治。受伤的士兵，全身都是血淋淋的，有被炸伤的，有被枪弹射伤的，看着触目惊心。但是老人说："真正上战场的人并不会惧怕，哪里最艰苦，我们就在哪里。"饱经沧桑而矢志弥坚，不做亡国奴，这

样的选择，终生无悔！

铭记历史教训，才能继往开来，建设更富强的中国。

供稿：薛雯雯

【篇七】

岁月静好，现世安稳

从小到大，我们总是有各种各样的烦恼。也许是因为自己，也许是因为别人，也或许不为谁，不为什么，就是各种烦。我们总是想不明白一些事情，不理解一些事情，然后陷入自我纠结的怪圈。

今天在和老红军爷爷们聊天的时候，有一位老爷爷说道："没有什么事是想不通的。天塌下来，只压在我一个人身上，我就想不通，但天塌下来所有人都会被压住，那就没什么了"。这是怎般豁达的心态呢，我想。或许是因为他们都是从枪林弹雨中活过来的人，在这个众多的人追逐着财富、名利的时代，安稳对他们来说，已经足够。其实老红军爷爷们大部分都有疾病缠身，但却会给人一种很健康的感觉。"我们其实身体都不是很好，像我就有糖尿病。但那又怎样，我精神状态好啊。精神状态那才是关键。"李德宏爷爷告诉我们说。他们，都是这样的豁达。

老红军爷爷们平时做的事大都相同：写写书法，作作画，约几个老朋友聊聊家常。他们的身上，岁月安然的气息很是浓烈。坐在他们的身旁，听他们说着话，心就会不自觉地平静。很幸运的，我已被他们身上安然的气息所感染。那一刻，什么也不用想，什么也不用做；只需要听着他们讲着他们的，抑或者，别人的故事。周边喧嚣的一切，就都好似已不存在了一般，剩下的只有那被安稳气息围绕的故事而已。

或许，时光越老，人心越淡。我希望有一天，我也能像他们一样，泡一壶茶，细细品味。如此这般，岁月安然。

供稿：伍霞

【篇八】

借古明今兴替

唐太宗李世民曾说:以铜为镜,可以正衣冠;以古为镜,可以知兴替;以人为镜,可以明得失。历史是不能被忘却的,就像那些创造了历史的人们,纵然被时间的步伐带着轰轰烈烈地向前奔去,却依旧向人们昭示着生命的传奇与瑰丽。

在对老红军进行的访谈中,他们讲述了抗战时的艰苦条件、烈士的英勇牺牲,并借古观今,感叹万分。其中不难发现,他们都曾共同提及的便是红色精神支柱——中国共产党。在这段漫长的抗战历史里,支撑着人民走下去的是中国共产党。如今的中国,在腾飞,在让世界为之震颤,都与之有着必然的联系。

老红军们激励我们要努力学习,坚定自身信念。今日终究会成为过去,我们的信念会在历史中被真实的折射出来,而历史,也会因此为我们选择未来的发展方向。

历史太长,生命太短。历史中一幕幕的磨难提醒着我们铭记过去,一篇篇的华章激励我们畅想未来,那不灭的精神为我们播种希望。历史为我们选择了中国共产党作为中心支柱和精神力量。这是历史的选择,这是人民的意愿。

供稿:谢欢

【篇九】

功勋盖世间,英名满天下

我们入户访谈的对象基本上都老红军,他们的平均年龄在88岁左右,现今大都腰板硬朗,精神矍铄,讲述史实的时候神采奕奕。我们今天访问的老红军是魏克老人。

魏克将军自1938年5月参加了山东西区抗敌自卫团,从此展开了他无比辉煌的一生。

泰西地区八年抗战他和泰西人民同生死、共患难,结下了深厚的情谊。从共产党小战士发展成优秀的军事指挥。从教育宣传工作起步,到秘密护送徐向前司令,再到单独指挥作战,勇猛突破日寇包围,戎马一生,功勋卓著。革命战争年代,老人坚守前线,在历次战斗中,他总是冲锋陷阵,身先士卒,英勇顽强,果断指挥,取得了一次又一次的胜利。党和人民不会忘记这些老战士,共和国的历史不会被忘记。2015 年 9 月 3 日,魏克老人参加了纪念中国人民抗日战争暨世界反法西斯战争胜利 70 周年的北京阅兵庆典。阅兵纪实中老人意气风发,胸前的军装上别满奖章。老人说道:阅兵之后,数万和平鸽和气球飞上天空,象征着祖国的和平、繁荣与昌盛。

革命年代中国人民不畏强暴,奋起抗战,留下宝贵的精神财富。让我们铭记历史壮举,弘扬爱国精神。

供稿:薛雯雯

【篇十】

寻访红色历史

我们百名小编走访谈团队前往武侯区长寿桥干休所继续进行采访抗战老红军即"口述历史"的工作。老人们对志愿者们的突然到访表现出极大的热情,他们都非常愿意讲述自己年轻时与敌人殊死搏斗的经历。志愿者们认真听取了抗战老兵们为国家、为百姓浴血奋战,宁死不屈的故事。战争年代,他们积极响应党的号召,不顾一切地站了出来,为新中国的崛起做出了不可磨灭的贡献。转业后,他们仍保持着一个战士应有的精神,顾全大局,无条件服从党的安排,继续发扬军队的优良传统,不遗余力地为岗位付出着精力。每一位志愿者都被此种精神力量深深的折服。同时,他们也向志愿者们讲述了建国六十七年来国家发生的变化,让志愿者深切感受到了他们经历过党和革命的熏陶过后对党的忠诚,尤其是面对如今中国的繁荣昌盛,百姓和谐幸福的美好生活,更是热爱。

无数革命烈士的鲜血造就了中国国旗,传递着中国军人的军魂。正是有这样一群人,以人民幸福为信仰,以解放中国为己任,才有了我们今天的美好生活。当代大学生应传承红色文化,发扬红色精神,在学习、生活中践行社会主义核心价值观,做走在时代前列的有为青年。

供稿:贺月

【篇十一】

红色精神,代代相传

今天我们小分队一共访谈了九户。这次入户活动从早上9:40开始,我们进入了宋继年爷爷的家里,进行了73分钟的口述历史活动。听闻宋爷爷的妻子说,当宋爷爷知道将有大学生志愿者来听他讲他的历史故事的时候非常高兴,宋爷爷今年92岁了,他身体不好,患有脑萎缩和心脏腹水等病症,但他还是很热情的为志愿者们讲述了红色历史。宋爷爷的老家是山东,他在20岁的时候当兵,期间曾担任过排长、指导员、团长等。在21岁时当了武装侦察的侦察员,他在年轻的时候参加了抗日战争、解放战争、西藏战役等几次战事。在1945年时宋爷爷跟随地下党执行抗日战争。在1945年8月开始的解放战争中,宋爷爷参加了从1948年11月6日开始到1949年1月10日结束的淮海战役和1949年2月1日开始到1949年6月2日结束的渡江战役。在1950年的西藏战役中宋爷爷担任了十八军五十四师的副团长。

一天的访谈活动很快就过去了,但那些红色精神从未过去……

供稿:马玉婷

【篇十二】

寻访红色军魂，传承不屈信仰

我们团队三人拜访的第一户是一位已经年过90的宋爷爷，他在得知我们的来意后，表示十分乐意与我们分享自己的抗战经历。在访谈前期，他详尽讲述了自己在抗日战争和解放战争时期自己的经历，从地下党到八路军，从新四军陆军到解放军，从战士到当过侦察兵、班长、排长、副团长甚至军营的指导员，从淮海战役到渡江战役再到解放西藏，他时而感伤，时而自豪，时而耐人寻味。采访过半，宋爷爷又将内战时期老百姓对共产党的拥护细细道来，既幸福满溢，又字字铿锵，宋爷爷一提及那段历史，就陷入了深深的回忆，带给我们三人极大的心灵感悟。

倾听其不凡的人生，感受其荣光背后抗战历史的心酸。在宋继年老爷爷的访谈中，我们以小见大，在他身上看到了那个年代年轻人承担的复兴中国的责任和骁勇善战的抗争精神。抗战老兵的亲身经历，他们的拼搏精神，他们的时代信仰，他们在枪林弹雨中为我们打拼出今天的生活，用伤痛和鲜血换来如今的中国，我们年轻人应该铭记、珍惜、并共创未来美好！

供稿：宁露

【篇十三】

不褪色的红色精神

2016年7月12日早上9:00，十道橙色的身影为长寿桥干休所带去了一抹特别的色彩。跨越课本的距离，我们来到此处，通过亲历、亲行、亲闻，学习红色精神，传承红色精神。

在此次访谈中，我们对三位老红军进行了访谈，无论是他们作战时的英勇，还是对家国热爱奉献的情怀，都让我感到十分的敬佩。田宝昌爷爷说：对他们而言，战场中没有所谓的英雄，只有生与死，这让我更加珍惜现在的和平。贺坤爷爷在访谈中一再激励着我们认真学习，坚定自身目标。我们应该学会自己掌握自己，我们的一生，不应该只有为生活而奔波忙碌的单一色彩。青年，是希望，更是国家前行的原动力。

缅怀过去，传承未来。跨越时空的隧道，去寻找历史的足迹，我为之震撼；面对革命英雄的大义凛然，面对他们宁死不屈的决心，我为之感动；面对壮士们不为艰险，面对他们艰苦奋斗的精神，我为之折服。

祖国的山河中，处处闪烁着红色革命的光芒，处处印迹着红色革命的史迹。透过历史的车轮，我不仅会了解到历史故事，更会深刻地体会到红色精神的时代传承！

供稿：谢欢

【篇十四】

关爱抗战老兵，铭记峥嵘岁月

口述历史，以人说史，以史树人，感受时间的重量，还原最真实的感受

——题记

昨晚的暴雨还急骤如夕，今天的太阳就酷热如旧，今天的我们肩负着相同的使命，拥有着不同的感动开始了“口述历史”入户访谈的第一天。

今天我们第三小组共走访了两户人家，92 岁的宋继年爷爷、85 岁的孙安业爷爷，其中给我们印象最深刻的是宋继年爷爷的故事和他对我们最衷心的感谢与鼓励。

进门看见宋爷爷正坐在椅子上闭目养神，旁边的茶几上面还放着未合上的成都日报。宋爷爷 1925 年出生，山东人，参加过抗日战争、解放战争。他跟他们从孟良崮战役聊到淮海战役，再到渡江战役，最后讲到进军西藏的艰辛历程，这些战役他都有参与过。宋爷爷讲到他不到 10 岁时在地下党执行命令的那一次，天空倾盆大雨，百姓不知军队是八路军还是共产党便不开门，他们在雨中站了一个晚上，最后一枪打到敌人根据地。我深深地感悟到了那个时代抗战的艰苦与困难，明白当下我们的幸福生活，是革命老红军们枪林弹雨下拼出来的，真的来之不易。

1945 年前，宋爷爷一直是地下党，1944 年 17 岁的他入党后成为地上党，那时候的宋爷爷才 18 岁。外面的天空开始雷声滚滚，宋爷爷也激动起来，向我们讲起了他 21 岁时当侦查员的指导员时的故事，作为铁路游击队的一员，宋

爷爷需要武装侦察国民党的一个团,于是带着三个人在河南腹沟进行侦查,穿梭在黑夜中摸清敌人的状况,最终端掉敌人的根据地。讲到这里,爷爷还热情地招呼我们吃西瓜,还很可爱说“不吃我就不讲了”。我转身看见墙壁上在郁金香公园宋爷爷和奶奶幸福的依偎在一起的照片,从奶奶口中得知,爷爷很爱看报纸,无论是《成都日报》《华西读书报》,他一直关注着中国当下的动态……

我内心感触颇深,想着趁年轻,一定要去一趟拉萨,看看爷爷奶奶口中说的全是红色历史文化的那条走进西藏时的路,我也一定要好好珍惜眼前,不忘历史,铭记峥嵘岁月。

供稿:黄海虹

【篇十五】

信仰的力量

现在的社会,是一个和谐繁荣的社会,没有了战火的硝烟和外强的侵略,是谁保护了我们的国家?是谁保护了我们的民族?是谁保护了还在襁褓中的我们?是那些在抗战年代浴血奋战的红军战士。

很荣幸今天能够进入武侯区长寿桥干休所进行“口述历史”主题的访谈活动,当我们敲响贺坤爷爷的家门的时候,我便知道,我一定会听到很多我一直都梦寐以求的故事,贺爷爷已经有 87 岁高龄了,但是身体依旧很硬朗,在平时闲暇的时候,会练练书法,种种花甚至还会打打麻将,这样一位和蔼的老爷爷,很难想象是一个参加过许多大型战役的抗战老兵。在讲述中,有一个故事让我能很明显地感觉到爷爷的情绪受到了波动。在 1945 年的淮海战役中,因为战场是在平原地区,大家都没有实际的作战经验,所以当时在第一阶段的时候有了一个很大的伤亡,但是在第二阶段的时候有了经验,就采取了相应的措施,在晚上天色很暗的时候战士们开始在村庄周围挖战壕,利用战壕作为掩护,方便第二天早上的进攻,我本以为这就是很艰苦的条件了,但是爷爷接下来的讲述让我更为大吃一惊,在冰天雪地里面,战士们还是只能喝凉到刺骨的水,吃从后方运送过来的高粱饼、玉米饼那些在平时我们并不会去吃的东西。我问了爷爷一句,为什么在当时那么艰苦的条件下还能坚持下来,爷爷只回答了我一句:因为当时坚持着,跟着共产党走,就一定会有胜利的一天。

信仰,是一个人很重要的东西,有了信仰,才有了一直可以坚持并且一直为之努力的事情。

供稿:邓欣瑶

【篇十六】

半个世纪的历史,一个时代的荣光

在上午的入户访谈中,我们得到宋继年老爷爷的允许,顺利进入到了他的家中进行访谈,我们围坐在宋爷爷身边,只见爷爷满脸笑容,逐一地看过我们每一个人,询问我们是否想了解那段抗战时期的历史,说罢,只见爷爷抬起头,深邃的目光仿佛正在穿越时空,又回到了那战火纷飞的年代……宋爷爷详尽地讲解了他从地下党到八路军,从新四军陆军到解放军,从战士当到侦察兵、班长、排长、副团长甚至军营的指导员,从淮海战役到渡江战役再到解放西藏的过程,尤其是在讲到淮海战役的时候,讲到他牺牲的战友,讲到他受过的伤,他时而感伤,时而自豪,时而耐人寻味。

每一道伤疤都诉说一段历史,每一道皱纹都是岁月的风霜。抗日老英雄,我们往往用这样称谓形容称呼他们,而这短短五个字的背后,却折射出一个时代的荣光。如今这些老兵都已年过古稀,身体状况每况愈下,能还原历史真像的老兵越来越少,每一个老人的离开,都意味着一段国家记忆的消失,抢救这段历史就是在和死神抢时间,因此留下的口述记录和影像资料也就显得愈发珍贵,因此,我会更加珍惜接下来几天的访谈时光,争取在有限的时间为他们奉献更多,挖掘他们身上所折射的时代精神,做更多有意义的事。

供稿:宁露

【篇十七】

风雨坎坷人生路

风雨坎坷人生路,无私奉献为人民,在物质经济飞速发展了今天,小编们对革命战士依然有着深厚的感情,经过这几次的访问,志愿者们都获益匪浅,而所有这些经历,必将成为今后努力和奋斗的不竭动力。

我们来到魏克将军的家里,老人家里挂满了各种书画,爱好十分广泛,老人已经96岁的高龄了,精神看起来十分好,听老爷爷说到他1938年加入的共产党,离休前任成都军区陆军副政委,从1950年到1970年在西藏战斗、工作、生活了20年,这二十年中,不仅忍受了高山缺氧、粮食匮乏的艰苦岁月,而且更经受了大量复杂的国内和国际战争,常年忍受夫妻、儿女、父母分离的亲情痛苦,为西藏人民献出了青春年华,虽然如此,但是魏克老爷爷无怨为悔。赢得了祖国大陆的统一,是老爷爷这一生的骄傲。

道路虽然坎坷,既然已经选择了就要坚定信念,勇敢的向前走下去,想想抗战时期的先烈们为了中华人民共和国的解放事业,抛头颅洒热血,不惜牺牲宝贵的生命,我们要坚信只要脊梁不弯没有打不动的山。前路漫漫,其修远兮,让我们拍拍身上的尘土,振作疲惫的精神,走上我们的风雨人生路吧。

供稿:胡美美

【篇十八】

数英雄人物,还看今朝

一个战斗英雄应该是一个什么样子?这是一个拥有很多答案的问题,但是今天,我将会得到一个属于自己的答案,在我们即将敲响的门的那一边,是一个经历过许多战斗的老人,是一个抗战英雄,他是什么样子,他有什么故事,这些都是我十分好奇的事情。

刚进门,满屋悬挂的字画充满了文化的气息,那力透纸背的书法,显示出了爷爷矍铄的精神，执笔随意一挥，一副栩栩如生的画卷浑然天成，这样的兴趣无不透露了老人的闲情逸致，那真的是一个征战沙场多年的抗日战士吗？我不禁在心里如是问道，征战多年的抗战老兵不是应该是一个威武，仿佛连眼神都能震慑住敌人的人吗？怎么可能是眼前这个让人毫无距离感、和蔼可亲的老爷爷呢？在之后爷爷的讲述中，我发现爷爷是一个拥有丰富历史的人，在抗日战争中，一直忍受艰难的困苦，和战友们一起出生入死，和人民群众同生死、共患难，直到抗日战争最后的胜利，都一直坚定着共产党一定会胜利的信仰。爷爷并不把自己当作一个战斗英雄，他认为那只是他为中华民族的崛起而做出的一份微小的贡献。

历史，是由那些抗战老兵谱写，就算没有立功，没有被评为英雄，但在我们的心中，正是由于他们的贡献，才有了现在平安成长的我们，正是因为他们的拼搏，才有了现在和谐发展的社会，正是因为这些，他们就是我们现在的英雄！

供稿：邓欣瑶

【篇十九】

把生活过成诗

入户第三天。前两天，我们跑遍了一单元整栋楼所有的老红军的家，从四楼到十九楼，来来回回不知多少遍，每一次敲门，我们都满怀希冀，希望这家住的老红军身体健康，并且能接受我们的访谈。很多老红军都乐意接受我们的访谈，但还是有很多老红军的子女的对我们充满戒备，即使我们说明了来意也不同意我们进行访谈。

不过今天遇见了一位很有趣的爷爷，他也是老红军，但是有一颗年轻的心，爷爷与我们一起聊天，聊得是我们年轻人的话题，与我们合影，用的也是我们年轻人的方式。很喜欢爷爷的生活方式，即使年岁已逾古稀之年依旧能把生活过的如诗如画，即使曾经历过拿下残酷的战争，也没能磨灭爷爷心中的那份豁达。

人生难得平常心。得而不喜，失而不忧，内心宁静，则幸福常在；成而不骄，败而不馁，心灵和谐，则快乐常存。很多人之所以痛苦，往往是因为追求了错误的东西，更多人都是辛辛苦苦时，过舒服的日子；舒舒服服时，过得却是心苦日子。凡事看淡一点，烦恼就会少一点；凡事看开一点，快乐就会多一点。

像爷爷一样,不去在意太多身外事,安守一颗平常心,把每一个平淡的日子慢慢过得生动起来,这样你的人生再也不会无趣,你也会更努力地去生活,去拼搏,然后得到你想要的生活。

供稿:范玉丹

【篇二十】

扩散正能量,红色在传承

2016 年 7 月 14 日上午九时整,小编们行走在雨后的风中开始了入户访谈第三天的旅程,共计访谈 9 户老红军。

当前几天的努力并没有得到所有人的认可的时候,我们并没有气馁,当早上的满身热血遭到了当头棒喝的时候,我们并没有放弃继续访谈下一家,正能量在身边扩散,我们满腔热血积极用自己的行动践行着中国梦。

在今天的访谈中给我们印象最深刻的是赵光灿老爷爷,已 82 岁的赵爷爷精神状态极好。爷爷没有打过仗,在准备参加抗美援朝战役的时候朝鲜停战,后来爷爷一生从事国防建设工作直到离休,三十五年时间为国防建设做出了极大的贡献,爷爷说"保证质量,为军队提供坚强的后盾是我们的责任",现在的我们身上最缺少的是责任和信任,如作家王爱珍所说"做好每一件该做的事就是责任",对自己做的每一件事都有一种爱,不忘历史,也是我们的责任,不负众望,也是我们的责任。

当献身国防科技事业荣誉证章和奖章放在我们面前的时候,爷爷还谦虚的鼓励我们好好读书,今天我们的幸福生活是老红军们血拼疆场换来的,是后勤工作挥洒汗水换来的,读万卷书,行万里路,知行合一,是我们现在作为学生唯一能为实现祖国中国梦能做的。

真诚地面对历史才不会背离人民和时代潮流,承认历史才能承诺未来,尊重历史才能赢得尊重,历史已经成为过去,新的一天还在继续,我们应该铭记历史,珍惜现在,继往开来。

供稿:黄海虹

【篇二十一】

追忆长征魂

今天我分别拜访了84岁高龄的老红军李德宏爷爷和94岁的高龄的老红军刘尚武爷爷,还有96岁高龄的老红军魏克爷爷。

李德宏老人给志愿者们讲述了自己年轻时候家境贫困的生存条件下如何生活下去和辗转在各个地方为祖国做贡献时的故事。德高望重的刘尚武老红军爷爷言语中流露着他对红军的敬仰,对党和国家的热爱以及对新世纪青年的殷切希望并且讲述了抗战时期所经历的各种战争、战役,其间各种曲折和凶险,但最后都取得了胜利。威严而令人敬佩的魏克老爷爷拿出了许多以前整理的个人资料和一本记录着魏克老爷爷一生故事的日记,志愿者们从字里行间感受到了革命先辈的爱国情怀,更体会到了如今幸福生活的来之不易。

无数革命烈士的鲜血造就了中国国旗,传递着中国军人的军魂。正是有这样一群人,以人民为信仰,以解放为己任,感谢无数他们这样的老红军的英勇付出,才有了我们今天的美好生活。当代大学生应传承红色文化,发扬红色精神,在学习、生活中践行社会主义核心价值观,做走在时代前列的有为青年。

供稿:贺月

【篇二十二】

抗战记忆,血色光荣

——记采访抗战英雄魏克

2016 年 7 月 14 日早上九点,第三天的入户调查工作开始了,我怀揣着对战斗英雄的崇敬和对历史的无限渴求再一次走进了武侯区长寿桥干休所,那弥漫着时代气息的地方,是同学们聆听历史的殿堂。

天公不作美,在同学们还未到达的时候窗外就下起了蒙蒙细雨,纵使雨点打在同学们的身上,淋湿了同学们的衣服,但是浇不灭同学们的热情。走进魏克爷爷的家中,家中充满的文化气息引起了同学们的注意,毛主席的画像随处可见,不难看出爷爷是一个多么爱国爱党的老兵,他,一个热爱书法、热爱字画的和蔼老人,也是一个经历过大大小小许多战争的战斗英雄,外界是这样描述爷爷的:"在八年的抗日战争中,他一直忍受艰难困苦,出生入死,和人民同生死、共患难,直到抗日战争的最后胜利"。

那样一个威风的战斗英雄,却从来不以英雄自居,不管外界是怎么样描述他的丰功伟绩,他只是以一个平凡的老人自居,写字、画画,变成了他打发闲暇生活的方式,那些他创造的光荣历史,已经被他作为自己的一份珍藏的宝贝,保留在了自己最深处的记忆里。

供稿:邓欣瑶

【篇二十三】

以身殉国家,热血卫吾华

崇尚英雄,才会英雄辈出。不管时代如何变化,英雄始终是标注历史的醒目坐标。不论环境发生什么改变,我们都应当像捍卫名誉那样捍卫英雄,像保护眼睛那样保卫历史。"为什么战旗,美如画?英雄的鲜血染红了它;为什么大地春常在?英雄的生命开鲜花。"当全社会形成敬爱英雄、学习英雄精神、践行英雄品格的浓厚氛围,还有什么能够阻挡我们走向复兴的铿锵脚步。

一个人不能缺少精气神,否则就会精神萎靡、无所成就;一个民族同样不能缺少精神道统和价值丰碑,否则就会一盘散沙、任人欺凌。英雄是最可贵的民族魂,他们的名字是民族史诗中一个个跳跃着的音符,震撼世人心灵。如果说铭记历史是拥抱未来的最好姿态,那么铭记英雄则是走向未来的力量源泉。走出苦难的国家不会丢掉历史,迈向复兴的人民不会忘记英雄,“站起来、富起来、强起来”的中国人民更需要英雄精神去指引未来。共同传承全民族抗战的集体记忆,共同守护英雄用生命和热血创造的宝贵精神财富,古老的中国一定可以凝聚为更加坚固的“信念共同体”。

在这短短几天中,我们并非两耳不闻窗外事,一心只读圣贤书,年轻的我们拥有绚丽的青春年华,走出校园,踏上社会,我们仍会交上一份满意的答卷。细细品味每一个细节都让我们志愿者们难以忘怀,我相信“三下乡”是我的人生旅途中重要的一课,也是我人生中一笔宝贵的财富。

供稿:胡美美

【篇二十四】

传承中国梦,弘扬中国精神

红军不怕远征难,万水千山只等闲。今天我来到靳雄飞老人的家,走近老爷爷的家,一股书香气息迎面而来,墙上的书法作品更让人深深赞叹,老人思维清晰,说话有条理,就是口齿有一点不清楚,听起来比较吃力。老人对我们的来访很高兴,对以前发生的故事还历历在目,他说到以前的生活很是窘迫,不得已时甚至只能吃树皮和草根,爷爷还参加过很多战役,比如渡江战役和解放大西南,并且都担任着冲锋军的角色,就算害怕也没有想要放弃,他说看着许多战友战死沙场,自己却无能为力的时候最难过,说到这里时,爷爷眼睛已经湿润了,这些让我们感受到了保家卫国不畏牺牲的勇士精神。

回顾历史,今天可以看到,在“中华民族到了最危险的时候”特别是在为国捐躯的决死关头,不少中国人不管政治信仰如何,都能以民族大义为重,奋身抗击外辱,不惜以身殉国。在以后我们也要不仅要传承中国梦,更要弘扬中国精神。

供稿:胡美美

【篇二十五】

红色之魂,黄色厚土

相对于昨天的生涩拘谨,今天队员们显得从容稳重。在数次访谈中,我们感受最深的是对牛经堂爷爷的访谈,虽然已经年老,但他精神矍铄,眼中也透着有神的光。在向我们讲述抗美援朝解放战争的相关历史时,牛爷爷不只是通过语言向我们讲述,他同时用手在桌子上向我们演示作战计划。

"为有牺牲多壮志,敢教日月换新天。"在谈及朝鲜战役的战争时,爷爷很难过,他说那是他极不愿提及的战役,战友的牺牲、作战的残酷都是令人伤感的回忆,但是他们却绝不退缩,因为我们大中国的土地一寸也不能丢掉。那时,是不怕苦、不怕死、敢于奉献的精神支撑着四面受敌的中国努力前行,正是因为他们的牺牲,才有了现今的和平。在辞别的时候,牛爷爷告诉我们,要好好学习,实现自我目标,中国的发展,离不开每一代青年的进步,我们是国家最好的。

历史是我们发展的根本,我们不能忘本,也更应该着眼现在,发展未来,我们了解历史,是为了铭记历史、传承精神,更应以史为鉴,在未来的道路上不断发展!

供稿:谢欢

【篇二十六】

路虽漫漫,吾将求索

为了获取更多的历史碎片,传承红色精神,我们进行第二天的入户访谈。

今日,我们小组三人对六位退休老干部进行了入户访谈,其中主要采访了三位抗战老干部的英雄史实,分别是解放时期从事保密工作的付万里爷爷、解放云南时期参加中越战争的杨庆昇爷爷以及参加过抗美援朝的朱炳章爷爷。其中,采访86岁的杨庆昇爷爷时,口述历史共计52分钟,用时最长,采访前期,杨爷爷主要讲解了他在1949年从老家广西到云南参与解放云南的一系列战役,采访过半,爷爷带我们参观他的书房,小小书柜藏书过百,书盈四壁,他一边翻书回忆那些英雄人物,一边自豪的诉说当时自己的信念:以实际行动感谢党、感谢毛主席!

他们有信仰,并且坚定信念,始终如一;他们有目标,并且为之努力,奋斗终生;他们有故事,一字一句,铭记于心。曾经我们为中华之崛起而读书,而斗争,如今,我们为实现中国梦而学习,而奋斗。“路漫漫其修远兮,吾将上下而求索”,在追寻真理方面,前方的道路还很漫长,但我们将百折不挠,不遗余力地去追求和探索!

供稿:宁露

【篇二十七】

不忘初心,方得始终

在上午的访谈中,老红军们回忆起自己的抗战岁月,感慨万千。有抗战老英雄的辉煌事迹;有年少进藏的心酸过往;有行军三天三夜的难忘经历,亦有吃不饱穿不暖的时代缩影……他们娓娓道来,志愿者们洗耳恭听,尤其宋爷爷提及解放西藏的岁月,发人深省……当时的西藏自然环境艰苦,却也是英雄辈出的地方,宋爷爷十几年的青葱时光,终铸成了他不朽的英雄史实。从古至今,为了西藏的和平解放和稳定安宁,各族儿女奋战在世界屋脊上,留下了许多广为传颂的英雄事迹,也筑就了一座座闪耀雪域的精神丰碑。在下午的资料整理中,志愿者们对他们的英雄事迹肃然起敬,从他们的故事中收获了坚强、智慧、勇敢、自信、顽强、团结……

历史已经过去，现在要做的就是敢于接受历史，时刻牢记国耻，体味历史、反思时代、明确使命、砥砺前行。数典不忘祖，我们应该牢记他们当初的信仰，立爱国之志，成报国之才。不忘初心，方得始终！

供稿：宁露

【篇二十八】

感受红色历史，不忘革命精神

今天入户访谈五家，回访一家，共计口述历史时间 95 分钟，学习文化书籍及参观共计 32 分钟，给我们印象最深刻的是 87 岁的付万里老爷爷坚定的信念。

十三岁在地方上报社做通讯工作，1949 年转到地上从事密码研究、生产等保密工作，他将自己最年轻最朝气的十多年光阴奉献给了国家的未来。1966 年在都江堰冠县公安局担任军管会主任，三年后的 1970 年协助部队斗争去往西南石油，回到部队后一直从事保密工作到晚年休息。付爷爷说："平凡的岗位，不怕苦，不怕累，绝对保密，为国做事，我们是国家的人。"从付爷爷女儿口中得知老人一生守口如瓶，人虽然老了却对数据十分敏感，我们只了解到了老人工作的曲折和生活条件的艰辛，但是我们在爷爷炯炯有神充满幸福的眼睛中看到了对党、对国家的坚定信念，就像在黎明前夕仍然黑暗之际的突现光明。

信仰是人类精神境界的最高追求，对国家和民族来说，信仰是不断发展、实现振兴的精神动力，不忘革命精神，坚定信仰是付爷爷给我们大学生迷茫时期最宝贵的指路明灯。

供稿：黄海虹

【篇二十九】

新征途

今7月7日上午9时30分，成都职业技术学院2016年大学生暑期“三下乡”社会实践活动出征暨授旗仪式，在学院高新校区体育馆隆重举行，相关部门领导、实践活动带队老师、全体队员到会。

主持人宣布出征仪式开始后，开始介绍出席领导，大家齐唱团歌，表达了团结一致，齐心协力办好今年三下乡活动的决心。三下乡是科技下乡，知识下乡，文明下乡的大型高校实践活动，成职院紧跟现代高校步伐，站在更高的起点带领学子扬帆起航。而后，由花源晨曦志愿服务队；财经仁爱青年志愿者服务队；工房“圆梦青春”暑期社会实践团；软件青年志愿者服务团；医护“医梦出征，为爱启程”暑期社会实践服务队分别对大家展示今年学院三下乡的活动内容：服务留守儿童，访问抗战老兵，服务残疾人，下乡实践考察等，形式多样，内容丰富。院团委书记张帆为今年暑期三下乡实践作简单讲解，学生处处长薛潇潇做深情宣讲，表达了学校的希望与要求：希望大家有所学，有所成，并注重人身安全。最后，举行授旗仪式，与会领导与各实践队员合影留念。

同样的志愿者服装，将彼此的心联结在一起，本次出征暨授旗仪式取得圆满成功。

供稿：薛雯雯

【篇三十】

为祖国勤学修德，以实践明辨笃实

——记2016年“三下乡”社会实践活动出征暨授旗仪式

2016年7月7日上午，我校在体育馆举行了2016年成都职业技术学院“三下乡”社会实践活动出征暨授旗仪式，出席本次活动的有学生处处长、各分院的党总支副书记等领导以及全体三下乡成员和带队老师。

活动伊始，张书记代表学院团委上台致辞，话语中传达了学院对此次活动的美好祝愿，同时也殷切希望各位三下乡成员们能将奉献精神传承下去。接下来，由学校7个分院的学生代表分别上台进行此次三下乡的项目讲解，随后由软件分院学生代表阐述了此次活动的意义与精神所在，紧接着是财经分院的带队老师赵刚上台发言，他用简洁的言语表达了对此次活动的期待，接下来发言的是学生处处长，她对此次三下乡活动提出了几点希望与要求，希望同学们铭记学院“德行天下，技走人生”的校训，最后举行的授旗仪式，让大家看到了每个分院，每个团队独有的风采。

将学习与实践相结合，一直是我们学校暑期三下乡活动不变的理念，知行合一，敢于吃苦，勇挑重担，不断创新。在本次三下乡活动中，需要以求真务实的态度和尽善尽美的追求，高标准高质量完成每一项志愿者工作，把奉献精神贯彻到底。

供稿：宁露

【篇三十一】

奉献，不变的真心

有梦的青春，无怨！奋斗的青春，无悔！无怨无悔，青春永在。大风起兮云飞扬，大国兴兮梦青春！天气是多变的，时而晴，时而雨，但是这丝毫不会阻挡志愿者们前进的步伐。2016年成都职业技术学院“三下乡”社会实践活动出征暨授旗仪式与7月7日9点30分在体育馆正式召开。参与本次仪式的是各分院领导及带队的老师。

出征仪式在主持人的宣告活动开始后正式拉开帷幕，全体志愿者和老师们起立齐唱中国共青团团歌，紧接着由张书记介绍此处活动的目的以及去年三下乡的成果。然后由各分院代表讲解此次活动的计划和目的，学生处老师让志愿者们记住“德行天下，技走人生”的校训，展现成职人的风采，一定要计划周详准备充分。接着财经分院赵刚老师代表带队老师对同学们提出殷切期望，他希望志愿者们要听从带队老师的指挥，具备团队精神。最后由启动仪式到最后的授旗环节，全体成员上台合影，吹响出征仪式的号角。

大学，不是为了虚度时光，而是为了完善人生；青春，不是为了得过且过，而是为了追求卓越。奉献我们的真心，在实践中体味真情，收获价值，提升自我。

供稿：胡美美

【篇三十二】

2016 年“三下乡”出征暨授旗仪式

2016 年 7 月 7 日星期四上午，我校 2016 年大学生暑期“三下乡”社会实践活动出征暨授旗仪式在高校校区体育馆举行。参加仪式的有学校各领导、各分院带队老师、参加“三下乡”活动的各分院团队。

仪式开始，首先由张书记讲话，激励同学们在活动中充分发挥自身才能，从活动中吸收经验得到提升。今年参加活动的一共有五个服务团分别是外语部、财经分院、工房分院、医护分院、软件分院。各个分院代表人分别上台介绍自己团队名称、成员、活动的内容以及目标。让大家在他们的发言中了解到各分院此次“三下乡”的基本概况。各分院代表介绍完后由软件分院学生代表发言表示参加活动的同学的目标和会做出的努力；带队老师代表财经分院赵刚老师发言指出此次“三下乡”的目的以及老师们的殷切希望；学生处老师发言指出希望同学们和老师记住“德行天下，技走人生”的校训，坚定自己的信念。最后是活动的授旗仪式，由各分院的书记将“三下乡”服务团的旗帜传递到各分院带队老师手中，然后合影留念。

“三下乡”是大学生走出校园、认识社会的重要途径，是大学生在艰苦环境中磨炼自己的意志、坚定自己的信念从而提升自身才干的重要手段，也是大学生为社会做出的贡献、为圆中国梦做出的努力。希望同学们在“三下乡”社会实践活动过程中培养团队意识，维护好学校形象，展现成职人的风采。预祝2016暑期“三下乡”活动圆满成功！

供稿：贺月

【篇三十三】

重温红色，筑梦出征

2016年7月7日上午9:30，成都职业技术学院2016年暑期“三下乡”社会实践活动启出征暨授旗仪式在体育馆学生活动中心隆重举行，参加出征仪式的有成都职业技术学院学生处处长薛潇潇、保卫处处长罗兴伦、院团委书记张帆、财经分院党总支副书记梁云林以及各分院的书记、分团委书记，以及每支队伍的带队老师和全体队员。

出征仪式在主持人宣布活动开始后正式拉开帷幕，全体人员起立齐唱中国共青团团歌，这首气势恢宏的歌奏响了此次“三下乡”暑期社会实践活动的号角。薛雯雯代表财经分院上台阐述了此次“重温红色经典，精耕蓬勃未来”的活动理念。2016年财经分院大学生暑期社会实践活动主要以口述历史的方式，通过亲历、亲见、亲闻，补充历史，贴近历史并还原历史。此次“三下乡”社会实践活动前期经过周密的准备——面试推优选拔组建志愿者队伍、密切与老红军管理机构联系等，此外，财经分院为队员们购买平安保险以及制定全面的安全预案，使同学们在后期实践活动中的安全得到良好的保障。

财经分院带队老师赵刚对同学们提出殷切期望，希望同学们在“三下乡”活动中保持艰苦奋斗、吃苦耐劳的精神，通过自身亲历、亲行，弘扬“红色精神”，践行社会主义核心价值观。同时，赵老师强调在活动中以安全为第一，并预祝所有队伍都能圆满成功。

出征仪式尾声时，领导为各实践队授旗，财经分院带队老师赵刚郑重接下出征队旗，挥舞手中的旗帜，并集体合影留念。出征仪式结束，而“红色精神”正引领我们激情踏入此次实践之行！

供稿：谢欢

【篇三十四】

青春建功十三五，携手共筑中国梦

2016年7月7日，上午9:00，成都职业技术学院暑期“三下乡”社会实践活动出征暨授旗仪式在体育馆学生活动中心隆重举行。学校对此项活动予以高度重视，参加出征仪式的有成都职业技术学院学生处处长薛潇潇、保卫处处长罗兴伦、院团委书记张帆、各分院党总支副书记、分团委书记，以及三下乡带队老师。

出征仪式在主持人宣布活动开始后正式拉开序幕，首先是全体人员起立，以齐唱中国共青团团歌作为此次“三下乡”暑期社会实践活动朝气昂扬的开始。紧接着，院团委张帆书记进行了讲话。他讲到我们学院这一次的大主题是青春建工十三五，携手共驻中国梦。并对我们讲了学院对这一次“三下乡”活动的期许，以及大家在活动中的一些注意事项。在主持人对上一年度的“三下乡”成果进行展示以后，各分与代表队的代表人员对自己队伍今年“三下乡”活动的一些日常安排，进行了讲解。学生代表张宇代表所有同学发言后，带队老师代表赵刚老师以及学生处处长薛潇潇再一次讲到了学院对该次活动的预期以及安全等方面的问题。

最后出征仪式在大家热烈饱满的激情中结束，相信成都职业技术学院2016年暑期“三下乡”社会实践活动能取得圆满成功。

供稿：伍霞

【篇三十五】

绽放激情，收获精彩

——记三下乡社会实践出征仪式

2016年7月7日上午九点在成都职业技术学院体育馆里拉开了“三下乡”社会实践活动出征暨授旗仪式活动的帷幕，出征仪式涉及外语、财经分院、工房分院、软件分院、旅游分院、医护分院六个团队，参加此次“三下乡”社会实践活动出征仪式的志愿者及带队老师共计100余人。

首先全体起立合唱团歌，再由六个团队负责人主讲自己团队三下乡PPT，各团队计划周详,准备充分。学生处薛潇潇处长强调牢记"德行天下,技走人生"的校训,贯彻落实了社会主义核心价值观和社会发展观更是激发了同学们对社会实践活动的热情度,领队教师代表赵刚老师强调以艰苦奋斗为荣的观念,大力弘扬艰苦奋斗精神,学生代表张宇的讲话让各个团队的激情达到顶峰,最后全体合照,出征仪式落下帷幕。

此次"三下乡"志愿活动中财经分院"仁爱"分队口述历史,重温红色经典,精彩蓬勃未来,相信在此次"三下乡"活动中大家会取得优异成绩,绽放激情,收获精彩!

供稿:马玉婷

【篇三十六】

下乡之行,财院出征

——记三下乡社会实践活动出征仪式

2016年7月7日上午九点整,成都职业技术学院2016年暑期"三下乡"社会实践活动出征仪式在高新校区体育馆内隆重举行。莅临仪式的有各分院的领导、各实践活动带队老师及全体社会实践活动人员等近100人。

本次"三下乡"活动由7月8日开始到7月18日结束。会上明确指出"三下乡"活动以"受教育做贡献,服务社会"为目的,会议在整齐高昂的团歌中拉开帷幕，后由外语、财经分院、软件分院、花园校区、工房分院、医护分院负责人主讲 PPT 介绍自己团队三下乡内容，广泛深入开展农村服务、医疗服务、对口支教以及口述历史。带队教师代表赵刚老师提出“发扬艰苦奋斗、求真务实的精神”将仪式氛围带到了高潮，学生代表的演讲更是让我们以饱满的精神投入到“三下乡”的青春实践活动准备中。

财经分院主题为“口述历史，重温红色经典，精耕蓬勃未来”的出征仪式上，志愿者们高唱团歌、铮铮宣言展现了成职人积极向上的精神风貌，也为学院增添风采。相信 2016 年暑期“三下乡”活动将对广大学生起到积极影响作用，也为实现中国梦建功立业。

供稿：黄海虹

【篇三十七】

夏蝉噪鸣，爱在路上

——记暑期“三下乡”社会实践活动出征暨授旗仪式

期待已久的“三下乡”终于在暑假开始的第一天启动了。

2016 年 7 月 7 日 9:30 在成职院体育广场暑期“三下乡”出征仪式正式开始。主持人一一介绍了出席此次仪式的老师，对参加此次活动的各志愿服务团队也做了简单的介绍。

人永远都不会嫌弃自己拥有更多的经验和技能，这次暑期“三下乡”活动也不乏人员，他们来自不同领域，用自己所学的专业知识竭尽所能的去服务他人，服务社会。这些拥有着高尚情怀、奉献社会的人儿分别有来自花源校区“晨曦”志愿服务队、财经分院“仁爱”志愿服务队、工房分院“圆梦青春”志愿服务队、旅游分院“梦之队”、软件分院及医护分院“医梦出征，为爱起航”志愿服务队。

这些团队成员都是经过严格选拔后才得以幸运的留下，他们每个人都具备着良好的素质，他们更懂团队意识，他们绝对服从团队负责人的命令。在本次出征仪式上自然也少不了团队负责人对自己团队的介绍，医护分院医行天下，他们的主题是宣传普及医疗知识，旅游分院也是人尽其用，到建川博物馆做讲解员，至于软件分院，他们也尽可能多地发挥出他们的优势，他们的主题是家电维修及剪发。

各团队都有自己的活动目标,在这次暑期“三下乡”他们所得到的也将是独一无二的收获,那是任何人都无法分享的甜蜜与幸福。暑期“三下乡”社会实践活动不仅能成为成职院回报社会的活动,也能提升我们的能力与素质。

供稿:范玉丹

【篇三十八】

红色之旅,始于培训

曾以为,历史真实又模糊,它们会被渐渐更新,最终退出历史舞台

曾以为,历史遥远又清晰,它们被定格在昨天,名族不可忘的部分

——题记

历史是中国发展中不可缺失的一面镜子,我们重温历史,开启红色之旅。今天,在教学楼 A202 会议室,胡越老师为财经分院 2016 暑期三下乡社会实践的志愿者们开展了一次培训课堂。

本人通过这次学习,确实收获颇多,结合自己的思考,我来和大家分享一下我的心得体会。口述历史,我们这次从老红军们口中收集历史记忆碎片,用访谈对话的方式获取我们想要的红色文化。在前期阶段我们需要了解被访谈者情况,了解历史背景信息,我们要做到“知己知彼,百战百胜”,充足的准备打漂亮的一仗,我学会用历史唯物主义看待问题,发现问题,寻求口述历史的最佳途径与访谈最佳技巧,尽最大可能还原历史。

在这次活动中,我虽然只是一个普通的志愿者,却也想认真学习,在口述历史的活动过程中为还原红色记忆献上一份微薄的力量,既要学会与成员友好相处又要有团队精神,齐心协力把工作完成,提升与人沟通倾听的艺术,学会认真地去做好每件事情并尽量将思想放长远,梳理资料与数据。诚然,提升自己能力的同时,也发现了自己的不足,让自己能在以后的学习生活中尽快地弥补。

供稿:黄海虹

【篇三十九】

合不上的书

我曾说,我是一个相信缘分的人,无论对人对事。缘分牵引,作为成都职业技术学院财经仁爱志愿者服务队的一员,我有幸在炙热七月里的今天听胡越老师讲这个关于“访谈”的培训会。

我印象里的访谈,是什么样的呢?是电视上的那种,主持人和受访谈的嘉宾相对而坐的交流形式。我一向觉得它离我实在是太远了。所以,当我下意识地将口述历史归类到访谈里,让老红军们口述历史于我而言就成了一个完成指数极低的,更或者是一个不能完成的挑战。这让我们,至少是让我,对接下来的工作失去了不少的信心,甚至是想要放弃。听了胡老师的讲解后,我的信心又得以重建。

胡越老师说,访谈和口述历史是不对等的。口述历史是一种搜集历史的途径,应当是由我们访问曾经亲身活于历史现场的老红军,做文字笔录、有声录音、影像录影等。而访谈是管理咨询获取信息的一个常用方法,两者的差别是很大的。针对我们易将两者弄混淆的这个情况,胡越老师做了详细的区分。并向我们传授了一些让老红军口述历史的小技巧。经过培训,我相信我们是一定能做好的,只要我们努力去做。

有人说,青春是一本打开了就合不上的书,人生是一条踏上了就回不了的路。而在我的那本打开了就合不上的书里,最美妙的篇章非今年的“三下乡”活动莫属了。

供稿:伍　霞

【篇四十】

培训开启下乡之旅

志愿者服务是奉献社会、服务他人的一种方式,是传递爱心、播种文明的过程。

口述历史,是以搜集和使用口头史料来研究历史的一种方法。具体地说,它是由准备完善的访谈者,针对特定对象,以笔录、录音、录像等方式收集、整理口传记忆以及观点的一种历史研究方式。

“三下乡”活动开始几天了,今天胡越老师在财经分院的二楼会议室对我们这次“三下乡”志愿者活动的主题“口述历史”进行了培训。在这次培训中胡越老师告诉了我们一些在活动中对于提出问题的时候要注意的一些事项,比如针对特定的历史背景、具体时间等。在刚开始的时候自己对“该怎么和那些老红军交谈”还存在很多问题,但是通过今天老师对我们的培训我对很多东西都有了明确的目的,知道自己在他们的身上想要了解什么样的历史。在今天老师的培训中我懂得了要怎样先去同那些老红军建立信任关系,只有先建立信任关系,在今后的工作中我才能获取更多的历史资料。

今天的培训很快就结束了,但自己从中获取的知识也很多,在接下来的志愿者活动中我会将今天学到的东西融入进去,做好入户服务活动。“三下乡”志愿者活动是很辛苦,但我从中可以学到书本里学习不到的东西,它能使我走出校园,走出课堂,走向社会,走上了与实践相结合的道路,到社会的大课堂上去经受风雨,见识世面,增长才干,以自己的亲身实践去使成长自己成长。

供稿:马玉婷

【篇四十一】

时间在走,我们在变

改变不了环境,就改变自己;改变不了事实,就改变态度;改变不了过去,就改变现在。在最开始我们遇到很多的困难,但是阳光总在风雨后,我们将一起努力克服所有的困难,今天我们又一次的充实了自己,我们请来了胡越老师给我们培训,机会是留给有准备的人,我们始终坚信我们志愿者团队一定可以很好地完成这次活动。

通过这培训使我了解到在做访谈之前心里就要有一个明确的目标,不能在做了大量准备工作之后再明确目标,而是需要把两者巧妙地结合起来。虽然说在搜集资料的时候需要全面了解情况,但是在整理资料的时候更需要我们把握重点,结合采访的目标,找寻我们需要的东西,这样不但可以节省大量的前期准备时间,提高我们的工作效率,更能方便我们去深入挖掘一些重要信息。

有位名人曾经说过:“实践和行动是人生的基本任务;学问和知识也是手段、方法,通过这些才能做好主要工作。所以,人生也必须通过所具备的知识来实践和行动。”这说明智慧与实践永远是分不开的,在实践中可以检验真理,也能培养能力,弥补不足。一次次的培训和一次次的实践也会发现自身存在的不足。我相信我们一定会越变越好,在接下来的时间里,我们也要争取把知识融于生活,将生活灌入知识。

供稿:胡美美

【篇四十二】

承军人风骨,传时代军魂

盛夏的七月,刺蛰的阳光倾斜在一群朝气蓬勃年轻人脸上,怀着激动的心情,怀着对社会强烈的责任感和使命感;怀着对革命战士的崇拜感,2016 年 7 月 12 日上午 9 点志愿者们来到了武侯区长寿桥干休所,对革命战士进行更深层次的了解。

志愿者们来到了孙安业老人的家里,老人看起来十分精神,志愿者在和老人聊的过程中,老人表现得十分和蔼。他认为当兵的人不考虑生命,把生命度之于事外,心里想的只有胜利,他 16 岁入伍,17 岁成为卫生员,打仗了也会跟着一块冲锋上阵。大大小小的战役参加了几十次,遇到过数不尽的危险,也曾害怕过,但是从没想过放弃,孙爷爷还说:“鬼子不可怕,负伤也不怕,但是看到自己的战友们一个又一个地被送进来,伤了胳膊伤了腿的都是小伤,有些人直接就牺牲在了战场,战场上面枪林弹雨的,子弹不长眼呀,看他们躺在病床上面,自己焦急又心痛,这样的感觉真的一辈子都不能忘,而这时候使命感就会油然而生”。

听着老人对历史的回忆,听着他对现在的期望,他也提出了对我们年轻人的期望,让我们不要忘记了我们抗战的历史,不要忘记了我们抗战的精神。学习要无止境,要为了华夏腾飞而读书。

供稿:胡美美

【篇四十三】

红色旅程,由此开始

——记2016暑期三下乡社会实践活动

2016年7月12日,是成都职业技术学院财经分院暑期三下乡入户访问的第一天,大家的激情并没有因前期准备的疲惫而消退,上午九点整,十人安全到达了武侯区长寿桥干休所,看到这里的红军老人们生存得特别舒心高兴,我们一天内共走访了九户老红军。

其中仁爱分队第三小组宁露、黄海虹、马玉婷三人九点四十访问了已92岁高龄的宋继年老爷爷。他热情的欢迎我们进入他们家中,并十分亲切地与我们交流了73分钟的红色历史往事。老人耳朵听力能力很低并有脑萎缩,十分钟后才开始向我们缓缓讲述着他从孟良崮战役到淮海战役,再到渡江战役,最后进军西藏的艰辛历程。这位红军老人历经千辛万苦,度过重重困难,从他满怀自豪的神态中我们也看到了他对旧战友深深的怀念。宋爷爷很感激我们志愿者的到来,因为为他们日常安静沉闷的生活带来了一丝年轻的朝气,他还鼓励我们骑单车去拉萨,因为那条路一路都是走进西藏时的红色历史。把书中理论用到社会实践中,我们才读懂宋爷爷颤抖的双手中浓浓的爱国情怀。

对于曾经为新中国的解放和社会主义当代化配置做出贡献的老人们,让他们老有所养、老有所乐是我们力所能及的小事,对于不可改变的历史,我们有责任去关注。

供稿:黄海虹

【篇四十四】

新征程

2016年7月12日上午9时整,财院三下乡实践队准时抵达成都最大干休所。此处居住的都是经历过抗日战争和解放战争的优秀战士领导,今日老红军们也受到了党和国家的照拂。

干休所绿化环境很好,晨间有着特有的清凉,小径通幽,多数行走的都是老人。中心小广场里的座椅上,三四位花甲老人有说有笑。一些队员受到感触,不自觉地走近,和他们聊了起来。老人都很慈祥和蔼,很健谈。短暂的交流后,大家开始今天的任务。上午两个小时,薛雯雯、胡美美、贺月三名队员共走访了六户,成功服务了2户。其中,一单元402户的蔡震老人,今年已89岁高龄,平时热爱象棋,也很关注南海问题。他说:“现在的国家和政府非常好,党中央,习书记非常英明。中国建国几十年,却比很多国家几百年发展的速度还要快。”老人最常挂在嘴边的一句话就是感谢国家。老红军们浴血奋战,为国争光,现如今,老有所医,老有所养。入户服务让我们看到了他们朴素无华的一面,但我们依然能从他们的言行中感受到他们的爱国精神与奉献精神。平凡与伟大在他们身上散发出神奇的光芒。

入户服务是三下乡志愿服务的核心,第一天的活动开展很顺利,为后期发展奠定了良好基础。

供稿:薛雯雯

【篇四十五】

红色精神,代代相传

——记三下乡志愿者活动入户服务

财经分院“三下乡”志愿者活动在今天正式展开了。经过前面几天的精心准备,财经分院“仁爱”分队在2016年7月12日正式在武侯区长寿桥干休所的小区里进行了入户服务活动。

今天财经分院“仁爱”分队一共访谈了九户。财经分院这次入户活动将十人分成三人一组,其中一个小队在早上9:40开始进入了宋继年爷爷的家里,进行了73分钟的口述历史活动。听闻宋爷爷的妻子说,当宋爷爷知道将有大学生志愿者来听他讲他的历史故事的时候非常高兴,宋爷爷今年92岁了,他身体不好患有脑萎缩和心脏腹水等病,但他很热情的为志愿者们讲述了红色历史。宋爷爷的老家是山东,他在20岁的时候当兵,在其当兵期间曾担任过排长、指导员、团长等。在21岁时当了武装侦察的侦察员,他在年轻的时候参加了抗日战争,解放战争,西藏战役等几次战事。在1945年时宋爷爷跟随地下党执行抗日战争。在1945年八月开始的解放战争中,宋爷爷参加了从1948年

11月6日开始到1949年1月10日结束的淮海战役和1949年2月1日开始到1949年6月2日结束的渡江战役。在1950年的西藏战役中宋爷爷担任了十八军五十四师的副团长。

一天的志愿者活动很快就过去了,但那些红色精神从未过去……

供稿:马玉婷

【篇四十六】

传承不屈信仰,沐浴历史荣光

时光催人渐老,带给我们的是成长,却在老人的身上印刻下岁月的痕迹。和一些爷爷的聊天,不仅让爷爷陷入了自己的世界,也让我们了解到了许多过去的事情,也许爷爷对以前发生过的一些事印象比较模糊讲得有些不清楚,又或是将同一件事重复说了好多遍,但我们对老人依然有着浓浓的敬畏感。

当他们说到以前用自己的血肉之躯抵抗列强的铁炮钢枪、用自己的热血青春挥洒战场的时候,脸上洋溢的是满满的自豪。他们说当兵的人不考虑生命,把生命度之于事外,心里想的只有胜利,遇到过数不尽的危险,也曾害怕过,但是从没想过放弃。我们知道也许有些人直接就牺牲在了战场,战场上面枪林弹雨的,子弹不长眼,但是他们依然不曾说过放弃,没有他们也就没有现在的新中国,也许当他们看到自己的队友躺在病床上面时,心里既焦急又心痛,但是唯一的办法就是不放弃。我们对他们充满了敬佩,我们想与这群英雄爷爷共同传承不屈信仰,沐浴历史荣光。

今天的收获十分丰富,不仅了解到了许多过去的事情,也让我们明白在一个团队的运行中,沟通与交流是必不可少的。我们在实践中,有时候沟通不够,导致走了一些不必要的弯路。在今后的学习和工作中,我们也要会学会及时和他人进行沟通交流,及时表达自己的想法和看法,将思想传递他人,共同做好每一件事。

供稿:胡美美

【篇四十七】

青春,没有终点

一个酷暑的季节,一次难忘的经历,一份无闻的付出。成都职业技术学院“三下乡”社会实践活动从7月7日的出征暨旗仪式到7月19日的汇报演出,历时整整13天,我们这群心怀梦想的志愿者们在此次活动中取得了圆满成功。

在这骄阳烈似火的七月,我和我的九位小伙伴们一起吃饭、一起睡觉、一起努力工作着,感谢这群小伙伴在青春路上的作陪,同时,我们十位志愿者中的每个人都受益匪浅,作为财经分院“仁爱”志愿者团体中的一员,我也获益良多。

我们本次活动主题是“重温红色记忆,精耕蓬勃未来”,作为理科生的我当时听到这个主题的时候还是比较担心,但是俗话说得好,我们不打没有准备的仗,所以在最开始的4天,在学校里面我们做足了前期准备,带队老师赵刚告诉我们,如果没有前期准备,这场三下乡将会很辛苦,所以在前期我们进行了资料的收集并且由队长对每位成员进行分组,对各个分组进行分工,让每一个组的工作达到精益求精。虽然我们十位同学都来自不同的专业,性格也有所不同,但是我们知道我们是一个团体,并且我们相互配合,互相鼓励。

后来我们进行入户调查,与老红军的交谈让我们感到十分荣幸,现在作为风华正茂的少年,我们必须要学会沟通与交流,我们在出现问题的同时也在解决问题,就这短短的十多天,我们虽然不能从老爷爷身上学到太多,但有一点我们学到的是面对困难不放弃,并且为达到梦想坚持不懈的毅力。

既然选择了远方,便只顾风雨兼程。三下乡活动虽然已经结束,但是那份不言而喻的感动与收获已经深深地留在了我们的似水年华里。

供稿:胡美美

【篇四十八】

筹备计划,梦想花开

一年一度的三下乡活动即将开始了,对于这次活动我在开始的时候并不怎么了解,但经过这两天的前期准备,越来越感兴趣,并迫不及待地想尽快进入活动中。“三下乡”活动是一个让我走出学校到社会中去经历风雨、见识世面、增长才干的机会。

在2016年7月8日我们小队在学校教室里开了一个筹备计划的会议。在这次筹划活动中我们小队对各种工作进行了分工,尤其是说到联谊活动的时候,每个队员都想参与进去展现自己的才华,大家都激动地在一方讨论自己要出的节目,这使得联谊活动的节目单很快就定下来了。在此次的“三下乡”活动中我知道我会经历很多,会吃苦受累,但是想到自己可以尽最大的努力去服务他人、为他人做贡献,此时我会在心里暗自地笑,感觉自己其实也挺伟大的。

“三下乡”是一个能使自己的分析、处事能力得到一定的提高、同时加强合作交流,扩大交际范围,并不断提升自我能力的活动。在接下来的志愿者服务活动中我相信通过我们团队的合作,不断努力,在后期一定会取得好成绩,我们的各个队员也都会从各方面得到提升。

供稿:马玉婷

【篇四十九】

最好的结局

这一段历程就这样结束了。一回首，能看到些什么呢？

我还记得我在三下乡活动面试的时候说："大学生暑期'三下乡'社会实践活动对我们来说，一方面能使我们服务社会，另一方面又能让我们从社会中学到书本以外的知识，提升自己的综合素质。每一个志愿者活动都是双向的，在帮助别人的时候，我们会认识曾经不认识的人，了解以前未曾听说过的故事，体会曾经不曾体会过的情感。我想趁着青春和激情还在，做自己喜欢的事，体会自己想过的人生！"而事实也的确如此。

我不仅记得自己走进面试室时的心情，那样的期待，也是那样的紧张；我还记得我们每每敲响一扇门时的目光，是那样的充满期盼，期盼入访的成功，也是那样的充满害怕，害怕被拒绝；我还能记得和老红军爷爷们交流时的心跳，带着感激、期待，还有一丝丝的紧张。

在这次三下乡活动的走访过程中，我认识了许多了不起的老红军爷爷，像"双枪李向阳"的原型刘尚武爷爷，还有去年参加了中国人民抗日战争暨世界反法西斯战争胜利70周年纪念活动的魏克爷爷等等；并且听到他们讲自己抗战的故事。

随着"长寿桥干休所与成都职业技术学院学员喜迎'八一'军民联欢活动"取得圆满成功，这一次的三下乡活动也就结束了，大学一年的生活同样就这样结束了。对我来说，最幸运的事就是以这次"三下乡"活动作为这一学年的结尾——这是最完美的结局。而等待我的，是下一段征程。

供稿：伍霞

【篇五十】

追寻红色足迹 重温革命历史

2016年7月13日上午9时整，财经分院三下乡志愿者团队如期准时在干休所展开入户服务。由于前期准备充分，以及队员整体服务意识、沟通能力较强，活动开展得十分顺利。

实践组第一组组员薛雯雯，胡美美，贺月，伍霞带上录音笔，摄像机，笔记本，前往各户老红军家进行访问服务。上午重点采访了靳雄飞老人，老人喜欢看书报、新闻，曾在军区陆军学校任职。他教导我们珍惜时代机遇，热爱党校、家国。战火纷飞的年代，他们浴血奋战，坚守了领土和主权完整。如今中国国富民强、欣欣向荣的迅速发展，党和政府并没有遗忘过往，而是认真的为老红军考虑。让他们老有所依，老有所养。时年94岁的刘尚武老人，是1950年全国英雄模范代表，接受过毛主席的接见，并全程参与了抗日战争，解放战争，参加过大小战役四五十余次。在老人真实的历史讲述中，我们看到的不是一个耄耋之年的老红军，而是一个斗志激昂，青春气盛的革命战士。他们一生历经艰苦，跌宕起伏，感人至深。近代屈辱，虽已被中国的大手轻轻翻过，但这些跨越世纪，可亲可敬的老人永远活在我们心中。

走近老战士，聆听战争亲历者的英勇故事。让我们重温红色经典，精耕蓬勃未来。

供稿：薛雯雯

【篇五十一】

红色传承，蓬勃未来

2016年7月19日，财经分院三下乡暑期实践活动已经是最后一天了，今天长寿桥干休所与成都职业技术学院学员喜迎“八一”军民联欢活动在干休所正式召开。参加本次活动的有财经分院党总支书记周红艳和学生工作办公室主任邓娟。

清晨，志愿者们来到武侯区干休所，日复一日，这条路已经被志愿者们走了无数次了，但是今天的感情尤为特殊，因为这也许是大家最后一次来到干休所，最后一次见到这些革命战士了，通过这几天的相处，志愿者们的心里感触颇深。老爷爷们对我们十分友好，在他们身上我们也学到了许多。

经过无数次的彩排，无数次的练习，我们希望可以做到尽善尽美，能把最好的一面展现在老红军的面前。有一首歌唱进爷爷奶奶的心里，唱进爸爸妈妈的记忆里，今天我们再一次的唱响，歌声一定会回荡在我们的记忆里，第一个节目映山红唱响了整个干休所,接下来的节目都十分精彩,老爷爷的书法遒劲有力,并且还教我们志愿者写毛笔字。

此次联欢会圆满结束,我们不仅从老爷爷那里了解到了许多过去的事情,并且还充实了我们自己,我们学会了沟通,学会了包容,学会了解决问题。在此以后我们不仅要传承中国梦,更要弘扬中国精神。

供稿:胡美美

【篇五十二】

精聆历史,细品人生

2016 年 07 月 13 日,是财经分院仁爱志愿者服务队入访老红军"口述历史"活动的第二天。服务队的同学们准时到达了成都市武侯区长寿桥干休所展开走访工作。

服务队其中一个小组的同学们去访问了一位叫靳雄飞的老爷爷,老爷爷对她们的入访表示很欢迎。靳爷爷是在 1948 参加的革命,那时他 19 岁,刚初中毕业。他从事的是宣传工作,参加的第一场战役就是渡江战役,而后又参加了解放大西南,一直都奔赴在前线。后又从事教学工作,退休后还被请去参与四川省的军事史编写。他表示服务队的同学们与他们之间存在鲜明的时代差,现在科技在发展,时代在进步,人们的生活环境,学习条件,社会环境都是以前他们所不敢想象的。他说:"我们国家现在发展得很好。科技发展,教育

水平提高，老年事业，医疗事业各个方面都发展得很好，但也得承认我们国家很不容易，我们能有今天很不容易。”靳爷爷还对服务队的同学反复强调：今天的生活条件、学习环境都来之不易，一定要好好珍惜，好好珍惜。

“生活来之不易，应当好好珍惜。”这是靳爷爷给服务队同学们的寄语，相信他们会永记心间。

供稿：伍霞

【篇五十三】

感受红色精神，品位历史人生

——记三下乡志愿者活动入户服务

2016 年 7 月 13 日，财经分院仁爱青年志愿服务队到达了武侯区长寿桥干休所。在入户访谈的第二天共计入户 14 户，其中令第三小组记忆最深的是 87 岁的付万里爷爷的访谈内容。

他平时喜欢读书看报，了解国情。付爷爷谦虚称自己为国家做的是一些平凡的事情，我们却认为他在平凡中见伟大。

付爷爷没在正式部队待过，在他十几岁的时候在一个地方报社工作，做一般通信工作，1949 年解放战争时期转到部队工作，到了部队从事后勤工作，做一些保密工作。在整个访谈中当付爷爷讲述到“不怕苦不怕累，要埋头苦干，严格保守国家机密，到死也不能把当时的事情往外面说”的时候，可以看出在付爷爷身上有一种信仰，这种信仰是每个人在生活中应该学习的。无论时代如何变迁，对信仰的丰富和完善，对信仰的忠诚和实践始终是共产党人如磐的根，不变的魂。在生活中每个人都应该有信仰，都应该去追逐生命中一些有意义的事。

历史的车轮在不停地转动，没有人可以使它停下。虽然时间已经逝去，但是我们可以通过那些抗战老兵知道历史，了解历史，然后弘扬红色精神。

供稿：马玉婷

【篇五十四】

追寻红色记忆，感受时间重量

信仰是贯穿在人的世界观之中的一种意识规范

——题记

2016年7月13日，为加深对红色文化的了解以及红色精神的传扬，重温红色经典，感受时间重量，今天财经分院仁爱青年志愿服务队第三小组访谈的重点对象是在我党历史上具有重要意义的一位从事后勤工作的平凡老人，他平凡的工作为国家做出了伟大的贡献。

老人叫付万里，出生于1930年，今年已87岁高龄，但是一双眼睛总是炯炯有神。付爷爷十三岁在地方上报社做通讯工作，1949年转到地上从事密码研究、生产等保密工作，他将自己最年轻朝气的十多年光阴奉献给了国家的未来。从付爷爷女儿口中得知老人一生守口如瓶，人虽然老了却对数据十分敏感。1966年在都江堰冠县公安局担任军管会主任，三年后的1970年协助部队斗争去往西南石油，回到部队后一直从事保密工作到晚年休息。付爷爷说"平凡的岗位，不怕苦，不怕累，绝对保密，为国做事，我们是国家的人"。爷爷坚定的信念深深地撼动着我的内心，现在的我们不缺乏气力，缺乏的是毅力，那是一种可以去征服世界高峰的信念。

我们要用信仰振兴精神动力，以崭新的面貌投入到新一轮的工作学习中，鞭策自己勤于思考，积极创新，努力工作，不断进步，把老一辈无产阶级革命家的崇高革命精神和坚定信念贯穿到我们当前的工作当中。

供稿：黄海虹

【篇五十五】

致敬历史，共沐红色精神

巍峨的雪山掩盖了革命烈士的躯体，却埋藏不了他们满腔为国为民的赤诚之心；茫茫的沼泽地吞噬了革命烈士的身躯，却掩藏不住他们的信念；如雨的子弹夺去了革命烈士的生命，却夺不去他们的精神！

通过对革命战士的了解,我们能够以他们对当下发展的见解,提高自身对经济和社会发展现状的认识,我们也十分感谢老人可以与我们分享他们所了解的故事与自己的认识,我们知道抗战时期的艰险是我们这些在和平年代出生的人所难以想象的。老爷爷说后有追兵,前途漫漫,环境险恶,粮食短缺。每--条都足以让人恐惧、绝望。但是这些革命战士们却穿着草鞋在雪中、在沼泽中,在枪林弹雨中一步步艰难地走来,走向了光明和胜利。中华民族坚持不懈的精神撒满了每一个角落,但是随着互联网的普及,铁幕的洞穿,战争早已淡出人们的视线,然而却总有那么一些人令我们无法忘怀,红色时代的记忆也不应该在岁月中喑哑了声音。我们的中华民族抗战英雄们。感谢你们,有了你们,才有了现在的中国。

这些老人们,他们是革命战士,是英雄,是路标,是丰碑!可歌可泣的事迹,可赞可叹的信念,可敬可畏的军魂!我们能不被他们感动、不被他们震撼吗?他们是永恒的,因为信念永存,坚持不懈的精神永存!

供稿:胡美美

【篇五十六】

点滴生活不易,应当好好珍惜

好像生活在我们这个时代的人,觉得生活就是生活,不需要更深的定义。生活或激情,或平淡,都是我们自己的,与别人无关。在今天之前,我也是这种人中一员。

今天的入访活动,我们小组走访了一位叫靳雄飞的老爷爷。老爷爷对我们的入访表示很欢迎,虽然今年已经88岁了,但他精神状态很好。他说我们之间时代差很鲜明。他们那时候吃的东西差,医疗卫生也很差;饿死的,生病死的人很多,埋葬死去的同伴都成了他们常做的事情。读书就更不易了,用的笔是自己做的,用的墨是很差的,而且还要掺水。那种艰辛,只有经历过的人才体会得到。但现在不一样了,现在科技在发展,时代在进步,人们的生活环境、学习条件,各个方面都发展得很好,都是以前他们所不敢想象的。

老人家是在1948参加的革命,那时他19岁,刚初中毕业。他参加的第一场战役就是渡江战役,而后又参加了解放大西南,一直都奔赴在前线。在抗战中他记得最深刻的并不是哪一场战役，而是一件小事。在一次行军途中，靳爷爷在另一个队伍遇到了他在学生时代的伙伴。那时的他们已失联好一段时间了，突然相遇很是激动的。但由于两支军队都要加紧行军，就又分开了。从那以后，就再没讯息。靳爷爷说："朋友就是这样，在一起不觉得怎样，换一个场景就又有体会了。"

靳爷爷虽然没给我们讲什么大事件，只讲了一些小事，但给我们的感触却是十分深刻的。生活就是生活，却不只是我们一个人的生活。点滴生活都不容易，我们定会好好珍惜。

供稿：伍霞

【篇五十七】

感悟红色精神，坚守崇高信仰

信仰，是人对人生观、价值观和世界观等的选择和持有。人有了信仰，就是有了精神力量，崇高的信仰促使人们不断努力追求自己的理想，塑造一个美好的社会角色。

今天是我们财经分院正式入户的第二天，通过一天和爷爷奶奶的交流，自己颇有感受。在今天的入户访谈中令我最难忘的是 87 岁的付万里爷爷的访谈内容。爷爷平时喜欢读书看报，了解国情。在整个访谈的过程中爷爷称他只是在平凡的工作岗位上辛辛苦苦做了几十年，但当听完他的故事我认为并不然。

付爷爷没有在正式部队待过，战争时期一直在做后勤工作。1947 年时，十几岁的他在地方报社工作，做一般通信工作。在 1949 年解放战争时期转到部队工作，到了部队从事后勤工作，做一些保密工作。在整个访谈中我印象最深的是付爷爷讲述到"我没有什么事迹，密码工作没有什么可讲的，我要严格保守国家机密，到死也不能把当时的事情往外面说"的时候，可以看出在付爷爷身上有一种信仰，这种信仰是每个人在生活中应该学习的。正因为当时的他们有信仰，才会使抗日战争、解放战争胜利很快胜利，才会有我们今天的幸福生活。

信仰是宝贵的财富，它指引着奋斗的方向，决定着不同的价值抉择。有信仰,青春才不会无处安放;有信仰,人生才不会随波逐流;有信仰,理想才不会被迷茫驱散。在生活中我们要有信仰,并用崇高的信仰来指引我们前进的方向。

供稿:马玉婷

【篇五十八】

继往开来,勿忘历史

——记2016暑期三下乡社会实践活动

2016年7月14日上午九时整,作为财经分院暑期三下乡仁爱青年志愿服务队的一员,志愿者们行走在雨后的风中开始了入户访谈第三天的旅程,共计访谈9户老红军。

财经分院仁爱青年志愿服务队十人带着朝气迈进武侯区长寿桥干休所的大门,三个小队分工合作开展访谈,正能量在身边扩散,我们满腔热血,积极的用自己的行动响应着国家中国梦。在今天的访谈中给我们印象最深刻的是赵光灿老爷爷,82岁的赵爷爷精神状态极好。没有打过仗,在准备参加抗美援朝战役的时候朝鲜停战,尽管如此,爷爷还是很热情的通过他的所见所闻和亲身经历向我们讲述着所知道那个时代的历史事件和历史重要人物。

一生从事国防建设工作直到离休,三十五年时间为国防建设做出了极大的贡献,爷爷说"保证质量,为军队提供坚强的后盾是我们的责任"。当献身国防科技事业的荣誉证书和奖章放在我们面前的时候,爷爷还谦虚的鼓励我们好好读书成为人才为国家效力。

真诚地面对历史才不会背离人民和时代潮流,承认历史才能承诺未来,尊重历史才能赢得尊重,历史已经成为过去,新的一天还在继续,我们应该铭记历史,珍惜现在,继往开来。

供稿:黄海虹

【篇五十九】

结束实践之旅，满载收获而归

——记 2016 暑期三下乡社会实践活动

2016 年 7 月 19 日，财经分院仁爱青年志愿服务队历经七天的老红军入户访谈结束了，我们和老红军们一起在武侯区长寿桥干休所一幢二单元 403 活动室内喜迎八一，居民联欢活动拉开了帷幕，莅临此次活动的有长寿桥干休所负责人及老干部，成都职业技术学院财经分院党总支书记周红艳，财经分院学生工作办公室主任邓娟以及仁爱青年志愿者服务队的成员。

庆八一联谊活动于下午三点整开始，表演融入了老红军们希望看到的红色文化。首先由主持人薛雯雯宣布活动正式开始，激情高昂的红歌《映山红》暖场，接下来激情热辣的舞蹈《歌舞青春》将整场气氛推向最高潮，幽默搞笑的《咋啦爸爸》使得本次活动的展示达到更好效果，引爆了老红军们的真正欢笑声。刘爷爷的书法刚劲有力，警醒着我们好好学习，天天向上，活动尾声，志愿者们为老红军们系红领巾并合照，爷爷们还十分不舍地拉着我们说："有空再来，下次我把军服穿上和你们合照。"

奋战之后的成果更让人喜悦，通过此次联谊活动，让老红军愿意走出家门融入青年氛围，同时加强老红军们彼此间的交流与互动，增进了学校与社区老红军们之间的了解和沟通，志愿者成员间的关系也更加融洽。

铭记历史，传承红色精神，是我们的责任，至此，口述历史的圆满结束为财经分院 2016 暑期三下乡活动画上了一个句号。

供稿：黄海虹

【篇六十】

平凡其实不平凡

——记三下乡志愿者活动入户服务

2016 年 7 月 13 日，财经分院仁爱青年志愿服务队到达了武侯区长寿桥干休所。在入户访谈的第三天共计入户 9 户，其中令第三小组记忆最深的是 82

岁的赵光灿爷爷的访谈内容。

赵爷爷平时喜欢在家里读书看报，了解当下国情。在整个访谈的过程中爷爷一直强调自己在战争时期做的只是一些平凡的事情。但我们却认为他做的是最为关键的、最伟大的。

赵爷爷在1949年时参加革命，在当时只有15岁的他跟随地下党做一些宣传解放军和共产党政策的工作。当听到爷爷一直说自己的工作岗位很平凡的时候，我们从爷爷身上看见了一种谦虚的品质，爷爷身上的这种品质是我们应该学习并传承的。当一个人真正拥有谦虚这种平凡的品质，整个人都会变得伟大起来，人品就会得到升华。

一滴水可以折射太阳的光辉；一朵花可以点缀美丽的春天；一颗螺丝钉可以带动机器的运转。尽管繁华如三千东流水，但依然可以发现：其实平凡也美丽。爷爷们的一生看似很平凡，因为他们只是万千军人中的一员，但每个人为国家奉献的不同事迹又促使他们是不平凡的一员。

供稿：马玉婷

四、媒体报道

成都职业技术学院的百名小编走访谈活动得到了中国新闻网、新浪网、教育导报、四川日报、四川教育网、成都日报等媒体的宣传报道，弘扬红色精神，传承红色基因，呼吁更多的人参与其中！

（一）中国新闻网

1. 新闻内容

感悟峥嵘岁月　大学生三下乡倾听抗战老故事

中新四川网9月30日电（刘婷）“我们不只是为了铭记历史，更是为了借古观今，砥砺前行。”30日，记者获悉，近日成都职业技术学院（以下简称“成职院”）三下乡志愿者走进了成都市武侯区长寿桥干休所，倾听老战士们讲述抗战历史。

“中国的土地，是战士们用鲜血换来的。有些战士抬着伤员，把自己的水壶给伤员接小便；护士不顾受伤，在敌人的枪炮下扑倒在伤员身上，他们勇敢、不怕牺牲的精神是永远难忘的！”已是耄耋之年的牛经堂老人在接受志愿者访问时，依旧精神矍铄，眉目有神。

这位老人戎马一生，无论是抗日战争、解放战争还是抗美援朝都有他作战的身影，并获得解放战争的军勋章、解放全中国的军勋章、抗美援朝的军勋章等各项大大小小的勋章。

“摩天岭地势险峻，我们追敌人追了三天三夜，中途停下来吃一顿饭，有些士兵累得直接睡着，之后又继续追。”在此次社会实践活动中，志愿者们还见到了电视剧《双枪李向阳》的原型刘尚武。刘尚武原名刘守仁，他曾参加过四、五十次大大小小的战役，一生传奇无数。刘尚武向成职院的志愿者们讲述了太原会战、奇袭摩天岭等战斗故事。

访谈中，志愿者们看到刘尚武身上的伤疤，这些伤疤都是在作战时留下的，是他献身革命最好的见证。

志愿者们还对李德宏老人进行了入户访谈。李德宏今年84岁，是云南白族人，他主要参加过解放战争后期和剿匪。李德宏老人擅长书画、写诗作词，他在《我们都是太阳》歌词中写道：“无论是朝阳，或是夕阳，我们都是太阳，有一分热要发一分光。”

此次社会实践活动，让志愿者邓欣颇有感触，“不管社会怎样发展，时代怎样进步，我们都应该时刻记住那些用革命鲜血谱写的历史，要更好地完善自己，实现中国伟大的复兴梦。”

据成都职业技术学院财经分院党总支书记周红艳介绍，目前为止，志愿者们已成功访谈30位红军老人,时长共计971分钟。

2. 原文链接

http://www.sc.chinanews.com/bwbd/2016-10-01/60876.html?qq-pf-to=pcqq.c2c

（二）新浪四川

1. 新闻内容

暑期探寻老战士,重寻红色足迹

暑假开始后,成都职业技术学院财经学院（简称“成职院”）开展了为期12天的暑期“三下乡”社会实践活动——十名大学生志愿者深入武侯区长寿桥干休所,对30名抗战老战士进行历史故事访谈,通过亲访、亲闻、亲记的方式重寻红色足迹,传承红色精神。

刘尚武原名刘守仁,是战斗英雄,也是“双枪”李向阳的原型,他曾参加过四、五十次大大小小的战役,一生传奇无数。刘尚武向成职院的大学生们讲述了太原会战、奇袭摩天岭等战斗故事。看到刘尚武身上的伤疤,学生们都很受教育。

已是耄耋之年的牛经堂老人在接受学生们访问时,依旧精神矍铄,眉目有神。这位了不起的老人,戎马一生,无论是抗日战争、解放战争还是抗美援朝都有他作战的身影,并获得解放战争的军勋章、解放全中国的军勋章、抗美援朝的军勋章等各项大大小小的勋章。他告诫学生们:“中国的土地,是战士们用鲜血换来的。有些战士抬着伤员,把自己的水壶给伤员接小便;护士不顾受伤,在敌人的枪炮下扑倒在伤员身上,他们勇敢、不怕牺牲的精神是永生难忘的!”

大学生们还对李德宏老人进行了入户访谈。在此次访谈中,志愿者们在了解当年抗战的艰苦条件之外,还感悟到老战士身上的革命精神和对生活乐观的心态。

李德宏今年84岁,是云南白族人,参加过解放战争等,他擅长书画、写诗作词。他告诉大学生:“回顾历史,再访老战士,我们不只是为了铭记历史,同是借古观今,砥砺前行。红色正能量需要更多的青年传承下去。”

2. 原文链接

http://sc. sina. com. cn/news/b/2016 - 08 - 01/detail - ifxunyxy6183238 - p2. shtml? qq - pf - to = pcqq. c2c

（三）教育导报

1. 新闻内容

成都职业技术学院

听老战士“口述历史”

本报讯（赵刚谢欢）暑期，成都职业技术学院财经分院 10 名大学生志愿者开启了一场特别的“三下乡”活动。他们走进成都市武侯区长寿桥干休所，用 12 天的时间，听 30 名抗战老战士“口述历史”，重寻红色足迹，传承红色精神。

在干休所，已是耄耋之年的牛经堂老人，依旧精神矍铄，眉目有神。这位老人，戎马一生，无论是抗日战争、解放战争，还是抗美援朝都有他作战的身影，并获得解放战争、抗美援朝等大大小小的勋章。他在接受访问时告诫学生们：“中国的土地，是战士们用鲜血换来的。有些战士抬着伤员，用自己的水壶给伤员接小便；护士不顾受伤，在敌人的枪炮下扑倒在伤员身上，他们勇敢、不怕牺牲的精神是永生难忘的！”

“不管社会怎样发展，时代怎样进步，我们应该时刻记住那些用革命先烈鲜血谱写的历史，要更好地完善自己，实现中国伟大的复兴梦。”志愿者邓欣瑶说。“回顾历史，再访红军，我们不只是为了铭记历史，也是借古观今，砥砺前行。红色正能量需要更多的青年传承下去。”成都职业技术学院财经分院党总支书记周红艳介绍，目前为止，志愿者们已成功访谈 30 位红军老人，时长共计 971 分钟。

2. 原文链接

http://jydb. newssc. org/page/259/2016 - 08/30/02/2016083002_pdf. pdf

（四）四川日报

1. 新闻内容

暑期“三下乡”学生志愿者传承红色正能量

对成都职业技术学院财经学院的老师赵刚和他的 10 名学生仁爱志愿者来说,今年暑假特别有意义。7 月,他们来到成都市武侯区长寿桥干休所对 30 位抗战老战士进行历史访谈,以亲访、亲闻、亲记的方式重寻红色足迹,传承红色精神。

已是耄耋之年的牛经堂,先后参加过抗日战争、解放战争、抗美援朝战争,并获得解放战争的军勋章、解放全中国的军勋章、抗美援朝的军勋章等各项大大小小的勋章。在接受志愿者们的访问时,牛经堂依旧精神矍铄,眉目有神:"中国的土地,是战士们用鲜血换来的。那些抬着伤员的战士,不怕脏不怕苦,把自己的水壶给伤员接小便;不少护士在敌人打来的时候,不顾自己的安危,毫不犹豫扑到伤员身上。大家身上那些勇敢无私、不怕牺牲的精神,是我永生难忘的!""我们不只是为了铭记历史,更是为了借古观今,砥砺前行。红色正能量需要更多的青年传承下去。"志愿者代表说。

截至目前,赵刚带领的仁爱青年志愿服务队已成功访谈 30 位红军老人,共计 971 分钟。(记者　阳帆)

2. 原文链接

http://epaper.scdaily.cn/shtml/scrb/20160727/138252.shtml

(五)四川教育网

1. 新闻内容

感悟峥嵘岁月　成都职业技术学院大学生志愿者访谈抗战老故事

近日,成都职业技术学院大学生志愿者们利用假期和周末走访成都市武侯区长寿桥干休所,倾听老战士们讲述抗战历史,已成功完成对 30 位老红军的访谈,时长共计 971 分钟。

"中国的土地,是战士们用鲜血换来的。有些战士抬着伤员,把自己的水壶给伤员接小便;护士不顾受伤,在敌人的枪炮下扑倒在伤员身上,他们勇敢、不怕牺牲的精神是永远难忘的!"已是耄耋之年的牛经堂老人在接受志愿者访问时,依旧精神矍铄,眉目有神。这位老人戎马一生,无论是抗日战争、解放战争还是抗美援朝都有他作战的身影,并获得解放战争的军勋章、解放全中国的军勋章、抗美援朝的军勋章等各项大大小小的勋章。

"摩天岭地势险峻,我们追敌人追了三天三夜,中途停下来吃一顿饭,有些士兵累的直接睡着,之后又继续追。”在此次社会实践活动中,志愿者们还见到了电视剧《双枪李向阳》的原型刘尚武。刘尚武原名刘守仁,他曾参加过四、五十次大大小小的战役,一生传奇无数。刘尚武向成都职业技术学院的志愿者们讲述了太原会战、奇袭摩天岭等战斗故事。访谈中,志愿者们看到刘尚武身上的伤疤,这些伤疤都是在作战时留下的,是他献身革命最好的见证。

以亲访、亲闻、亲记的方式重寻红色足迹,对30位老战士进行历史访谈活动,让志愿者们颇有感触,他们表示,“不管社会怎样发展,时代怎样进步,我们都应该时刻记住哪些用革命鲜血谱写的历史,要更好地完善自己,实现中国伟大的复兴梦。”“中国的土地,是战士们用鲜血换来的。那些抬着伤员的战士,不怕脏不怕苦,把自己的水壶给伤员接小便;不少护士在敌人打来的时候,不顾自己的安危,毫不犹豫扑到伤员身上。大家身上那些勇敢无私、不怕牺牲的精神,是我永生难忘的!”“我们不只是为了铭记历史,更是为了借古观今,砥砺前行。红色正能量需要更多的青年传承下去。”

2. 原文链接

http://www. scedu. net/p/8/? StId = st_app_news_i_x636124655391599935

(六)成都日报

1. 新闻内容

暑期探寻老战士　重寻红色足迹

成职院学生“三下乡”记录“口述历史”

暑假开始后,成都职业技术学院财经学院(简称“成职院”)开展了为期12天的暑期“三下乡”社会实践活动——十名大学生志愿者深入武侯区长寿桥干休所,对30名抗战老战士进行历史故事访谈,通过亲访、亲闻、亲记的方式重寻红色足迹,传承红色精神。

刘尚武原名刘守仁,是战斗英雄,也是“双枪”李向阳的原型,他曾参加过四、五十次大大小小的战役,一生传奇无数。刘尚武向成职院的大学生们讲述了太原会战、奇袭摩天岭等战斗故事。看到刘尚武身上的伤疤,学生们都很受教育。

已是耄耋之年的牛经堂老人在接受学生们访问时,依旧精神矍铄,眉目有神。这位了不起的老人,戎马一生,无论是抗日战争、解放战争还是抗美援朝都有他作战的身影,并获得解放战争的军勋章、解放全中国的军勋章、抗美援朝的军勋章等各项大大小小的勋章。他告诫学生们:“中国的土地,是战士们用鲜血换来的。有些战士抬着伤员,把自己的水壶给伤员接小便;护士不顾受伤,在敌人的枪炮下扑倒在伤员身上,他们勇敢、不怕牺牲的精神是永生难忘的!”

大学生们还对李德宏老人进行了入户访谈。在此次访谈中,志愿者们在了解当年抗战的艰苦条件之外,还感悟到老战士身上的革命精神和对生活乐观的心态。

李德宏今年84岁,是云南白族人,参加过解放战争等,他擅长书画、写诗作词。他告诉大学生:“回顾历史,再访老战士,我们不只是为了铭记历史,同是借古观今,砥砺前行。红色正能量需要更多的青年传承下去。”

2.原文链接

http://www.cdrb.com.cn/html/2016-07/27/content_43432.htm

五、图片集

耄耋之年的抗战老爷爷的耳力已有所下降,在面对小编的访问时,抗战老爷爷会不时像图中一样向前倾俯着身体,去听小编们的提问,虽有些吃力,但他依旧满脸带笑地和志愿者们分享着自己在解放战争中奋勇杀敌的经历,眉眼之间满是当年战场上的风采。(贺月 摄)

这是一位位了不起的老人，他一生戎马，无论是抗日战争、解放战争还是抗美援朝都有他作战的身影。但只要是战争就都是残酷的，在谈及伤亡的战友们时，老人双目泛红，声音哽咽："中国的土地，是战士们用鲜血换来的，大家身上那些勇敢精神和不怕牺牲的精神是永生难忘的。""中国的一寸土地都不能丢！"在讲到海南仲裁案时，牛爷爷语气坚定，不容否定。（贺月　摄）

7 月 15 日，走访谈组对李德宏老人进行了入户访谈，老人手中拿着的正是《我们都是太阳》《好一个剑川坝》的原创歌词稿件。"你们是早晨的太阳，我们是西下的太阳。无论是朝阳，或是夕阳，我们都是太阳，有一分热就要发一分光。"歌词这样写道，稿件上满满的都是老人亲写的随笔感想，记录着珍藏的记忆。（贺月　摄）

“我的一生都很平凡，在抗战中自己只是送送情报，做一些通讯员做的事情。”在接受小编们的访谈时，老人一直强调“我不是什么英雄，战场上没有英雄，只有生死。”这些话语隔着时代和生死的距离，让人印象颇深。在结束这段厚重历史的访谈后，老人向小编展示了自己的书画作品。（贺月　摄）

这位“年轻”的老爷爷正高兴地与小编们一同探讨着新科技、信息化时代的发展，对当下青年喜欢的事物也十分了解，并主动与大家分享自己的观点。抗战老兵们这样活泼的一面，在干休所中，是经常能看见的。这是老年与年轻一代的沟通。（贺月　摄）

九十多岁的魏克爷爷从年轻的时候就开始用日记记录自己生活中的点点滴滴。因在抗战时期多次身负重伤，现在对于一些战争的记忆有些模糊，但大多数的抗战细节都留在了他的日记中，从参军到离休他记了50多年的日记。边翻日记的边听爷爷凭着模糊记忆讲出自己的经历，爷爷的话语中无不体现出自己身上的军人气息。（贺月　摄）

刘尚武原名刘守仁，是全国战斗英雄，也是“双枪”李向阳的原型，他生平参加过四五十次大大小小的战役，一生传奇无数。刘尚武爷爷身上有不少作战时留下的伤疤，那些伤疤一一见证了他一生的峥嵘岁月。在访谈过程中，他讲述了他在太原会战、炸毁碉堡、奇袭摩天岭的战争传奇，无论哪一次战争，都是九死一生，极为危险的。（贺月　摄）

在走访谈活动中，小编遇见了很多这样的老战士遗孀，时间已经将她们的两鬓染白，可她们仍然看上去精神十足！谈及到已故的参战丈夫，她们有难过，但更多是自豪。（贺月 摄）

时光催人渐老，带给我们的是成长，却在老人的身上印刻下岁月的痕迹。看着对面坐着的爷爷如今疾病缠身，患有脑萎缩的宋继年爷爷，很多时候将一句话、一件事会重复着讲几遍，但在说道“在以前用自己的血肉之躯抵抗列强的铁炮钢枪，用自己的热血青春挥洒战场”的时候，他脸上洋溢的却是满满的自豪与骄傲。（贺月 摄）

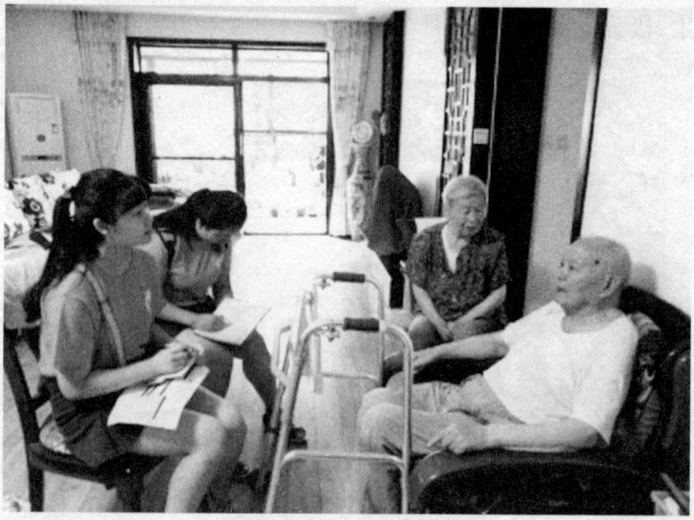

“中间散开，两翼包抄；车轮战；午夜分队从东西南北围堵剿杀”，在讲述到兰州战役胜利过程中，抗战老爷爷不时用双手向志愿者们演示作战场面，他声音铿锵有力，难掩自豪，那些抗战画面仿佛就在眼前。（贺月　摄）

“富民强兵，为实现伟大的中国梦而奋斗”，贺坤爷爷在“八一”军民联谊的书画活动中写道，青年是实现中国梦的新生力量，他希望青年能使中国的未来愈加繁荣富强，寄语祖国。（贺月　摄）

用军礼致敬英雄,用红领巾维系真情。志愿者一一为抗战老兵们佩戴红领巾,在欢乐的氛围中感悟幸福生活的来之不易,传承红色精神,红色精神与青春气息相交融,传递着正能量。(贺月 摄)

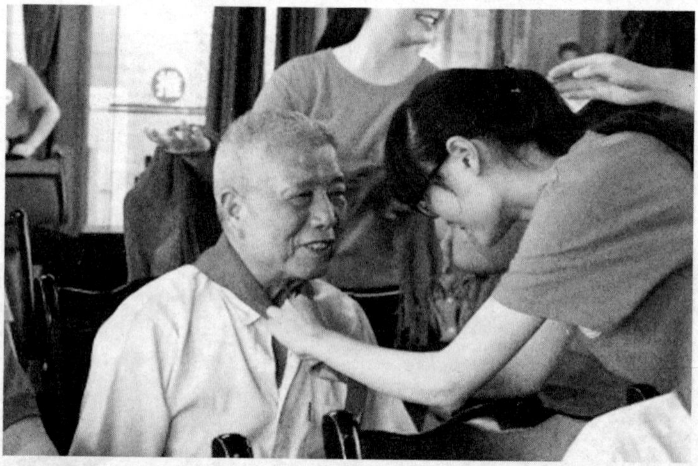

六、附：百名小编走访活动调研报告

成都职业技术学院

CHENGDU PLYTHCHNIC

"重温红色记忆，精耕蓬勃未来"—成职"百千万"在行动

"百名小编走访谈"活动

调

研

报

告

成都职业技术学院"百名小编"走访团

财经分院"仁爱"青年志愿服务队

2016年9月18日

目　录

成都职业技术学院2016年“口述历史”调研报告

一、活动背景

口述历史是一种搜集历史的途径，该类历史资料源自人的记忆，由历史学家、学者、记者、学生等，访问曾经亲身活于历史现场的见证人，让学者文字笔录、有声录音、影像录影等。之后，作为日后学术分析的资料，在这些原始记录中，抽取有关的史料，再与其他历史文献比对，让历史更加全面补充、更加接近具体的历史事件真实。

口述历史亦称口碑史学。口述史在国际上是一门专门学科，即以搜集和使用口头史料来研究历史的一种方法，或由此形成的一种历史研究方法学科分支。口述史尤为强调“三亲”，即口述者要亲历、亲见、亲闻。

让学生不再限于从课本上了解历史的基本史实，走出课本，亲访历史，重构历史。在中国共产党成立95周年、纪念长征胜利80周年的背景下，结合大中专学生志愿者暑期文化科技卫生“三下乡”社会实践活动，围绕“重温红色记忆，精耕蓬勃未来”这一主题而展开，与成都市锦江区爱有戏社区文化发展中心合作开展一系列“重温红色记忆，精耕蓬勃未来”的志愿者走访活动。

二、活动概括

（一）活动主题

口述历史——重温红色记忆，精耕蓬勃未来

（二）活动时间

2016年7月8日—2016年7月19日

(三)活动地点

成都市武侯区长寿桥干休所

(四)活动参与者

成都职业技术学院“百名小编”走访团财经分院“仁爱”青年志愿者服务队

三、活动目的

口述历史,就是保存精神文化遗产的一种重要方式。口述者在讲述自己的经历,同时也是在评价历史,我们希望看到深刻的历史反思,能站在时代的高度加以思考。这些资料具有历史价值,不仅给现在的人看,而且留给后人看,传承精神。

四、活动内容

此次社会实践内容涵盖抗战老军口述历史访谈、入户慰问老战士、军民联欢喜迎“八一”等。志愿者们通过亲访、亲闻、亲录的方式,对抗战老军进行历史故事访谈,以文字笔录、有声录音、拍照、摄影等方式记录口述历史内容,最终整理成图文资料,并抽取有关的史料,与其他历史文献相比对,对当日搜集的信息进行整理,补充历史、贴近历史,将红色精神传承下去,践行“青春建功十三五,携手共筑中国梦”。

(一)慰问抗战老兵重温红色经典

平凡中见伟大,在建党95周年之际仁爱青年志愿者服务队用最平凡最温暖的方式陪伴老红军度过炎热酷暑的夏季,和老人唠家常、帮忙做清洁、分享精彩大学生活的同时聆听老红军们口述的红色历史故事,帮助老红军们排遣寂寞的同时又带来了干净的生活环境,精心准备的联谊表演也给老人们带去朝气和活力,铭记红色回忆,让温暖永传递。同时,我们从口述过程中学习到书本上没有的知识,更为真切的倾听抗战历史,深切感悟红色精神。

(二)入户访老兵,追忆红色情

在此次社会实践活动中,志愿团队分为三个小组同时进行入户访谈,通过文字笔录、有声录音、拍照、摄影的方式记录访谈内容,收集历史碎片。老战士们一生都很艰苦,入伍前食不饱穿不暖是很正常的事,上学读书更是一种奢修;参军以后,在同样的生活环境下,他们还要面临药品长期不充足、医疗设备不先进以及随时牺牲的可能;但他们顶住所有压力,突破重重困难,取得了抗日战争、解放战争、抗美援朝的最终胜利。对于现在这种和平安稳的生活老干部们感到非常满足和珍惜,他们表示十分感谢党的正确领导,希望生活在今天的人们能好好珍惜这来之不易的一切。

(三)军民联谊,献礼"八一"

军拥民,民拥军,不变的是浓浓军民谊。实践最后一日,我们团队与干休所共同举办了军民联谊活动,用军礼表达对子弟兵的敬意,通过唱红歌、舞蹈、书画互动、系红领巾等多样的活动,展现当代青年的活力,表达对老战士们深深的祝福。致敬英雄,献礼"八一"。

(四)成果推送,红色传承

我们将实践中的图片整理成图集,并将文字笔录、录音整理成文字资料,根据不同活动主题,归类整理装订成文册,"老红军口述历史""军民联谊活动"的视频,经过精心的修剪整合起来。通过图集和文册供学生传阅等方式将这些成果在校内进行展示,并通过微信、微博等平台推送,中国新闻网、新浪网、教育导报、四川日报、四川教育网、成都日报六家媒体对此次活动进行了宣传报道,网上网下联动并进的活动形式,呼吁更多的人参与其中,传承红色精神!

五、成职院红色文化概况

成都职业技术学院"百名小编走访谈"活动,在6月中旬拉开帷幕。经过系列面试选拔组成了一支有热血,有青春活力的大学生志愿者队伍。以抗日战争为背景,访问抗战老兵,见证历史,还原历史。抗日战争是中国历史上空前的一次反侵略战争和全民族解放战争,无论在世界反法西斯战争中还是在中国历史上都占有极其重要的地位。抗日战争的胜利,具有伟大意义,从此中华民族由衰落走向振兴。然而,多数大学生乃至整个社会对抗战历史的了解程度令人担忧,须知忘记历史就意味着背叛。

(一)文理分科,造成知识断层

在口述历史初期,我们发现志愿者队伍中的理科生对抗战知识的了解十分匮乏。甚至连抗日战争和解放战争都分不清楚,在分组入户时我们也考虑到这种情况，特地安排文理结合的分组模式。然而这种现状是令人忧心的，我相信，这是一个普遍存在于各高校的问题，高校意识形态问题日益严峻。

（二）应试教育，重在应对考试

很多知识由于我们本身缺乏兴趣，高考之后就有意无意地将它们遗忘。相比遗忘，更严重的是仅从书本上学习，要知道这无论从现实状况还是到深刻程度都显得十分不足。此次“百名小编走访谈”活动，不止锻炼了同学们实践沟通能力，更是带领他们深入了解历史，走进了中国那段饱经风霜的百年岁月。

（三）缺少信仰红色精神淡薄

提起红色年代，提起建军节，多少大学生开始噤声。现在中国很多的大学生对西方的节日记得一清二楚，例如圣诞节、情人节等。但是对抗战胜利日等重大历史纪念日却缺乏基本的了解，其中的一个原因，固然是受到了西方生活方式的影响，但从另外一个方面来看，也反映了校园整体风气在这方面的不足。在这个缺乏信仰的时代，当代大学生应肩负使命，谨记先人教诲，历史不应被遗忘。

中国进行的抗日战争，是落后的农业国同工业国之间的较量，其中既有落后挨打、四亿国人无奈几十万倭寇的惨痛经历，又有以土枪刀矛同洋枪大炮拼搏的悲壮举动。这是一场实力悬殊的战争：整个八年抗战，中国军民不畏牺牲，英勇作战，伤亡之比高达1∶6。“战而胜，凯旋而归；战如不胜，裹尸已还。”正是爱国主义为核心的民族精神，支撑起了这个民族在一次次苦难中、一次次屈辱中奋起抗争，永不言败。当中华民族最终夺取抗日战争的完全胜利，血火淬炼的抗战精神，在历史的星空下定格成永恒。

六、干休所状况分析

（一）地理状况

此次我们口述历史的地点是地处人民南路四段的成都武侯区长寿桥干休所，这里树木茂盛、交通便利、空气清新……并住着一百余户老红军，每日有值班军人轮流制工作服务老人，是一个很适合抗战老红军们安享晚年的清幽之地。

（二）抗战背景

现余下七十多户老红军，他们都经历过抗日战争，尤其以1948年后参加淮海战役、渡江战役的为多。而渡江战役之所以在三大战役之后依旧会发生，是因为国民党有依旧想要东山再起的野心，另一方面也是因为共产党有在新中国成立前夕为新中国的成立扫平一切障碍的决心。此外还有抗美援朝、解放西藏等战役，在缺衣少食、缺乏物资的艰苦条件下，他们翻山越岭、食草根、掘地鼠、英勇奋战，历经13年，千辛万苦，才有了今天我们眼前建党95周年的美好中国。

（三）访谈对象

我们入户访谈的老红军年龄大多是八十九岁，其中年纪最长的达96岁高龄，最小的86岁也参加过1945年后的解放战争。在2016暑期三下乡过程中，我们共访谈了30户老红军，他们回忆并讲述了自己抗日战争、1945年参军的那段刻骨铭心、血雨腥风的革命生涯，生动地再现了革命先辈不屈不挠、不怕牺牲、忠心报国的英雄事迹。

七、口述历史成果分析

2016年暑期三下乡，在这次走访老红军的实践过程中，我们了解了更多关于以前抗战期间的战事，也发现了许多问题。

（一）身体状况欠佳，历史沉淀回忆

随着时间飞速流逝，老红军们对抗战历史过程的回忆与感慨越来越多，每每回忆内心都会激动万分，在长达13年的抗日战争过程中，许多老红军身上留下了历史的吻痕，有些轻微耳聋，有些眼睛炯炯有神却视线模糊看不清前方物体，有些老红军身上的疤痕让我们触目惊心，颇为震撼……他们现在的生活有不易，即使社会或国家对老红军战士们设立了一些优惠政策，可是年龄的增长也让许多老人不能自理，我们的访谈也希望给老红军们带去温馨舒适的生活环境和简单快乐的生活氛围。

（二）幸福指数低，心理缺乏关爱

许多老红军老伴去世，而随着社会发展，经济的不断进步，子女长年在外工作，家里请保姆照顾父母，回家探望、关心老人的时间逐年减少，老人在家里长年孤独寂寞，幸福指数不断下降，同时有些东西是无法弥补的，比如越来越多的战友不断离开他们，老红军们心理上缺乏家人、战友的关爱与陪伴。三下乡走访老红军的过程，不仅是重温红色历史的过程，更是陪伴老红军的过程，是给予关爱、排忧解难、分享快乐、带去朝气的过程。

（三）爱国意识渐薄弱，优良传统渐消逝

70 年长征擎起的熊熊革命火炬，没有随着长征结束而熄灭，在与老红军访谈、交流的时候，老红军们回忆抗战期间与战友们在一起时很难忘的时光，一起抛头颅、洒热血、英勇杀敌，在老红军的眼睛里我们看到了强烈的爱国意识和对老战友的怀念。而现在的我们，爱国意识逐渐减弱，人心底也不再自然朴实，金钱利益蒙蔽双眼，尊老爱幼、孝敬父母的优良传统逐渐消失。历史，不能遗忘，也不容遗忘，口述历史，重温红色经典，希望能将正能量在一代又一代的炎黄子孙身上传承下去，在建党 95 周年之际，谨记历史惨痛的教训，不断为中国十三五的建设做出贡献，推进中国伟大复兴梦的实现，传承红色精神，感受人性温暖。

八、对活动开展的意见和建议

红色文化是中华民族的特色文化，是中国人民最宝贵的精神财富，弘扬红色文化有助于当代大学生坚定理想信念、培育民族精神、助长爱国情怀、树立社会主义核心价值观。但这只有通过个人、学校和社会的共同努力，才能使红色文化更好地为大学生所接受，在大学校园里传承和发扬下去。

（一）在自我认知中领悟红色真谛

1. 通过学习历史，了解红色革命知识，领悟战争年代的艰辛与不易。

2. 通过微博和日志了解和传递红色信息，传播红色文化。

3. 通过多种渠道的实践活动，到农村、干休所等地中去了解和领悟红色文化内涵，观看有关战争题材等反映红色文化的影视作品。

（二）在校园活动中传递红色信仰

1. 通过组织筹划多种形式的弘扬爱国主义精神和革命传统的班级团日活动、社团活动使同学们在更广阔的平台上，以较为真实、真切的方式，参观、接触、解读和体味红色文化。

2. 开展大学生红色运动会，身临其境的体会战争年代艰苦的革命生活，以此来激发大学生对历史的回顾和对烈士的缅怀之情，使大学生更加珍惜今日的生活，从而勉励自己刻苦学习，为日后投身和谐社会建设铺平道路。

（三）在社会实践中谱写红色篇章

1. 充分发挥新媒体在红色文化传承中的作用：开设红色资源网站，开发既有时代特点，又有感染力、吸引力的红色资源软件，构建红色资源网络文化，占领网络战地，用先进的思想文化引导网络阵地，使先进的思想文化成为网络阵地的导向，把握舆论引导的主导权。

2. 组织红色旅游，体验红色风情：红色旅游是大学生思想政治教育的一种新途径，亦是一种有效的形式，红色旅游以其特殊的形式更有利于对大学生进行有效的思想政治教育，红色旅游增强了大学生思想政治教育的趣味性，传统思想政治教育方法单一，常用于单纯的说教，枯燥的教育方式易造成学生心理阻抗，而红色旅游正好克服这种局限性，也迎合了大学生思想政治教育的要求。

3. 红色文化要注入新的时代内涵：当前要把学习和领会红色文化同构建和谐社会结合起来，在实践中加以实施和落实。在以往的红色文化教育中，往往以书本枯燥的说教为主，偶尔的红色活动为辅，青少年根本无法真正了解红色文化的深刻内涵，或者说，红色文化无法在他们心中获得应有的地位，针对年轻一代的需求，红色文化的传播手段和呈现方式有了新要求，这就需要“创新”出符合新时期需求的新形式，否则极有可能出现文化传承的断层。

九、暑期三下乡活动心得体会

【篇一】

访历史　同兴邦

下乡在路上，红色在传承。那些在炮火中被铭记的历史，就如同在岁月冲刷的峡谷中奔流着的长河，翻卷着鲜为人知的英雄事迹；那些在和平中被回顾的历史，就如同被时光的巧手打磨抛光的一面铜镜，正注视着那尘封中的往事。

“战场上没有英雄，只有生死。”当我们向田宝昌爷爷问道在哪一战场中感觉自己最英武的时候，田爷爷这样说道。88 岁高龄的田爷爷，回想起以前的作战经历已有些困难。他 15 岁参军，当时的作战条件很差，歌词“没有枪没有炮，敌人给我们造”是最真实的写照，且那时的医疗水平，也处在如果卫生员被打死了，有人把卫生员的包捡来背着，那就是医生了的水平。田爷爷也曾在战场中受过枪伤，用绷带缠住伤口便算是治疗了，每一次作战都是九死一生。当面对这样一位从生死战场中走出来的老人，我们心里无不震撼。在感叹和平年代与战火纷飞的岁月之间的距离是如此相近时，志愿者们更加意识到了和平的可贵。

中国的每一寸黄土，都不是白来的，战士们的鲜血曾浸透过这片土地。于我们而言，岁月的推移，只是历史的不断更迭，而对那些老人来说，他们跨越的是生与死。回顾历史，牢记历史，砥砺前行，传承红色精神，我们的使命未曾终止！

【篇二】

追忆昨日革命情，畅想今夕中国梦

截至 2016 年 7 月 19 日，历经 12 天的“口述历史，重温红色经典”访谈活动结束，19 日下午五点由财经分院仁爱青年志愿者服务队组织、策划和表演的“老红军联谊”活动落下帷幕，为财经分院 2016 暑期三下乡画上了圆满的句号。

在这十二天中，我们共计入户访谈 30 户老红军，口述历史时间共计 971 分，此次重温红色历史，通过聊天、照相、录音、访谈等方式再现的是 1949 年后革命战争年代吃苦耐劳、百折不挠、英勇无畏的壮烈精神，革命取得胜利的关键是这些为国血战疆场的老红军们。

追忆红色历史，让我能够更好地反思，老红军们翻山越岭，走过山川，蹚过河流，历经重重困难才换来了战争的胜利，祖国的统一，在老红军的身上，我们明白了现在幸福生活的来之不易，体会到了为国家浴血奋战的爱国情怀，看到了誓死卫国的责任担当。这次的“三下乡”活动让我们走进红色文化，我们才知道了“梅花香自苦寒来”的道理。通过这次活动，我认识到：国家需要新鲜血液，现代人也需要正能量，传承红色文化，让我们重温历史、不忘历史的同时也可以不断地增强我们的精神境界，能更深刻的响应习主席“同心共筑中国梦”。思考，不如行动，在三下乡过程中，我们每天都在锻炼，都在成长，虽然很累、很辛苦，但三下乡的日子是快乐的、充实的。

大学生暑期“三下乡”社会实践活动是高校达到人才培养目标的有效途径，通过这次下乡活动，我受益匪浅，一方面真正的了解到了书本上学不到的红色精神，另一方面也锻炼、提高了综合素质。我人生中这第一次的社会实践经历，将会对我以后的工作和生活起到重大作用，我坚信一个合格的大学生必须要有很好的实践能力，同时也希望同龄人们珍惜当下，用自己的实际行动追求幸福。

经过此次的社会实践活动，我们在为老人与祖国喝彩骄傲的同时，更多的是去深思与醒悟。作为祖国新一代的接班人，我们更应该将这种红色文化与红色精神传递下去，发扬光大，使祖国能够更加美好与灿烂！

【篇三】

下乡追忆历史，红色照亮成职

理想因其远大而为理想，信念因其执着而为信念；不忘初心才能行稳致远，不忘历史才能开辟未来。

——题记

在建党95周年及红军长征胜利80周年的历史背景下，2016年7月7日至19日，成都职业技术学院财经分院暑期社会实践队一行10人在武侯区长寿桥干休所开展了为期13天的慰问老红军活动，并为老人们奉上精彩的节目会演。此次活动以“红色”为主线，共计访问了29户抗战老人，口述时间长达971分钟，旨在为抗战老人送去温暖和欢乐，追寻红色记忆，加强当代大学生对历史的了解以及弘扬抗战卫国的革命精神。

时光荏苒，白驹过隙，这些天与抗战老人们促膝而谈的亲切依旧在心中温存着……7月12日第一天走进干休所，把我们的思绪拉回到了那风雨如晦、艰苦卓绝的伟大时代，随后持续7天的入户访谈，志愿者们在聆听红色故事中致敬抗战英雄，感悟革命精神。

95年，弹指一挥；95年，厚重如山。理想因其远大而为理想，信念因其执着而为信念，不忘初心才能行稳致远，不忘历史才能开辟未来，而抗战历史开宗明义的精髓，就在于培养学生们要有崇高的、卓越的坚定信仰。

我们在今后生活当中，可能会迷失方向，把现实看得重于理想，其实不然，理想的反作用力是超乎想象的，它催人上进，使人奋发，给你勇往直前的力量。人的这种精神可以创造出任何奇迹，红军精神就是达到了一种很高的境界，这种境界足以让我们成就伟业、铸就卓越的人生。理想与信念的坚定，是学习和工作的动力，会使行动更加果敢，有力，让我们在前进道路上坚定信念，以乐观积极的态度战胜一切困难。

随着岁月的流逝，老红军们越来越少，然而在中国的历史上，中国红军犹如地球上的红飘带，将永远铭记在世世代代中国人的心中。新时代的大学生就是要肩负起时代赋予彼此的责任，立志做有思想、有道德、勇于奉献的人，立志为全体人民做出贡献，为富强祖国做出贡献，为造福人类做出贡献！

【篇四】

成长路漫漫，且行且珍惜

东流逝水，叶落纷纷，荏苒的时光就这样悄悄地、慢慢地消逝了。在这十天的暑期三下乡社会实践活动中，我收获了很多，也成长了很多。这是我第一次参加社会实践活动，也是我对未知事物的第一次勇敢尝试。在还没有进入三下乡这个团体之前，我心里一直都很忧虑，忧虑我做不好这次的活动要怎么办，忧虑我与别的成员之间处不好又该怎么办，当真正进入时才发现，我的那些所谓的忧虑全是多想。

能参加此次暑期三下乡社会实践活动，我真的感到很荣幸。短短的十天，给了我很多不一样的体会和收获。

第一，团体意识。来自不同个体的十个人组成一个团体，然而在最初的两天我并没有我们是一个整体这样的意识，在完成一项工作时，我总是能躲就躲，不愿意去做，好在这样过了几天之后被一语点醒，那时才意识到一个团体就是一个家,做任何事都要以团体为重,以家人为先。

第二,理解包容。每个人的性格都不同,每个人做事的方法也不同,我们不能要求人人都按照我们的方式去做事。海纳百川,有容乃大,我们都要学着去理解他人,去包容他人。从下乡的筹备活动到整个活动的结束并不是一帆风顺的,但每次遇到困难时,我们都会坐下来一起讨论。虽然在讨论过程中,往往会出现不同意见,但我们都能彼此理解。十天下来,我也学会了包容、学会了体谅,学会了换位思考。

第三,沟通交流。每个人都会有自己的想法与体会,或喜或忧,队员们之间时常谈谈心。多了解彼此的感想,可以增进团队队员的感情,也可以集思广益,提高团队协作性。

年少轻狂的我们在经历了这次三下乡后,更加懂得珍惜,更加懂得努力,三下乡这段路,我们走得时而坎坷,时而平顺。这次活动告诉了我,没有一个人的人生道路是平平稳稳的,生活中难免遭遇滑铁卢,只要我们不失掉方向,失去目标,就一定会收获属于自己的独特风景。

【篇五】

传承不屈信仰,沐浴历史荣光

时光催人渐老,带给我们的是成长,却在老人的身上印刻下岁月的痕迹。和一些爷爷的聊天,不仅让爷爷陷入了自己的世界,也让我们了解到了许多过去的故事,也许爷爷对以前发生过的一些事印象比较模糊讲得不清楚,又或是将同一件事重复说了好多遍,但我们对老人依然有着浓浓的敬畏感。

他们曾说到以前用自己的血肉之躯抵抗列强的铁炮钢枪、用自己的热血青春挥洒战场的时候,脸上洋溢着满满的自豪。他们说当兵的人不考虑生命,把生命度之于事外,心里想的只有胜利,遇到过数不尽的危险,也曾害怕过,但是从没想过放弃。我们知道也许有些人直接就牺牲在了战场,战场上面枪林弹雨的,子弹不长眼,但是他们依然不曾说过放弃,也许当他们看到自己的队友躺在病床上面时,心里焦急又心痛,但是唯一的办法就是不放弃。没有他们也就没有现在的新中国,我们对他们充满了敬佩,我们更想与这群英雄爷爷共同传承不屈信仰,沐浴历史荣光。

今天的收获十分丰富,不仅了解到了许多过去的事情,也让我们明白在一个团队的运行中,沟通与交流是必不可少的。我们在实践中,有时候沟通不够,导致我们走了一些不必要的弯路。在今后的学习和工作中,我们也要学会及时和他人进行沟通交流,及时表达自己的想法和看法,将思想传递他人,共同做好每一件事。

【篇六】

铭记历史勿忘本心

在一个落着淅沥小雨的天气中,我们踏上了重拾历史碎片的征程,当我们敲响张鉴奶奶的家门时,奶奶热情地把我们迎进了家里,装修朴素的家中,无处不透着热闹的气氛,客厅的电视上正巧在播放着《长征》这部抗战历史电视剧。

奶奶已经87岁高龄,但是身体依旧硬朗,面带着和蔼的笑容,一身简单朴素的装扮,一头干练的短发,有那么一瞬间,我曾经以为那是一个久经战场的老战士站立在我们面前,奶奶特别健谈,当得知我们的来意之后,很热情地为我们讲述了当时的历史:“当时的条件啊,是特别的艰苦,你们千万不要忘记当时的历史,中国受了那么多年帝国主义的欺负,因为当时我们还很落后,落后就要挨打,但是共产党救了当时受欺负的中国,没有共产党就没有新中国。跟着共产党,就一定会成功!”从奶奶中话语中,我不难听出,奶奶这一辈子都在为了共产主义奋斗,并且是那样的无怨无悔。

不管社会怎样的发展,不管时代怎样的进步,我们都应该时刻记住那些用革命先烈鲜血谱写的历史,同时还要更好的完善自己,现在的社会是一个发展特别迅速的社会,我们要努力学习,不忘根本,才能更好地实现中国伟大的复兴梦。

【篇七】

重温革命情

2016年7月13日,财经分院“三下乡”志愿者服务队前往武侯区长寿桥干休所分别拜访了88岁高龄的靳雄飞老红军爷爷和94岁高龄的刘尚武老红军爷爷。

在交流过程中,忆往昔,靳雄飞老红军讲述了自己小时候的生活经历、学习经历以及那个时代与亲人、朋友、同学之间的情感。刘尚武老红军也讲述了自己年轻时的生活经历,经历过五十几场战役的一个老人,当讲起自己在战场上遇到的种种险情和我军浴血奋战的英姿以及战胜敌人的喜悦时,老人仍是满脸的自豪。随后,志愿者们纷纷向他们询问身体状况和生活状况,并向抗战老英雄们表达敬意,感谢他们为中国的革命、建设和改革开放做出的巨大的贡献,祝愿老人们健康长寿,并给老红军留下了志愿者的联系方式,以备在生活中遇到困难和问题时方便联系,让他们能够更好地安度晚年。

这次活动给随行的志愿者很多感触和鼓舞,不仅使志愿者们体会到了革命先辈的不屈不挠、奋勇拼搏的斗争精神,也使大家意识到作为当代大学生的责任和重担。活动结束后,志愿者们纷纷表示会以先烈的奉献精神为动力,努力学习,提高自身素质,在社会主义现代化进程中实现自我价值,为中华民族的伟大复兴贡献青春力量。

【篇八】

历经艰苦岁月,始得今朝安稳

我在想,已习惯了安稳的我们,如果生活在那个战火纷飞的年代,会不会害怕战争呢?向老爷爷们问起这个问题时,老爷爷们都说:上战场前并没有什么害怕的,上了战场也不怕,只是打完了以后还是会后怕的。

由俭入奢易,由奢入俭难。同样的,我们已经习惯了今天安稳的生活,如果让我们回到当初那个年代,怕是适应不来的。我不能想象,那种一天要走好几十公里的生活,我是否能坚持住;更像想不出那种枪林弹雨的年代里,我会以一种怎样的姿态存活下去。我们已经安稳习惯了,或许一个稍大些的变化,就会觉得生活是如此艰难。

现在想想,我们有什么样的资格,又有什么样的权利,去不满今天的生活。今天的生活,于我们,无论是怎般模样,都应当知足了。因为是老战士们在动荡中的挺身坚持,才造就了今天的生活安稳。有的老爷爷们由于长期行军,经常蹚河,致使腿关节患有风湿,现在常常会腿疼难忍。甚至就是说,他们身上的很多病症都是当初参加战争后留下的后遗症。他们走过了那个最艰难的年代,在生活相对安稳的今天,却要饱受病痛的折磨。然而,他们却对我们说“现在这样就很好,这样就很好,很好……”

人说:知足常乐。这在老战士们的身上就是一个很好的诠释。历经艰苦岁月,始得今朝安稳。已经幸福太多的我们,也应当学会知足。只有那样,我们才会过得更幸福。

【篇九】

时光悠转

逝去的时光,是值得我们回忆与感恩的时光。为期12天的三下乡志愿者入户活动到此圆满结束。不论遇到多少困难与心酸,在此刻,我只有满满的感动。记得李德宏爷爷说:他在行兵打仗时遇到儿时好友,热泪盈眶的嘱咐几句后,便各奔东西,而后多年杳无音讯,记得刘尚武爷爷说:大家都叫我李向阳,在洪山镇乔装成日伪军端了鬼子一个驻军团。热血军旅生涯已在他们身上打下深深烙印,热爱祖国拥护共产党是他们坚定不移的信念。没有经历过的人没有评价的权利,而这些历经抗战、解放战争、朝鲜战争、越南战役等战事的老兵们,他们是历史的见证人。

访问抗战老兵,重温红色经典。十二天的辛勤付出让我们疲累,更让我们怀揣感恩之心。没有革命先烈的浴血奋战,哪儿来今日的新中国。残酷的历史摆在我们眼前,我们更要居安思危,学好知识,为祖国未来发展做贡献。

岁月匆匆,在老干部的脸上留下痕迹。伴随着年龄增长,我现在能明确感知到他们行动迟缓,听力下降。这些老战士都已进入耄耋之年,想起他们年轻时的英勇无畏,保卫国土,我就会为他们感到难过。我无比诚恳地祝愿老人能够健康长寿,纵然离去,历史的丰碑上也不会遗忘他们。

【篇十】

走进红色岁月,感悟革命精神

抗战老兵,就像历经岁月洗礼留下来的时光之珠,默默地映照着我们这个民族的前行方向。就像乡间极不打眼的小草,用日趋衰老的身体承载着国破家亡、同仇敌忾的历史记忆。

今年的暑假是一个有意义、让人难忘的暑假，在“三下乡”志愿者活动中我收获了很多知识情感，也变得更加成熟、自信。今年我们财经分院暑期“三下乡”志愿者活动主要是在干休所进行入户活动，访问老红军，听老红军们讲从抗日战争，到解放战争，再到抗美援朝时期的历史故事。

在“三下乡”志愿者活动的这么多天里，每天在武侯区长寿桥干休所里听着爷爷们讲故事，用他们的历史故事，他们身上的红色精神来激励我们成长。我们要铭记他们的浴血奋战，铭记他们的机智勇敢，是他们的英勇奋战才有了我们今天的新中国，才有了我们今天的和平年代！老红军身上的崇高品质是每个大学生都应该学习的。作为当代的大学生，我们要用红色精神激励我们成长，弘扬红色精神，携手共筑中国梦。

历史的红色旅程是革命的先辈们开创的，未来的红色旅程是要靠我们新一代来开创的。我们就是要肩负起时代赋予我们的责任，立志做有思想、有道德、有知识、有体力的人，立志为人民做贡献，为祖国做贡献，为人类做贡献。

【篇十一】

暑期三下乡，我们在路上

——三下乡志愿者出征仪式

2016 年 7 月 7 日，2016 年暑期大学生三下乡志愿者活动出征仪式在成都职业技术学院体育馆圆满完成，出席仪式的有各分院的领导和各分院三下乡代表队的全体成员以及各个代表队的带队老师。

仪式刚开始由成都职业技术学院书记讲话，简单讲述了这次三下乡活动的内容和目标，以及通过这次活动应该要取得的成果，然后由外语部、财经分院、工房分院、旅游分院、软件分院、医护分院各个队伍的代表简单地介绍了队伍成员；阐述了活动内容以及活动的目的。发言过后，由财经分院赵刚老师表达了自己对于这次三下乡活动的祝愿，最后由学生处的薛潇潇处长进行发言总结，通过这次仪式希望同学们牢记“德行天下，技走人生”的校训，以便同学们充分展现成职人的风采。

这是一个对同学们寄予热切期望的仪式，也是能让同学们能充分认识自己的责任和义务的仪式,通过这次出征仪式,相信同学们已经有了充分的准备和周详的计划,一定会更好地履行自己的义务和责任,秉承和落实脚踏实地的精神,用自己的实际行动来证明自己。

【篇十二】

在实践中成长

学校2016年"三下乡"社会实践活动出征暨授旗仪式,吹响了我们"三下乡"社会实践活动的号角。

此次出征仪式上,通过赵刚老师和队员薛雯雯的讲解,我了解到我们财经分院十人组成的"仁爱"团队以关爱老红军为主,以服务为核心,深入红军生活。走进生活,在了解和关心老红军的生活需要及心理活动需要的同时弘扬红色精神,尽最大的努力给予他们生活上和精神上的帮助,并在最终的联谊活动中展现红色文化,增进友谊,促进社区和谐。我相信我们团队一定会履行我们的誓言,在社会大熔炉里接受锻炼、经受考验、增长才干,出征以后我们将在带队老师赵刚的具体指导下,团结协作,全力以赴,并在接下来的活动中将"重温红色经典,精耕蓬勃未来"的主题思想践行到底,力争圆满地完成预定的各项实践任务。

作为一名热爱历史的文科生以及喜爱舞蹈的志愿者,我有信心能在老红军入户中发挥自身优势,与他们很好的沟通与交流,并为他们的生活带去更多的正能量。我一定会好好运用自己学到的知识,知行合一,我会本着坚定不动摇的心,去看、去思、去行,用努力和汗水圆满地完成这次实践活动。

【篇十三】

培训心得

为了更好地开展三下乡活动,联系机构邀请了胡越老师为我们进行指导培训。十名队员中,队长谢欢与机构领导进行相关协调,所以没有参会;队员黄海红参加会从考试,未参会。其余队员全部到齐,我9:00就起床,准备相关事宜。考虑到礼仪以及天气问题,由宁露和邓欣瑶到校门口迎接胡老师。9时55分,在二楼会议室胡老师为我们讲述访谈技巧及注意事项。生动的PPT放映中,我们学到了很多。首先我们要明确自己想要的信息,拟出初步提纲。清楚自己的访问目的,从而进行有效的引导。其次,我们要了解相关历史信息,资料。在一个大的社会政策和历史环境中,捕捉到历史个体的经历。从而还原历史,感受主题力量。然后,要通过被访问对象身边的朋友,了解采访人员相关信息。比如说话方式习惯,语言口音等,根据访问者说的话,快速思考。有针对性的问问题时,要注意不引起被访者的反感,不刨根问底。注意以小见大,抓住关键信息,适当询问。有了这些技巧,我们实践活动就有了方向。培训使每一位学员都有不同的但很大的收获。面对我们即将访谈的老红军,我们要做到尊重、注重礼仪。

【篇十四】

知行合一,事半功倍

我在得知本次活动以"口述历史"为主题后,就明白会涉及与退休老干部的沟通交流问题,我深知与人沟通是一门艺术,因此一直很想了解有关访谈方面的技巧。

今天很庆幸能作为财院"三下乡"团队的一员,在二楼会议室参与了由胡越老师主讲的培训会。培训开始时,胡越老师阐述了我们本次"三下乡"活动的主题并强调"访谈"不等于"口述历史",接下来围绕这个问题给我们传授了一些访谈中的技巧。最让我获益匪浅的是他分享了这几年的走访经验,重点为向我们分享了他走访中面对困境时的解决方式,这些为我们接下来的走访工作提供了不少的经验。在这些经验中,他提及言谈举止、随机应变能力是使访谈顺利的制胜法宝,这有助于建立我们志愿者与社区老红军之间的信任关系。

我从这次培训中学到了很多,轻松的学习环境有助于知识的快速吸收,培训学习虽然已经结束,但我知道有更重的学习和工作任务在后面。

思想在我们的头脑中,工作在我们的手中。坐而言,不如起而行;路虽远,行则将至;事虽难,做则必成。我将借此次培训的东风,重新树立知行合一的观念,为此次志愿者活动达到事半功倍的效果而坚持奋斗!

【篇十五】

心得体会

今天早上10点整我们在教学楼会议室进行培训,胡越老师是此次的培训指导老师。培训的主题是“访谈”。培训,是一种学习的方式,是提高个人素质的最有效的手段。在培训会上,老师讲的内容精彩,对我们提出的问题也耐心回答,让我们明白要完成这次“三下乡”所定目标需要学习的知识和技巧。

老师讲了访谈前期所需的准备,访谈中和被采访的人交谈过程中的访谈技巧以及各种注意事项,还有结束后整理时的基本要求。老师不仅让我们增长了理论知识,还让我们了解到访谈的美丽。无论我们面对的是谁,交谈的内容一定要让对方感兴趣,让听者乐于倾听,不能冷场。即将要面对的“口述历史”对我来说,是个很大的挑战,但是自己既然做出了参加“三下乡”的选择就一定要争取把它在自己的能力范围内做到最好。首先,我要做好前期准备工作,也就是明确自己想要的信息,拟一个初步大纲;了解被采访者所处年代的时代信息,以及通过被采访者身边的人来了解他的基本信息,才能更有方向性的想采访时的对策。在活动过程中,我要做好自己的工作,对自己负责,也要做好其他人没做好的事情,对这个团队负责,对学校负责。

“访谈”学习结束后,老师讲了一下活动中的其他的注意事项。比如说对新闻稿的写作,照片的拍摄等进行了指导以及个人心的写作方法,如何写出高质量的稿子和如何拍出高质量的照片。最后老师又对我们进行活动的切入点进行了建议,比如说让活动给文化挂钩,给历史挂钩。

经过此次的培训,我更加坚定了我的信念,不会后悔选择参加“三下乡”,并为暑期“三下乡”活动奠定了良好的基础。我相信我们不会让学校、让老师失望的。这次的三下乡活动我们会尽我们最大的努力将它完成!

【篇十六】

旗开得胜

为了让我们能对“口述历史”这个主题有一个很好的理解,今天早上我们三下乡志愿者队伍全体成员在二楼会议室进行了培训,培训老师为我们讲解了何为“口述历史”,这让我们多了一个学习的机会。

在学习中成长,在成长中实践。人生就是这样,每一次的学习就是一次实践的机会。每一次的实践就是一次挑战,我们能害怕成长吗?我们能害怕挑战吗?答案是肯定的:"绝对不能!"不管在什么样的情况下,在什么时间,我们都是不能的,我们不会害怕挑战,也不可以害怕挑战。培训的目的就是要增强我们的信心,通过培训,我们可以学到很多知识,很多技能,感受到很多平时不曾注意的东西,了解到很多我们应该熟知的技巧。

对于今天的培训,我学到很多,"口述历史"是基于一个对话的条件下进行的项目,而就算是只是一个小小的交谈,都不如我们之前想的那样简单,之前的我们,就如同在一条路上盲目行走的小孩,而培训的老师就是指引我们前进方向的明灯。

对于平时来说一个很简单的交谈,是我们谁都不会刻意去注意的细节,但是就是这看似简单的东西,却拥有着极大的内涵。从培训中,我了解到在交谈前期、交谈中以及交谈后我们需要准备和进行的事情,还有我们在交谈活动中的注意事项。我很荣幸参加了这次的培训,这是一次让我能更好的完善自己的机会,我一定会把在培训课堂上学到的知识转换为我的行动,并在实践中领悟此次培训的真谛。

【篇十七】

学无止境

三下乡第四天,雨后空灵的清晨,我们十名队员早早地起床,不约而同地来到了教学楼二楼办公室,因为今天,我们将聆听由胡越老师给我们带来的第一堂培训课。这堂课令我受益匪浅,让我对这次口述历史的工作有了一个清晰明了认知,不再处于一种茫然无措的状态。老师讲述的主要内容是与访谈有关的技巧,他讲的内容虽然与我们这次口述历史的主题不是直接相关的,但口述历史这个项目也是可以借鉴访谈的一些技巧的,比如在你正式向被访者提问前应先建立起与被访者之间的信任关系,提问的内容不能太空泛等。

老师的指导很详细,他不仅仅是只靠文字来启发我们,还会给我们讲一些他自身经历的事情,让我们从实例中更好地体会与人交谈的技巧,感受怎样从被访者那里获得我们想要的有用信息。一开始我们对这次的项目并不了解,也没有带着目的与人交谈的经验,完全不知道要怎样去着手这次项目,但听过老师指导后,我们有了一定的思路,也明白了这次活动我们想要获得什么以及怎样获得。老师的这次指导不仅是对我们顺利完成这次活动提供了帮助,也让我们对出色完成这次活动充满了自信。

【篇十八】

路虽远,行则将至

工欲善其事,必先利其器。为在社会实践活动中取得更好的成果,财经分院特邀胡越老师对“仁爱”青年志愿者团队进行一次“口述历史”培训。2016年7月11日10点,财经分院三下乡社会实践活动的全体队员于二楼会议室参加此次培训。

在此次会议中,胡越老师强调“访谈并不等同于口述历史”,口述历史包括前期准备、收集过程和资料整理。凡事预则立,不预则废。充分的准备,是对被访者的尊重,也使自身对事情的发展脉络有一个清晰的认识。沟通胜过问答,胡越老师在培训中讲到,平等的沟通使收集信息事半功倍,有技巧的访问方式:有意识的引导谈话方向、以小见大折射历史背景等,都是在访谈中应该具备的能力。整理信息是对信息收集的整合与分析,信息的准确性和真实性,都需要予以核实。

前期培训是为了更好地发挥能力,也是赢取机遇,唯有践行才能真正体现知识的价值,在接下来的社会实践活动中,我们需要将所学的东西内敛为自身的经验,落实与行动中。

【篇十九】

追寻历史足迹

为更好地了解历史、学习历史,2016年7月12日,财经分院“三下乡”志愿者服务队前往桐梓林干休所拜访了多户抗战老英雄。

老人们对志愿者的突然到访表现出极大的热情,都非常愿意讲述自己年轻时与敌人殊死搏斗的经历。志愿者们认真听取了抗战老兵们为国家、为百姓浴血奋战,宁死不屈的故事。战争年代,他们积极响应党的号召,不顾一切地站了出来,为新中国的崛起做出了不可磨灭的贡献。转业后,他们仍保持着一个战士应有的精神,顾全大局,无条件服从党的安排,继续发扬军队的优良传统,不遗余力地为岗位付出着精力。每一位志愿者都被此种精神力量深深的折服。同时,他们也向志愿者们讲述了建国六十七年来国家发生的变化,让志愿者们深切感受到了他们经历过党和革命的熏陶过后对党的忠诚,尤其是面对如今中国的繁荣昌盛,百姓和谐幸福的美好生活,更是热爱。

通过与老红军的交流,志愿者们都表示受益匪浅,也深刻体会到那种深入骨髓的红军精神和对国家地党的热爱,以及其坚定不移的信仰!

【篇二十】

聆听历史,怀揣信仰

——三下乡志愿者活动走访

2016 年 7 月 12 日上午 9 点,成都职业技术学院暑期三下乡志愿者团队所有同学走进了武侯区长寿桥离职干部休养所,进行了以“口述历史”为主题的走访调查。团队共分为了三个小组,在上午 9 点 33 分,以谢欢同学为代表的第一小组敲响了田宝昌爷爷的家门,爷爷对同学们的到来表示了热情的欢迎,并且很乐意为同学们讲述自己年轻时候的故事。

在交谈中,爷爷说出了自己是 1928 年出生,在十五岁就参了军,参加过抗日战争和解放战争,从渡江战役到淮海战役,在各个大大小小的战争中,爷爷所经历的一切都面临着生与死的考验,其中他曾多次负伤参战,但是当我们问及他的感想时,他却说:“在战场上没有英雄,只有生存与死亡。如果不把敌人消灭,那就是被敌人消灭”。很难想象,在冰天雪地里面,一群抗日战士在冰冷的河水旁舀着水喝,嚼着坚硬的毫无滋味的饼,但是还是怀揣着这样坚固的信仰。

历史,是已经发生了的故事,最好的述说者就是那些亲身经历过的人,纵使那电视上和网络上传播的历史再怎么真实,都不如那些口口相传的历史来得更为真切动人。

【篇二十一】

追忆昨日革命情,畅想今夕中国梦

红色文化是我们的精神家园,是推进中国梦实现的重要精神动力

——题记

截至 2016 年 7 月 18 日,历经 7 天的“口述历史,重温红色经典”访谈活动

结束,19 号下午五点由财经分院仁爱青年志愿者服务队组织、策划和表演的“老红军联谊”活动落下帷幕,财经分院 2016 暑期三下乡画上了圆满的句号。

在这八天中,我们共计入户访谈 29 户老红军,口述历史时间共计 971 分,此次重温红色历史,通过聊天、照相、录音、访谈等方式再现的是 1949 年后革命战争年代吃苦耐劳、百折不挠、英勇无畏的壮烈精神,革命取得胜利的关键是这些为国血战疆场的老红军们。

追忆红色历史,让我能够更好地反思。老红军们翻山越岭,走过山川,蹚过河流,历经重重困难,在老红军的身上,我们明白了现在幸福生活的来之不易,体会到为国家浴血奋战的爱国情怀,看到了誓死卫国的责任担当。这次的“三下乡”活动让我们走进红色文化,我们才理解了“梅花香自苦寒来”的道理。通过这次活动,我认识到:国家需要新鲜血液,现代人也需要正能量,传承红色文化,让我们重温历史、不忘历史的同时可以不断地增强我们的精神境界,能更深刻的响应习主席提出的“同心共筑中国梦”。思考,不如行动,在三下乡过程中,我们每天都在锻炼,都在成长,虽然很累、很辛苦,但三下乡的日子是快乐的、充实的。

大学生暑期“三下乡”社会实践活动是高校人才培养目标的有效途径,通过这次下乡活动,我受益匪浅,一方面我真正的了解到了书本上学不到的红色精神,另一方面也锻炼、提高了我的综合素质。这是我人生中第一次的社会实践经历,将会对我以后的工作和生活起到重大作用,我坚信一个合格的大学生必须要有很好的实践能力,同时也希望同龄人们珍惜当下,用自己的实际行动追求幸福。

国家富强,民族复兴,人民幸福,这是国家的梦也是国人的梦。通过此次社会实践活动,让我们在了解历史的同时了解老红军们对中国梦的理解和憧憬,我们也更加认识到国情,知道需要增长才干,奉献社会,培养个人品格,为祖国实现中国梦不断努力。

【篇二十二】

旗开得胜

入户服务终于在今天正式拉开了实践序幕,这是今年财院三下乡服务的核心内容。很庆幸,今天有两户老红军及家属认同我们,赞同我们的服务,与我们进行了热情交流。一单元402室的蔡震老人今年已经89岁高龄,但是精神状态很好,见到我们这些小辈显得很亲切和蔼。干休所的绿化环境,住宿环境很不错,这位正能量的老红军非常感谢党和国家对他们的照顾。和我们唠嗑的时候,他不忘教导我们,做人要遵守三大信条:有理想,诚实守信,谦逊处事。就像邻居家的爷爷,没有一点架子,聊起天来,眼睛里都是笑。实践服务中总会碰到有趣的人,生活中也需要一些意外,我们多出去走走看看,才能放宽眼界。领略旁人世界的风景,感受到不一样的人生,从而对我们有一些启迪,也能力所能及帮助他人。服务抗战老兵,重温红色经典。有理想,有信念,人才能屹立不倒。

变化莫测的天气并没有影响我们雀跃的心情,带着录音笔和笔记本,扛着相机,我们渴望着搜索更多的信息。每一天都朝着既定的目标迈进,期待明天的阳光。

【篇二十三】

传承红色记忆　精耕蓬勃未来

踏着明媚的阳光,最后一次的三下乡志愿者活动拉开了序幕,当我们走进干休所,踏着我们来时的路,看着我们每天都看到风景,但是为什么所有熟悉的一切突然变得不舍起来,许多回忆涌上心头,还记得我们第一次到达这边,什么都是陌生的,什么都是拘束的,而现在我们可以笑着和爷爷奶奶们、叔叔阿姨们打招呼,他们也会热情的回应我们。那曾经一起嬉闹过的凉亭,拍过照的植物,可能都不会再次相遇,那些和我们热情交谈,给我们讲述历史故事的爷爷奶奶们,可能以后也不会再相见,但是他们带给我们的鼓励,带给我们的知识,带给我们的革命理念,都将一直伴随着我们。

“口述历史”是我们这次的活动主题,口述,是一个很容易引起共鸣的方式,在爷爷奶奶们的讲述之中,我们仿佛回到了过去,回到了那个战火纷飞的年代,体验了当时艰辛的条件,还记得贺坤爷爷说道:“人啊,必须要有信念,只有拥有信念,才会有努力奋斗的目标。也不能忘本,忘本就是抛弃了自己的民族和自己的祖国。”就是因为这些坚定的信念,才让当时的战士拥有不怕死、不怕苦的决心,才拯救了中国,铸就了中国的辉煌,那些历史,已经变成了一代人的记忆。历史,我们不能忘,我们要用我们的方式再将它传承下去,那些革命精神也会作为我们的人生信念,一直约束着我们的行为,让我们能拥有更好的未来。

【篇二十四】

开门见喜的红色之旅

在我们期待而又害怕的心情中,正式入户的第一天,如期而至。在此之前,我在想:那些干休所的老爷爷老奶奶还有他们的家人们会怎么看待我们的这一次调查呢,他们会信任我们还是会质疑我们的目的呢?如果他们都拒访怎么办?如果在访问期间我们接不上话怎么办?

很多事你要做了才会知道他是怎么样的;难或易,开心的还是难过的,有意义与否,如此之类。当我们敲响的第一家门被打开,我们看到了一位十分和蔼的老爷爷,他十分温和地笑着和我们打招呼。那一瞬间,就有一种今天的活动一定会十分顺利的感觉。但由于他要去开会,我们只能约好了下次去和他聊。事事有难有易,接下来访问的几户人家就不那么顺心了,或是直接拒访,或是老干部们的家人不愿意接受访问等等。

直到来到孙安业老爷爷家,才算正式成功入户。孙爷爷是一个精神很好,很健谈的老爷子。在我们入户期间,他给我们讲了好些他在解放战争中的故事;他说他的身上并没有什么伤,但他是死过好几次的人了。对了,他还给我们看了他得到的那些勋章。那时候,我突然感觉到那些曾经离我那么远的历史现在离我是那么的近,那是真正来自心灵的震撼。

一天下来,虽然遇到了一些阻碍,但今天也已是一个不错的开始了。我们在成功入户的同时,也清楚地了解到了在入户过程中会遇到哪些问题。有了今天的经验,相信以后就会慢慢走上正轨的。财经仁爱志愿者服务队的小伙伴们,我们继续加油吧!

【篇二十五】

长征精神万岁

为期十二天的暑假三下乡社会实践活动已经落下帷幕，活动圆满结束，这十二天所经历的一朝朝、一幕幕仿佛都还历历在目。在这段短暂的时光中，有欢笑、痛苦、疲倦，但更多的还有满足，在访谈过程中、日常问候过程中、联谊会上看见老红军爷爷们脸上溢出的笑容，我们觉得所付出的一切都是值得的。

业精于勤而荒于嬉，行成于思而敏于随，只有总结和反思才能让我们有所进步。每天的总结已经成了我们的习惯，从反思中了解到我们的不足之处，从实践中学习到人生真谛。老爷爷们所诉说的每一段绝处逢生、感人肺腑的故事，若不是亲耳所听，我们绝不会感受到军人的赤胆忠心。一个人能够经历战争的磨炼，能够忍受高山缺氧、粮食匮乏，以及与妻儿父母的分离之苦，最终取得伟大胜利，正是因为其心中有着比生命更加崇高的理想。正是这种忠诚与信仰深深地打动一代又一代的炎黄子孙，使之流芳百世。

一个民族特有的民族精神，既是对民族传统的继承，又要不断适应时代的需要，使历史与现实相结合。如果说青春是四季交替的脚步，那么历史则是岁月更迭的沉淀，当青春与历史相遇，发生交融碰撞，那就是成长。时间如白驹过隙，分别这一天还是如期到来了，望老爷爷们能够福如东海长流水，寿比南山不老松。

【篇二十六】

追寻历史足迹

为了更好地了解历史，学习历史，今天我们前往了武侯区长寿桥干休所拜访了多户抗战老英雄。初次去拜访的我们对干休所的环境不是特别熟悉，但是我们也都尽了自己最大努力来熟悉干休所，熟悉里面的住户。里面居住的几乎都是参加过战争的抗战老兵，少数是在职人员。

进了干休所之后，首先通过拿到的住户名单分配了每个小组的任务。紧接着三个小组就分头行动，全身心的投入到了工作中去。我们怀着紧张，激动的心情敲响了第一家住户的房门。很不巧，老爷爷刚好要出门办事，就简单的和我们聊了聊这几十年中国的发展和他对党的热爱，以及他诚实守信的人生信条。接着我们就去第二个住户，第二家的老人身体不好，仍然在军区总院住院，奶奶就给我们聊了一下。听老奶奶的讲述，我们了解到了老爷爷在十三岁就参军，从抗战开始，几十年中参加了无数场战争。走过了长征路、大草原，穿过了枪林弹雨，腿中过枪伤，腿里仍有弹片却坚强的没有报伤残。越南战争的时候，曾冒着生命危险穿越了一整条理着地雷的道路只为拯救大部队。我们认真地听着抗战老兵们讲为国家、为百姓浴血奋战，宁死不屈的故事，深切地被他们的红军精神、革命信仰所折服。同时，他们也讲述了建国六十七年来国家发生的变化，言语之间都表达着他们经历过党和革命的熏陶过后对党的热爱、对党的忠诚。

通过与老红军的交流，我们每个人都受益匪浅，也深刻体会到他们那种深入骨髓的红军精神和对国家对党的热爱。身处当今时代，在这样的时代背景下，我们更要担起传承红色文化精神的重任！

【篇二十七】

坚定信念

2016 年 7 月 12 日，三下乡第五天。烈日炎炎依旧阻挡不住我们坚定的步伐。今天我们十名队员真正走到了老红军们的家里，亲身聆听他们的故事。

这次的走访听到的故事比以前书上看到的生动多了，其实对于历史，还是当事人切身的感受对自己震撼最大。下午走访的田宝昌爷爷他耐心地给我们讲述了战场上的细节，当他讲到在他十八岁时看着一位十六岁的小战友被炸弹炸得只剩下头颅时，我不禁红了眼眶，内心也感慨万千。十八岁的我们正享受着当下无忧无虑的幸福生活，而他们却在战场上挥洒热血，连生命都很难保证。我们如今幸福安稳的生活来之不易，应当好好珍惜。

上午走访的贺坤爷爷他也给我们讲述了很多他战场上的生动经历，同时他也给我们分享了很多积极的人生观念。爷爷有句话让我如梦初醒，他说人啊，一定要有信念，要有方向。是啊，现在的很多人对自己的人生都没有规划出一个明确的方向，也没有一个自己一直坚持的信念，这让我反思了一下我自己的现状，现在的我也处于这种没有方向的状态中。今天听了爷爷的这句话，我不禁开始重新思考我人生的道路,认清了我今后生活的方向。

【篇二十八】

时光悠转

逝去的时光,是值得我们回忆与感恩的时光。为期12天的三下乡志愿者入户活动到此圆满结束。不论遇到多少困难与心酸,在此刻,我只有满满的感动。记得李德宏爷爷说:他在行兵打仗时遇到儿时好友,热泪盈眶地嘱咐几句后,便各奔东西,后来多年杳无音讯。记得刘尚武爷爷说:大家都叫我李向阳,在洪山镇乔装成日伪军端了鬼子一个驻军团。热血军旅生涯已在他们身上打下深深烙印,热爱祖国拥护共产党是他们坚定不移的信念。没有经历过的人没有评价的权利,而这些历经抗战,解放战争,朝鲜战争,越南战役的老兵们,他们是历史的见证人。

访问抗战老兵,重温红色经典。十二天的辛勤付出让我们疲累,更让我们怀揣感恩之心。没有革命先烈的浴血奋战,哪儿来今日的新中国。残酷的历史摆在我们眼前,我们更要居安思危,学好知识,为祖国未来发展做贡献。

岁月匆匆,在老干部的脸上留下痕迹。伴随着年龄增长,我现在能明确感知到他们行动迟缓,听力下降。这些老战士都是耄耋之年,想起他们年轻时的英勇无畏,保卫国土,我就会为他们感到难过。我无比诚恳地祝愿老人能够健康长寿,纵然离去,历史的丰碑上也不会遗忘他们。

【篇二十九】

红色精神,薪火相传

缅怀过去,传承未来,祖国的山河中遍布着红色革命的足迹,闪烁着红色精神的光芒。2016年7月13日,财经分院仁爱青年志愿者服务队十名队员在清晨宁静淡雅的阳光中相携去往干休所,继续完成我们的暑期三下乡实践活动。

相比昨日而言,不论是访谈效率还是质量都有所提高。今天访谈的所有对象中,老红军牛经堂爷爷的战争经历给我感触很深。他说道:"抗美援朝的战争是十分激烈的,那时候中国正处于建设时期,经济军事都赶不上美国,苏联又不想与美国搞僵关系，不愿意支援我们，毛泽东主席、周恩来总理、彭德怀将军轮番去向苏联借武器，最后苏联答应借给我们他们二战时期用剩的。我们没有飞机，人家美军开着飞机四处轰炸，我们只能沿着山谷走。有一次军队的将领们在任务基地开会，结果美军的飞机在上方进行轰炸，整整炸了三天三夜，那些将领们全都牺牲在了里面。"听到这里，我注意到牛经堂爷爷微微红了眼眶，战争成过往，飘散在历史的洪流中，但战争给曾经经历过而如今依旧在世的人们留下的心灵创伤却永远无法抹去。

透过历史的年轮，我们不仅了解到了历史故事，更深刻的体会出了中国人的灵魂，那种不屈服不退缩不怕牺牲的革命精神早已深深刻入国人的骨子里。即使那段残酷的战争史离我们百年之远，但红军留下的精神会一直伴随在我们身边。

【篇三十】

勿忘根本

2016 年 7 月 13 日早上九点整，成都职业技术学院暑假三下乡仁爱志愿者分队再一次踏上了重温历史的学习之路，当志愿者同学们走进张鉴奶奶的家时，奶奶热情的招呼志愿者同学们坐下，并且热情地为同学们讲解自己老伴年轻时候的故事。

奶奶告诉同学们，千万不要忘记国家的历史，中国这一百多年来受到了很多帝国主义国家的欺负，为什么要受欺负，因为落后就要挨打！谁救了中国，是共产党！没有共产党就没有新中国，这是一个同学们应该时刻保存在心中并且一直坚持下去的信念，发扬共产主义是一条中国人民幸福的康庄大道。中国共产党，是一个保护国家和民族的党，是一个风雨吹不倒的党，是一个同学们应该为实现其共产主义信仰而奋斗终生的党。奶奶教育同学们，现在社会是一个和谐发展的社会，实现中华民族复兴的伟大中国梦的责任就落在了同学们的肩膀上，不管社会怎么发展，同学们都不要忘了最根本的历史。

不管以后的生活变成什么样子，不管今后的社会更新成什么模样，不管长大后的同学们会为了什么而努力拼搏，同学们始终不能忘记那由无数革命先烈用鲜血谱写的历史，只有这样，才能让正在发展中的中国变得更加强大更加辉煌。

【篇三十一】

重温革命情

2016年7月13日，财经分院“三下乡”志愿者服务队前往武侯区长寿桥干休所分别拜访了88岁高龄的靳雄飞老红军爷爷和94岁高龄的刘尚武老红军爷爷。

在交流过程中，忆往昔，靳雄飞老红军讲述了自己小时候的生活经历、学习经历以及那个时代与亲人、朋友、同学之间的情感。刘尚武老红军也讲述了自己年轻时的生活经历，经历过五十几场战役的一个老人，讲起自己在战场上遇到的种种险情和我军浴血奋战的英姿以及战胜敌人的喜悦时，仍是满脸的自豪。随后，志愿者们纷纷向他们询问身体状况和生活状况，并向抗战老英雄们表达敬意，感谢他们为中国的革命、建设和改革开放做出巨大的贡献，祝愿老人们健康长寿，并给老红军留下了志愿者的联系方式，以备在生活中遇到困难和问题时方便联系，让他们能够更好地安度晚年。

这次活动给随行的志愿者们带来很多感触和鼓舞，不仅使志愿者们体会到了革命先辈不屈不挠、奋勇拼搏的斗争精神，也使大家意识到作为当代大学生的责任和重担。活动结束后，志愿者们纷纷表示会以先烈的奉献精神为动力，努力学习，提高自身素质，在社会主义现代化进程中实现自我价值，为中华民族的伟大复兴贡献青春力量。

【篇三十二】

历史重温

今天一扫往日闷热，空气中透露着清凉。我们早早地到达干休所，开始准备采访。由于前两天的入户服务，志愿者队伍已经积攒了人气。走在绿荫道上，就有婆婆主动跟我们聊天。受到老战士直接熏陶的我们，习惯地开口就会说：现在的中国国富民强，我们生活在一个幸福的时代。

回想老人给我们讲述的真实历史，比如时年94岁的刘尚武老人，全程参与了抗日战争、解放战争，参加大小战役四五十次。一生历经了艰苦、困难的抗战时期,吃不饱、穿不暖,但视民族的存亡为己任。万幸国家有这样一批传奇的战士,他们出生入死,浴血奋战。一生跌宕起伏,感人至深。近代百年屈辱,中国用大手轻轻翻过,一切都来之不易。当这些老战士峥嵘岁月的影像快被时间悄悄抹去,我知历史可贵,定当挥毫笔墨,书写革命情怀。忘记历史,忘记过去就意味着背叛。不牢记历史的民族是不能发展的,一个国家有了深厚的根,才能吸收外来文化。发展是我们知耻而后勇的承诺,祖国定当欣欣向荣。

时间教会我们成长,历史教会我们发展才是硬道理。牢记史实,精耕蓬勃未来。

【篇三十三】

重温革命情

了解红色历史,关爱抗战老兵。走访老兵是个漫长而艰辛的历程,今天我们再一次拜访了武侯区长寿桥干休所的老红军们。一天下来,我们团队走访了两户人家,分别是 88 岁高龄的靳雄飞老英雄和 94 岁高龄的刘尚武老英雄。

靳雄飞老英雄十九岁参军,经历过渡江战役和解放大西南,他为我们讲述了自己小时候的生活经历、学习经历以及那个时代与亲人、朋友、同学之间的情感。刘尚武老红军也讲述了自己年轻时的生活经历,经历过五十几场战役的一个老人,讲起自己在战场上遇到的种种险情和我军浴血奋战的英姿以及战胜敌人的喜悦时,仍是满脸的自豪。年逾九旬的老人虽然难掩岁月留在脸上的痕迹,但过往的革命斗争经历仍让他们的精神矍铄,充分表现出了红军战士应有的精神面貌。随后,我们纷纷向他们询问身体状况和生活状况,并向抗战老英雄们表达敬意,感谢他们为中国的革命、建设和改革开放做出的巨大贡献,同时祝愿老人们健康长寿,并给老红军留下了志愿者的联系方式,以备在生活中遇到困难和问题时方便联系,让他们能够更好地安度晚年。

这次活动带给我们很多感动和鼓励,不仅使我们体会到了革命先辈不屈不挠、奋勇拼搏的斗争精神,也使大家认识到了作为当代大学生的责任和重担。活动结束后,我们都会以革命战士的奉献精神为动力,努力学习,在社会主义现代化进程中实现自我价值,为中华民族的伟大复兴、中国梦的实现贡献青春力量。

【篇三十四】

珍惜当下

入户第二天,一大早带着满满的信心整装待发。在总结昨天访谈的基础上,我们对今天的访谈方案做了轻微的调整。

上午的访谈进行得非常顺利,我们小组访谈的两位老红军很热情的招待我们,并主动与我们共享他们在战场上的所见所闻。其中牛经堂爷爷讲述的抗美援朝的经历给了我很大的触动。从爷爷的讲述中我感受到那是在中国刚刚开始建设的时期,无论是经济还是军事都比美国差很多,美国大兵压境,中国与朝鲜唇亡齿寒,那时候容不得我们考虑要不要支援远朝鲜,没有其他国家的帮助,没有可以与之相抗衡的武器,但这场战争我们还是胜利了,凭着我们不屈的精神,凭着我们顽强的意志,我们赢得了最终的胜利,从此中国在世界上的威信又提升了一步,那些大国们不得不以新的眼光来重新审视中国,中国正一步一步踏上强国之路,今后只会越来越强,再容不得其他国家随意欺负。

老红军们背井离乡,在战场上冲锋陷阵,用生命为我们换来了今天的和平,换来了我们今日的平稳无忧,作为一名大学生,如何在即将进入的社会中做好自己的本职工作,我感觉身上的担子越来越重,但想到那些和蔼可亲的老人,想起他们“献了青春献终身,献了终身献子孙”的精神,我感觉自己可以做得更多,做得更好。以前的自己,在做事的时候,常有抱怨,但经过这次活动的启迪,我对自己提出了更高的要求,相信在以后的工作中一定会做得更好。

【篇三十五】

铭记历史,勿忘本心

在一个落着淅沥小雨的天气中,我们踏上了重拾历史碎片的征程,当我们敲响张鉴奶奶的家门时,奶奶热情地把我们迎进了家里,装修朴素的家中,无处不透着热闹的气氛,客厅的电视上正巧在播放着《长征》这部抗战历史电视剧。

奶奶已经87岁高龄,但是身体依旧硬朗,脸上,也时刻充满着和蔼的笑容,一身简单朴素的装扮,一头干练的短发,有那么一瞬间,我曾经以为那是一个久经战场的老战士站立在我们面前,奶奶特别健谈,当得知我们的来意之后,很热情地为我们讲述了当时的历史:“当时的条件啊,是特别的艰苦,你们千万不要忘记当时的历史,中国受了那么多年帝国主义的欺负,因为当时我们还很落后,落后就要挨打,但是共产党救了当时受欺负的中国,没有共产党就没有新中国。跟着共产党,就一定会成功!”从奶奶的话语中,我不难听出,奶奶这一辈子都在为共产主义而奋斗,并且是那样的无怨无悔。

不管社会怎样的发展,不管时代怎样的进步,我们都应该时刻记住那些用革命先烈鲜血谱写的历史,同时我们还要更好的完善自己,因为现在的社会是一个发展特别迅速的社会,我们要努力学习,不忘根本,才能更好地实现中国伟大的复兴梦。

【篇三十六】

喜联欢,军民谊

2016 年 7 月 19 日,财经分院暑期三下乡社会实践活动圆满结束。今日,我院青年志愿者与长寿桥干休所共同举办了喜迎“八一”军民联欢活动,出席此次活动的有我院党总支书记周艳红、学生工作办公室主任邓娟、长寿桥干休所所长及各位干事,并邀请到干休所内的抗战老人们观看此次节目。

活动开始前,周书记代表讲话,表达了对长寿桥干休所诚挚的谢意,并祝愿所有的抗战老人们健康长寿。歌声、舞蹈、军礼无一不表达着志愿者以及子弟兵对抗战老人们的感恩与敬意。在整场活动中,最精彩的环节是书画互动与系红领巾仪式。刘长江爷爷、贺坤爷爷和魏克爷爷用他们的笔墨,表达了对祖国的热爱,对红色精神的敬意——“富国、强兵,为实现中国梦而奋斗”“长征精神万岁”等墨句,都让我们感受到三位老人心中的豪情。

在红星闪闪的背景音乐下,我院志愿者为老干部们系戴红领巾。红领巾是红旗的一角,飘扬的红领巾闪烁着党的关怀,跳跃着祖国的希望,挥洒着星星火炬的种子,让老人们重新拾起年少的光阴。

逝去的岁月,是值得回忆与铭记的岁月;维系的真情,是洋溢着感动与祝福的情谊。让我们相约未来,共同期盼。

【篇三十七】

长风破浪会有时，直挂云帆济沧海

7月13日，是我们进行老红军入户访谈的第二天，我们小组三人对六位退休老干部进行了入户访谈，口述历史时间共计205分钟，其中主要采访了三位抗战老干部的英雄史实，分别是解放时期从事保密工作的付万里爷爷、解放云南时期参加中越战争的杨庆昇爷爷以及参加过抗美援朝的朱炳章爷爷。在这一整天的采访中，我印象最为深刻的是86岁高龄的杨庆昇爷爷，他身体健朗，在谈话间也尽展其热情爽朗的神态，过去的风霜、过去的辉煌，让老人展现出岁月打磨后的精致，但是也折射出岁月已老、光辉不再后，老人欲与人语却常常不得的事实。杨爷爷1949年从老家广西到云南参与解放云南的一系列战役，其中记忆最深的是参加的1979年2月17日—1979年3月16日的中越战争，作战期间，条件艰苦，当时支撑他的信念就是：以实际行动感谢党、感谢毛主席！在讲述完他的一系列抗战经历后，杨爷爷带我们参观了他的书房，里边藏书过百，书盈四壁，听他讲解书里的英雄史实，我们获益匪浅。

在今日访谈之后，我真切地感觉到坚定信念的重要性，也体悟到如今幸福生活的来之不易。“前事不忘，后事之师”，我们不能忘记屈辱历史，面对实现共产主义将会面临的长风破浪，我们将直挂云帆济沧海！

【篇三十八】

不畏艰险，勇往直前

——记三下乡活动联欢活动

2016年7月18日下午三点，作为三下乡所有活动的最后一项——长寿桥干休所与成都职业技术学院学员喜迎“八一”军民联欢活动，在干休所一栋二单元四楼完美举办，参加活动的有成都职业技术学院三下乡仁爱志愿者分队所有成员、干休所各位工作人员以及干休所的退休老红军们。

这次联欢活动的节目是同学们精心准备的，不管是从唱歌的节奏、舞蹈的动作又或者说是主持稿词语的斟酌，都是同学们花费了很多心思去完成的事情，不允许有一点瑕疵，哪怕是一个很小的地方出了问题，都必须再经过多次的练习,直到它变得完美为止,这是同学们从爷爷奶奶身上学到的"坚持就是胜利"的革命精神,联谊活动是同学们希望爷爷奶奶们能从中获得快乐的表演,同时也是为了感谢爷爷奶奶们这几天给同学们的声情并茂的讲述,让同学们像仿佛亲身经历过那些历史故事一样。

虽然联欢活动是三下乡活动的最后一项,是一个结束的环节,但是结束,又可以说是开始,三下乡活动的结束,同学们传承历史、传递革命精神的开始,爷爷奶奶们的革命精神将一直作为同学们的前进的目标,"不畏艰险,勇往直前"也将作为同学们的信念一直坚持下去。

【篇三十九】

记忆如水,精神永存

清晨八点三十,伴着徐徐清风,喝着清脆鸟鸣,怀着愉悦的心情,财经分院仁爱青年志愿者服务队十名队员准时从成职院出发,前往我们这次活动的目的地——成都武侯区长寿桥干休所,去走访那些有着历史故事的老红军。

九点三十分,我们到达了干休所,进入社区,我们遇到了许多和蔼可亲的老人,一听说我们是志愿者,老人们都很愿意同我们交流。拿到住户名单之后,团队今天的走访正式开始了。各小组分工行动,一时间,社区大楼楼道之间散落着几道橙色身影。

经过一天不辞辛苦地来回奔波,团队一共走访了九户老红军,其中印象最深刻的便是谢欢她们小组走访的贺坤爷爷。他经历了淮海战役,渡江战役等许多大型战役,也在军事学院担任过教授。他老人家着重给我们分享了它在淮海战役的经历:"那是平原作战,在第一阶段因为战略没有制定好,牺牲了很多人,到第二阶段时,我们就在村庄附近挖战壕,晚上挖,到凌晨4点就回去休息,等天一亮,就开始进攻。"老人讲到他们那时的条件极为艰苦,冰天雪地,天上敌机乱飞,不能生火,就只能吃靠后方百姓支援来的冷硬的高粱饼、玉米饼。老人引用毛主席当时的话说:"淮海战役的胜利是靠老百姓的小吃胜利的。"

第一次走访虽然经历了许多波折,但我们今天迈出了走访的第一步,迎接我们的将会是明天的曙光,财院在路上,我们一定能圆满完成三下乡活动。

【篇四十】

浴血奋战

2016年7月14日下午15:00整,财经分院"三下乡"志愿者团队,第一组组员准时到达刘尚武老战士家中。因为提前预约,老人准备充分,详细讲述了抗战史实。

刘尚武和亲人于抗日战争最艰苦的1942年7月参加了革命,从此开始了他无比辉煌的一生。老人一生戎马,从抗日战争,解放战争到大西南剿匪,参战御敌四五十余次。太原会战中淖马战役,是刘尚武老人经历的最为艰苦,也最为壮烈、光荣的一次战斗。刘尚武老人时任127团3营营长,固守阵地中,3营以几十个同志伤亡的代价,换取了歼灭敌军1500人,粉碎敌军11次反扑的结果。现今妇孺皆知:"双枪李向阳"抗战英雄的威名,殊不知,李向阳的原型正是刘尚武老人。当时为歼灭"武装征粮队",刘尚武打扮成日本军官,大摇大摆地走进洪山镇。他趁机冲进敌伪驻地,半小时内就打得敌人缴械投降。优秀的指挥能力加上用兵奇特,刘尚武老人带的队伍一次次取得战争胜利。在革命战争年代,他先后负伤11次,全身伤痕12处,做到了轻伤不下火线,重伤坚持战斗。他身上的处处伤痕,是他对党和人民事业无限忠诚的最好证明。

尊重卫国历史,弘扬爱国正气,向为国争光的老战士致敬。

【篇四十一】

长征精神万岁

2016年7月19日,今天是财经分院"三下乡"志愿者活动的第八天,也就是最后一天,服务队的志愿者们前往武侯区长寿桥干休所进行最后一天的活动。主要有联谊会及其彩排等事宜,联谊会结束后志愿者对整个"三下乡"进行了总结与归纳,分析自身做得对与不对的地方。

上午的任务是彩排活动,志愿者们一早来到干休所活动中心,认真开始了所有活动前的准备。彩排过程中,有干休所的干部和机构的人员前来观看服务队的活动,期间不时地为活动流程以及活动表演过程中不恰当的地方提出合理意见。服务队的志愿者们纷纷虚心采纳,并采用了适当的调整。下午三点,活动正式开始,现场来观看联谊会的有成都技术学院财经分院党总支书记周红艳,财经分院学生工作办公室主任邓娟以及干休所人员。活动过程特别流畅,总体进行得非常顺利,活动圆满成功。接下来志愿者们回到学校进行"三下乡"活动的总结,总结这些天活动的不足之处以及在日后的工作中如何加以改正,同时也对这些天的资料整理归纳、后期总结。

即使活动路途多舛,志愿者们也未曾放弃,携手并进。成果也是大家有共目睹的,无论是在实践活动方面还是为人处事方面,志愿者们纷纷表示不虚此行!

【篇四十二】

顾往昔,看今朝

历史是过去传到将来的回声,是将来对过去的反映,贴近历史,了解历史,通过历史深省现在。2016 年 7 月 14 日,财经分院仁爱青年志愿服务队的身影在长寿桥干休所中渐渐走入居民的心底,为那里带去别样的活力色彩。

在今日内的 9 次访谈中,我们紧绕此次暑期三下乡活动目标——学会用历史的眼光来看待今天的现实问题。在对张爷爷采访期间,爷爷向我们讲述了不少有关抗日战争的故事,我们的国土曾备受践踏,战士们惨烈牺牲,如今的和平与繁荣,是我们中国用血与泪换得的。而面对近日南海仲裁的问题,爷爷说道:战士们用鲜血保卫的中国黄土,一点也不能丢。在此次访谈中,我们深刻体会到,在寻找历史的过程中不能仅仅探寻真相,而要以历史为鉴,折射现代,发展未来。

王羲之有言:后之视今,犹今之视息。我们的一生,走过过去、现在,还有未来,而在生命之河的岸边,我们应该用良心铭记历史,用青春筑梦中国,用智慧开创未来!

【篇四十三】

致敬抗战历史,感悟革命精神

为了在聆听红色故事中致敬抗战历史,感悟革命精神,我们财经分院三下乡“仁爱”志愿者团队再次走进武侯区长寿桥干休所,进行老红军入户访谈活动。

2016 年 7 月 14 日上午 9 点 17 分,我们团队三人对 2203 号房的赵光灿爷爷进行了长达 40 分钟的访谈,82 岁的赵爷爷耐心地将他经历的革命故事一一道来,他语句里的抑扬顿挫,耐人寻味。在下午的入户中,我们首先采访到“李向阳”的原型刘尚武爷爷,他目光深邃,往昔峥嵘岁月仍记忆犹新,在与他的交谈中我们感悟到了历史的重量。随后,我们采访了参加过抗战大阅兵的魏克老人,他向我们展示了以他为封面的一本杂志,书中英勇作战事迹历历在目,铿锵有力的字眼,传递着亘古不变的爱国情怀。

在漫长的岁月里,老红军们经历了种种坎坷、磨难,这对他们每一个人而言,都是百味陈杂,甘苦自知,他们,令人敬佩。

70 年的历史已经过去,但这一段岁月波澜壮阔,刻骨铭心,这其中的激情经久不息,勇往直前,抗战的精神穿越历史,照亮未来,爱国的旗帜,高高飞扬,伟大的中华民族浴火重生,昂首挺胸地走向复兴。

【篇四十四】

莫道桑榆晚,为霞尚满天

2016 年 7 月 14 日,在淅淅沥沥的雨声中,成都职业技术学院财经仁爱志愿者服务队的同学们,再一次相聚在成都市长寿桥干休所。

带着满满的期待,一组同学敲开了李德宏爷爷的家门,李德宏老爷爷今年虽然已经八十多岁了,却是一个非常精神的老爷爷。给服务队的同学们讲起战争时的故事时,他很是谦虚,他说他是 1949 年正式入的伍,只参加了解放战争的尾巴,其中最大的战役就是解放大西南,以及后面中缅边界的剿匪,并没有太多讲的。

李爷爷的家里挂了许多他自己的书画作品、拍摄作品。在这方面,李爷爷就显得很有激情。他说他退伍后就一直将大量的时间花在自己的兴趣爱好上面,作画、写书法、摄影,最近他正准备出一本歌曲合集。里面的歌曲大都是他在作战期间为服务组织,调动军队的激情而作的。他总共作有大概五十首歌曲,有些他已经忘了,想得起来的,整理出来的只有四十多首了。他还对服务队的同学们讲到,兴趣是最好的老师。

服务队的同学们每一天访问的老红军都不同,但都会有相同的感触,老红军们虽已老去,可他们的心还年轻。

【篇四十五】

致敬浴血奋战的战士们

三天下来,访问了近十户老兵。戎马一生或从文从政,大抵都是辉煌经历。魏克,刘尚武等都是 90 来岁的老人,谈起大大小小的南征北战,也很有耐心。

这是一次很奇特的经历,以往都是在电视上看到双枪李向阳,今天没曾想见到了原型。刘尚武老人当时为执行任务,化名为“李向阳”。在洪山镇,他带领一个连伪装成日军闯过关卡,迅速端了敌人驻地。当时炮弹齐飞,不到半小时日军就被打得缴械投降。这些经历都让我们十分钦佩,能从历史亲历者口中听到,更是感到荣幸。

由于老人年事已高,我们不敢过多叨扰。听他娓娓道来的讲着,时间一点一滴流逝。仿佛我们走进了那个战火纷飞的年代,有炮火有荷枪实弹。这样意气风发的革命战士也到了耄耋之年,唯有希望他老有所养老有所依。

时光时光慢些吧,不要再让他们变老了,多么希望岁月悠悠,能从容对待这些为家国浴血奋战的革命战士。想起靳雄飞老人的一句话:珍惜同窗情谊。他便是在行军中见到同窗,喜极而泣,然而此后再无此人音讯。感叹岁月不饶人,愿流光一簇永留在心。

【篇四十六】

做老兵的聆听者,同忆抗战峥嵘岁月

今天上午 9 点 17 分,我们团队三人对 2203 号房的赵光灿爷爷进行了长达

40分钟的访谈,82岁的赵爷爷耐心地将他经历的革命故事一一道来,还将他得过的奖章、纪念章向我们展示,他语句里的抑扬顿挫,耐人寻味。在下午的入户中,我们首先采访到"李向阳"的原型刘尚武爷爷,他目光深邃,往昔峥嵘岁月仍记忆犹新,他为我们讲述了他在抗日战争和解放战争时期的作战故事,在与他的交谈中我们感悟到了历史的重量。随后,我们采访了参加过抗战大阅兵的魏克老人,他的家中电视上正放着《长征》,墙壁上陈列着许多他所做的书画、文章以及许多毛主席的历史照片,满满的历史感扑面而来,他向我们展示了以他为封面的一本杂志,书中英勇作战事迹历历在目,铿锵有力的字眼,传递着亘古不变的爱国情怀,他们身上的红色精神,令人敬佩!

民族精神固常在,爱国情怀万年青,我们作为青年大学生,铭记历史,勿忘国耻,践行实际行动,寻访抗战老兵,传承革命精神,为祖国富强、民族复兴而奋斗!我们力争开创崭新的未来,共圆中华民族伟大复兴的中国梦。

【篇四十七】

铭记历史开创未来

历史的道路,不全是平坦的,有时走到艰难险阻的境界,全靠雄健的精神才能够冲过去。

泱泱古国数千年,华夏子孙最自豪。回顾历史,我们有数不尽的风流业绩,有道不完的逸兴豪情。从五千年前兴起,到华夏历史长河中积淀,然而,我们的国家也曾饱受蹂躏。

艰难曲折一百年,沉沦华夏尽耻辱。在抗日战争至抗美援朝期间,中国,遭受着恶人的践踏,中国遭受着列强的欺凌。回忆昨天,一个个丧权辱国的条约纷至沓来,一个个中国人死在外国侵略者的刀下此起彼伏,我们的心在不断战栗抽搐。这些欺辱深烙在中国人民的身上,是中国人民心中永远抹不去的痛,是永远燃烧在中国人民心头的一腔怒火!

和谐盛世谋发展,举国筑梦华夏强。今天,腾飞的时刻已经来了,全国人民走在践行社会主义核心价值观、共圆中国梦的宏伟大道上,"一条道路,从未如此清晰,指向民族复兴的光明愿景。一个梦想,从未如此真切,点亮十几亿人的美好希望"。全国人民正在精诚团结,深化改革,发展经济,使我们的国家更加繁荣富强，真正把中国建设成为一个繁荣、富强、和谐、向上的现代化国家。

“铭记历史，我们可以放弃仇恨，但绝不能放弃耻辱。”昨日的耻辱是为了激励我们谱写明天的辉煌；展望未来，筑梦中国，“民族因梦想兴盛，国家因梦想富强，人生因梦想精彩”。让我们共同期待，中国梦圆，华夏复兴！

【篇四十八】

喜庆八一　军民联欢

2016年7月19日15点整，成都职业技术学院财经分院与干休所的联谊活动，准时在四楼会议室召开。参会领导有成都职业技术学院财经分院党总支书记周红艳，财经分院学生工作办公室主任邓娟，干休所副所长及政委。

八月的旋律高亢奔放，八月的节奏慷慨激昂。今天联欢会表演的节目有诠释了对红军英雄的无限热爱与不舍之情的革命红曲《映山红》；有满载梦想与希望，充满青春气息的舞蹈串烧《十送红军》《歌舞青春》《咋拉爸爸》；有热血青春的《强军战歌》等。活动现场气氛热烈，掌声不断。很多老首长，老阿姨都是前期入户活动中我们访问过的，所以看到他们，志愿者团体成员都很亲切地打着招呼。其中书法表演环节，魏克爷爷，贺坤爷爷献上墨宝，用浪漫笔墨，书写豪情！“笔生烟云尽得文采风流，墨分五色广交天下朋友。”爱好书法的志愿者与两位老人进行交流，老人说道：“横撇竖捺皆有讲究，提笔，用力，回转处处是学问。”志愿者为爷爷写了一幅字，祝愿贺爷爷健康长寿。欢乐的时刻总是那么短暂，纵然短暂的快乐匆匆逝去，但我们却拥有了最真最美的记忆。

中国人民解放军89周年之际，我们相聚一堂，伴随熟悉的旋律去怀念逝去的值得回忆与铭记的岁月。

【篇四十九】

要自己掌握自己

在走访了这几天后，突然发现，每一个从那个时代走过来的军人，其实都是英雄人物。他们或许只是万千军人中平凡的一员，却也是最不平凡的一员；他们给我们讲的或许都是那时最普通的生活，说的也是最平凡、最普通的话；

可给我们的却是最深入灵魂的触动。

前两天在入访时,偶遇了一位老爷爷,他在和我们聊天时说过一句话,“邓亚萍有一句话说得好,‘要自己掌握自己’,每个人都要自己了解自己,这样才能好好的”。缘分是那么的奇妙,今天在走访时,我们小组敲开的就是那天偶遇的这位李德宏爷爷的家门。由于李爷爷参军比较晚,所以他并没有讲什么历史战争的事儿,而是着重讲他对生活的一些总结。今天,他又一次讲到了要自己掌握自己这句话。他说:“那一天我给你们提到邓亚萍,她说要自己掌握自己,这个就太厉害了,人做到了这一点就很不简单了。能够把握自己,能够掌握自己,是你们应该牢记的一点。人最怕就是不能掌握自己本身,最怕不能认识自己。邓亚萍为什么能获得三连冠、四连冠,为国家争那么大口气?就是因为她能掌握自己。”

其实这都是些最平实不过的话,却给我们很窝心的感觉。我们之前并不认识,李爷爷却能将我们当作亲孙辈一样讲他的人生经验。要自己掌握自己,确实是的。

【篇五十】

寻访红色历史

2016年7月15日,财经分院“三下乡”志愿者服务队前往武侯区长寿桥干休所继续进行采访抗战老红军即“口述历史”的工作。

老人们对志愿者的突然到访表现出极大的热情,都非常愿意讲述自己年轻时与敌人殊死搏斗的经历。志愿者们认真听取了抗战老兵们为国家、为百姓浴血奋战,宁死不屈的故事。战争年代,他们积极响应党的号召,不顾一切地站了出来,为中华人民共和国的崛起做出了不可磨灭的贡献。转业后,他们仍保持着一个战士应有的精神,顾全大局,无条件服从党的安排,继续发扬军队的优良传统,不遗余力地为岗位付出着精力。每一位志愿者都被此种精神力量深深的折服。同时,他们也向志愿者们讲述了中华人民共和国六十七年来国家发生的变化,让志愿者深切感受到了他们经历过党和革命的熏陶过后对党的忠诚,尤其是面对如今中国的繁荣昌盛,百姓和谐幸福的美好生活,更是热爱。

无数革命烈士的鲜血造就了中国国旗,传递着中国军人的军魂。正是这样一群人,以人民为信仰,解放为己任,感谢无数他们这样的老红军英勇付出,才有了我们今天的美好生活。当代大学生应传承红色文化,发扬红色精神,在学习、生活中践行社会主义核心价值观,做走在时代前列的有为青年。

【篇五十一】

坚持就是胜利

——记联欢会准备第一天

2016 年 7 月 15 日早上九点,已经结束了入户走访调查活动的志愿者同学们,秉着想要给老人们带来一场精彩绝伦的联谊会的初衷,走进了干休所一栋二单元四楼礼堂,投入了紧张的节目排练中,但是同学们在毫无表演经验的前提下,注定会有很多困难要去克服。

唱歌、小品、舞蹈,看似简单的表演形式,其背后所需要包含的志愿者同学们想带给退休红军老干部的关心和希望他们快乐的心情,都是需要同学们努力去表演继而让老爷爷、老奶奶们感受到的东西,在准备过程中,同学们无一不是全心全意投入到这个过程中去的,他们都怀揣着想要把这个联谊活动完美举办的心情,不管有多么大的困难等着他们,不管前方的路有多坎坷。他们都不会气馁,那是一种从老红军爷爷奶奶身上学到的信念,那种不达目的不会放弃的信念。

从南昌起义的第一声枪响,到山河巨变的盛世今朝,中国人民解放军在血与火的洗礼中用鲜血与生命谱写着一曲曲壮丽的篇章,所以,无论是当时在战争中浴血奋战的战士们还是现在想用自己力量做好表演活动同学们都秉承着一个千古不变的道理,那就是——坚持就是胜利。

【篇五十二】

历史选择

下乡访历史,红色在传承。2016 年 7 月 15 日,财经分院仁爱青年志愿服务队在长寿桥干休所展开了第四天的口述历史活动,以古为鉴,知兴替。

今日,志愿者们对老红军们进行了访谈,在此次访谈中,他们讲述了抗战时的艰苦条件、烈士的英勇牺牲,并借古观今,感叹万分。在其中不难发现,他们都曾共同提及的便是红色精神支柱——中国共产党。在这段漫长的抗战历史里,支撑着人民走下去的是中国共产党,如今的中国,在腾飞,让世界为之震颤,与之都有着必然的联系。

老红军们激励我们,要努力学习,坚定自身的信念。今日终究会成为过去,我们的信念会在历史中,被真实地折射出来,而历史,也会因此为我们选择未来的发展方向。

历史太长,生命太短。历史中一幕幕的磨难提醒着我们铭记过去,一篇篇的华章激励我们畅想未来,那不灭的精神为我们播种希望。历史为我们选择了中国共产党作为中心支柱和精神力量。这是历史的选择,这是人民的意愿。

【篇五十三】

追忆红色情,共圆中国梦

蝴蝶不愿永世待在蛹中舒适地做着美丽之梦,而愿破蛹而出,用短暂的生命在自由的空气中翩翩起舞。对我而言和蝴蝶一样舍弃这享受暑假的快乐时光,决心背起行囊,和队友踏上征程,去"三下乡",去长寿桥干休所,去感悟红色精神。

2016 年 7 月 18 日,下着小雨,财经分院三下乡志愿者团队如期出发,进行第七天的老红军入户访谈。

下午三点,我们小组三人回访了 82 岁的赵光灿爷爷,赵爷爷详尽地为我们讲着他在战争年代经历的抗战故事,我们也与他分享着我们大学的美好生活,我们紧紧地围坐着,在红色精神的熏陶中沉思、感悟……陈旧回忆与新鲜朝气交汇,碰撞出催人奋发的火花,而我们不断思考,许多伟大的事件是在什么样的条件下发生的,为什么会发生,他们有什么意义……

一切向前走,都不能忘记走过的路,走得再远、走到再光辉的未来,也不能忘记历史,忘记过去,不能忘记为什么出发。面向未来,面对挑战,我们一定要不忘初心、继续前进。今后岁月,我们应该努力提升自己的能力与素质,为实现"中国梦",构建社会主义和谐社会奉献自己的力量!

【篇五十四】

祝福常在

越过浅浅的云层，折射下一米金色的阳光，悄悄地叩开夏日清晨的大门，让那丝丝的温暖，随着夏天的味道，遍布在我们前行的路上。如往常一样，我们穿着那耀眼的橙色小衫，八点半准时从成职院出发，前往老红军们居住的地方——武侯区长寿桥干休所。

今天是入户第四天，经过前三天团队成员辛苦的走访，干休所居住的老红军已全部走访完毕，虽然离这次暑期三下乡社会实践活动结束还有四天，但我们的走访工作已基本进入尾声了。余下的就是好好准备最后与干休所的联谊活动，为老红军们送去祝福与欢乐。接下来团队成员在排练中度过了美好的上午时光，每一位表演者都积极备战进入有序的排练中，我们的表演精彩纷呈，歌、舞、小品应有尽有。排练最初，表演者之间缺少了一份默契，但随着排练的深入进行，表演亦随之渐入佳境。

歌者，用优美的歌声唱出时代的记忆；舞者，以优雅的舞蹈舞出过往流年。我们用歌舞去追忆老红军经历的过往，我们用歌舞唤起他们的共鸣，我们用歌舞为他们祝福，祝福老红军们在今后的日子里幸福安康。

【篇五十五】

硝烟虽逝，历史永恒

在新一天开始的时候，我们带着阳光般的笑容，踏着轻快的脚步，再一次来到了长寿桥干休所的大门前，天空中飘着蒙蒙细雨，为每一处景色都增添了一抹清新，空气中弥漫着土壤的味道，花朵的芳香，缕缕微风徐来带给人沁人心脾之感。雨水洒在了我们的身上，淋湿了我们的衣服却淋不湿我们的热情。

天空飘落的小雨细如丝线，仿佛在为这近尾声的“三下乡”活动表示着遗憾，正是这样，这些天我们才想尽我们所能将我们做的那些事情做到最好，所以这最后一次的回访活动变得尤其重要，当我们再一次敲响贺坤爷爷的家门的之后，我们看到几日不见的爷爷，家里还是那样充满书香气息的摆设，但是我们已经不像初来时那样拘束和紧张，在爷爷的讲述中，我们仿佛回到了过去，回到了那个充满艰难困苦的战争年代,身临其境地看到了战士们浴血奋战的场景。那些故事,那些历史,虽然是我们没有经历的,但却是我们可以传承下去的。

何谓历史,这是一个很宽泛的词语,中国上下五千年,历史的长河何其宽阔,但是我们只需要从这其中舀上那一瓢河水,仔细品味,用最直击人心的方式来叙述出来,让历史的声音萦绕在耳边,回荡在心间。

【篇五十六】

平凡,却伟大

今天,7月15日,风和日暖。我们财经分院三下乡队伍踏着轻快的脚步,走进干休所,进行老红军入户访谈。

在今天的访谈中,老红军们的故事和对中国共产党的坚定信念,令人折服,令人敬佩。当我们冷静下来仔细思考时,就会发现退休干部对我们付出的一切。老战士们不畏牺牲、舍己为人,他们奉献青春,保家卫国,他们平凡,却伟大。总有一些人,在国家危难之际,挺身而出,为国效力;总有一些人,在人民需要之时,无私忘我,勇于担当;总有一些人,在平凡工作之中,不求功名,默默奉献。这样的人,就是英雄。

我在这次追寻英雄的足迹中,学到了很多很多。它让我真切感受到:尊重老同志,就是尊重党的光荣历史;爱护老同志,就是爱护党和国家的宝贵财富。我对心目中的英雄形象,也有了全新的阐释。我们理应珍惜来之不易的幸福生活,发扬优良传统,继承革命遗志,努力学好科学文化知识,用实际行动拥抱新时代!通过入户访谈,我们志愿者对先烈们的事迹有了更深的了解,更加懂得珍惜现在和平美好的生活,心存感恩,时刻铭记中华民族的抗战史,弘扬伟大的党的精神,为民族的伟大复兴而勇担重任,以祖国的兴衰为己任,奏响未来更有力的强音!

【篇五十七】

不悔付出,不计得失

晨曦徐徐拉开了帷幕,又是一绚丽多彩的早晨,带着清新降临人间。人间的我们带着匆忙,穿梭在拥挤的人群中。每天清晨一睁开眼就只有一个念头——去干休所访谈老红军，而今天，访谈这项工作已接近尾声，接下来的工作就是排练在活动最后将要表演的节目。

在没有排练之前，我以为唱歌是件很简单的事，但真正排练起来，才发现唱歌原来有那么多的讲究。我所参与的节目是三人合唱歌曲《映山红》，当初选这首歌曲的时候，我们三人并没有考虑太多，直到今天排练的时候才惊觉高音不是那么容易唱的。我们三人的音色各不相同，有高有低，好好的一首歌被我们唱得错落有致，节拍也完全不在一个层次上。连续练了几遍，依旧没有任何进步，我们之间的默契度一厘米都没有靠近。再看其他队员的舞蹈，她们的配合度就比我们要好得多，不过那是因为她们之前有练习过。台下十年功，台上一分钟，对这句话的理解从没有像今天这样深刻过，那些被世人称赞的舞蹈，被世人传颂的歌曲必然是经过台下无数次的排练，无数次的修改，才能有台上那短暂的光彩照人。

茫茫人海，总有人会因为努力却遭遇失败而颓丧，那是因为他们忽略了不是每一次努力都会有收获，但是，每一次收获都必须来自努力，这是一个不公平不可逆转的命题。

【篇五十八】

表达崇敬，无限感恩

在结束了入户访谈之后，乘着阳光和微风，我们投入了对联欢活动的准备工作中，我们的历史知识大多数都是从书本或者电视上的得知，在之前几天爷爷奶奶的讲述之中，我们更好地完善了我们自己所知道的历史知识，也让我们对那些老红军的崇敬之情更加深沉，战争年代的记忆并不快乐，正是由于这些艰苦的时刻，这些九死一生的战争，让我们坚定了一定要为爷爷奶奶们呈现一个完美的联谊会的想法。

虽然话是这么说，但是有一个问题同时也存在着，我们毫无舞台经验，要怎么样才能呈现一个完美的联谊会，为了我们的这个想法，我们一直努力着，我们坚信着坚持就是胜利这一革命信念，相信只要我们坚持认真准备，我们就一定能做好这件事情，爷爷奶奶们就一定能看到我们的努力，就一定能从我们的表演中感到快乐。不管之后会有怎样的困难在等着我们，不管我们会遇到怎样的阻碍,我们都不会气馁,这是一种我们从老红军身上所学到的不达到目的不会放弃的精神。

纵使这次的准备需要花费我们很多时间,需要我们为之留下很多的汗水,我们也不会觉得这是一件很苦的事情,因为这里面包含了我们想要对爷爷奶奶们表达的崇敬之情和对他们为新中国建设而浴血奋战的无限感激之情。

【篇五十九】

学习奉献精神,传承红色基因

历史的年轮从未停止过转动,从古至今,有无数人淹没在历史的洪流中,但总有些英雄豪杰,文人墨客被作为时代的印记,他们所代表的精神传承至今。2016 年 7 月 16 日,财经分院暑期三下乡社会实践活动渐入尾声,8:30,团队成员们准时去到了武侯区长寿桥干休所再次踏上了访谈之旅,不同的是今天是回访。

任何秘密都是有时间限制的,过了那段时间它就不是秘密了。这是访谈时崔奶奶由衷的感慨。崔奶奶在战争中从事的是机关情报收集的工作,奶奶一生中最美的年华都奉献给了国家,奉献给了解放事业。从青丝到白发,奶奶一直都遵守着职业操守,即便现在,她仍然保守着对我们来说已经过时但对她来说仍旧是神圣不可侵犯的机密。都说没有共产党就没有新中国,但准确地来说是没有共产党的那些战士们的努力拼搏就没有我们现在的安居乐业。

在那个红色的战争年代,除了在战场上浴血奋战的战士,名留千古的战斗英雄,还有很少出现在人们视野中的无名英雄,他们在战场后方默默付出,不求回报,无怨无悔。他们不应被遗忘,他们无私奉献的精神更值得传承学习。

【篇六十】

不忘烈士抛忠骨

七月骄阳似火,炎热酷暑并没有阻碍我们团队前进的步伐。即使活动已经接近尾声,我们依然保持着刚开始时的热情,今天赴附武侯区长寿桥干休所进行联谊会的彩排活动,并对前几天的入户采访活动进行了回访。

一早我们就前往干休所的活动中心准备联谊会事宜——进行多次彩排活

动。活动过程中，我们每一个人都热情、充满青春活力，对干休所干部提出的意见虚心接受，合理采纳，彩排也进行得非常顺利。希望十九日正式联谊会的时候，干休所的老爷爷和老奶奶们能够共享青春活力，在欢声笑语中度过一个愉快的下午。经过短暂的休整过后，我们继续回访活动。天有不测风云，中途下大雨，却丝毫没有减弱我们继续活动的激情。老红军爷爷们面对我们的又一次到来，热情依旧，对之前回答我们提出的问题进行了补充说明，把生活细节更是毫无保留地讲述给志愿者们听。他们即使已经是耄耋之年，但由内而外的散发着“天下谁敢与争锋”的气魄。

一个民族特有的民族精神，既要对民族传统继承，又要不断适应时代的需要，使历史与现实相结合，使民族精神真正体现传统精神和时代精神。通过这场活动，我们深感如今幸福生活的来之不易，纷纷表示要传承和发扬革命精神，树立远大理想，不忘烈士抛忠骨，民族复兴中国魂。

在实践过程中，校领导及老师对志愿者的活动开展悉心指导

十、图片集锦

共阅相册，志愿者与抗战老兵追忆红色集体友情

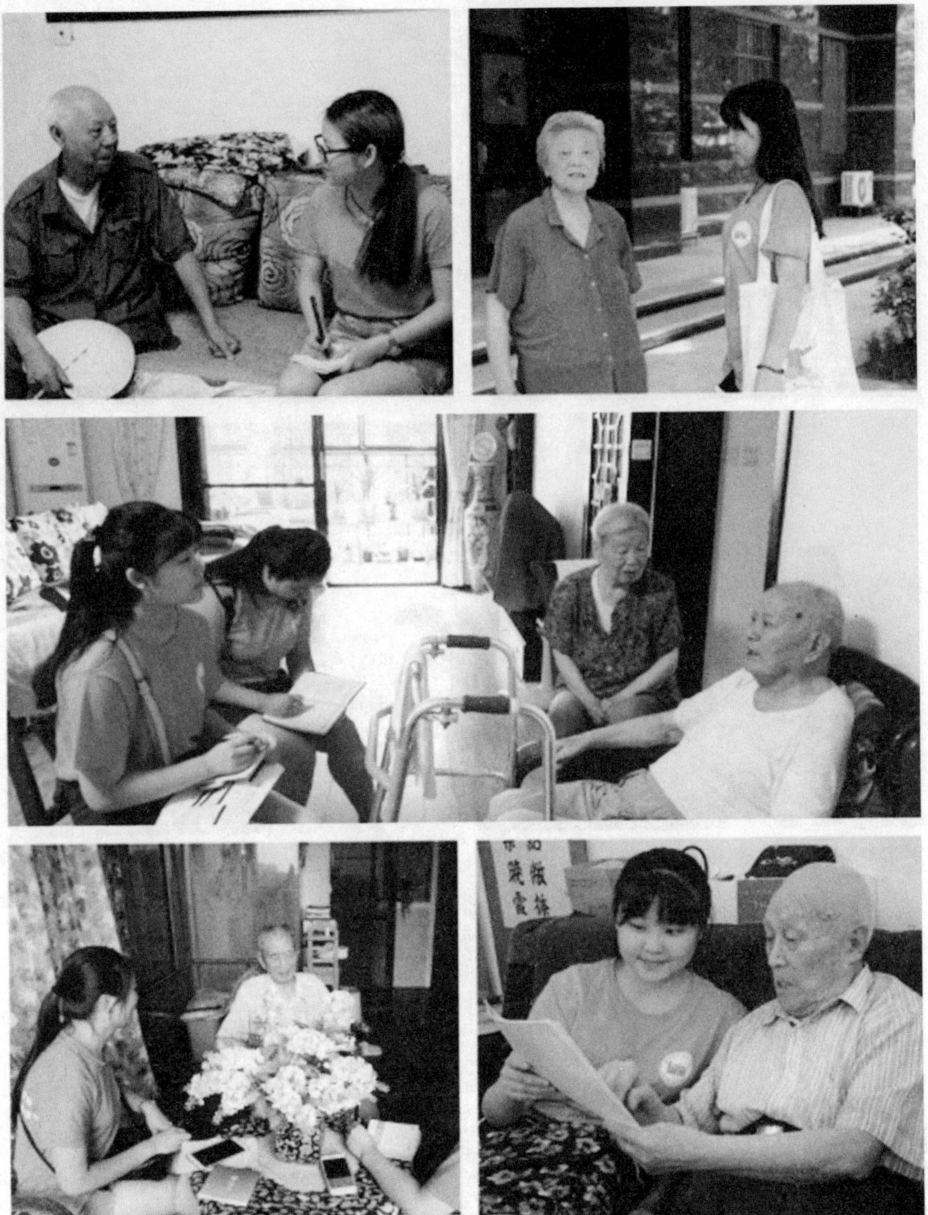

在入户访谈中，与抗战老爷爷一同追忆往昔峥嵘岁月

志愿者入户采访“双枪”李向阳爷爷，并与其合照纪念

一枚勋章,荣耀不败,精神不朽

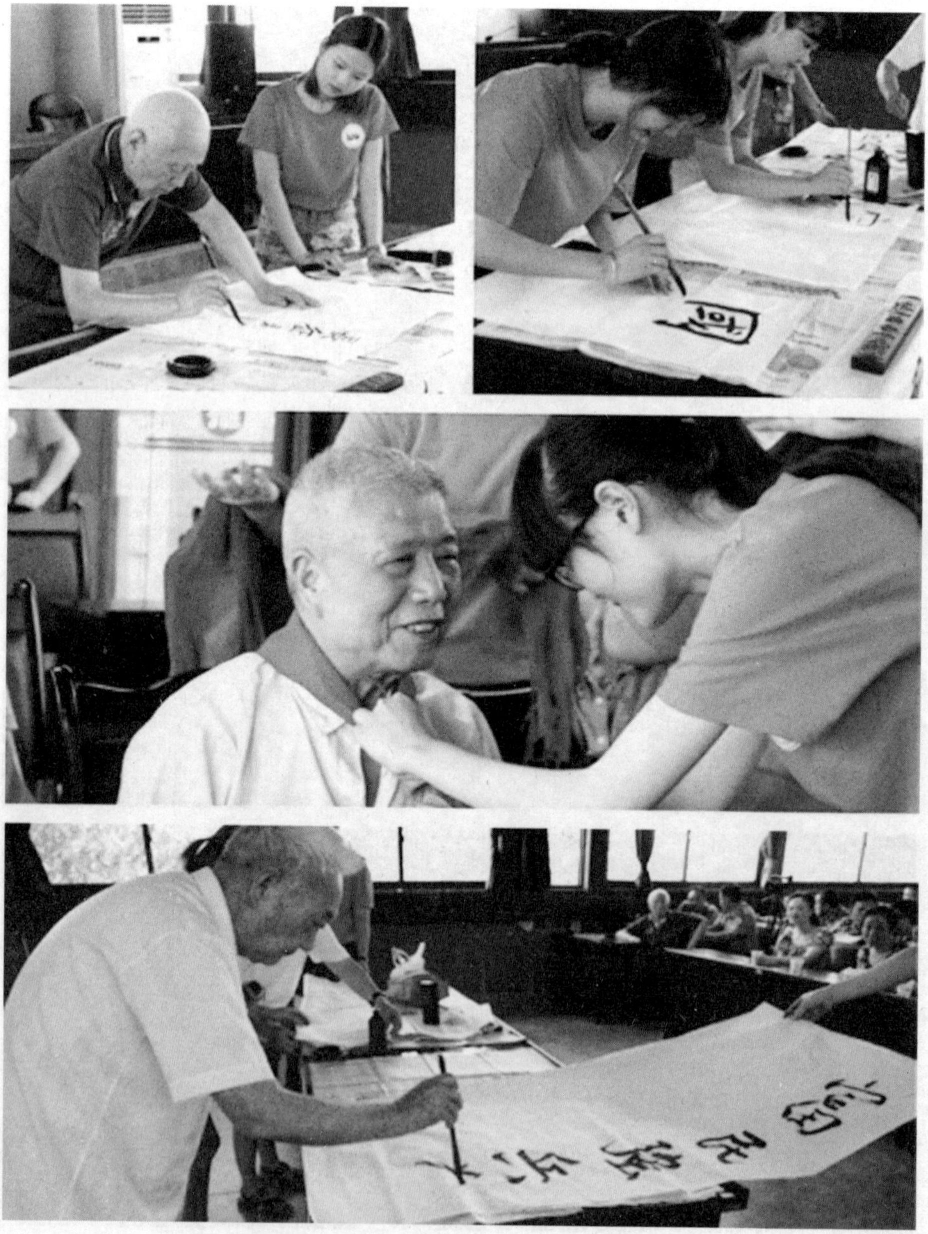

“富民、强兵……”贺坤爷爷每一次落笔都情系家国

十一、媒体报道

中国新闻网、新浪网、教育导报、四川日报、四川教育网、成都日报六家媒体对此次活动进行报道，弘扬红色精神传承红色基因，呼吁更多的人参与其中，传承红色精神！

十二、对此次暑期三下乡活动的整体感受

在此次的三下乡社会实践活动中，我们认真准备，认真配合做好各项工作，在各项活动中不断锻炼自我，提升自我。在本次暑期三下乡社会实践活动中，我们感受颇深：

1. 追忆铁血岁月，致敬抗战老兵。通过参加社会实践活动，我们得以与抗战老兵们促膝长谈，将思绪一起倒回到那风雨如晦、艰苦卓绝的伟大时代，一同见证他们从抗日战争、解放战争到抗美援朝的峥嵘岁月，在交谈时，他们坚定的信仰深深地影响着我们，让我们感悟到浓浓的革命精神，致敬抗战老兵。

2. 受教育、长才干、做贡献。社会实践活动给我们提供了一个学习社会知识的舞台，通过参加此次社会实践活动，我们在实践中受到了教育，锻炼了自身的才干，增长了见识。比如，在这过程中锻炼了我们分工协作的能力，交际能力，组织能力等等，让我们在实践中学到了很多宝贵的、在书本中无法学到的社会经验。而社会实践，作为一种把理论知识运用于实际的重要形式，又能够很顺利地让我们做到校外实践与校内实践相结合，达到两方面平衡发展的理想目标。

3. 红色追梦，展现成职风采。通过访问抗战老兵，让我们更加了解历史，正视历史的同时树立报国之志；拓宽了我们的视野，促进我们形成正确的历史观，对以后我们成为一名优秀的对外交流人才奠定基础。通过参加大学生三下乡社会实践活动，充分展示了青年大学生的风采，展现出良好的精神风貌。虽然此次三下乡社会实践活动已结束，但留给我们的是无尽的思考和感悟，实现了书本知识和实践知识更好结合的同时也帮助我们树立正确的世界观、人生观和价值观。

附录1：

鸣　谢

2016年的夏天，成都职业技术学院财经分院的暑假“三下乡”实践活动正式落下帷幕。在短短的12天时间里，我们志愿者们努力践行“青春建功十三五，携手共筑中国梦”，带着青春活力，积极投身于此次“重温红色经典，精耕蓬勃未来”的实践活动，贴近历史、补充历史，传承红色精神。经过这一次“三下乡”的社会实践，让我们第一次亲身接触抗战历史，感悟红色精神，共忆革命友谊，在实践中“受教育、长才干、做贡献”，提高我们成职院学生的综合素质。

这次实践让我们学会了团队之间的合作，与人之间的交往，处理事情的灵活，体验了社会的百态，同时提升了自身价值，学习到志愿者的奉献精神。这一切为我们以后的工作提供了参考的价值和经验。在实践过程中通过对抗战老战士的访谈，我们了解到当时国家的动荡不安，生活条件的艰苦和医疗水平的落后，这让我们更加珍惜现在和平安定的生活。呼吁让更多的人加入我们的行列，传递红色正能量，这也正是我们本次活动的意义所在。

此次活动时间虽说短暂，但留给大家的志愿者精神必将牢牢铭记在心中。在取得圆满成功的同时，离不开成都职业技术学院各级领导的关心和指导，离不开财经分院张瑞芳院长、梁云林书记和财经分院全体老师的帮助和支持，离不开与本校合作的乐康生命关爱发展中心各级领导的大力配合和关怀，更离不开成都市民朋友的理解和包容，当然也离不开我们志愿者的无私奉献。过往的汗水、艰辛、疲惫在今天看来，都不过是此刻收获的铺垫。我们相信我们会继续在今后人生道上将这种红色精神传承下去，发扬光大，使祖国能够更加美好与灿烂！

附录2：

成都职业技术学院大学生对红色文化认同感调查问卷

您好！本问卷是一项关于当代大学生红色文化认同感现状的调查，希望您能够客观真实地填写问卷，本调查完全采用匿名的方式进行，我们保证不会对您的生活和工作带来负面的影响，调查结果只会用于学术研究，谢谢！

（红色文化：中国红色文化是指中国共产党领导下的中国革命和建设过程中形成的革命理论、革命经验和革命精神凝结而成的革命传统。）

1. 性别——(　　)

A. 男　　B. 女

2. 您的专业是——(　　)

A. 文科　　B. 理科

3. 您了解红色文化吗？(　　)

A. 没听说过　　B. 了解一点　　C. 了解　　D. 非常了解

4. 您是否对红色知识感兴趣？(　　)

A. 没兴趣　　B. 一般　　C. 感兴趣　　D. 非常感兴趣

5. 您的学校会举办一些有关红色文化的活动吗？如红歌比赛、讲红色故事比赛等(　　)

A. 经常　　B. 偶尔　　C. 很少　　D. 没有

6. 您觉得您周围的同学对红色文化的了解程度怎样(　　)

A. 比较了解　　B. 一般　　C. 知道一点　　D. 不知道

7. 您所在的学校有宣传红色文化的网络吗(　　)

A. 有　　B. 没有　　C. 不知道

8. 您觉得红色文化对您的学习和生活是否起到积极作用(　　)

A. 总是　　B. 经常　　C. 有时　　D. 没有

9. 您一般通过哪些途径了解到我国的红色文化(　　)

A. 上网　　B. 课堂

C. 长辈教授　　D. 参加一些有关红色文化的活动

E. 媒体宣传　　F. 通过自己看书

10. 您所在的学校有开设一些有关红色文化的课程吗(　　)

A. 有　　B. 没有

11. 对于那些有关红色文化的活动,您觉得(　　)

A. 无聊　　B. 有趣　　C. 看情况

12. 当您发现那些红色革命遗址遭破坏时,您的态度是(　　)

A. 气愤并阻止　　B. 惋惜但无能为力

C. 无所谓　　D. 我就有破坏过

13. 您认为了解我国红色文化知识对自己将来的发展有意义吗(　　)

A. 很有意义　　B. 有一些意义

C. 无意义　　D. 不清楚

14. 您认为在现在社会有必要大力宣传诸如"勤俭节约、艰苦奋斗"等红色文化吗(　　)

A. 有必要　　B. 没必要　　C. 无所谓

15. 您愿意向您周围的同学、朋友宣传红色文化知识吗(　　)

A. 愿意　　B. 想做,但不了解红色文化

C. 不愿意　　D. 不好回答

16. 如果现在进行课改,红色文化知识列入考试范围,您持什么态度(　　)

A. 支持　　B. 反对　　C. 无所谓

17. 红色文化在当今经济发展与文明建设中所起的作用是否令您满意(　　)

A. 非常满意　　B. 比较满意

C. 一般　　D. 不满意

18. 您认为如何在高校开展红色文化(　　)

A. 红歌比赛

B. 红色文化讲座

C. 组织到红色遗址游览

19. 您认为高校红色文化开展不力的原因是什么(　　)

A. 无人组织　　B. 内容刻板无聊、形式单一

C. 离我们的生活太远　　D. 本人不感兴趣

20. 您一年中经常去诸如烈士陵园纪念馆之类的红色景点吗(　　)

A. 一次也没去过　　B. 偶尔去

C. 经常去

第二章

千名团员"建川"行

一、活动概述

(一)爱国是青年的历史使命

爱国主义是一个民族的精神支柱,是民族的凝聚力、生命力之所在。爱国主义,历来是激励和鼓舞中华民族团结奋斗的一面旗帜,是中华民族千百年凝聚起来的对祖国最深沉的一种感情,是我们这个古老的民族历尽劫难而生生不息的强人的精神动力。五千年的历史长河,作为民族精神的核心,爱国主义始终是中华民族团结统一的精神纽带,始终是凝聚力和向心力的基本源泉,始终是推动中国社会进步的巨大力量。而今,面对实现中华民族伟大复兴的时代重任,习近平总书记对青年发出了明确的指示号召:"我们的责任,就是要团结带领全党全国各民族人民,接过历史的接力棒,继续为实现中华民族伟大复兴而努力奋斗,使中华民族更加坚强有力地自立于世界民族之林,为人类做出新的更大的贡献。"

少年强,则国强。青年充满活力与朝气,充满激情与梦想,是初升的太阳,更是社会发展的未来和希望。青年人继往开来,承前启后,他们是建设中国特色社会主义的主要力量,更是各项改革创新最活跃的部分。爱国,是每一个炎黄子孙的使命,更是激荡在每一位自强少年心中的根本原动力。"中华民族伟大复兴终将在广大青年的接力奋斗中变为现实"。爱国,是每一个青年的历史使命。

(二)青年爱国主义教育的基本要求

1. 爱国主义教育必须以邓小平同志建设有中国特色社会主义理论和党的

基本路线为指导,必须有利于促进社会主义现代化建设,必须有利于促进改革开放,必须有利于维护国家和民族的声誉、尊严、团结和利益,必须有利于促进祖国统一的事业。这是新时期爱国主义教育的基本指导思想。

2. 开展青年爱国主义教育的目的,是要从根本上振奋民族精神,增强民族凝聚力,树立民族自尊心和自豪感,巩固和发展最广泛的爱国统一战线,把广大青年的爱国热情引导和凝聚到建设有中国特色的社会主义伟大事业上来,引导和凝聚到为祖国的统一、繁荣和富强做贡献上来,做有理想、有道德、有文化、有纪律的社会主义公民,为实现建设小康社会、振兴中华的共同理想团结奋斗。

3. 青年爱国主义教育必须坚持重在建设的方针。要按照邓小平同志关于爱国主义的一系列重要论述,搞好爱国主义教育的理论建设、教材建设、制度建设和基地建设。把爱国主义教育贯穿于各项校园文化活动之中,作为校园精神文明建设的基础性工程,作为青年德育的主旋律,坚定不移、长期不懈地抓下去。

4. 青年爱国主义教育必须坚持对外开放的原则。爱国主义绝不是狭隘的民族主义,我们青年既要继承和发扬中华民族的优秀成果,也要学习和吸收世界各国包括资本主义发达国家所创造的一切文明成果。只有这样,中国人民才能和各国人民一道,为促进世界和平和人类进步做出贡献。

5. 青年爱国主义教育必须突出时代特征。爱国主义是一个历史范畴,在社会发展的不同阶段、不同时期有不同的具体内涵。在当代中国,爱国主义与社会主义本质上是一致的,建设有中国特色的社会主义是新时期爱国主义的主题。邓小平同志指出:“中国人民有自己的民族自尊心和自豪感,以热爱祖国、贡献全部力量建设社会主义祖国为最大光荣,以损害社会主义祖国利益、尊严和荣誉为最大耻辱。”这是对我国现阶段爱国主义特征最精辟的概括。爱国主义、集体主义和社会主义思想教育三位一体,有机地统一在建设有中国特色的社会主义的伟大实践之中。

(三)博物馆在青年爱国主义教育中的意义

培根说:“读史使人明智”。学者鲍鹏山说:“重读历史是每个时代的义务。每个时代,只有在重读历史时,才能读懂自己,并且在重读历史时,站到新的台阶上……正是在对历史的重新阐释中,一个时代的价值观才得以显现,一个时代的道德坐标才得以确立;一个时代的良心与正义才能得到检验,一个时代的认知水平与实践层次才能得到证明。同样,一个时代的渺小与卑微、简陋与浅薄也会如影现形;而一个时代的伟大与光荣才能得到弘扬……”“假如那个时代有伟大与光荣的话。”①

中国经过多年改革开放的发展,国民物质生活得到极大改善、生活方式也变得更加丰富多样,社会呈现出欣欣向荣的一面,但同时也出现了一种情绪焦虑、性情急躁的普遍现象,这种“浮躁”在各方面都不够成熟、稳定的青少年们身上表现得尤为突出。而青年需要沉淀。青年正处于价值观形成和确立的重要时期,要坚持勤学、修德、明辨、笃实,沉下心来,“扣好人生第一粒扣子”,使社会主义核心价值观成为自己的基本遵循。“爱国”是社会主义核心价值观在个人层面的价值准则上的首要要求。

博物馆作为收集、保存、研究有关人类历史及见证物的场所,有深厚的文化底蕴、精神内涵,担当着文化艺术教育,传承城市文脉,弘扬民族精神、时代精神和城市精神的重任。让青年走入博物馆,倾听历史的声音,是让他们直接触碰历史的最佳途径。

1. 沉淀浮躁　理性爱国

时下一些面目可疑的“爱国”制造了网络上形似阴霾的喧嚣,一度成了听不得意见、容不得批评的网络恶势力。喧哗当中,有一种声音为肯德基前组织聚集起来的抵制者辩护,认为他们是“朴素的爱国主义”,所以理应受到保护云云。这种辩解,实际上把滋扰消费者当“朴素”,把围困商家当“朴素”,把攻击维安警察当“朴素”,把辱骂同胞“爱国贼”当“朴素”。

不理性的爱国,在个人层面,它制造敌我矛盾,播种仇恨,带来分裂;在社会层面,它恶化社会环境,攻击那些令社会向好的方面发展的良好愿景;在国家层面,它扰乱外交部署与政策周旋,用混乱抵消国家努力,降低中国形象。正如《人民日报》署名范正伟的评论《爱国不是“糊涂的爱”》一文所言,如果只满足于呈现爱国的姿态,甚至以为只要“爱国”就能为所欲为……这不是爱国,

① 鲍鹏山:《天纵圣贤》(前言),中国青年出版社,2006年8月版。

而是害国。理性的爱国,就是民族利益至上的真诚觉悟。在日本法西斯的野蛮屠刀面前,坚决抵抗侵略,捍卫领土完整,维护民族尊严,这是中华民族最高利益。

理性的爱国,就是对伟大信念的执着坚守。我们今天建设全面小康社会、实现国家富强的目标,其征程不可能是一帆风顺的,其间也会不断遇到这样那样的艰难和坎坷。这就要求我们必须坚定必胜的信念,咬定发展不放松,举全民之力,倾全民之智,把国家的综合实力搞上去,把人民的生活质量提升上去,以此来牢牢掌握发展的主动权和国际竞争的主动权。

理性的爱国,就是要理智地对待我国与其他国家和地区的利益摩擦与冲突。要有正确的判断能力和理性的行为能力,不浮躁、不盲从,不逞一时义气、图个人之快,更不会借题发挥,做出破坏社会稳定、损害国家利益的非理性行为,而是使自己的行为真正有利于国家的有序、健康、稳定发展。这样,就能真正抓住发展机遇,就能真正维护好国家的根本利益,实现国强民富、民族复兴的远大理想。

青年尤其需要理性的爱国,需要睁大双眼明辨是非,需要沉淀浮躁,不要轻易被人煽动、利用。战火纷飞、硝烟弥漫的抗战年代离我们渐渐远去,但信仰和方向永远不应离我们远去。让抗战先辈们浴血杀敌的英勇事迹激荡胸怀,让其视死如归的爱国精神震撼心灵。我们倡导的爱国必须有利于中华民族的根本利益,只有具备了理性的爱国,我们的爱国情绪才不会被外在刺激所左右,我们的激情才不会被阴谋家利用,爱国也才能成为一种促进社会和谐、增进国家利益,从而有利于社会中每个人的精神资源。

理性爱国,才能让国家平稳地走向富强。

2. 重读历史 激荡情怀

波澜壮阔的时代呼唤信仰坚定的青年,信仰坚定的青年造就波澜壮阔的时代。每一代青年的身上都深刻着每一个时代的烙印,每一个时代又被每一代青年推着滚滚向前。当一个时代的责任赋予了一代青年,那么这个时代的荣光必将照耀这一代青年。

从“不惜唯我身先死”的邓恩铭到“足以为党之模范”的左权,从“舍身炸碉堡”的董存瑞到“集体主义楷模”的邱少云,从“公而忘私为国家”的雷锋到

"用爱心感动中国"的徐本禹,从身残志坚的张海迪到捍卫圣火的金晶,从"微笑劳模"李素丽到"最美女教师"张丽莉……他们的形象因坚定的信仰而光芒万丈,他们沉淀信仰的力量,树立起精神的灯塔,指引志同道合的青年扬帆远航。

邱少云董存瑞的时代已经过去了,鲁迅先生曾说过:"必须跨过那站着的前人,比前人更加高大"。审视"前人",阅读过往,我们远离了金戈铁马的战场,黯淡了刀光剑影的锋芒,远逝了马嘶鼓鸣的砍杀,吹散了狼烟滚滚的尘埃。可那曾经惊天动地的抗争,可化为无声的图像,化为冰冷的文字,定格于展览窗口中,融化于残剑折戟中,静静地呈现于我们的眼前,重现着历史的恢宏和残忍。一遭走过,就仿佛经历了那一段艰苦的岁月,体验了那如火如荼的抗争,每一个青年,都会认真地去回想邱少云烈火烧身的痛苦、董存瑞舍生取义的凛然,重读历史,让爱国的火焰在青年们的胸膛中熊熊燃烧。

3. 以史为鉴　明确方向

建川博物馆作为成都职业技术学院青年爱国主义教育基地,占地500亩,建筑面积近10万平方米,拥有藏品800余万件,其中国家一级文物404件。博物馆以"为了和平,收藏战争;为了未来,收藏教训;为了安宁,收藏灾难;为了传承,收藏民俗"为主题,建设抗战、民俗、红色年代、抗震救灾四大系列30余座分馆,已建成开放25座场馆,是目前国内民间资本投入最多、建设规模和展览面积最大,收藏内容最丰富的民间博物馆。

残破褴褛的血衣、弹孔尚存的冰冷钢盔、仍然可以发出尖厉鸣叫的报警器、泛黄的战时良民证、血迹斑驳的日记本、冰凉刺骨的侵华纪念章、照片上一张张有着或惊恐或愤怒表情的面孔……除了这些博物馆里展示的体现战争血腥的物品,园区角落的库房里还紧锁着岁月的沧桑。白晃晃的日光灯下,铺天盖地的旧报纸、老照片、书信、镜鉴、雕塑、像章,让人感觉像是掉进了一片淤积了几十年的泥塘,心中沉重无语却感慨万千。

"知止而后有定;定而后能静;静而后能安;安而后能虑;虑而后能得。"年轻人需要沉淀,需要目标,更需要信仰。信仰是灵魂存在的基石,信仰是灵魂升华的源泉。当一个涉世不深的青年站在人生的十字路口时,他是否背负着信仰前行,直接决定了他灵魂的贵贱高低。毫无疑问,每一个有志青年都会选择不停地沉淀信仰的力量，不断修正前进的方向。建川博物馆中的文物、图片、陈列、文字等等所呈现的直观历史能够更快地让浮躁的青年安定下来，在不知不觉中去感受、思考，从而激荡起青年的爱国主义情绪。

为深入贯彻落实党的十八大、十八届三中全会、省委十届四次全会和市委十二届三次全会精神，以及团中央、团省委重点工作要求，根据《关于印发〈关于培育和践行社会主义核心价值观的实施意见〉》（成委办〔2014〕18 号）、《共青团成都市委员会办公室关于加强在校学生思想引导培育和践行社会主义核心价值观工作的实施意见》（成青办〔2014〕41 号）文件精神，2014 年 9 月 21 日，成都职业技术学院团委组织开展了"百名支书建川行"社会主义核心价值观主题教育活动，输送了首批共计一百名青年团干赴建川博物馆接受爱国主义教育。

"百名支书建川行"活动旨在培育我院青年学生爱国情怀，通过对历史实物的参观，树立广大成职青年不忘历史、缅怀烈士、珍惜当下的人生观念。以点带面，活动在全院选拔了 100 余名支部书记参加，参观后以支部为单位开展各类分享、主题团日活动、座谈会等活动，将在建川博物馆受到的爱国主义教育影响扩散到全院所有支部。此次"百名支书建川行"讲解工作全部由暑假在建川博物馆进行"三下乡"社会实践服务的旅游分院导游专业学生担任。

在首批"百名支书建川行"活动参观结束后，同学们纷纷表示，通过这次参观活动，开阔了视野，增长了见识，接受了爱国主义教育，升华了思想，真正是受益匪浅、受用终身。因此，共青团成都职业技术学院委员会积极与建川博物馆接洽，在建川博物馆建立成都职业技术学院"爱国主义实践教育基地"。2015 年开始，"百名支书建川行"活动升级成为"千名团员建川行"活动，每年度选送 1000 名学生青年团员赴建川博物馆接受爱国主义教育。截至 2017 年 5 月，成都职业技术学院选送青年教师、学生团员赴建川博物馆参观达 2500 余名，形成心得体会 1000 余篇。

二、实施方案

（一）活动主题

"追寻旧日红色记忆，激荡拳拳爱国之心"——千名团员建川行爱国主义

主题教育活动

（二）活动目的

1. 重温红色记忆对于激发青年学生的爱国热情，振奋民族精神，增强战胜困难的信心，凝聚青年力量，同心同德推动经济社会又好又快发展，奋力开拓改革开放和社会主义现代化建设新局面，具有十分重要的意义。

2. 通过开展爱国主义教育活动，贯彻落实科学发展观。通过每年一千名团员的参观、思考、分享，以点带面，激发全校青年学生的爱国主义热情，引导广大青年树立正确理想、信念、人生观、价值观，继承和发扬爱国主义传统，对于振奋民族精神，增强民族凝聚力，为建设有中国特色社会主义的宏伟事业而奋斗。

（三）活动对象

全院全体青年学生。参与参观活动的青年学生代表由以下渠道选送均可：

1. 大一、大二、大三各团支部学生代表

2. 各分院（部）学生组织代表

3. 花源团工委、院三委学生干部代表

其中各团支部学生代表及各分院（部）学生组织代表由分院负责具体组织选送；花源团工委干部代表由花源团工委负责具体组织选送；院三委学生干部代表由院团委负责具体组织选送。名单统一上报至院团委汇总后，由院团委统筹安排参观。

4. 活动时间

2015 年度至今。

5. 活动推进

日期	事项
每学期第 1 周	完成名额分配，并下发至各分团委、花源团工委、院三委
第 3 周 ~ 第 5 周	各级组织确定人员名单并上报
第 6 周	院团委下发参观安排表
第 7 周 ~ 第 17 周	开启参观之旅，参观后择优提交心得体会至院团委
第 18 周	活动总结

6. 参观要求

(1)严格遵守纪律,服从博物馆参观安排。

(2)做好相片拍摄及新闻稿的书写工作。

(3)所交心得应围绕“践行社会主义核心价值观”“爱国主义教育”“我爱成都”主题。

三、讲解准备

(一)红色文化宣传,召集志愿者

博物馆主要是向后人展示先辈留下的宝贵遗产,而这些遗产可以包含文化遗产以及思想遗产。除了能够让更多人了解历史,还能从历史中学会教训,从而获得思想的进步以及升华。而为了更好地弘扬中国红色文化,宣扬志愿服务精神,旅游分院与建川博物馆聚落合作,以建川博物馆场馆为载体,召集讲解服务志愿者,让更多的参观者深刻体悟到以往的文化特征以及思想主流。特别是一些能够从内心深处激发人们民族荣辱感的遗迹,对于爱国主义思想教育将具有关键性的作用。

建川博物馆所承载的红色文化是在革命战争年代,由中国共产党人、先进分子和人民群众共同创造并极具中国特色的先进文化,蕴含着丰富的革命精神和厚重的历史文化内涵,它具有自己发展的独立历史时间和空间以及其独特的精神品质。然而,由于经济全球化、文化多元化的影响,当代高校大学生对红色文化和红色资源产生了一些消极认识,而红色文化对大学生的爱国主义教育有非常重要作用。建川博物馆包含的红色年代馆列有红色年代章钟印陈列馆、红色年代宣传画陈列馆、红色年代生活用品陈列馆等,有着丰厚的红色文化底蕴。历史的前车之鉴犹如高悬明镜对大学生有导向作用,大学生志愿者身临其境感受红色文化,了解历史真相,正视红色文化,并志愿讲解弘扬红色文化,在对日益衰减的大学生爱国热情有很大的积极带动作用。

前期建设举行工作会议

（二）对博物馆所承载的爱国主义进行深入了解

要保证爱国主义的理念深入人心，达到相应的效果，则应当在基础上强化志愿者们的基础素质，特别是针对人员管理方面，需要规范宣传环节，然后针对具有高素质和悟性的志愿者们进行讲解。而达到这一目标，首先需要强化志愿者们的爱国主义情怀精神，特别是红色文化精神的体现，可以通过博物馆众多的资料文献及视频来得到提升。

志愿者前期学习、参观

建川博物馆所体现的有“爱国主义”精神的场馆不计胜数，主要有中流砥柱馆、正面战场馆、5·12 抗震救灾纪念馆等。志愿者们先通过查阅文献、资料等方式已对其有所了解。在亲身参观这些馆列的过程中，志愿者们被爱国将士的英雄事迹和威武不屈、奋起抗战的民族精神所感染，也深深感悟到广大先烈坚定的革命理想和信念以及同人民生死相依、患难与共、艰苦奋斗的革命爱国主义精神。抗震救灾纪念馆让人切身体会到党和国家领导人真切的爱民之情，深刻感受到中华民族的勇敢坚强和全国人民在地震面前众志成城、上下一心，共同抵御特大自然灾害的伟大精神。在国家和人民的危急存亡之际和天灾人祸的危难之际，只要国民齐心，再大的困难都能被克服，这个重要前提就是需要浓烈的爱国主义情怀。

（三）设定每日宣传爱国主义的工作任务

在自身所受“爱国主义精神”的影响下，志愿者们通过自己的讲解，发挥出博物馆爱国主义教育基地的作用。为了突出志愿者们对每位游客的讲解宣传工作做得细致，我校安排每位志愿者每天至少接待 5 组游客，需要与游客合影并让游客为志愿者写评价。并且在每天工作结束后，每位志愿者之间要进行比拼讲解数量的多少，从而激励志愿者们内部不断竞争，从而形成相互促进，相互督促，共同发展的效果。

完成每日工作任务

由于前期对每位志愿者的思想和义务素质水平及他们对博物馆的文物、展品的文化内涵的了解程度都有了相应的培训及研究，所以后期的讲解过程中，志愿者们针对游客的喜好进行了讲解词的编纂工作。在讲解词的设计和编写上，因前期的资料基本上都是一些简单的介绍和说明，所以在随后的讲解工作中就针对“爱国主义”这一核心主题，结合展览特点，编写出具有针对性，又有现代语言特色的讲解材料，切实提高了讲解的吸引力，使游客在参观的同时，体会到红色文化的精髓，力求在游客了解中国近代史的同时，激发他们不忘国耻，以国为荣的思想。

四、讲解成果成效

（一）成才能力显著提升

从准备讲解到讲解结束，我院学子自始至终都认真对待。参考文献，查阅资料，精心准备导游讲解稿，到博物馆实地考察，耐心听从博物馆讲解员的讲解后结合实际又对讲解稿进行修改整合，再在一次次的讲解中不断完善，最后写出适合我们的切合博物馆的讲解词。学生们都表示他们从一个完全照本宣科地背诵讲解稿，还期间还常常因为紧张而吐字不清的讲解小白，通过慢慢地讲解锻炼变得能够轻车熟路地把讲解稿为听众们讲出来，并根据不同的观众进行侧重不同的讲解，还可以做到不紧张对听众提出的问题进行解答，慢慢地在做志愿者时也学会了更好地同别人进行交流，准确认识到“语言要得体、准确，学会文明地进行交流”“能够树立对象意识，能够根据听众与交际场景的变化，转换自己的表达内容与方式”“在表达过程中，可以添加一些手势，或者是变换语气、声调来传达自己的情绪”的要求不谋而合。

为游客讲解汶川大地震博物馆

他们真正做到把这次志愿讲解活动当作自己分内工作对待，充分利用了这个对他们讲解能力提升的重要平台，使他们的讲解水平、导游词写作能力大幅提高。为以后的导游资格考试埋下了重要伏笔，可以说是这次资源讲解活动为他们的导游资格考试提供了一条捷径，参与项目学生后来基本都考取到了导游证。

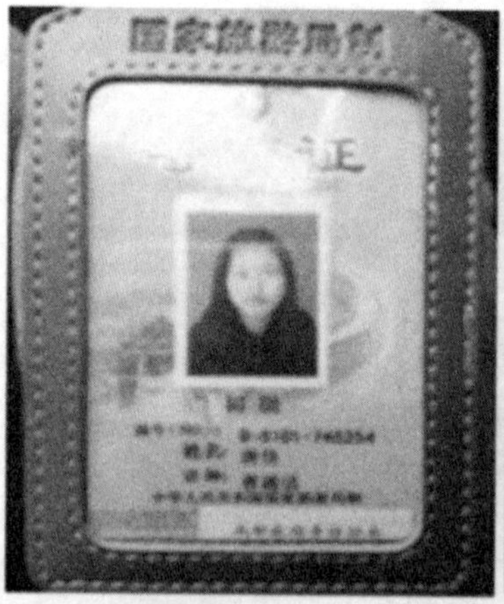

参与此次自愿讲解活动我院学子各方面综合素质、能力都有所提升，在各式各样的游客和各种突发情况的锻炼下，提高了学生的景点讲解水平、语言表达能力、应变能力、人际交往能力，还积累了更重要的实地讲解经验。这是对学生在学校学习到的课本知识运用实际的一次考验，我院学子出色地完成了此次志愿讲解活动，积累了经验也磨炼了心智。为成为社会所需要的人才奠定了基础，离校实习时，他们率先与实习企业达成协议，在实习“攻坚战”中拔得头筹，实习期间他们也发挥出了他们自身的优势，得到了领导和同事的肯定，在行业企业里成为一个小的闪光点。

（二）提高专业素养及综合素质

学生的专业学习能力，组织能力以及其他的综合素质能力都有显著提升。具体表现在，在每天工作结束，志愿者们将进行一个工作总结例会，总结每天的工作，并写出每天接待游客的感想日志及新闻。提出在每天接待中出现的问题，并给予改进意见；在讲解上有哪些新的见解，与众人分享，共同提升在讲解上的专业性；在团队协作方面互相沟通，达到一定的默契程度，就如在同馆讲解的两位同学，应该互相帮助，共同促进彼此默契度，将该馆的讲解服务做得行云流水，成为一个成功的团队组织。

我院学生成为“武侯祠讲解员”，为游客讲解

我校学子在建川博物馆担任实习讲解员期间，学生们首先要把自己在学校里学到的专业知识，和在建川博物馆里实地讲解而学到的知识，两者结合起来，编写成讲解词。然后在面对游客讲解的过程中，不断地完善自己的讲解词。我校学生在此过程中，不仅提高了自身的专业素养，语言组织能力，而且自身的综合素质都得到整体的升华。

（三）示范引导作用

在我校教学过程中，提倡学生养成自主自力的完成个人任务，充分发挥自身特长，这也就能调动学生在学习过程中的主动性和积极性。随着现代教育教学改革的发展，榜样是会随着时代的变化而有所改变和发展的，在教学过程中抓好给学生的示范作用，将调动着学生对教学的态度和参与教学的主动性、积极性，影响着整体教育教学的质量。

国家旅游局万名旅游英才培养计划——大邑建川博物馆义务讲解旅游志愿者服务项目系列报道（一）

2016年4月8日，参加“万名旅游英才培养计划大邑建川博物馆义务讲解旅游志愿者服务项目”的十名志愿者在指导教师赵琪老师的带领下来到了位于大邑县安仁古镇的建川博物馆。

在校园网上发布新闻稿，促进学生积极性

经过为期10天的志愿者讲解活动，我院学子给当地的建川博物馆及前来参观的游客留下了深刻而又满意的印象，队员们也收获颇丰、感受颇深。撰写了新闻稿6篇、日志6篇并由我院新闻部上传至学校官网进行发布，系统地介绍了整个在建川博物馆进行义务讲解时取得的辉煌成就，在校内相关专业学生中起到了良好的宣传效果。

我校通过“万名旅游英才计划项目”活动的开展和工作的推进，让学生们对于文化的认同明显提升，并且也在向更多游客传递抗战文化、保护文化等理念，为博物馆送去帮助，为项目工作的宣传、大学生的自主自立起到了良好的带动作用。通过参与建川博物馆讲解的同学来带动整个学院学生的积极性，再通过网络、报刊、新闻或者是日志、感想来激励着我院学子学习方式的方向。

五、行业、社会影响

（一）助推企业打造，宣传爱国主义

2016年4月，我校组织10名学生到建川博物馆进行志愿者讲解服务，共讲解7个馆列，接待游客400多位，受到游客的广泛赞誉。

我院学子在学校期间受到良好的礼仪服务训练、讲解训练及沟通技巧训练，一旦当学生在实习期间或步入工作岗位，便能展现出不同于旁人的专业礼仪素养、服务精神，在企业中工作时，也会通过这种带动从而提升整个企业的

礼仪接待形象。

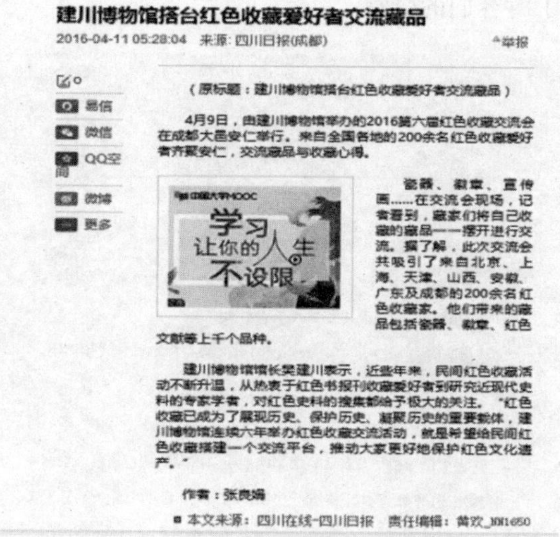

建川博物馆搭台红色收藏爱好者交流藏品

2016-04-11 05:28:04　来源：四川日报(成都)　举报

（原标题：建川博物馆搭台红色收藏爱好者交流藏品）

4月9日，由建川博物馆举办的2016第六届红色收藏交流会在成都大邑安仁举行。来自全国各地的200余名红色收藏爱好者齐聚安仁，交流藏品与收藏心得。

瓷器、徽章、宣传画……在交流会现场，记者看到，藏家们将自己收藏的藏品一一摆开进行交流。据了解，此次交流会共吸引了来自北京、上海、天津、山西、安徽、广东及成都的200余名红色收藏家。他们带来的藏品包括瓷器、徽章、红色文献等上千个品种。

建川博物馆馆长樊建川表示，近些年来，民间红色收藏活动不断升温，从热衷于红色书报刊收藏爱好者到研究近现代史料的专家学者，对红色史料的搜集都给予极大的关注。“红色收藏已成为了展现历史、保护历史、凝聚历史的重要载体，建川博物馆连续六年举办红色收藏交流活动，就是希望给民间红色收藏搭建一个交流平台，推动大家更好地保护红色文化遗产。”

作者：张良娟

本文来源：四川在线-四川日报　责任编辑：黄欢_NN1650

协助建川博物馆宣传

4 月份期间正逢建川博物馆展开 2016 年红色交流会，每天参与人员达到了六百人，为接待来自四面八方的游客，他们用热情大方的奉献精神，彬彬有礼的言谈举止，以及认真细致的讲解态度，与景区讲解员一起，共同圆满完成了景区“红色交流会”期间的讲解接待工作，收到游客的广泛好评。比如：来自南海舰队的退伍军人、山西太原理工大学的老师等，他们都为我们的讲解工作提出了意见和赞扬。由此可见我院学子们用实际行动诠释了“互相帮助、助人自助、无私奉献、不求回报”的志愿者精神。

（二）受到企业管理层的高度评价

我院志愿者圆满完成了为期 10 天的建川博物馆讲解工作，受到诸多游客的高度评价以及建川博物馆馆长的高度肯定。

建川博物馆聚落以“博物休闲，身心双安”的理念，除了向参观者展示中华民族百年真实历史，还为参观者提供了配套齐全的餐饮、住宿、娱乐等服务。志愿者经校内的严格选拔培训后，于 4 月份正式上岗，担任博物馆中 7 个主题系列博物馆的讲解工作。几十页文字在最短时间内背记是志愿者上岗后面临的第一个挑战。尽管任务量大、工作条件艰苦，甚至大部分学生从来没有接触过讲解工作，但志愿者们没有退却，迎接挑战、迎难而上，以精湛的讲解、周到细致的服务赢得了游客们的赞赏。

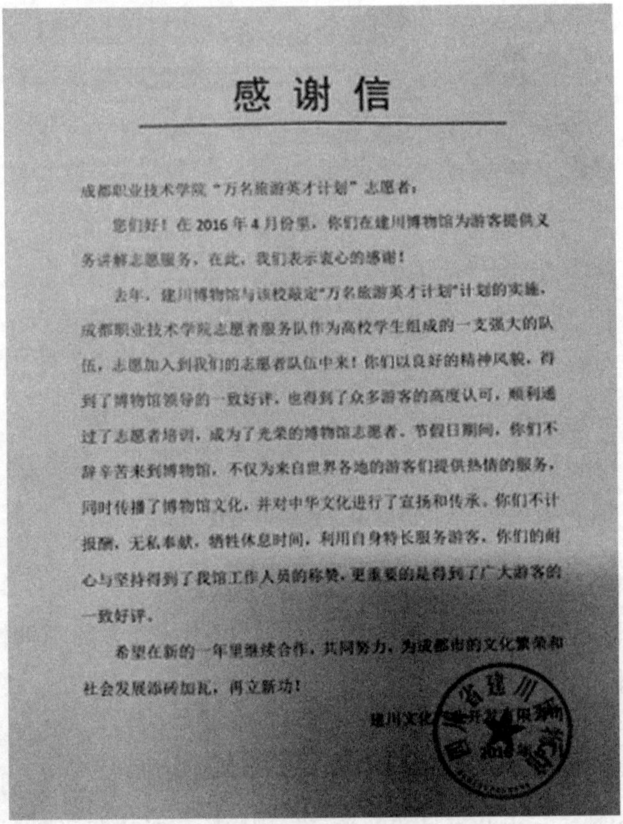

感谢信

成都职业技术学院"万名旅游英才计划"志愿者：

您们好！在2016年4月份里，你们在建川博物馆为游客提供义务讲解志愿服务，在此，我们表示衷心的感谢！

去年，建川博物馆与该校敲定"万名旅游英才计划"计划的实施，成都职业技术学院志愿者服务队作为高校学生组成的一支强大的队伍，志愿加入到我们的志愿者队伍中来！你们以良好的精神风貌，得到了博物馆领导的一致好评，也得到了众多游客的高度认可，顺利通过了志愿者培训，成为了光荣的博物馆志愿者。节假日期间，你们不辞辛苦来到博物馆，不仅为来自世界各地的游客们提供热情的服务，同时传播了博物馆文化，并对中华文化进行了宣扬和传承。你们不计报酬，无私奉献，牺牲休息时间，利用自身特长服务游客，你们的耐心与坚持得到了我馆工作人员的称赞，更重要的是得到了广大游客的一致好评。

希望在新的一年里继续合作，共同努力，为成都市的文化繁荣和社会发展添砖加瓦，再立新功！

建川文化产业开发有限公司

博物馆给予感谢信

在近10天的志愿服务工作中，志愿者先后完成了接待将近600名的游客，其中不乏外籍华裔、退伍军人、大学教授等。此外，在建川博物馆举办的"红色交流会"中，志愿者们以出彩的讲解服务了来自四面八方的游客，为交流会的成功举办做出了积极贡献。

10天的优异表现赢得了建川博物馆的充分肯定，建川文化产业开发有限公司向我校致函表示感谢，并表达了深化合作的愿望。

(三)受到媒体关注并宣传

2016年4月建川博物馆志愿讲解服务中，一名经历过2008年地震的我院志愿者用她真实的感受所讲解的“地震日记博物馆”令人动容，打动了《四川工人日报》的记者，随后记者采访了我院的这位同学，并为她及我们此次活动撰文，展现出我院极具魅力的特色建设和教育模式。

虽然仅有10天的志愿服务时间，但我校的志愿者本着一个学习的态度在博物馆中为游客讲解，不仅有意想不到的收获，甚至还能“以客为师”，让游客为我们讲述他们所熟知的历史。

新周末·四川工人日报　2

那双眼睛一直在看着你……

工人日报报道讲解队同学

他们作为博物馆宣传阵地上的一名讲解员，讲解质量的高低，将直接影响到阵列的效果乃至整个博物馆的声誉。俗话说“要给人一杯水，自己先要有一桶水”。讲解本身就是知识和语言的结合，为了使观众的知识准确有序地融于讲解之中，在后期，我院学子不断提高自己，从而熟练掌握了大量的专业知识，并把自己了解掌握的专业知识巧妙地融会贯通于讲解内容中，取得了良好的讲解效果，并得到了许多游客的认可和赞赏。

在我们接待游客的过程中，我院学子也收到了许多讲解评价。其中就有来自南海舰队的退伍军人为我们志愿者所写的独特评价。这位志愿者用自己的切身经历告诉来自海外的同胞、游客，伤痛已经过去，我们正迈着“中国梦”的步伐急速前进。最让人激动的是，我院讲解队成员何玲玲同学，由于她充满激情的讲解和热情周到的服务感动了一位四川工人日报的记者，这位记者对她进行相关的采访，并在工人日报上刊登了她的志愿讲解事迹，受到了许多高校媒体的关注和宣传。

(四)对爱国主义进行更好的传承和宣扬

整个建川博物馆是以“为了和平，收藏战争；为了未来，收藏教训；为了安宁，收藏灾难；为了传承，收藏民俗”为主题，在进行义务讲解服务时，我院学子秉承这一主题，还以“游客为本、服务至诚”为理念，对每位游客热情服务，文明讲解，乐于助人，一切为游客着想，努力让游客满意。讲解的同时，我院学子也在不断学习，并且带头弘扬民族精神和时代精神，自觉践行着中华民族的传统文化和优良美德。把整个建川博物馆的历史文化更加准确无误、更加具有深度地传播到每位游客的心中，为中华文化做好更加全面的传承和宣扬。

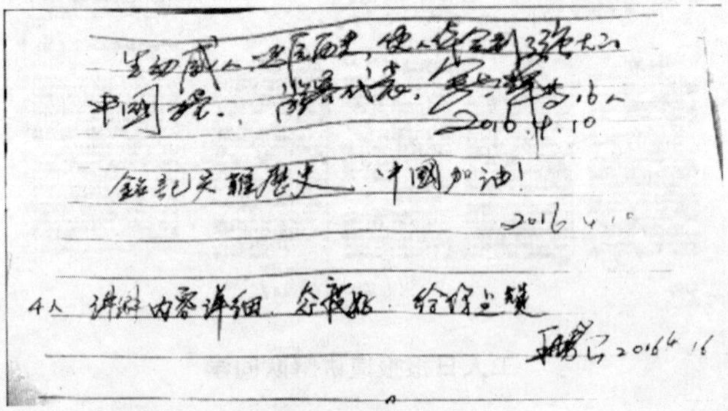

游客评价

经过为期10天的志愿者讲解活动，我院学子给当地的建川博物馆及前来参观的游客留下了深刻而又满意的印象，队员们也收获颇丰、感受颇深。我校通过“万名旅游英才计划项目”活动的开展和工作的推进，为游客送去文化，为博物馆送去帮助，为项目工作的宣传，为大学生的自主自立起到了良好的带动作用。

撰写了新闻稿20篇、日志50篇并由我院新闻部上传至学校官网，进行发布，系统地介绍了整个在建川博物馆进行义务讲解时取得的辉煌成就，起到了良好的宣传效果。

六、千名团员“建川”行感悟

【篇一】

我们强则国强

肖元凤

今天去了建川博物馆参观，早上8:45全体参观的同学都准时在校门口集合坐车，大家的积极性从准时到达的情况就看出来了，同样地，我也是期待去的那一个，多早便在校门口等候，终于等到了上车，在车上就和邻座的同学聊起来了：“建川博物馆都有些什么啊？”上次去过的同学就说：“就是抗战期间的所有一切，别问了，去了就知道了，还是够你慢慢领悟了的。”就这样，怀着期待我们终于到了建川博物馆。

领了门票，我们这群好奇宝宝就迫不及待地冲进了馆内，明明就有一个美女导游为我们讲解馆内文物的来历，可是我们却喜欢东瞅瞅西看看，充分的发挥着我们的想象，自己解释着。就这样走完了一个馆，却发现自己除了看到了抗战时期的文物，其他的都没什么收获。换馆参观的时候，我便改变了战略，跟随美女导游，她生动形象的讲解，将我带进了抗战时期的惊心动魄中，有小

孩为了抗日牺牲自己的,也有青年为了完成崛起中华之梦而捐躯的,也有年迈老人为国而死的。他们死得其所,死得壮烈,死得光荣。而可恨日本人,为了侵占我们的领土,残忍地杀害手无寸铁的百姓、粗鲁地掠夺中国人的财物、变态的欺辱中国的少女、妇女。他们做着畜生的事,却从未觉得丢脸,而我们同胞却选择宁死不屈,最终我们成功了,造就了现如今繁荣富强的中国。

看着这些文物和抗战重演的场景,不免让大家都陷入了沉思,铭记国耻,铭记历史,发展未来,我们的重任是什么?或许在很多人自己看来,觉得国家的发展,我能做什么啊?我又不是伟人,我又不是壮士,我无能为力,其实他们想错了,我们才是国家富强繁荣的关键,没有我们的努力,没有我们坚持,何来的家庭,何来的祖国?我们才是中心,我们才是重头戏,我们需要努力。我们需要将自己发展得更好,只有将自己发展得更好,才能带动整个中国发展得更好。

同时这次建川之行也让我明白了,现在的我们如此幸福,我又有什么借口不努力不认真不把自己发展得更好呢?我们要好好珍惜现有的幸福,还要把它变得更加美好,虽然我是一名普普通通的人,虽然做不到像抗日战士那样,为国捐躯,但是,作为当代青年,我能做的就是发展自己,将自己变得优秀,从而最终提升国家素质,提升国家经济水平。发展中国,强大中国,繁荣中国,我们义不容辞!

【篇二】

勿忘过往　开拓辉煌

会电 153－2　李林

抗日战争胜利七十周年的庆典刚刚过去不久,我们激情依旧。为纪念革命先烈、践行社会主义核心价值观、弘扬爱国热情,财经分院学子们满怀激动的心情参观了建川博物馆。

首先参观的是中流砥柱馆。这个展馆主要是展示中国共产党的抗日斗争情况。一件件实物,一个个场景,让我们重温了在那个日寇铁蹄横行,战火纷飞的年代,中国共产党如何克服种种难以想象的巨大困难,依靠群众用游击战、袭扰战等形式在敌后进行了艰苦卓绝的抗战,给日伪军造成重大杀伤,为抗日战争做出了不可磨灭的历史贡献!

战争是残酷的，有人牺牲，也有人受伤被俘。在不屈战俘馆，我看到抗日勇士在不幸被日军俘虏后受到的种种非人虐待，日军企图摧毁他们的抵抗意志，让他们成为鹰犬和走狗。但绝大部分中华儿女展现出了惊人的顽强意志，与日本侵略者进行了坚决斗争，英勇不屈，令人十分敬佩。他们是英雄。

尽管日军装备齐全，八路装备简陋。但最终穿草鞋的仍然胜利了穿皮靴的！

历史不容忘却。今年是抗日战争胜利七十周年，我们国家举行了隆重的纪念仪式，我认为是非常必要的。日本政府至今仍不承认侵略罪行，一再掩盖和粉饰侵略事实，拒绝道歉，参拜供奉着二战战犯的靖国神社，不断伤害中国及亚洲其他受害国家人民的感情，真可谓是死不悔改，可恨至极！而在中国社会内部，各类抗日神剧迭出，剧情荒诞不经，完全不尊重历史，对青少年是一种极大的误导。且部分国人似乎忘记了侵华战争给中华民族带来的巨大灾难，不思为民族崛起做贡献，崇日媚日思想严重，类似于蜂拥日本抢购马桶盖的行为让我感到羞耻。所以作为一名中国人，去观看樊建川先生创建的建川博物馆，感受爱国气息是非常有必要的。

现如今人们的生活愈来愈好，这是先烈们用生命给我们换来的，我们在建川博物馆找到了正能量，这里的一切都饱含希望与回忆。为践行社会主义核心价值观，我们凝聚正能量，向同学们传递正能量，抗战胜利七十周年深深地激发着我们的爱国热情。一个国家只有凝聚正能量才能富强、民主、文明、和谐；一个社会层只有凝聚正能量才能自由、平等、公正、法治；一个学校只有凝聚正能量才能稳定、发展、积极、向上；一个人只有凝聚正能量才能变得自信、积极、乐观、向上。同学们,让我们都行动起来大力践行社会主义核心价值观,做传递“正能量”的使者,让我们的学校充满着正能量。

往昔的“生命线”,成了促进经济社会发展的大动脉;往昔的抗日战场,也踌躇满志,谋划着美好的未来。建川博物馆是一个应该去和值得去的地方。在这里,我们可以重温那段战火纷飞的岁月,认真思考这个民族的过去和未来:只有强大才能赢得尊重,才能换取和平,才能让类似于法西斯日本这样的国家不敢轻举妄动。抗日先烈永垂不朽,中华民族奋斗不息!让我们新一代大学生开启新的时代,创造新的辉煌!

【篇三】

天下兴亡,匹夫有责

会电153-3班　罗旺

这次参观博物馆从中感受到很多中国的历史,以前对中国的历史只是了解一点点皮毛,今天参观了建川博物馆,通过讲解员的讲解,对我国过去的那一部分历史有了很多的了解。

中国人民抗日战争和世界反法西斯战争,是正义和邪恶、光明和黑暗、进步和反动的大决战。在那场惨烈的战争中,中国人民抗日战争开始时间最早、持续时间最长。中国人民抗日战争胜利,是近代以来中国抗击外敌入侵的第一次完全胜利。这一伟大胜利,重新确立了中国在世界上的大国地位,使中国人民赢得了世界爱好和平人民的尊敬。这一伟大胜利,开辟了中华民族伟大

复兴的光明前景，开启了古老中国凤凰涅槃、浴火重生的新征程。

历史，是人类记忆的年轮，连接着昨天与今天，诠释着过去和现在。在关键的时间节点回望历史，是拥抱未来的最好姿态。那场战争的战火遍及亚洲、欧洲、非洲、大洋洲，军队和民众伤亡超过1亿人，其中中国伤亡人数超过3500万，苏联死亡人数超过2700万。绝不让历史悲剧重演，是我们对当年为维护人类自由、正义、和平而牺牲的英灵、对惨遭屠杀的无辜亡灵的最好慰藉。

“历史是最好的教科书，也是最好的清醒剂。”正确书写历史、坚定捍卫历史、深刻把握历史，是科学的历史观。要“坚持正确历史观”，“让历史说话，用史实发言”“我们不说话，历史说话”。历史不仅仅是一连串事件和人物的记录，更是一整套历史观念和价值内涵。

建设这么多的博物馆，就是为了保存最珍贵的民族记忆，就是要永远牢记由鲜血和生命铸就的中国人民抗日战争的伟大历史，永远牢记中国人民为维护民族独立和自由、捍卫祖国主权和尊严建立的伟大功勋，永远牢记中国人民为世界反法西斯战争胜利做出的伟大贡献。

“天下兴亡、匹夫有责的爱国情怀，视死如归、宁死不屈的民族气节，不畏强暴、血战到底的英雄气概，百折不挠、坚忍不拔的必胜信念。”伟大的抗战精神，就是一个民族在紧要关头爆发出的最强大的精神力量，构成了我们历史中最深厚的精神底蕴，沉淀成为中华民族最珍贵的精神内核。抗战的历史，不仅是战争史，更是精神史、心灵史。

历史不会因时代变迁而褪色，事实也不会因巧舌抵赖而消失。建川博物馆纪念中国人民抗日战争暨世界反法西斯战争胜利专场阅兵，就是要同世界各国人民一起凝聚和平的共识，树立命运共同体意识，将和平、进步、发展的主题写在人类共同栖息的这个星球。

【篇四】

参与实践

护理143－3班　张永佶

当听到学校要组织同学去博物馆并在班上选三个人的时候，我迫不及待报名了。很幸运，我被班上选中了。然后在星期四早上九点五十我们集合就坐上校车出发了。

经过两个小时的车程,我看到了一个很壮观的景象,那是名士们的雕像群。我们看了“5·12大地震”的临摹作品,感受了大自然的无情;看了“抗日战争”的照片,让我没有想到的是有同学在看到南京大屠杀的时候在发笑,我不知道这些同学的心里到底在想什么。这些历史的痕迹在我心中都留下了震撼,它久久不能平复。在下午三点时候我们就坐上校车回学校了。

虽然这次社会实践活动已经结束,但观看完毕,给我带来的影响却远没有结束。它使我走出课堂,走出校园,走上了理论与实践相结合的道路,到历史的大课堂上去见识世面、增长才干,在实践中为自己的知识库储备更多的能量。

在参观博物馆的时候,感觉很无聊,很乏味,现在细想起来,才发觉,原来乏味中充满着对历史的新奇与渴望。参加博物馆实践活动给我们这些生活在城市中的学生提供了很好的与历史接触的机会,使我们能更方便地学习更多从书本上学不到的知识。

通过这次实践活动,我增长了很多知识,不断成长,但在实践过程中,我也意识到知识大量缺乏,只会书本运用而不会实践运用等。

“艰辛知人生,实践长才干。”通过这次社会实践活动,使我逐步了解了历史,开阔了视野,增长了才干,并在知识的海洋中认清了自己的位置,发现了自己的不足,对自身能够进行客观评价。这在无形中使我对自己有一个正确的定位,增强了我努力学习的信心和毅力。

回到家后我会更加珍惜在家学习的时光,努力掌握更丰富的知识,并不断深入到实践中检验自己的知识,为今后打下坚实的知识基础。

【篇五】

缠起的脚

记得那残忍的岁月,无数国人为了理想搏斗……记得那封建的年代,无数女人早已被定下了命运……记得那可怕的瞬间,山崩地裂,人们的心紧系一起。它——博物馆,帮助我们记录下那些残破的记忆,整合成一段我们不可逃避的历史。

今天，我们将课堂搬出教室，去建川博物馆参观学习。我记忆最深刻的是“三寸金莲博物馆”。

当导游姐姐提起“三寸金莲”的时候，我的好奇心便被提了起来。可是，我进馆以后才知道这是一段多么令人悲伤的历史。三寸金莲，是对封建社会女人小脚的一个雅致的称呼。要有一双好看的小脚得从五六岁就开始缠脚，每过两三周就要换一双更小的鞋，将脚紧起来。对于小脚的不同等次也有不同的称呼，三寸为金莲，四寸为银莲，五寸或五寸以上变为铁连了。可是看似好看的小脚却将女人的一生缠了起来……

走进馆中，踏到的是凹凸不平的地板，导游姐姐说，那是缠脚女人坎坷的一生。首先看到的是两幅骨骼图，一幅是正常人的脚，一幅是缠过后的脚。两个图，正常人的脚健康而平展，而缠过后的脚却不堪入目。缠脚后，脚背的骨头会拱起，除大指外四指都会向脚心弯曲，看了实在令人心寒。再走进馆里一点，一双双精美的小鞋令人眼花缭乱，美是美，可是这病态的美却令人心痛。我不禁感叹道：“我们真幸运，没有生在那愚昧无知的年代。”令我最为激动的是一只“大笼子”，那笼子里放了一把椅子，椅子上有一双精美小巧的小鞋。导游姐姐说，那是象征着当时的女人都像美丽的金丝雀，一旦缠脚就像金丝雀被关进了笼子里一样，永远失去了行走能力，永远失去了自由的人生了……我听完后还禁打了个寒战，实在是太可怕了。

为什么，为什么要将这些女人的一生缠起来？没有了自由的人生，每天给自己做嫁衣的生活算什么？但是在这孤独与泪水中的生活，在帝王家寂寞的做女工的生活是她们唯一的生活方式。

所以只有正视历史才能悔前人之过，我们要铭记历史，铭记耻辱，铭记这些缠脚的女人被缠起来的一生！

【篇六】

建川之行　勿忘昨天

外语部商英二班　宋芳琼

3 月 21 日，学校组织我们去参观了建川博物馆。很早之前就听过建川博物馆馆长的讲座，对于这座博物馆，一直都很好奇，今天终于有机会可以进入这座巨大的历史画卷,我和大家一样怀着激动的心情走进博物馆,走入兵团的过去……

我们是在上午十点钟到达的博物馆,刚一到博物馆就有美丽的解说员姐姐带我们去参观。第一个来到的是红色年代章钟印陈列馆,一进馆就看到大量毛泽东主席的印章及图片,这里为我们呈现了毛泽东主席带领当时的人民进行抗战的景象以及人们对他的歌颂;第二个来到的是正面战场馆:在这里,我们看到的是在抗战时期,英勇的战士们在正面战场上奋起抗击敌人的画面,馆内利用3D技术以及场景回复等方式,为我们真实的呈现了当时战争的残酷,到处都是战火燎燎,一片狼藉。跟随着博物馆解说员的脚步,呈现在眼前的是军垦,战士垦荒时用过的农具坎土墁、地窝子、爬犁子都尽在眼前,那房子、那拖拉机、那树,一家人住在十多平方米的平房内,哪有什么卧室、餐厅、厨房、书房之分,就连家里养的鸡也在做饭的案板下面和人们同居一室。给我印象最深的是那些博物馆中打满补丁的军棉大衣、裤子、袜子等等,望着那些被缝补的痕迹,心里不禁惊叹当年军垦战士吃苦戍边的精神,这是他们依靠自己的双手创造出的生活奇迹。回想到革命先辈们所在的那个激情燃烧的岁月,太激动了!太真实了!接下来是国防兵器馆,在这里,我们看到了战争时期的各类兵器,从冷兵器的刀枪剑戟到热兵器的枪大炮,这里凝聚了前人的智慧,这里展现了战争的残酷。从小到一只手枪大到炮弹火箭,这些冷冰冰的物件为我们赢得战争的胜利起到了协助作用,因此虽冷,却也暖。展厅展出的1300余件珍贵文物、图片,将大家带进了那个无私奉献、艰苦奋斗、忘我牺牲、充满激情的岁月。

上午我们参观的最后一个展馆是三寸金莲馆,看着那一双双手掌般大小的鞋子我真的发自内心的感叹了一句:能生活在现在这个年代,我是多么的幸运啊,在以前那个年代的女孩们无一不是从小就开始裹脚,听讲解员讲这那些裹脚女孩的过去,用"心酸"这个词都不能概括她们所承受的痛苦,因为她们从小一开始裹脚就等于失去了跑和跳的资格,想想现在的小孩子,哪个不喜欢跑跑跳跳的,我们小的时候谁没有跑过跳过,可是她们却从没有享受过这个自由,甚至有的小女孩因为裹脚造成了下半身的终生残疾,历史上因裹脚至残的人并不少见,而且她们还有个名字叫抱娘子,因为想去哪里只有依靠丈夫把她抱过去,这就是古代女人们的悲哀。而且只要你的脚大于当时人们所规定的尺度时,要想嫁出去都很难,那个年代的男子无一不是希望自己的妻子有一双小脚,脚大的只能成为丫鬟,终生伺候别人,我同情生活在那个年代的女人,也为自己生活在这个年代而感到庆幸。

在这二十多个馆中,由于时间关系我们并没有一一参观,但其中有一个馆令我终身都难忘,那是5·12地震纪念馆,我们先去看了在馆外的猪坚强,猪坚强如今我们只能说它胖得很坚强了,从一个小门进入了地震纪念馆,首先看到的是墙壁上那一幅幅的照片,全都是当时地震时的情景,每个人脸上那绝望的泪水,人们绝望跪在一堆堆废墟前面,捧着废墟中亲人的遗物,号啕大哭。顶天立地的五尺男儿在那一刻变成了最普通的人,他刚为人父不久,是一位无微不至的丈夫,慈爱的父亲,孝顺的儿子。不管哪一种身份的人,此刻,他们全都是最普通的人,看着学校门口那怎么数也数不清的白色担架,上面都是刚从废墟中挖出来的尸体,家长们看着那一个个白色的担架。从照片中我们都能看到他们瞬间白了的头发,感受到从他们的脸上表现出来的是生不如死的绝望,尽管自己的孩子已经离去,可是他们中的大多数人却忍受这巨大的悲伤,帮助活着的学生从废墟中走出来,这是一份多么伟大的贡献啊,在那次地震中看到最多的身影就是中国人民解放军,看着他们的事迹,看着他们对我们四川人民的帮助,我只能在心中永远地记住他们,并感谢他们:谢谢你们,没有你们,汶川不会那么快恢复重建。地震中的感人事件比比皆是,让我们在最危难的时候见到了真情,5·12我们永不会忘记悲伤。

就这样,这次的学习参观结束了,在这次参观中,我真实地了解了历史,也知道了前辈的艰辛,更加懂得了我们的幸运,非常感谢樊馆长和学校为我们提供这次的机会,让我们了解到了许多不曾了解的知识。

【篇七】

让历史告诉未来

张迪

曾经飞舞的战旗化成了友好的和平鸽;四处弥漫的硝烟被平安喜乐的氛围替代;针锋相对的敌对双方也在握手言和之后团结互助。似乎过往那些惊天动地的战争、不可磨灭的国耻以及为国捐躯的英灵都在逐渐淡出人们的脑海,可是,不铭记历史,我们要怎样创造未来?

年轻就是希望。作为新一代的大学生,我们应当牢记"国家兴亡,匹夫有责",以中华民族的伟大复兴为己任。为了让同学们感受历史、铭记历史,成职院工房分院的分团委书记丁岚老师于 2015 年 10 月 21 日带领分院的同学来到了位于大邑县安仁镇的建川博物馆。

这次意义非同寻常的博物馆之旅开始了——上午九点,同学们在馆导的带领下经过中流砥柱馆以及红色广场,来到了抗战系列的正面战场馆。映入眼帘的,是那一把把锈迹斑斑的刀枪,是千疮百孔的军装,是威风凛凛的将士们的照片……馆导细心地为我们讲解了卢沟桥事件、西安事变、太原会战、台儿庄大捷……大家屏息聆听,像是走进了一条历史的长廊,静默地感受着历史,缅怀着先烈。

上午十点半,同学们紧随着馆导走出了正面战场馆,来到了第二站:不屈战俘馆。早晨的空气清新而凉爽,大家的心情却是庄重而肃穆。走在进入展馆的通道上,一步一声响,声声都在敲打着我们的心。进入展馆,里面呈现了日军侵华期间的种种残暴行为——细菌试验、杀人比赛、生化武器……残酷的历史就这样清晰鲜明地出现在我们面前,大家捶胸顿足、义愤填膺,一颗颗爱国的赤子之心在强烈跳动着!同时我们也想起了那时被俘的我军士兵,他们坚毅的军容、飒爽的军姿以及面对敌军时不屑的眼神都在告诉我们：国家兴亡，匹夫有责。

踏着沉重的步伐，我们走出了不屈战俘馆，出口处的一汪池水让大家的心情平静了些许。接下来的飞虎奇兵馆让同学们看到了来自盟友的力量——馆导为我们详细讲述了美军援华的基本情况，以及陈纳德将军和他的飞虎队的传奇经历。历史是残酷的，残酷中却不乏感动。让我们对曾经向我们伸出援手的美国士兵低头致敬，让我们铭记这段中美友好历史！

转眼到了午饭时间，同学们安静有序地来到人民公社大食堂用餐。十月初秋，习习秋风夹杂着青草和树叶的香味，吹过我们的头发，拂过我们的脸庞，和落叶捉着迷藏。午饭后稍事休息，馆导又带领我们前往中流砥柱馆，馆中以照片、资料、实物等物件和地道战、地雷战、青纱帐等场景，陈列出共产党及其领导下的军队八年抗战情况。历史从来不缺英雄。看我们伟大的领导人，看我们英勇的八路军、新四军，看我们威武的抗日名将，在艰苦的环境中，他们高扬民族抗战的旗帜，成为民族的中流砥柱！

下午两点钟，同学们开始了此次博物馆之旅的最后一站——红色年代章、钟、印陈列馆。仿佛历史转了个弯，我们又回到了那个泛黄的年代。在那个年代里，毛主席像章是人人必须佩戴的；座钟不仅是重要的计时器，还传播了红色年代的信息；而掌握了公章就意味着掌握了人们的命运。慢慢走出展馆，绵延不绝的嘀嗒声还在耳畔顾盼流转……

眼因多流泪而愈益清明，心因饱经忧患而愈益沧桑。泱泱中华五千年，经历了挫折然后崛起，熬过了患难然后重生，走过了风雨然后坚不可摧！此次建川博物馆之旅结束了，重温了那段刻骨铭心的峥嵘岁月，爱国情怀与民族精神在同学们心中留下了深深的烙印。铭记历史，让历史告诉未来！

【篇八】

走过建川博物馆

——悼“5·12”地震

对口高职护理153－1班　邓莉

3月31日学校分团委组织去了建川博物馆。在此之前，我对建川博物馆便早有耳闻,建川博物馆,全称建川博物馆聚落,位于四川省成都市大邑县,聚落占地500亩,坐落于国家级历史文化名镇、刘氏庄园所在地安仁古镇。聚落内将建设抗战、民俗、红色年代艺术品三大系列20余个分馆。是目前国内民间资金投入最多、建设规模和展览面积最大、收藏内容最丰的民间博物馆。特别的是这个博物馆并不是由国家投资修建,属政府行为,而是由一位名叫樊建川的个人投资修建的,建川博物馆聚落现馆藏珍贵文物超过800余万件,其中国家一级文物达404件,这在国内民营博物馆中首屈一指。

我们的大部队十一点抵达了建川博物馆,可能是因为,这是少有的户外教学吧,所以同学们的脸上都毫无倦意。首先吸引我的,是园区里的工作人员的穿着,他们无一例外地都穿着那时候川军的制服,一下子,我仿佛已经置身于那个特殊的时代,我们来到了名叫"中国"的地方。往里面走我们看到了老兵手印广场,还在边上便看见了那灰白的广场中心鲜红一片,广场的灰白更加突出了那片鲜红,使人不禁心里一紧。走近了看,原来那片鲜红是一个个印在玻璃板上的红手印,每座手印墙宽约1.2米,高约2.6米,每个手印墙上都排满了手印。听解说员随后的介绍才知道,这些手印全都是抗战老兵的手印,当年正是他们的双手挥舞大刀、长矛,投掷手榴弹,埋地雷,炸碉堡,正是这些手当年挡住了来势汹汹的日本侵略军,力挽狂澜,扭转乾坤,将整个中华民族的未来托起。而之所以把玻璃板排成V字形,是为了寓意胜利。那些红手印大小不一,表明它们来自不同的人,但那些不同的人有着共同的信念,这也是手印墙存在的原因吧,他们把热血洒在了这片土地,换来了我们现在和平幸福的生活。没错,他们是当之无愧的民族英雄。

吃过饭后我们来到了"5·12"汶川大地震博物馆,到这里气氛一下子就沉重了起来。因为那是一场我们亲身经历过的灾难,虽然我们并没有处于震中,也没有同学受伤,但那地动山摇的一刻,还是被我们永远铭记在生命中。建馆人应该是希望还原灾难的本来面目,所以场馆里再现了许多地震时的场景,倒塌的房屋,面目全非的汽车,永远停在14时28分的钟表,一切的一切,都仿佛在向我们哭诉着那时的惨烈。当看到那些在地震中失去生命的孩子的遗物和照片时,鼻尖的酸楚感提醒着我,虽然已近事隔那么久,我却还没有忘却。那些年轻的生命,被上帝选中,要提前和这个世界说再见。所以能留下来的我们，是多么的幸运啊！那些孩子的文具，也被展览了出来，那色彩鲜艳的文具，和逝去生命的黑白，形成了最强烈的对比。而在众多照片中，有一张被放大成两层楼高的黑白照片，被悬挂在显眼的位子。那是遇难孩子的家人，抱着孩子的遗像，站在埋葬了自己孩子的废墟上，我可以清晰地感受到他们脸上的悲痛并没有被黑白的颜色所掩盖。不仅如此，展馆还展出了地震时，那些让我们看到了充满人性的光辉的英雄们的相关物品，有林浩、吴家方、薛枭、范美忠的，甚至还有温家宝爷爷当时用过的扩音喇叭，就是通过那个喇叭，温爷爷把国家的关心传达给了受灾民众，也是通过那个喇叭，灾区人民听见了温爷爷说着的令人安心的话。正是民族的团结，使汶川人民挺了过来。地震博物馆给我的感触太深，以至于后来参观“二战馆”和“武器馆”都心不在焉的。

走出了馆场，回想着今天的所见所闻，我深深地为我是一个中国人而自豪着，我也深深地为我们的民族精神而骄傲着，我想，这会是我人生的一笔宝贵财富，是我思想精神上的烙印。

【篇九】

无法淡忘的历史丰碑

护理 143－2 班 陈小凤

2016 年 3 月 31 日，我们带着忐忑的心情来到了建川博物馆。这儿，是历史的重现地，看着这一座座的博物馆，就如同历史的画卷一幕幕的从眼前略过。

建川博物馆位于四川崇州的大邑县安仁古镇，内建有 18 座博物馆，其中，分为抗战系列、红色年代系列、地震系列、民俗系列四个系列。各个系列下又有不同的博物馆供观赏。

沿路进入馆内，首先去的便是 5·12 抗震救灾纪念馆，已经 8 年了，作为一位四川人，汶川地震的情形这会儿深深地烙印在我们的心里。那一天，让多少人就这么远远地离开了，在我们还没有反应过来的时候，他们就这么一个一个地远走了。馆内，虽然只是一些图片，但看着这些图片，眼睛还是不禁湿润了，2008 年那一年、那一天的一幕幕又从心底袭来。地震无情，人间有爱。在地震面前，所有人团结起来，共同抵抗天灾。当看着那些救灾志愿者的申请书的时候，我的内心无比的压抑，这些，就是我们身边的事，就是8年前的事，他们是和我们一样的生命。那教师护住学生的雕像、那同学互助的图片、那救灾时的用具，是那么的真实，这一切，纵使再过十年、二十年、一个世纪，还是挥之不去。前不久的雅安地震，好在并没有当年那么严重，没多久也就解决了，好在并没有历史重演，不然，又会给多少人烙下心理阴影，虽然，这样也给不少人烙下了不少心理阴影。

接着，我们来到了中流砥柱馆，在中流砥柱馆的侧面绘有万里长城局部图，上面还有毛泽东“指点江山”的雕像。在这馆内，陈列着各种各样的抗战文物，这些，虽在各种抗战片里都似有无有的看到过，但在这里看到这些文物，就有一种别样的感觉，感觉是那么的真实。

再之后，又看了几个博物馆，看三寸金莲馆的时候，感叹裹脚女人悲哀，一生下来就被束缚，穿着那比手掌心大不了多少的鞋子，估计一步步都是钻心的疼吧。或许，当时被束缚的不仅仅是脚吧，还有那些传统的思维，女子无才便是德，夫为天等等，害苦了多少女子呀。

看不屈战俘馆，感叹那些战士的坚强意志、宁死不屈的坚韧品格，痛恨日本的残暴行径。

看红色年代镜面馆，那一面面的镜子，印着灯光，照着墙面熠熠生辉。

最后，略过的便是中国老兵手印广场，那一个个强劲有力的掌印，那一排排鲜红的血印，错落有致的陈列在广场上。相信，每一个掌印背后都有一个故事，一段传奇的事迹，虽然，他们的故事被这时间一点一滴地给冲淡了，但是那一个个血印却会永远地屹立在建川博物馆的老兵手印广场上。

由于时间关系，还有一些馆并没有来得及看，但这一次参观，满载而归。

【篇十】

铭记历史，勿忘国耻

护理143－2班　涂琴

面临着即将走向实习岗位的我有幸参加了学校组织的建川博物馆一日游。一大早我就心想着这是怎么样的一个博物馆，并对它充满了好奇，终于我乘上通往秘密之地的大巴，来到了这个博物馆。

摇摇晃晃中，到了的时候已经是中午了，我们便走在了去食堂的路上。途中经过了一个有很多手掌的地方，我很好奇，但或许是自己有些饿了，也没怎么去看。吃完饭后大家都先自由活动了一下，我一直惦记着那个地方，就返回了那个广场，原来那些都是老兵们的手掌，两千多个革命老兵鲜红的手掌排成“V”字形，仿佛是一个巨大的表示胜利的手势，我用自己的手掌和他们的手掌做了对比，他们的手掌很大，一个个硕大的手掌给我们诉说着革命先辈们坚毅、不屈的精神。

首先我们参观的是5·12汶川大地震博物馆。8年前，那场巨大的灾难使多少人失去了生命，使多少人面临着失去亲人的痛苦，看着博物馆的一切，仿佛那场地震就发生在昨天，那破损的奥迪车，那一辆辆挖掘机，那些断壁残垣的废墟，还有那只在地震中坚强活着的“猪坚强”，它们在向人们展现着那场灾难。博物馆里面陈列着地震中留下来的物品，那些抗震英雄们的衣物，温家宝总理用过的一张地质地图和一个扬声器等。这些物品是那么的普通却又不平凡，它们沾染着灾区人民的泪水，它们浸透着救灾人员的血汗。这些物品就像一面澄净的铜镜，映照出中国领导人对灾区百姓所受的巨大灾难感同身受的痛心和关心，映照出中国政府抗震救灾、帮助灾区人民重塑信心、恢复生产和生活的决心，映照出全国人民与灾区百姓群众心脉相系、同舟共济的真心。

接着我们参观了三寸金莲文物陈列馆，那里面展出了各款各式的三寸金莲绣花鞋，我好奇地比了一比最长的鞋子，还没我手大，这些绣花鞋制作精巧、绣功绝佳。但是这些绣花鞋的主人们却是封建社会官宦士绅们变态审美观的牺牲品，每一双鞋都是一段妇女缠足的辛酸血泪史！看着这些前指尖尖，大小如幼童鞋的绣花鞋，不禁让人觉得那时女人的心酸。虽说人们都不想去提及那些历史，但是因为有这些文物的存在，我们才可以看到进步的中国。

接着就进入了红色年代博物馆系列。红色年代博物馆系列包括红色年代章、钟、印馆、红色年代生活用品馆、红色年代瓷器馆。

进入红色年代章、钟、印馆，就发现这个馆的布置匠心独具、别具一格，一条青石板走廊，没有被粉刷的红色砖墙，每一个格子里都放置着一座造型或古朴或华丽或简约的座钟。那高耸古旧的钟墙，仿佛是一条时光隧道，把参观者们带进了几十年前那个红色的年代。穿过时钟走廊，便是满眼满目的红，数万枚大大小小红色的毛主席头像徽章错落有致，拼贴出各种具有革命意义的图案，铺满了整个展馆的墙壁；各类印章排列有序，印章上残留的鲜红印泥和盖在纸上的大红鲜章，向人们讲述着那个红色年代的故事。参观者们就在这铺天盖地的红色当中，享受着视觉的冲击和灵魂的震撼！

红色年代瓷器陈列馆和生活用品馆，也让没有经历过“文革”岁月的我惊奇不已。瓷器馆里的展品都很精美，但是瓷器上的图案却很单调，几乎是清一色的毛泽东语录、毛主席像、东方红等。就连当时的结婚照，夫妻双方都得拿着毛主席语录。

参观红色年代博物馆后，便来到抗战博物馆。进入抗战博物馆，人们的心情都沉重了许多。墙上那些黑白照片，那些侵略者的面容，让我们不寒而战。面对日寇在中华大地上肆无忌惮地掠夺和对中国人民惨无人道地迫害，整个中华民族空前团结，各方政权摒弃前嫌，建立统一战线共同抗日。在那场轰轰烈烈的保华战争中，中华儿女同仇敌忾，用他们钢铁般的精神和意志，谱写了一曲又一曲气壮山河的战歌。是他们不负祖国重托和民族厚望，用鲜血改写了中国人民受奴役、受压迫的屈辱命运，是他们用生命重书了中华民族落后、挨打、受辱的不堪历史！

参观完抗战博物馆，大家都心情沉重、沉默不语，虽然现在战火早已熄灭、硝烟已然散尽，但是历史不能遗忘，国耻应当铭记，今天的幸福生活来之不易，我们要秉承革命先辈的遗志，将我们的知识、力量贡献到社会主义现代化建设当中，为中华民族的振兴和祖国的富强不懈奋斗！

【篇十一】

牢记史实

护理 153－1 班　赵桂蓉

在 10 月 24 日有幸参加学校组织的一次去建川博物馆参观的活动，我怀着一种平常的心情进去，带着崇敬的心情出来。在参观的短暂时间内使我获得了一次精神上的洗礼。当亲眼看到当年先烈们抵抗侵略者所使用的装备十分落后时，我的心情是震撼的，打赢这场战争更多的是靠民族的团结，坚定的信念和敢于牺牲的精神，这样的收获比在任何一本书或一部电影中得到的都要多。我的心情激动得难以平复，那一段中华民族的灾难史，对于每一个中国人来说都是不该忘记的。也是这样一段中华民族不屈不挠的斗争史，书写了中华民族近代史上反侵略的伟大胜利，无数的中华英雄儿女挺身而出，奉献自己的青春、热血，甚至生命，这些也是我们不该忘记的。先烈们英勇的事迹感动着我，一张张图片上年轻的面孔，坚毅的眼神震撼着我的内心世界，这种精神也是对我们面对失败与困难，面对逆境与挫折的一种指引与力量之源。

参观展馆时，每当看到日本侵略者的物品都有想冲上去灭了它的冲动，但我知道这不行。这是最好的证据，是对日本修改历史，否认侵略，惨无人道的暴行最有力的证明，这也是能告知后者这段历史的最有力的教材。

汶川大地震馆是我最想去的，但由于种种原因只是路过，并没有进去参观。如果说抗战，红色年代离我们太远，感触不深刻，那么汶川大地震给我的就是刻骨铭心的记忆，特别是在我们这些80后、90后的心中。我现在仍然无法找到一个词形容我在看到那些曾经出现在抗震救灾现场中的东西时的感受。它们就那么近，那么真实地展现在我们面前，我虽不是汶川的孩子，但我是北川的一员，我经历过那种亲人天各一方的痛苦，灾难无情，根本没有任何预兆，我们想不到任何应对的对策，面对死亡我们无能为力。

一个个英雄，一个个的先烈，有的也正值20多岁的青春岁月，为了抵抗日本侵略者英勇斗争，受尽苦难、折磨，甚至光荣牺牲，比起他们我显得多么的渺小，因此促进了我努力学习，认真工作的热情。国家兴亡，匹夫有责，作为一个中国人，我们应该牢记，作为13亿人分之一，我该做的就是树立正确的人生观、价值观，立足于自己的工作岗位，勤于学习，努力工作，珍惜这来之不易的生活，努力地实现自己的理想与价值。

【篇十二】

勿忘国耻,居安思危

护理 153 -1 班　叶敏

在参观建川博物馆的整个过程中,印象最深刻的就是古代女子裹脚以及后来日军侵华所犯下的不可饶恕的罪行。

我实在是无法理解,为什么在男权社会的女子就没有一丁点儿的反抗呢?今天在看到“女儿经”的时候我突然就明白了,摧残一个人最残忍的莫过于思想的吞噬。古代女子自小裹足,而且是从有钱人家开始兴起的习俗,也是一代人病态审美导致的恶俗。对于女子而言错误以小脚为美,影响了正常的日常活动。这种渗透着深深歧视和不公的待遇让人对古代女子颇为同情,她们承受了一个时代不公的对待,却只能默默咽下。也好庆幸自己没生活在那个时代,庆幸着这个透着残忍与可恶的陋俗的消失。

而当我参观“抗日战争纪念馆”的时候,让我不忍直视的不只是冷酷无情的战争,和那些惨绝人寰的景象。还有日本军队强奸中国妇女的猥琐且丑恶形象。

看着那些相关资料,图片,和那些受害人的遭遇,我真的不明白怎么可以那么残忍,怎么能那么残忍,那些都是手无缚鸡之力的妇女孩子呀,在他们国家他们难道没有亲戚朋友,或者妻儿老小吗?换位思考一下让人怎么能轻易原谅这样的人!

当解说员告诉我们这个“抗日战争纪念馆”的设计者是一个来自日本的名为矶绮新的人的时候,我突然好为当年犯下罪行的人惭愧,这么多年过去,他们的后代,子孙,凡是有良心和判断是非认知能力的,都会因此有愧于心的吧。明明进行了那些滥杀和掠夺,为什么他们那些作为后代的左翼分子还好意思参拜靖国神社,而且还矢口否认诸如“南京大屠杀”之类的事实呢?真的是让人无比气愤。时至今日,这个问题也没能得到一个彻底的解决,不知道日本政府反反复复所宣扬的大和民族的精神里有没有“诚实”这一项呢?

突然就想到了“勿忘国耻,居安思危”八个字。是的,我们中国还在为实现中华民族伟大复兴而奋斗,在这条发展的道路上我们也要不断纠正自身错误,保证党的高度性和纯洁性,从而引领中国人民一起走向繁荣富强,达到无人可随意欺负的地位,这也才对得起无数先辈的鲜血和付出。而我们新一代大学生也应更加努力,牢记历史,展望未来,这样也才无愧于担当炎黄子孙和祖国的希望。

【篇十三】

勿忘国耻

护理 153－1 班　肖雪雪

在学校的组织下,我们有幸去到见证我国革命历史的建川博物馆,在那里,我们的革命英雄为祖国革命胜利而做出的贡献几乎全部呈现在我们眼前,在导游的带领和解说下,我们仿佛回到了革命战士浴血奋战的战场,他们以不屈的精神抵御外来的入侵,以顽强的生命迎接革命的胜利,革命领导以巧妙的计策带领着战士与敌人做斗争,以精密的作战方针击退入侵的侵袭者。几十年的革命之路终于以 1945 年抗日战争的胜利而结束。

看着博物馆陈列的废墟复原场景,不禁心生悲凉。在那一双双充满渴望的眼睛里怀揣了多少对生命和希望的期盼,最终却永刻在了“5·12”的时光剪影里。在灾难面前,生命是如此的脆弱,同时也见证了生命的顽强。看着他们,我才明白生命犹可贵,且行且珍惜。

看着侵略者对中国人所犯下的罪孽,我有的就是愤怒与悲伤,愤怒同为人类,为何要将自己的快乐建立在别人的痛之下,为何要有战争;悲伤我们的国人如砧板的鱼肉,对于侵略者的烧杀抢夺却无法为国人申冤,即使反抗却没有多大的作用,那时的日子是中国人过得最艰难的日子,面对着国人被入侵者屠杀,中国革命战士依然顽强的抵抗才为后来的革命胜利打下基础。

抗日战争胜利为中华人民共和国成立铺下基础,在历经几十年日本侵略中国的抗战与反抗后,中国战士与人民团结一心,面对外来入侵毫不畏惧,同仇敌忾,终于将侵略者赶出了我们的国土,才有了如今强大的新中国。

【篇十四】

我心飞扬

护理153-2班　王丹丽

这次建川博物馆之行对我来说应该是一次特别的经历，在参观过程中，了解了许多关于中国的历史文化，收获特别多。

在参观的过程中，每一个展馆都以独特的魅力吸引着我，让我享受了一次心灵的激荡，充实了我对中国历史的空白。“艰辛知人生，实践长才干”。这一次对建川博物馆的参观，使我逐步了解了中国那坚强不屈的精神，那艰苦前进的历史，同时开阔了视野，增长了知识，并在知识的海洋中认清了自己的位置，发现了自己的不足。这在无形中使我对自己有一个正确的定位，增强了我努力学习的信心和毅力。

诸多展馆，留给我印象最深的是抗日战争馆。1931年9月18日，日本关东军向中国东北驻军发起进攻。执掌中国军政大权的国民党统治集团却正忙于剿共，对日本侵略者采取不抵抗政策，致使日军于四个月内占领东北三省。中国部分爱国军队和各界群众，出于民族义愤，自发进行了抵抗。九一八事变之后，中国共产党号召全国人民抵抗侵略者，积极发动和领导各地的抗日救亡运动。1935至1936年，中共中央又提出抗日民族统一战线的新政策，要求国民党当局停止内战，一致对外。西安事变和多次国共谈判后，形成了以国共两党为基干，包括各族各界群众和海外侨胞在内的广泛的抗日民族统一战线，为抗日战争的发动和胜利奠定了政治基础。抗日战争历时八年又一个月，据日本方面不完全的统计，侵华日军共伤亡85万人以上，最后投降125万人。八年中，中国军队伤亡近400万人，平民伤亡1800万人以上，共达3500万人，战争消耗和财产损失1000亿美元以上。抗日战争的胜利，是自鸦片战争起一百年间中国反对外来侵略第一次取得完全胜利的战争。这一胜利振奋了中国人民的民族精神，促进了中国的进步，提高了中国的国际地位。

这次参观让我意识到自己在文化素养方面还有些空白需要填补，认识到自己要成为一名合格的共产党员，就一定要努力学习科学文化知识，要多方面了解学习，要培养个人素养，要积极参与各种实践活动，了解社会，融入社会。同时也要提高自己的爱国主义精神，知道勿忘国耻，注重自身发现。

【篇十五】

凝望灾区为逝者默哀

眼视光 153－1 刘静

3 月 31 日上午，学院组织了我们部门学生乘车前往建川博物馆，我很高兴能够和大家一起去博物馆参观历史遗留下来的珍贵物品。

进入博物馆首先映入眼帘的是一片老红军的手印玻璃墙，墙上有很多很多的手印，不过这仅仅是红军数量的冰山一角，“红军”一个在中国领土上无人不知无人不晓的名词。它创造了中华人民共和国可歌可泣的光辉历史，它激励着一代又一代人奋勇拼搏的坚定决心。作为中国人的我们每个人都能够说起祖辈的那些脍炙人口故事，爬雪山、过草地、挖野菜、啃树皮、四渡赤水河、飞夺泸定桥……同时，我们又见证着新一代红军精神的传承与发扬。红军精神，已经成为中华民族深深的烙印。

老红军们一生南征北战，经历大小战斗 150 余次。长征途中，曾三次过雪山草地。参加过土地革命战争、抗日战争、解放战争和抗美援朝战争，荣获过红星勋章、解放勋章、独立勋章和自由勋章，红军精神永存，可随着岁月的流逝，那些经历过战争年代的老一辈革命家们也早已进入耄耋之年，作为后辈的我们，有责任为他们提供良好的生活环境和便利的生活条件，更有责任将他们身上的红军精神加以继承与担当，作为企业，应身先士卒，设身处地为老一辈革命家贡献一份力量。红军精神，薪火相传……

参观完红军手印，我们在导游的带领下来到了 5·12 地震纪念馆。5·12 地震过去已经 8 年了，逝者灵魂早已安息，生者忆起仍然悲痛万分，无限感慨，我看见了大自然的威力，看见了人类在大自然面前的渺小和微弱，看见了生命的脆弱与无常！这场史无前例的特大自然灾害给我们带来了无法估量的损失，我们的朋友，我们的兄弟姐妹，我们的骨肉同胞，都饱受和经历了难以言状的痛苦折磨，尽管我们倾尽了全力，然而，在强大的自然灾害面前，我们依然无可奈何，还是有近 90000 条活生生的生命，都在那一瞬间，永远地离开了我们，离开了他们热爱的生活，离开了他们的亲人和朋友！我痛苦，那是因为许许多多年轻的如花般美丽的生命已经离我们远去,他们是可爱的一代,也是有前途和希望的一代。他们很小,大多稚气未脱,但当我们看见废墟上的那些小书包时,看见那些那飘扬着的红领巾时,我们却再也看不见了他们灿烂的笑脸,再也听不见他们那清脆的童音了。他们本应该享受童年的快乐和幸福,但他们却躺在了那些像豆腐渣的钢筋混凝土下面,与亲人天地相隔……

但我更多的还是感动！地震发生后不久,人民敬重的温家宝总理来了,他带来了抗震救灾的行动和命令,他为灾区人民带来了希望和温暖,他带来了最诚挚的问候和最深情的鼓励。总理不顾年事已高,来到抗震救灾的最前线,全面、系统、高效地指挥着这场与时间赛跑、旨在救人的艰苦战斗。所到之处,看着那么多受灾的群众,已是60多岁的老人也禁不住老泪纵横。他那坚定的、动情的声音"只要有一线希望,我们就要百倍努力,决不放弃!"声犹在耳,令人倍感温暖！大灾面前中国人民展现出来的前所未有的团结与激情,天安门前那几万人口中喊出的"汶川加油！中国加油!"的场景曾几度让我落泪!

此刻,让我们凝望灾区,为逝者默哀,为生者祈福,为国家加油;让我们一起祝愿汶川将会以更加辉煌的姿势在中国崛起;让我们再次大声呐喊:中国加油,汶川加油。

最后博物馆要关门了,我才依依不舍地离开。通过这次参观博物馆,我学到了许多课本里没有的知识,开阔了视野。我暗暗下决心:一定要努力学习,将来为家乡、为祖国的建设贡献自己的力量!

【篇十六】

忘国史

眼视光153-1　罗清

建川博物馆聚落由樊建川先生创建,坐落于国家级历史文化名镇安仁古镇,已创建成抗战、红色年代、地震、民族四大系列共18座博物馆,是国家AAAA级旅游景区。

抗战系列有中流砥柱馆、正面战场馆、飞虎奇兵馆、不屈战孚馆、川军抗战馆、侵华日军罪行馆、中华壮士群雕广场和中国老兵手印广场。红色年代系列有红色年代瓷器馆、红色年代生活用品馆、红色年代章钟印馆、红色年代镜面馆、知青生活馆和邓公祠。地震系列有 5·12 抗震救灾纪念馆、震撼日记 5·12—6·12 馆和地震美术作品馆。民族系列有三寸金莲馆、国防兵器馆、老公馆家具馆和中医文化馆。

我们的向导先带我们去的是 5·12 抗震救灾纪念馆，一眼望去就看到了一个很奇异的房子，上面小牌子写的是“猪坚强之家”，那是在汶川地震的废墟中活了 36 天的一头毅力顽强的猪，向导和我们说‘猪坚强’应该会成为中国最长命的猪。走进馆中，无数的照片、投影和模型向我们展现出地震的可怕，震中人民的恐惧和来自世界各地的帮助。到最后一张照片的时候，我心是颤抖的，有一种热泪盈眶的感觉，那是一张失去了小孩的家长们在已变成废墟的学校操场上双手捧着逝去孩子的相框的照片，我看到了他们眼中的悲痛、伤心、绝望。那是怎样的难过……才能让人一眼就看出。

最让我震撼的是侵华日军罪行馆，那一张张照片，那一张张字据，那播放的一段段投影，无一不让我们愤怒，让我们热血沸腾，让我们为被残害的百姓心疼。在日本人的眼中中国人是“剥了皮的原木”，可以随意地捉来进行各种实验，甚至不放过小孩、孕妇。那是怎样被泯灭人性后才能做出的事。

走出博物馆，我激荡的心久久不能平静，那是中国的历史，我们不该忘记。

【篇十七】

回顾历史，记住历史

动漫 163－1 班　何云辉

学校组织了参观建川博物馆的活动，此次活动让我们这群生长在和平年代的大学生得以有机会重温历史。我便积极地报了名，并带着激动的心情上了前往博物馆的车。当我们坐上返校的班车时，我们这一次的外地实地考察——参观民间最大的私人博物馆——建川博物馆的行程也就结束了，回想这一天的参观，感想还是很多……

清晨，经过大约一个半小时的车程，我们终于来到期盼已久的建川博物馆聚落，此馆由樊建川先生创建，坐落于国家级历史文化名镇安仁古镇内，已建成抗战、红色年代、汶川大地震、民俗四大系列十三座博物馆，是国家 AAAA 级风景区。在工作人员的带领下，我们开始进馆参观。

远离了金戈铁马的战场,黯淡了刀光剑影的锋芒,远逝了马嘶鼓鸣的砍杀,吹散了狼烟滚滚的尘埃。那曾经惊天动地的抗争,已化为无声的图像,化为冰冷的文字,定格于展览窗口中,融化于残剑折戟中,如电视剧一般呈现于我们的眼前,重现着历史的恢宏和残忍。一遭走过,就仿佛经历了那一段艰苦的岁月,体验了那如火如荼的抗争。

在中流砥柱馆,在川军抗战馆,在飞虎奇兵馆……一张张图片定格了那时的艰苦环境,一段段文字诉说了那时的不屈抗争。滚滚长江东逝水,浪花淘尽英雄。历史从来都不缺乏英雄,正是有了这些铁骨铮铮的汉子,有了这些柔韧坚强的女子,那刻板而又艰涩的历史才变得如此鲜活,如此生机勃勃。岁月苍老了他们的容颜,却带不走那一串串熟悉的姓名。在群雕广场,200 多位全民族抗日将士英雄们的群体形象昂首挺立于天地之间,纵贯九州,气宇轩昂,仿佛创造了历史的他们,仍然守护在他们曾抛头颅、洒热血的地方。历史不仅是要向我们展示它曾经的艰难困苦,更是要我们在这幸福的时代铭记先辈们曾经的苦难,勿忘过往,开拓明天,让他们的努力变得更有意义。

参观完了,我们在阳光下离开!留下的不仅仅只是我们来过的痕迹,还有的是对中华民族英雄们的深深敬意与对死去国民的哀悼!回顾历史,记住历史!

【篇十八】

谨记抗战精神,奋勇复兴中华

蒋毅

10 月 26 号,我们学校组织参观了位于成都大邑县内的建川博物馆。虽然只有短暂的两三个多小时时间,但馆内一幅幅照片、一件件文物和一处处复原景观重重地撞入了我们的内心,丰富的史料真实再现了中国人民在艰苦卓绝的抗战之路上同日本侵略者进行英勇斗争的光辉历程,这些都使我受益匪浅。在博物馆里,我们可以看见许多在抗日战争中留下的实物和还原的场景。

从 1931 年日本制造九一八事变发动侵华战争开始,中国人民局部抗日战争便开始了。面对着严重的民族危机,中国人民发起了奋力反抗。馆中记录了1931年9月至1945年8月中国人民抗日斗争的历史。日军暴行馆从轰炸、焚烧、抢掠、屠杀、制造“无人区”和残害妇孺等各个方面，揭露了日军在中国土地上犯下的滔天罪行。通过介绍抗战时期根据地军民创造灵活机动的武装斗争形式和展示景观，再现了当时的历史。在参观的过程中，我首先感受到了当面对外来侵略时，中华民族一致抵御外敌团结的精神。在中国共产党的领导下，涌现出一批又一批的英雄和爱国主义者。全国同胞在爱国主义旗帜下团结起来，汇成一股不可抵挡的抗日洪流。

馆中给我留下深刻印象的，就是日军的暴行，他们惨绝人寰的对待中国人民。这里展出了在侵华战争中，日军对待我国同胞的残忍画面。尽管这些罪行我们在很久以前就已经了解，但在今天走进这里后，那种愤愤的心情更加难以平静。他们无耻的推行“三光”政策，摧残妇女儿童，用残忍的方式杀死抗日战士，在南京大屠杀中杀死同胞300000余人！这些罪行是他们用几辈子都无法洗脱的罪孽！

历史充分证明，中国人民之所以创造了弱国战胜强国的伟大奇迹，最根本的原因，是中国共产党带领全中国人民不懈奋斗，领导和推动了伟大的抗日战争，浴血奋战于抗战最前线，成为全民族团结抗战的中流砥柱。

走出博物馆，心中充满悲壮的情怀。伤亡人数数量和财产损失数量，一个个鲜明的数字让我们不能有丝毫的轻松和愉快。在这场战争中，民族承载了太多的苦难，付出了太多的代价。以后的日子里，我们要谨记顽强拼搏的抗日精神，同时要为实现中华民族复兴不懈努力奋斗。

【篇十九】

天行健，国人以自强不屈

杨东

在基础、部分团委的组织下，我们参观了建川博物馆，这次参观活动着实让人受益匪浅、感触良多。

建川博物馆是中国最大的博物馆聚落，占地面积广，环境清幽雅致，建筑宏伟壮观。建川博物馆收藏的文物种类繁多，教育和研究意义、历史和艺术价值都非常高，是个很值得一去的地方。

在我们前往展馆的路上，路过中国老兵手印广场时，都不禁惊叹广场的气势磅礴、蔚为壮观！二千多个革命老兵鲜红的手印以“V”字形排列，仿佛是一个巨大的表示胜利的手势，以排山倒海之势向世人展示着中国人民抗日战争和无产阶级革命的伟大胜利。我用手和老兵们的手印比了比，他们的手掌大很多，一个个硕大厚实的手掌，默默无声地向我诉说着革命先辈们的坚毅、果敢和不屈精神！

我们首先参观了红色年代博物馆系列。红色年代博物馆系列包括红色年代章、钟、印馆，红色年代生活用品馆，红色年代瓷器馆。

参观红色年代博物馆后，便来到抗战博物馆。抗战博物馆系列包括中流砥柱馆、正面战场馆、飞虎奇兵馆、不屈战俘馆和川军抗战馆等展馆。

如果说红色年代博物馆系列让人感叹不已，抗战博物馆系列带给参观者的就是心灵的震撼和灵魂的洗礼。笔者认为，抗战博物馆系列分别通过对共产党军队、国民党军队、地方部队、盟军支援等几方抗日力量和抗日事迹的展示，向参观者们客观、真实、全面地再现了中华民族半个多世纪前那场悲壮惨烈的抗日救国战争。

面对日寇在中华大地上肆无忌惮的掠夺和对中国人民惨无人道的迫害，整个中华民族空前团结，各方政权摒弃前嫌，建立统一战线共同抗日。展馆里那一枚枚光辉依旧的抗战勋章，那一把把浸染着日寇血渍的大刀和手枪，那一个个已经锈迹斑驳的瓜式地雷，那些定格了一张张饱经风霜却刚毅不屈的脸庞的老照片，这一切的展品，都在向世人陈述着那个战火纷飞、硝烟四起的年代，一个个震慑山河、人神敬仰的悲壮故事！在那场轰轰烈烈的保华战争中，优秀的中华儿女，丹心剑胆、铁骨铮铮，用他们钢铁般的精神和意志，扬我中华国威，谱写了一曲又一曲气壮山河的战歌。是他们不负祖国重托和民族厚望，用鲜血改写了中国人民受奴役、受压迫的屈辱命运，是他们用生命重书了中华民族落后、挨打、受辱的不堪历史！

【篇二十】

不屈不挠的信念

张子萍

历史文明因有传承而存在,没有传承就会消散在时间的长河中;埃及因为征服者亚历山大大帝的征服而希腊化,印度因为婆罗门教的兴起而灭佛,巴比伦和赫梯人在互相的征战中彻底毁灭。而中国能在那沧桑而惊险的历史中幸存下来,依靠的是无数先辈的努力和付出。

所有的文明由一个小小的聚落开始,而现代文化传承责任感的觉醒是由建立博物馆开始。

建川博物馆是我这趟路程的起点,但却谈不上终点。这甚至谈不上是一场旅途,我们匆匆忙忙地来,又匆匆忙忙地走,我们是凡人,这点我不否认,但是我们在那一座座建筑物里却可以诞生出超越我们狭隘的视角,站在历史的终点去审视我们前辈的努力与付出。

在那里我看见军阀、共产党、国民党联合抗日的岁月,也看见国军士兵们的牺牲以及上层将领的无情背叛,看见了一个穿着破旧补丁衣服,一手拿红烧肉,一手指点江山的人物对那些背叛者进行呵斥。未来不是你现在处于什么位置,而是你准备去处于什么位置。

当命运紧紧拽住你时,你也可以反过来,死死地扼住它的咽喉。那些建筑里所沉淀下来的不仅仅是那些残破的物质,还有那圆满的精神。用大无畏的勇气,以众弱而击列强,这就是农耕文明的力量。用不屈不挠的信念,坚持不懈着,这就是一个时代的光辉。

当这里有了一座博物馆,自然就会有餐厅,旅馆,茶楼等等一切相配套的设施,于是一个小小的聚落就诞生了,于是文明开始了积淀,历史开始了前进,而我们也就拥有了一座不那么小的博物馆。

我们不仅要去开拓,要去创新未来,也要去回味与审视历史。

【篇二十一】

跨建川之行

——一次震撼内心之旅

连锁153－班　曹洁萍

此次建川之行，给我最多的感受就是震惊和感动了吧。5·12地震馆，红军长征在四川纪念馆，那些抗战历程，日军罪行，那三寸金莲，猪坚强……触动太多，感觉一周都吃不下饭。

初到建川，高高的大门就给人一种严肃沉寂之感。进馆后，跟随景区导游讲解员一一参观各个历史馆，心情也越来越沉重。这个社会灾难太多了，美好的生活是少之又少。中国革命先辈们一路走来经历了太多的苦难。

最先去到的是红军长征在四川纪念馆。馆内再现的情景与珍藏的物件跟其他红色纪念馆内的并没有太多的不一样，但最后的出口处休息区播放的视频却给我留下的深刻的印象。视频中采访了健在的老红军，在他们的记忆深处过雪山草地是他们心中永远的痛。他们说在沼泽区，就眼睁睁地看着和自己一起的同志一个一个地陷进泥潭，自己却不敢去救他们，因为如果回头去救，自己也会丧命。我可能不能感同身受地体会到他们的心情，但是这让我感受到了生命在大自然面前的脆弱。

在日本侵华纪念馆内，残忍的侵华日军用我国人民的身躯做人体实验，鲜血淋淋的场面，让人不禁寒战，日本人的残暴，对中国人民造成的不仅是肉体摧残，更多还造成了我们精神上的伤害。

5·12地震博物馆留给我的应该是感动和坚强了吧。天灾无情，人间有爱。看着馆内一张张纸照片，一出出还原的现场，内心压抑多年的感情感觉一下子找到了释放之处。虽然地震已经过去了8年之久，那年我还在上小学，但是地震当时慌乱的情形还历历在目。那时候的我们都还不知道什么是地震，更不知道会带来什么样的后果。也幸好，我虽然感受到了地震，却没有面对失去亲人、家乡的痛苦。当然，除了悲痛，还有感动，一位位舍己救人的老师、家人，抗震救灾的战士，他们伟大无私的奉献都应该被我们和历史铭记。天灾人祸，怎能避免。我们活着的人唯一能做的只有为死去的同胞祈福和为自己更好的活着。猪都那么坚强，我们怎能苟且。

最后，装备有致的国防兵器馆，让我们不仅感受到了时代的进步，也感受到了人类无穷发展的智慧。从最开始不成形式的兵器到如今装备精良，个个战略武器，从小米加步枪到飞机坦克。时代在进步，技术也在发展。我们生活在这么美好的时代，这么美丽的土地上，就应该努力提升自己，去开创更美好的明天。

很感谢学校给我们这次机会让我去感受了时代和民族的历程，时间和旅途虽短，但触动却言之不尽。我们的力量可能微不足道，但只要每个人都伸手给予一点力量。我相信，我们的民族将会变得更加强大。

【篇二十二】

跨越时间的年轮

——参观“建川博物馆”有感

企管 153－1　陈钟英

10 月 19 日上午 9 点，我们伴着淅淅沥沥的小雨，带着万分激动的心情来到了建川博物馆。在这里我们待了将近五个小时的时间，看着博物馆里来回走动的人群，欣赏着不同年代的战争物品，听着不同地方的传奇人物故事，心头阵阵涟漪。

轻踏着平整的泥石路一路向前，我们第一站来到了红军长征在四川纪念馆。“长征是以我们胜利、敌人失败的结果面向结束”——这样红色的一句话映入眼帘，让我们对长征有了大致的了解。踏着长廊往里走，昔日红军帮助老百姓的场景活灵活现地展现在了我们的眼前。红军深情地抱着受伤的小女孩，细心地安抚受难的百姓，场面异常温馨。那个充满淳朴的乡情、不掺任何私人因素关心别人的年代，总是让我心驰神往。锈迹斑斑的炮弹残核、残破不堪的皮制子弹袋、残缺不全的红军斗笠都一一倒映着红军在那艰苦岁月里的铁骨铮铮，不输个性。这是我们这个年代所不具备的优良品质，所以在观赏中总是留有一丝丝的遗憾。

继续向前，我看到了红军在长征路途中所用的种种物品，食用的野菜、老式的相机……静距离的观看仿佛能让我置身其中，细细品味那个年代的革命生活。物品在我眼前一件件的浮现，这时，这样一封信"拴"住了我的脚步。这是一封红26师战士茍永富写给母亲的信，信中写到这样一句话：我的工作身体颇好，请家中莫要担心，也请母亲保重身体。信中没有丝丝的诉苦与埋怨，有的只是望母亲保重身体，莫要挂念。亲人间的相见不易，一封书信是情感的寄托。自古以来，中国传统的思想就是报喜不报忧，无论我们有多苦，也只顾将喜悦分享给亲人，为的是让他们少一点担心，多一点安心。让他们知道即使我们离开了他们的怀抱，我们也能生活得很好。亲情是我们人类感情升温最好的催化剂，如今电话的普及，所以还望远在异乡的人多与家人联系。

踏进日本侵华罪行馆，让我愤懑。看到日军做的一件件泯灭人性的事件，残酷的南京大屠杀、被无情蹂躏的中国妇女，这一幕幕场景都让我难以直视。现在，日本侵华事件已经过去多年，"勿忘国耻"四个大字仍然在罪行馆大门高高悬挂，其为的就是让我们铭记这屈辱的历史，并为中国之崛起而努力奋斗。特殊的时光总是过得很快，今天跨越了太多的年轮，也更坚定了我本着不放弃的态度，勇敢面对自己人生中的困难的信念。

从长征到中华人民共和国成立，我们革命先辈付出了太多太多。我深感荣幸能生在中国，为革命伟人感到自豪。虽然，如今中国也不断地面临着各种挑战，我相信只要通过大家的不懈努力，一切都能迎刃而解。中国，加油。

【篇二十三】

建川之行

——回望风雨沧桑的历史记忆

物流163－2　陈永聪

我参加了学校组织的建川博物馆参观活动。早上到生活区集合，虽然天下着小雨，但内心仍然激动不已，坐上车后就一直看着窗外，想平静自己的内心。经过近一小时的行车，很远就看见了"建川博物馆"几个大字。虽然不似想象中那么气势恢宏，却也自有一种庄严肃穆的气势，令人忘记了嬉笑，以郑重之心、肃穆之情倾听历史的声音。

建川博物馆坐落在成都大邑县的安仁古镇，以"为了和平，收藏战争；为了未来，收藏教训；为了安宁，收藏灾难；为了传承，收藏民俗"为主题，建设了中流砥柱馆、正面战场馆、不屈战俘馆、飞虎奇兵馆、红色时代馆、5·12 抗震救灾纪念馆和日本侵华罪行馆等二十多项参观馆。

首先我们参观的是红军长征纪念馆，这个纪念馆是由著名设计师张永和设计。博物馆前言：1934 年起，红军三大主力先后实施战略转移，进行了举世闻名的万里长征。红军长征途经四川大半以上的县城，进行了数百次的战斗和战役。红军长征在四川走过的距离最长。长征是历史上的第一次，是宣传书，是播种机。长征纪念馆中陈列了众多的长征军人的用品和领导人对长征进行的计划和部署文件。看着一幅幅图画，有让人热血沸腾的，也有让人落下泪水的。通过看对长征的描述与照片中人的艰苦，让我深刻体会到了长征的艰难。让我的内心充满了对红军的敬佩与怜惜。那些红军与百姓和睦生活的蜡像，是那么栩栩如生，是那么和谐动人。那些对红军战士伤亡的统计数据显示了当时红军对战国民党的艰辛。那些收藏在柜台里的红军用物，是那么单薄破旧，却跟着红军翻山越岭完成壮举。

随后我们参观日本侵华罪行馆，那里的景象让我愤怒不已。还没进去就透过玻璃看见了日军对红军残忍杀害的场面，是多么刺眼啊。进去了，看着墙上对日军所犯罪行的记录，让我内心燃起了怒火，让我内心深处对我国同胞的同情冒出。馆内石碑上记录了日军侵华期间的每一年对中国人民所犯的罪行。其中最让我愤怒的是日本的人体实验，一条条鲜活的生命，在日军手中成了实验品，被残忍地解剖，中国人民痛苦的表情深入我心。

中午吃完饭，我独自一人去参观起其他馆。我去了 5·12 纪念馆，进入里面就有了世界崩塌的感觉，到处都是碎石，到处都是破裂的物品，到处都是被压在废墟中的人，到处都是在废墟前痛哭的孩子。听着一个小孩独自坐在废墟旁痛哭的声音，看着一个小孩双眼无神看着废墟的表情，感觉是那么的悲伤，那么的黑暗。而看着地震后国内四面八方赶来的中国人，把"一方有难，八方支援"，表现得那么淋漓尽致，让世界再次充满光明与温暖。接着我去了老公馆家具馆、红色时代生活用品陈列馆、飞虎奇兵馆等。里面都收藏了众多与其时代有关的物品，很齐全，很完整。

通过对建川博物馆的参观，让我了解了很多很多。明白了长征的艰难，清楚了日本侵略者的暴行，重温了地震的情形，见识了以前的物品。这次学校组织的建川行,让我受益匪浅。建川博物馆是一个让人了解历史的好地方,此行我懂了很多。我将在以后的日子里传承红军精神不畏艰难,倡导和平主义,乐于帮助他人。期待下次再次仔细地参观博物馆。

【篇二十四】

展望未来,回头看历史的脚印

——参观建川博物馆心得体会

护理153－4　胡娜

今天是我第一次去建川博物馆,我们班上想去的人有十几个,但班上只有两个名额,我和另一个同学是通过抽签才有的这个机会,和我一起去的是全成都职业技术学院医护分院的各个班的代表,我们一行将近四十人,浩浩荡荡地向着建川博物馆出发。

我们在车上经历了一个半小时的颠簸来到了建川博物馆。一进门我们就知道果然不虚此行,我们看见一座看起来就十分有历史感的老式飞机,而后,在等待博物馆的人给我们安排导游时,也看了看墙上的地图,发现建川博物馆聚落真的很大,远远超乎了我的想象。建川博物馆聚落总共包括四个系列,分别是抗战博物馆系列、红色年代博物馆系列、地震博物馆系列、民俗博物馆系列。我们每一种系列都去过,而且还有博物馆人员给我们进行详细的讲解,让我们的认识和感觉更加深刻,我现在无法用语言来描述我当时的震撼,不仅仅是因为看到几十年前的东西保管得那么好,还是因为那些东西比我们在历史书上看到得更加真实,而且因为各个不同类型在我心中同时接触时所碰撞出的火花,它深深地打动了我的心,也激发了我心中那学好护理专业知识的热情。

当我看到那些有历史沉淀的东西时,我不禁想,当我垂垂老矣的时候,我会为这个世界留下些什么,我能为这个世界留下些什么。对于我的护理专业,也许什么都不会留下,但毫无疑问我曾在这历史的长河中前行过,尽可能地帮助过那些需要帮助的人。我曾留下过我的脚印,也许被时间冲洗掉了,但我们不可否认,我们曾经来过。历史沉淀的东西不会消失,它存在我们的课本里,存在我们的脑海里,存在经历过这些的人的心里。

我希望学校这一类的活动可以多多开展，让我们这代人可以明白历史并没有过去，历史中的人还在这个世界上留下了些什么，这些文物可以为他们证明他们曾经来过。让我们了解我们民族的从前，才能更好地开创未来。

【篇二十五】

前事不忘，后事之师

——参观建川博物馆心得

护理 153－5 杨继琴

岁月如梭去，青山依旧在。一天的建川博物馆红色学习之行，收获颇丰，感触颇多。首先要衷心感谢校领导给予的机会和精心组织。其次通过这次学习不仅收获了精神上的宝贵财富，而且在学习中，更增进了同学友谊。建川博物馆，全称建川博物馆聚落，由民营企业家樊建川创建，位于中国博物馆小镇——四川省成都市大邑县安仁古镇内。馆内建设抗战、红色年代、地震、民俗四大系列共 18 座博物馆。

前事不忘，后事之师。建川博物馆馆长樊建川说：“我们要为了和平，收藏战争。复习历史，是为了不忘记那段历史。”来到建川博物馆，最让人震撼的是抗战系列展馆。一枚枚光辉依旧的抗战勋章，一把把浸染着日寇血渍的大刀和手枪，一个个已经锈迹斑驳的地雷。看到这些我的心不时为之震撼，在国家危机存亡时刻，无数英雄抛头颅洒热血，充分展现出中华儿女的爱国精神和不屈不挠的奉献精神，他们无畏的壮举令我感动。在艰苦战争的岁月里，他们用自己的聪明才智，团结各国人民，用自己的力量，振兴中华民族，撑起中华民族不屈的脊梁，我们中国人民在饱受屈辱的环境下站起来了，我们胜利了，民族兴旺了。作为生活在这个和平时代的青年，我们应当时刻珍惜来之不易的和平，谨记团结奉献的抗日精神，万众一心，团结奋进，把满腔爱国之情化为发愤学习护理专业知识的强大动力，为中华民族的伟大复兴而奋斗。

走进红色年代，感受激情燃烧岁月。在红色年代系列博物馆，接触最纯正的历史，感受最真实的故事，体会最真切的信仰。当我们一走进红色年代博物馆，就被那铺天盖地的红色带来的视觉冲击所震撼，红色年代博物馆系列包括红色年代章、钟、印馆、红色年代生活用品馆、红色年代瓷器馆。走在时钟走廊里,仿佛进了时光隧道,穿越到几十年前那个激情燃烧、懵懂青涩的年代。红色年代系列博物馆的每一件东西无不打着红色岁月的烙印,它们陈列在博物馆就像在向人们讲述着那个红色年代的故事。

历史不会要求我们很多,只要铭刻在心就已足够。那段激情燃烧的岁月,已渐行渐远,我们不会忘,也不敢忘。一幅幅图片、一件件实物,一处处景观,让大家真切感受到了革命先烈对理想信念的执着追求,浓浓的红色风韵,历史让我们了解过去,掌握现在,看清未来。

今后我将更加严格要求自己,在护理专业的学习过程中会进一步继承和发扬老一辈革命家艰苦奋斗、不怕吃苦的优良作风,坚定自己的信念,在以后的工作中,也会恪尽职守,无怨无悔奉献青春,用实际行动为美丽中国的建设贡献自己的全部力量。

【篇二十六】

回顾历史,展望未来

——观建川博物馆有感

护理 163－2　蔡梦芝

我怀着敬畏的心情去建川博物馆,因为这里是历史的重现地,也是历史的鲜活记载。建川博物馆虽然不似想象中那般气势恢宏,却也有一种庄严肃穆的气势。在参观的短暂时间内使我获得了一次精神上的洗礼。沿途经过了中国老兵手印广场,那一个个强劲的手掌背后都有着一个个传奇的故事,虽然岁月冲淡了他们的故事,但是他们的手印会一直屹立在老兵手印广场上永垂不朽,他们的精神也会影响新一代的护理专业学生。

历史太厚重,那一段段不堪回首却又无法抹去的史实,压着我,让我透不过气。曾经惊天地泣鬼神的抗日战争,现如今都化成了冰冷的文字以及无声的图片,停留在了一个个陈列的窗口里。看到那些蜡像如此动人心魄,仿佛我身临其境了一般,我在想战争到底带给了我们一些什么？所以,我们应该铭记历史,铭记历史,是为了时刻警醒我们,和平需要有强大的实力作保障;铭记历史,是让大家回顾历史,以史为鉴,不让历史重演。

感触最深的是5·12抗震救灾纪念馆,那是一段刻骨铭心的记忆。我看到被地震破坏过的现场，一片荒芜凄凉，眼睛不由自主地湿润起来。看到王平久写的“生死不离，全世界都在沉寂”，心中更是感慨颇多。在地震面前，人们团结起来共同抵抗天灾的精神更值得我们青少年学习，正如我们军训所唱的歌“团结就是力量”。汶川大地震深深地烙印在了我们的心里，我们既要把“一方有难，八方支援”的精神传承下去，也要将“救死扶伤”的品德牢记在心。

走过了那么多个博物馆，心中感慨万千，我们现在更应该做的是努力学习科学。

去了三寸金莲馆，看到那比巴掌都还要小的鞋子，感叹古代裹脚女人的悲哀，想起了历史书上的“三纲五常”以及“三从四德”清晰地认识到封建思想对女同胞的迫害。看了南京大屠杀还有侵略战争时期的一些资料和图片，似乎所有的话都被哽住，已经没有办法用言语形容当时的心境和复杂的心情。这是国殇，我们应当铭记于心。树立正确的人生观、价值观、世界观，珍惜这来之不易的生活，提高自身能力，增强素质、文化知识适应社会需求，做合格的护理人才，报效祖国，投身社会，为祖国的明天而努力奋斗。

【篇二十七】

社会主义核心价值观

旅管 153－2　张巧丽

学校组织我们到建川博物馆参观了我们革命前辈的伟大战绩以及一些前人的风俗习惯。我意识到人的生命是短暂的，人生当中的每一分每一秒都是宝贵的，因此，为了让我们的生命更有价值，我们应该抛开一切烦恼，踏踏实实做好手中的每一件事情，用坦诚的心态去面对人生，笑对人生。

其实，社会主义价值观指的是富强、民主、文明、和谐、自由、平等、公正、法制、爱国、敬业、诚信和友善。

有这样一句话，“少年强则国强，少年富则国富”。生活在“富强、进步”的新中国。作为当代的大学生，我们应该让中国不再受欺凌和屈辱，屹立于世界的最高处。所以我们一定要努力学习，成为建设祖国的主力军，弘扬时代精神，主动担当历史重托，创造更加伟大的人生价值。

回顾历史,近代中国史是一段遭受列强凌辱,极度贫穷、落后的历史。但在我国近代史上纷纷涌现出了很多的爱国志士,如黄继光、赵一曼、杨靖宇等爱国人士。他们的爱国精神深深地打动着我,感染着我,正是有了这一些对祖国无私奉献的人,才有了我们祖国现在的独立、自主、繁荣,有了人们的安居乐业。

就拿赵一曼这位伟大的爱国志士来说吧。1935 年 11 月,赵一曼同志被捕,残暴的日军在对她审讯时,她拒绝回答任何问题,于是,谷川中佐决定对她进行刑讯。在短短的几个月中,拧胸肉、钢丝鞭抽、老虎凳、竹筷夹手指、拔牙齿、压杠子等常人无法忍受的酷刑,都如同恶魔一般,无时无刻不纠缠着这位外表柔弱,内心坚硬如钢的女子。肉体的折磨和痛苦,使她一次次地晕死过去,但尽管这样。赵一曼同志一点也没有要屈服的意思,她仍是咬紧牙关,只说了一句:"我的目的,我的主义,我的信念就是反满抗日。"而没有说出一句有关抗联的情况,这使我在内心深处对赵一曼同志生起了深深的敬佩之情,她这种为祖国无私奉献的精神值得我们学习。

然而,在现在的和平年代,我们不需要有战争,更不需要浴血奋战,但是我们仍然不能因为这样就开始慢慢地降低自己的标准,让自己在不知不觉中,成为一个不学无术的人。在这时,我们更应该扬起风帆,树立目标,抓住我们现有的资源,努力朝着自己的目标前进,让梦想成为现实,让祖国更加强大,为祖国的美好明天加油!

【篇二十八】

参观馆藏

第一次参观建川博物馆，它给我的第一印象就是端庄肃穆，让我们不禁就想起往昔的抗战历史，让我们不由自主就认真起来。

建川博物馆，它位于四川省成都市大邑县安仁古镇内，是刘氏庄园所在地。博物馆占地面积500亩，建筑面积近10万平方米，拥有藏品800余万件，其中国家一级文物404件。由于成效显著，获得了国家文化产业示范基地、国家4A级旅游景区、全国光彩事业重点项目等荣誉称号。

首先参观的是中流砥柱馆。这个展馆主要是展示中国共产党的抗日斗争情况。一件件实物，一幅幅场景，让我们重温了在那个日寇铁蹄横行，战火纷飞的年代，中国共产党如何克服种种难以想象的巨大困难，依靠群众用游击战、袭扰战等形式在敌后进行了艰苦卓绝的抗战，给日伪军造成重大杀伤，为抗日战争做出了不可磨灭的历史贡献！

紧接着参观了正面战场馆，第一单元“抗战缘起”，简要介绍1931年至1937年国民党政府从避战到抗战这段历史，重点介绍国民党部分爱国将领的局部抗战。第二单元“正面战场”，主要以国民党军队在抗日战争中的二十二个重大战役为主要展示内容，真实地重现中日军队对决场景。第三单元“空中御敌”，展现了当时空中战场的艰难残酷，和我军空军敢于以小搏大、以弱战强的无畏精神。最后参观了众志成城馆。

【篇二十九】

细节改变时代

眼视光153－1 杨腊梅

古人云观书有感？今言经历有感？就好比这次的建川博物馆之行！留给我的不仅仅是感动。还有对历史的了解和深深的震撼。

建川博物馆中保留了许多历史的痕迹。古人用三寸金莲来要求女子的美丽，这种要求无疑是一种残忍，更是一种历史文化的见证。我们在了解历史的同时也在感恩我们生活的时代。一个小小的细节就可以改变一个时代。

时间的消逝可以消磨那些伤感的记忆，可历史仍然在我们的世界保留。建川博物馆对5·12大地震的保留让我想起了当时那声声呼唤以及孩子们哭泣的眼睛，在那里也记录了人民解放军帮助灾区群众的种种感人事迹。我深深地被震撼了，伟大的中华民族总是在危难时刻众志成城，万众一心。我们度过了那段悲伤岁月。是的，作为一名四川人，我是真真切切经历过那场灾难的。可是心里依旧有希望有暖流，因为我知道，我的存在就是幸运，使让我去爱更多的人。

犹记得历史的长征中有一片黑暗的路程，这一段路让每一个中国人都深深地震撼，铭记在心。在建川博物馆中我了解这一段历史，这让我有了新的认识。原来我所了解的历史只是冰山一角。当年我们用团结的力量、人民大众的智慧改变我们的现状。所以今天我们的时代有许多都是用前辈的鲜血和汗水换来的。想最初我们没有任何的武器和科技，而如今我们的国家拥有了许多的高科技、黑武器装备等等。我们走过历史的长河，从中不断地崛起、奋斗。让世界为我们喝彩、鼓舞。我想我为我是一个中国人而骄傲、自豪。

我不知道去参观博物馆的机会多不多但是我知道，这样的感触将会让我一生受益。

【篇三十】

光辉历史

眼视光 153－2　顾鑫

3 月 31 日上午，在我校分团委书记的组织下，我们参观了位于成都市大邑县安仁古镇的建川博物馆聚落，又一次聆听了历史的回声。此馆由我国著名历史学家樊建川主持修建，现任馆长。聚落内将建设抗战、民俗、红色年代艺术品三大系列 20 余个分馆。是目前国内民间资金投入最多、建设规模和展览面积最大、收藏内容最丰的民间博物馆。

接下来第一站去的便是大名鼎鼎的中流砥柱馆，该馆规模居各馆之首，展厅面积为 2435 平方米，是一个橘红色的方形馆，位于主道路最前方。以历史照片、资料、实物、文献等内容展示，通过三个主题单元——“民族的脊梁”“敌后之岁月”“根据地建设”，生动展示出中国共产党及其领导下的军队、敌后民众八年抗战情况，突出反映了中国共产党代表全中国人民的意志，领导和推动了伟大的抗日战争，浴血奋战于抗战最前线，成为全民族团结抗战的中流砥柱的光辉历史。也不得不感叹，我们今天的幸福生活来之不易，有多少人为之而奋斗努力，抛头颅洒热血，作为当代的青年，更加应该珍惜我们现在拥有的一切。

第二站是红色年代系列。在导游的带领下，我们进入了一个巷道，两边是高高的围墙，围墙上放着各种各样的钟。原来，这里已经是红色年代章、钟、印馆。在这里，映入眼帘最多的便是毛主席的头像。无论是那些壁画还是徽章，都印有毛主席的头像，连同红色年代瓷器陈列馆和红色年代生活用品馆中，那些瓷器类的物品，均印有毛主席的头像。这几个馆，真实再现了上个世纪六七十年代的社会生活的方方面面，也说明了那时大家对毛主席的崇拜，以至于床尾也印着毛主席，用来监督，暗示自己要向毛主席学习，同时，也说明了当时我们的人民是多么地自觉，学习的积极性是多么的高！

最后，我们参观了国防兵器馆，这里也是令我最震撼的一个地方。此馆从展示兵器的发展历史和开展国防知识的普及两个方面完善国防教育功能。国防兵器馆分为冷兵器、火器和现代兵器三部分，主要陈列“二战”时期及中华人民共和国成立后中国边境冲突中使用的武器装备。包括各种型号、门类、口径的枪和炮,其中有红军使用的老式步枪、抗战时期中国军队经典装备捷克式机枪,解放战争中解放军大量缴获和使用的汤逊冲锋枪等。

建川博物馆的参观活动结束了,但带给我们的震撼、思考、感悟会永远留在心里。这次的参观活动,让我们开阔了视野,增长了见识,再一次接受了爱国主义教育,升华了思想,真是受益匪浅、受用终身!

【篇三十一】

多难兴邦

护理 143－2 班 王凤

三月三十一号,我们在学校的组织下参观了位于成都市大邑县的建川博物馆。这是一次意义非凡的经历,也不得不感叹,我们今天的幸福生活来之不易,有多少人在为之而奋斗努力,抛头颅洒热血,作为当代的青年,更加应该珍惜我们现在的美好生活!

在此次参观中让我深受震撼的是“5·12”地震馆,对征集来的地震实物以日记的形式,真实地记录地震发生当天至 6 月 12 日一个月中,灾区每天发生的事情。30 多个展厅,分为震撼 5·12—6·12 日记、地震美术作品馆、地震科普馆等,包括实物、照片和文字等,再现了抗震救灾过程中一幕幕感人至深的场景。在灾难面前,我们全国上下众志成城,发起募捐献血活动,我们心一齐指向汶川,汶川挺住,汶川加油!——灾难无情,人间有爱!在这当中发生了无数可歌可泣的感人事迹,如一个地震中的母亲在她的手机上编辑了这样一条短信,“亲爱的孩子,如果你还能活着,你一定要知道,妈妈爱你!”

2008 年是让人骄傲的一年,奥运会在中国举办,也是一年多事之秋,年前雪灾,西藏打砸抢烧事件,还有一些世界上的反华言行,当然还有那次震痛了祖国母亲的汶川地震。一次温总理在和灾区学生交流时在黑板上写下了四个大字——“多难兴邦”!我们前进发展的道路上总会遇到苦难,但总是暂时的,相信只要团结起来,我们中华民族的伟大历史复兴任务终会完成!

前面的路还很长,但是是光明的!

【篇三十二】

领悟历史

护理153-1班　周思颖

2015年10月24日,我有幸参加了校区组织的城职院部分学生参观建川博物馆的活动。

首先,解说员简单地给我们介绍了一下建川博物馆。建川博物馆,全称建川博物馆聚落,由民营企业家樊建川创建,位于中国博物馆小镇——四川省成都市大邑县安仁古镇,是刘氏庄园所在地。聚落占地500亩,建筑面积近10万平方米,拥有藏品800余万件,其中国家一级文物404件。博物馆以“为了和平,收藏战争;为了未来,收藏教训;为了安宁,收藏灾难;为了传承,收藏民俗”为主题,计划建设抗战、民俗、红色年代、抗震救灾四大系列30余座分馆,已建成开放25座场馆,是目前国内民间资本投入最多、建设规模和展览面积最大,收藏内容最丰富的民间博物馆。建川博物馆聚落现馆藏珍贵文物超过1000余万件,其中国家一级文物达404件,这在国内民营博物馆中首屈一指。

进入博物馆,走了一段路,进入眼帘的就是中国老兵手印广场,一个个鲜红的手印都体现了老兵们对祖国深深的热爱。

我们参观了中流砥柱馆。展厅面积为2435平方米,是一个橘红色的方形馆,位于主道路最前方,是我们参观的第一站。它以视频、资料、实物、文献以及地道馆、地雷战、青纱帐场景复原等方式展示,通过三个主题单元——“民族的脊梁”“敌后之岁月”“根据地建设”,生动展示出中国共产党及其领导下的军队和敌后民众八年抗战情况,突出反映了中国共产党代表全中国人民的意志,领导和推动了伟大的抗日争,浴血奋战于抗战最前线,成为全民族团结抗战的中流砥柱的光辉史。

我们参观的第二个是正面战场馆。位于共产党抗日军队博物旁,取国共合作抗击日军之意,建筑面积1299平方米,是一座素白色的方形建筑。该馆通过文物、图片、历史资料再现了当年抗日战场。

中华民族的抗日战争,是在中国共产党倡导的抗日民族统一战线旗帜下,以国共合作为基础,社会各阶层广泛参与的一次民族解放战争。它始终存在着两个战场,即共产党领导的对日作战敌后战场和国民党领导的对日作战正面战场。两个战场在这次全民族的抗战中相互配合、相互支援,做出了艰苦的努力,付出了巨大的牺牲,最终取得了抗日战争的伟大胜利。无论是正面战场的抗战还是敌后根据地战场的抗战,都体现了中华民族为抵御外辱不屈不挠的斗争精神。那些在正面战场上为了民族独立而英勇殉国的国民党爱国将士的精神,至今仍令人崇敬不已。

走进了5·12地震馆,地震馆则给人更多的感觉是痛惜。

此次的建川博物馆之旅,收获颇多。我们了解了更多的历史文化和历史文物,是一次非常的有意义旅程。

【篇三十三】

众志成城,大爱无疆

护理153-2班　陈雅廉

前几天和学校的同学一起去了学校组织的建川博物馆参观,感触比较深刻,有很多体会。

我们九点半就乘车出发,直到中午才到达目的地,这时我的脑袋就只有"晕"这个字,到达之后,我们就在人民公社大食堂吃饭,坐在那,感觉每一个地方都具有特色。大概休息了半个小时,我们随着导游来到了地震室外展,首先看见的是猪坚强,被地震整整埋了36天,奇迹般地存活了下来,这让我明白只要有毅力,你就是下一个奇迹。

接下来参观的地方对我感触是最大的,毕竟我们都亲身经历过。随着导游来到了"5·12"抗震救灾馆,看见一个个小朋友,也许他年龄和我一样大,只是灾年让他的年龄永远停在了那一个瞬间。一具具尸体就摆在操场上,等待着父母认领,有的人永远也没有父母来认领,因为他们和父母去了同一个地方。比较出名的有"可乐男孩",用自己坚强的意志改变了自己的一身,或许"可乐男孩"的经历有些让人感到悲伤,但大难不死,必有后福。

接下来我们来到的是三寸金莲馆,感触也很深刻,觉得古代的那个制度就是变态。有词人写道:"小小之脚,妙哉其臭。"这是一种变态的思维。生活在这个年代的我完全不能理解。看着那些女性的脚被束缚,再看如今的我们,有这么好的生活,没有了那些变态之极的规章制度,好幸运。

最后我们还去了日本侵华罪行馆和章钟印陈列馆,在当今社会,国家兴亡,匹夫有责,我们不能忘了原来国家的耻辱,要担负起新中国的责任,努力学习,将来成为国家栋梁之材。

【篇三十四】

历史的召唤,我心的响应

——记参观建川博物馆心得

护理163-1 董安宗

2016年10月13日这一个特殊的日子,我们医护分院青羊校区护理专业和眼视光专业一行人来到了这个记住历史的特殊地方,这一刻历史的硝烟,渐渐地,渐渐地浮现在我的脑海。

在这里我们医护分院的学子们觉得很幸运,因为有机会观看抗日战争历史留下来的一系列文物,无论它们是一级文物,还是二级文物,无论是中国的文物,还是美国的文物,无论是古代,还是近代,我们觉得这样的观看是有意义的,具有无上的荣耀,这让我们无比怀念我们光荣的历史,怀念为了中国站起来而奉献的先辈们,怀念为了中国的胜利而牺牲的红军战士们。

今天是中国人民抗日战争胜利纪念日,在这特别的日子里,作为护理专业的我们感受良多,为此谈谈我的心得体会。战争中,护理人员,为大量在战争中受伤的同志们细心呵护,认真护理,战争的伤亡人员经过护理人员护理,死亡人数下降到历史的最低点,在今后的日子里,我们护理人员决心不断学习新的教育理论,积极进取,锐意创新,不断地为人们的健康服务。

以爱国主义为核心的伟大民族精神是中国人民抗日战争胜利的决定因素。古往今来,任何一个有作为的民族,都以自己的独特精神著称于世。爱国主义是中华民族民族精神的核心。近代以来,中国人民为争取民族独立和解放进行的一系列抗争,就是中华民族觉醒的历史进程,就是中华民族精神升华的历史进程。这种民族觉醒和民族精神升华,在抗日战争时期达到了全新的高度。正如毛泽东同志所说:"这个战争促进中国人民的觉悟和团结的程度,是近百年来中国人民的一切伟大的斗争没有一次比得上的。”面对民族存亡的空前危,为民族而战,为祖国而战,为尊严而战,汇聚起气势磅礴的力量。中国人民抱定了“我们万众一心,冒着敌人的炮火前进”的决心,抱定了血战到底、抗战到底的信念,谱写了惊天地、泣鬼神的爱国主义篇章。

我们90后一代很幸福,我们的先辈为我们打下了紧固的基石,先辈们在中国人民抗日战争的壮阔进程中,形成了伟大的抗战精神,中国人民向世界展示了天下兴亡、匹夫有责的爱国情怀;视死如归、宁死不屈的民族气节;不畏强暴、血战到底的英雄气概;百折不挠、坚忍不拔的必胜信念。伟大的抗战精神,永远是激励中国人民克服一切艰难险阻、为实现中华民族伟大复兴而奋斗的强大精神动力。

为了和平,收藏战争;为了未来,收藏教育;为了安宁,收藏灾难;为了传承,收藏民俗。这一句经典语录,让我们铭记历史,以先辈的成绩教育我们的子女,教育更多有识之人,护理人员在此参观过程中学习到了不少的崇高护理精神和护理心态。

爱你中国,伟大的中国。

【篇三十五】

走进博物馆,培育爱国情

——记参观建川博物馆心得体会

护理163-3　裴建龙

阳光明媚,清风送爽。为增强爱国情怀,践行社会主义核心价值观,加强对历史文化的了解,以此奠定良好的护士职业道德基础。成都职业技术学院医护分院组织护理系学生参观了建川博物馆。

经过一个多小时的行程,我们终于在上午10点10分顺利抵达了这次活动的目的地——建川博物馆。短时间的集合整顿后,大家在导游的安排下依次进入分馆参观。走进博物馆,首先领略到领袖的风采——飞夺泸定桥、地雷战、华南敌后游击战等等,我深切感受到时代人民的智慧与刚硬。紧接着进入到援华美军分馆,在这里我们看到的是中美两国在反法西斯共同目的下谱写了一幕幕让人感动的故事。在分馆的墙上写着美国前总统克林顿的一句话——老兵不死,只是慢慢凋零。这让我不再带有偏激的心态去看待美国了,进而萌发到美国学习先进护理经验的想法。我也更加对构建中美新型大国关系产生新的理解。做短暂的停留后,大家进入了军事馆,‘歪把子机枪、无后坐力炮、空空导弹’等等让我的目光里充满了无限的好奇,在随后导游的讲解下我更加明白了军事对于一个国家的重要意义——弱国无外交,强国才能御敌,这是一个亘古不变的道理,当然护士对于国家来说也至关重要。我想作为新时期的我一定会以祖国的强大而自豪,进而产生出为祖国奉献的强大自信。在大家充满兴趣的交谈中,同学们来到了三寸金莲馆,在这里看到的是清朝统治者那惨无人道的剥夺,随之而来是我对当代生活感到的无比幸福,并以此激发今后学习专业知识的热情。

上午 11 点 50 分大家来到了建川人民公社大食堂,在整齐有序的排队下大家盛到了自己的午饭。经过 1 个多小时的休整后,我们又开启了这次的旅行。

下午 1 点 30 分,首先到达汶川地震分馆,一进馆里我便感受到了淡淡的忧伤。‘2008 年 5 月 12 日 14 时 28 分’一个让所有中国人都无法忘记的时间,这场地震夺去了我多少同胞的性命。‘地震无情人有情,’在大灾面前中国人展示出的是强大的国之凝聚,不过相信大家都希望这样的灾难少一点为好。接下来导游带领我们进入的是红色年代馆,首先映入我们眼帘的是一个个红章,它们仿佛将那段红色岁月的记忆展现在我们面前。一阵的滞留后我们进入到此次旅行的最后一站——抗日战争纪念馆。馆里陈列着一件件侵华日军的物品以及张贴着一张张对侵华日军罪行的控诉。前事不忘后事之师,中日两国一衣带水,中日友谊源远流长,当许以史为鉴,两国才能有和平美好的未来。

由于时间关系我们不得不早早结束了这次建川行,虽然这次活动结束了,但对于弘扬社会主义核心价值观,构建社会主义核心价值体系具有深刻意义,也让我学到了许多书本上没有的知识,更让我会为复兴中华民族这一中国梦做出自己应有的努力。

七、图片集

(一)游客对志愿者工作的评价

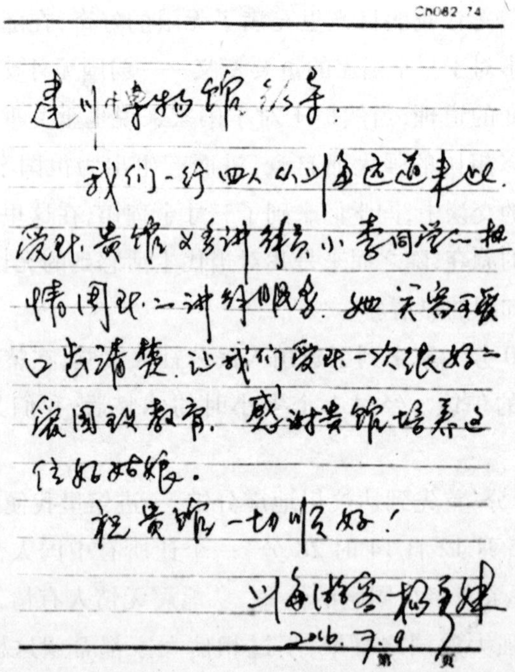

Ch082 74

建川博物馆领导：

我们一行四人从川南远道来此，参观贵馆，义务讲解员小李同学热情周到的讲解服务，她笑容可亲，口齿清楚，让我们参观一次很好的爱国主义教育。感谢贵馆培养这位好姑娘。

祝贵馆一切顺好！

川南游客 杨[illegible]建

2016.7.9.

第　页

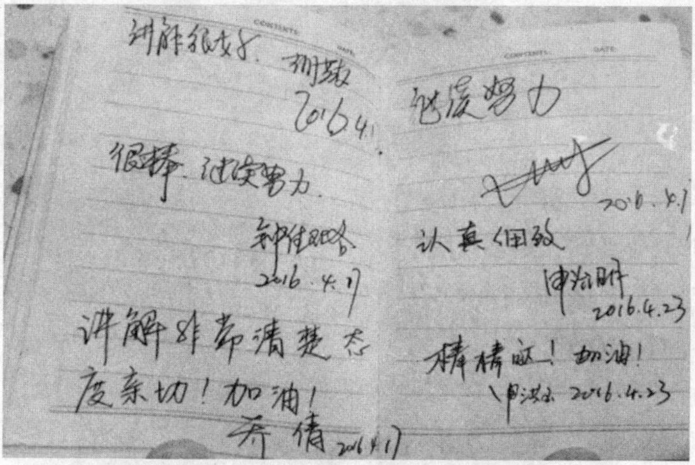

（二）志愿者与游客合影

这是和南海舰队官兵们讲解完后留下的合影

这是与一对前来缅怀的母子讲解5·12地震的照片

向游客讲述“川军抗战”的历史

滔滔不绝地向游客诉说“章钟印”所承载的红色文化

(三)志愿者自我评价表

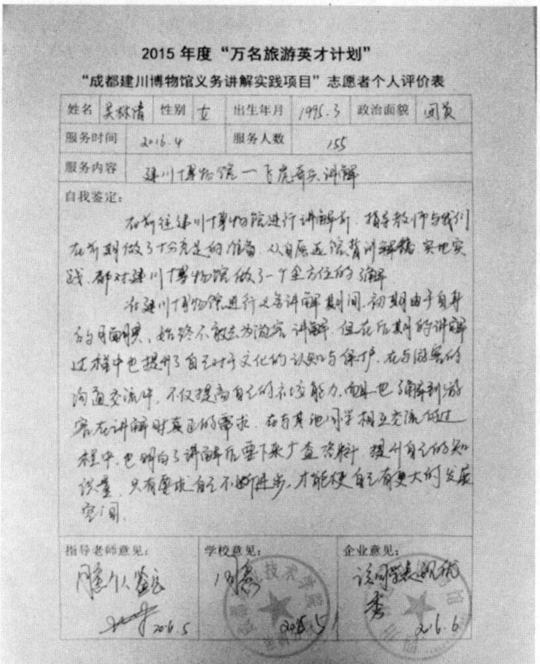

2015年度“万名旅游英才计划”

“成都建川博物馆义务讲解实践项目”志愿者个人评价表

姓名	吴林清	性别	女	出生年月	1995.3	政治面貌	团员
服务时间	2016.4			服务人数	155		
服务内容	建川博物馆一飞虎奇兵讲解						

自我鉴定：

在前往建川博物馆进行讲解前，指导教师与我们在前期做了十分充足的准备，从自愿去馆背讲解稿、实地实践，都对建川博物馆做了一个全方位的了解。

在建川博物馆进行义务讲解期间，初期由于自身的腼腆，始终不敢去为游客讲解，但在后期的讲解过程中也提升了自己对于文化的认知与保护。在与游客的沟通交流中，不仅提高自己的社交能力，而且也了解到游客在讲解时真正的需求。在与其他同学相互交流的过程中，也明白了讲解后要下来了查资料，提升自己的知识量。只有要求自己不断进步，才能使自己有更大的发展空间。

指导老师意见：	学校意见：	企业意见：
同意个人鉴定 2016.5	同意 2016.5	该同学表现优秀 2016.6

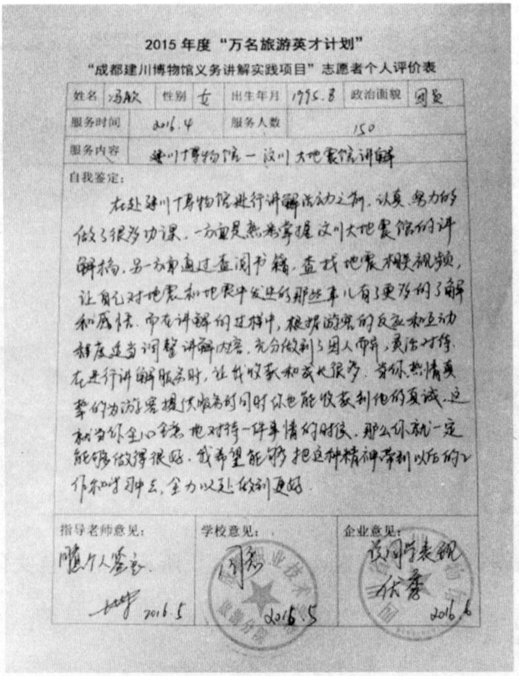

2015年度“万名旅游英才计划”

“成都建川博物馆义务讲解实践项目”志愿者个人评价表

姓名	冯敏	性别	女	出生年月	1995.8	政治面貌	团员
服务时间	2016.4			服务人数	150		
服务内容	建川博物馆—汶川大地震馆讲解						

自我鉴定：

在赴建川博物馆进行讲解活动之前，认真、努力地做了很多功课。一方面是熟练掌握汶川大地震馆的讲解稿，另一方面通过查阅书籍、查找地震相关视频，让自己对地震和地震中发生的那些事儿有了更多的了解和感悟。而在讲解的过程中，根据游客的反应和互动程度适当调整讲解内容，充分做到了因人而异，灵活对待。在进行讲解服务时，让我收获和成长很多。当你热情真挚地为游客提供服务的同时你也能收获到他的真诚。这就当你全心全意地对待一件事情的时候，那么你就一定能够做得很好。我希望能够把这种精神带到以后的工作和学习中去，全力以赴做到更好。

指导老师意见：	学校意见：	企业意见：
随个人鉴定 2016.5	同意 2016.5	该同学表现优秀 2016.6

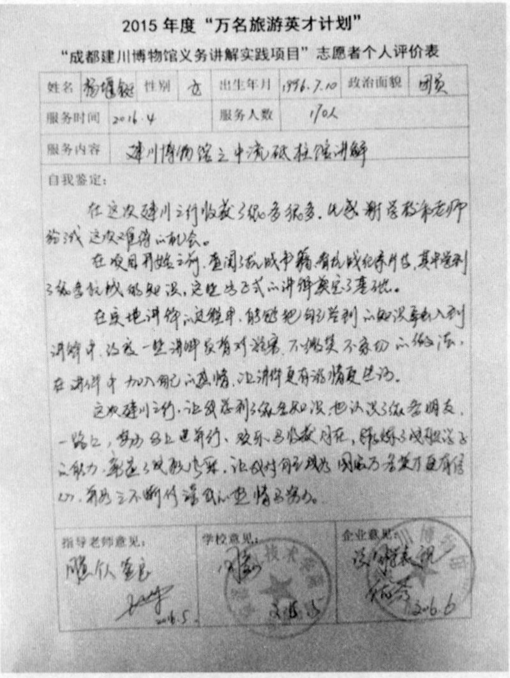

2015年度“万名旅游英才计划”

“成都建川博物馆义务讲解实践项目”志愿者个人评价表

姓名	杨[illegible]	性别	女	出生年月	1996.7.10	政治面貌	团员
服务时间	2016.4			服务人数	170人		
服务内容	建川博物馆之中流砥柱馆讲解						

自我鉴定：

在这次建川之行收获了很多很多，也感谢学校和老师给我这次难得的机会。

在项目开始之前，查阅了很多书籍，看过纪录片等，其中学到了很多有用的知识，这些为正式的讲解奠定了基础。

在实地讲解的过程中，能够把自己学到的知识融入到讲解中，记住一些讲解员前辈对游客不断变化的做法，在讲解中加入自己的感情，让讲解更有激情更生动。

这次建川之行，让我学到了很多知识，也认识了很多朋友，一路上，努力与上进并行，欢乐与收获同在，锻炼了我独立处事的能力，激发了我的热情，让我时刻记住我国为多少先烈付出的努力，我也会不断付诸我的热情与努力。

指导老师意见：	学校意见：	企业意见：
随个人鉴定 2016.5	同意 2016.5	该同学表现优秀 2016.6

第三章

万名学子爱国情

爱国主义

序号	项目	主要内容
1	党史答辩	
2	讲座	人文讲座
		主题讲座
3	金沙遗址	金沙遗址博览会
4	清明节扫墓	2016 清明节扫墓
		2017 清明节扫墓
5	团主题活动	2015 建川行
		2016 建川行
		2017 建川行
6	团组织生活	2015.09 勿忘历史,纪念抗日战争胜利 70 周年
		2015.10 欢度国庆,感恩祖国,牢记历史
		2015.12 爱国心中留
		2016.10 感受成就,祝福祖国
7	我心向党	我心向党,明若朝阳
8	形式政策	
9	长征精神	慰问红军
10	主题团会	学习习近平总书记讲话
		一学一做

一、活动概述

(一)活动背景

中华民族是富有爱国主义光荣传统的伟大民族,在新的历史条件下,继续加强学生的爱国主义教育,引导学生树立中国特色社会主义共同理想,大力弘扬社会主义荣辱观,对于在学生中间高扬爱国主义旗帜,不断增强其民族自尊心、自信心和自豪感,具有十分重要的现实意义。

爱国主义是动员和鼓舞中国人民团结奋斗的一面旗帜,是推动我国社会历史前进的巨大力量,是各族人民共同的精神支柱。现在,我国人民在建设有中国特色社会主义理论和党的基本路线的指引下,大力发展社会主义经济,努力建设富强、民主、文明的社会主义现代化国家。在新的历史条件下,继承和发扬爱国主义传统,对于振奋民族精神,凝聚全民族力量,团结全国各族人民,自力更生,艰苦创业,为中华民族的振兴而奋斗,具有十分重要的现实意义。爱国主义教育活动总结,我校高度重视这项工作,积极开展爱国主义教育活动。学校是对青少年进行教育的重要场所,我们把爱国主义教育贯穿到教学、育人全过程中去,特别是发挥好课堂教学主渠道的作用。严格按照国家教委颁发的《中小学加强中国近代、现代史及国情教育的总体纲要》的要求,制订各学科(包括自然学科在内)爱国主义教育的分科计划,把爱国主义教育的内容分解,贯穿到各相关学科的课堂教学中去,开设了以爱国主义教育为主要内容的专题讲座。积极开辟爱国主义教育的校外课堂,对学生进行直观、形象的教育。并组织学生参加适当的生产劳动、社会实践等活动,增强他们对工农兵的感情和对国家的责任感。广大教师在爱国主义教育中身体力行,为青少年做出榜样。

为了配合学校加强学生的思想道德教育,激励广大学生的爱国主义热忱,弘扬爱国主义精神,培养广大青年的历史责任感、使命感和高尚的爱国情操及增强大学生责任意识。我校开展爱国活动,精心设计,周密组织。科学安排活动内容,注意思想性和艺术性,结合重要节日、纪念日、组织参观、瞻仰活动;结合特定的教育主题,组织社会考察和社会实践活动;结合参观、瞻仰、考察,组织开展征文、主题演讲会、专题讲座、知识竞赛等教育活动。注重利用纪念活动作为弘扬爱国主义精神，激发群众爱国主义热情的重要工作。

(二)活动目的

1. 爱国主义教育必须以邓小平同志建设有中国特色社会主义理论和党的基本路线为指导，必须有利于促进社会主义现代化建设，必须有利于促进改革开放，必须有利于维护国家和民族的声誉、尊严、团结和利益，必须有利于促进祖国统一的事业。这是新时期爱国主义教育的基本指导思想。

2. 开展爱国主义教育的目的，是要振奋民族精神，增强民族凝聚力，树立民族自尊心和自豪感，巩固和发展最广泛的爱国统一战线，把人民群众的爱国热情引导和凝聚到建设有中国特色的社会主义伟大事业上来，引导和凝聚到为祖国的统一、繁荣和富强做贡献上来，做有理想、有道德、有文化、有纪律的社会主义公民，为实现建设小康社会、振兴中华的共同理想团结奋斗。

3. 爱国主义教育必须坚持重在建设的方针。要按照邓小平同志关于爱国主义的一系列重要论述，搞好爱国主义教育的理论建设、教材建设、制度建设和基地建设。把爱国主义教育贯穿于各项思想政治教育之中，作为社会主义精神文明建设的基础性工程，作为我国社会的主旋律，坚定不移、长期不懈地抓下去。爱国主义教育必须坚持对外开放的原则。爱国主义绝不是狭隘的民族主义，我们既要继承和发扬中华民族的优秀成果，也要学习和吸收世界各国包括资本主义发达国家所创造的一切文明成果。只有这样，中国人民才能和各国人民一道，为促进世界和平和人类进步做出贡献。爱国主义教育必须突出时代特征。爱国主义是一个历史范畴，在社会发展的不同阶段、不同时期有不同的具体内涵。在当代中国，爱国主义与社会主义本质上是一致的，建设有中国特色的社会主义是新时期爱国主义的主题。邓小平同志指出："中国人民有自己的民族自尊心和自豪感，以热爱祖国、贡献全部力量建设社会主义祖国为最大光荣，以损害社会主义祖国利益、尊严和荣誉为最大耻辱。"这是对我国现阶段爱国主义特征最精辟的概括。爱国主义、集体主义和社会主义思想教育三位一体，有机地统一在建设有中国特色的社会主义的伟大实践之中。

(三)活动意义

1. 深入开展群众性爱国主义教育活动，对于激发爱国热情，振奋民族精神，增强战胜困难的信心，凝聚全体人民的力量，同心同德推动经济社会又好又快发展,奋力开拓改革开放和社会主义现代化建设新局面,具有十分重要的意义。

2. 激励全党全国各族人民更加紧密地团结在以胡锦涛同志为总书记的党中央周围,继续解放思想,坚持改革开放,推动科学发展,促进社会和谐,为夺取全面建设小康社会新胜利、实现中华民族伟大复兴不懈奋斗。

3. 学校是对青少年进行教育的重要场所,要把爱国主义教育贯穿到教学、育人全过程中去,使之成为学校德育工作的重中之重。通过开展爱国主义教育活动,贯彻落实科学发展观。激发全校师生的爱国主义热情。引导广大师生树立正确理想、信念、人生观、价值观,继承和发扬爱国主义传统,对于振奋民族精神,增强民族凝聚力,为建设有中国特色社会主义的宏伟事业而奋斗。沉淀信仰的力量,有志青年要勇做时代的奋进者。鲁迅先生曾说过:“必须跨过那站着的前人,比前人更加高大。”有志青年要涵养“初生牛犊不怕虎”的锐气,要涵养“敢为天下先”的勇气,要涵养“敢教日月换新天”的豪气。“天下难事,必作于易;天下大事,必作于细。”有志青年要沉淀信仰的力量,走在时代的前列,勇做时代的奋进者,突破墨守成规的藩篱,成就一番无愧于青春、无愧于时代的业绩。

沉淀信仰的力量,有志青年要愿为时代的开拓者。“河出潼关,因有太华抵抗而水力益增其奔猛;风回三峡,因有巫山为隔而风力益增其怒号。”历史的进步,时代的发展,从来都不是一帆风顺的。面对阻碍发展进步的顽固势力,有志青年要沉淀信仰的力量,愿为时代的开拓者,秉承“明知山有虎,偏向虎山行”的壮志豪情,鼓起闯的勇气、冒的劲头,敢于大胆地试、大胆地干,奋力开拓一片新天地。

沉淀信仰的力量,有志青年要甘当时代的奉献者。“我们是五月的花海,用青春拥抱时代;我们是初升的太阳,用生命点亮未来。”有志青年决不会辜负青春韶光,他们愿用奉献奏响青春之歌,用一腔热忱温暖他人、回报社会,甘当时代的奉献者。聊城大学一批又一批学子在“繁森精神”的指引下,高举志愿服务的旗帜,前赴后继到祖国最需要的地方去,造就了西部计划的“聊大现象”。他们用奉献誓言响应着祖国的号召,用奉献行动回应了西部的呼唤。

“志之所趋,无远弗届,穷山距海,不能限也;志之所向,无坚不入,锐兵精甲，不能御也。”当信仰汇聚成集体向往，当信仰沉淀为集体力量，面对时代的浩荡洪流，每一个青年都能拿出“万折必东不回头”的决心，鼓起“赴百仞之谷而不惧”的勇气，具备“乱云飞渡仍从容”的能力，书写恢宏壮丽的“中国梦”新篇章。

从现在做起、从自己做起、从小事做起，从思想上、根源上端正世界观，未来才能身体力行，做到明大德、守公德、严私德，彰显新一代爱国青年的风采，为实现中华民族的伟大复兴而奋斗。

爱国，是存在于我们中华儿女每个人心中的一个重要的精神支柱，是中国人实现“中国梦”的重要精神要素，是一个国家文化软实力的重要组成部分。爱国主义是中华民族的核心精神，是一个永恒的主题。无论是国内还是国外，都高度重视对本国国民，尤其是青少年的爱国主义教育。

随着经济的全球化和市场经济的不断深入及网络的普及和发展，一些主客观因素制约了爱国主义教育的进一步深入，从而造成对青少年的爱国主义教育存在一定的缺失、教育效果不佳等现状。具体表现在青少年虽有爱国意识，但不了解爱国主义具体内容，缺乏理性爱国，如钓鱼岛事件后打砸中国人购买的日本车甚至乘坐日本车的中国人；对于如何爱国的方式仍比较模糊，行动显得比较迷茫，如前几天一些青少年对谢霆锋、王菲之间的婚姻津津乐道，而对国家在9月30日设立的烈士纪念日所知甚微等。

青少年爱国主义教育呈现出一些问题，这些问题影响到了青少年爱国主义教育的进展，也一定程度影响到实现“中国梦”的进程。究其原因有家庭爱国主义教育的缺失、社会氛围不浓；学校爱国主义教育的陈旧、教育手段单一、多元化冲击等方面。

爱国主义精神是团结全国各族人民努力也是在当前国际竞争日益加剧的情况下一个国家团结稳定的精神基础。青少年作为祖国未来的接班人和建设者，青少年理性爱国体现着一个国家国民教育的程度以及未来国民的综合素质。一个国家的前途在很大程度上建立在人才的培养机制上，人才的培养要从青少年时期就抓起。对青少年的爱国主义教育，不仅是对其世界观、人生观、价值观的重要塑造，更是令国家充满朝气、推动国家经济持续增长、政治民主化不断推进的重要途径。在经济全球化以及市场化不断加深的新形势下，中国的发展在诸多方面受到了公民自身诸多方面发展的限制,如在外交发展方面,公民理性爱国的表达则起到了重要的作用,合理的表达爱国主义情怀有助于提高国家外交活动的主动性。加强国民的爱国主义教育,尤其是青少年的爱国主义教育,对国家和民族的兴盛以及现代化建设具有重要意义。

青少年爱国主义教育在新时期受到多方面的挑战,这就需要我们的政府、社会、学校、家长等多方努力,为加强青少年爱国主义教育采取必要的措施,使他们能够在今后积极地投入到社会主义现代化的建设中去。笔者认为,在当前形势下,改善青少年爱国主义教育可以从更新爱国主义教育理念、将爱国主义教育生活化、优化爱国主义教育内容、建立保障青少年爱国主义教育的机制以及营造健康的网络信息环境等方面努力。

对于青少年来说,理性爱国需要从每一个细节抓起,从关系青少年综合素质健全的角度来关照每一个青少年的爱国行为,这是国家对公民教育的义务,也是国家对未来国民素质的负责。

加强爱国主义教育是一项长期的而伟大的事业,只有将爱国主义同时代特征相结合起来,才能使爱国主义教育达到新的高度,才能体现出爱国主义教育的成效性。新的时代,岗位不同、责任不同,爱国的实现途径也不同。对每一个人来说,必须把爱国体现在立足本职岗位、把本职工作做好,这样爱国热情才能得到体现、爱国的愿望才能够得以实现。对广大青年学生来说,正处在学知识的黄金阶段,好好学习是最重要、最具体、最有效的爱国热情和爱国行动;对学校来讲,学校把学生培养、教育好,加强爱国主义教育是最好、最直接的爱国行为。

二、活动实施方案

(一)重视校内活动,充分发挥主阵地作用

1. 校园明辨,树优良价值观

成都职业技术学院工房分院开展校园明辨会活动。以宣传、讲座、课堂互动等形式展开活动。

此次活动内容主要是认识社会主义核心价值观的意义,提升个人的文明素质,文明素质的提高受到外在和内在的同时制约。希望通过主题班会,让同

学们懂得通过自己的知识储备和年轻活力优势实践社会主义核心价值体系的内涵,树立正确世界观、人生观和价值观。

活动期间,各支部代表向同学们讲述了关于大学生价值观的相关材料。同学们认真听取,围绕"在校大学生如何学习落实社会主义核心价值观"进行讨论。各位学生代表认真学习了习近平总书记的重要讲话,积极研讨讲话的主要内容,并就"社会主义核心价值观"的内涵阐述了自己的心得体会。同学们从文化发展、供求关系、教育价值等角度全面分析了中国特色社会主义的现状,指出人民是社会主义核心价值观建设的力量源泉。经过讨论,大家认识到任何一个民族、国家、社会都有自己的核心价值观,处于价值观形成阶段的青年,决定着整个社会的价值取向,决定着国家的前途命运,更应该在自觉践行社会主义核心价值观上下功夫。学生代表从自身层面讲述了他们理解的社会主义核心价值观,并以此告知社会主义核心价值观与同学的学习工作生活紧密相关,为大家指明了方向,大家应该积极宣传、自觉践行社会主义核心价值观。

2. 学习习近平总书记讲话

学院安排,集体组织和自学习总书记重要讲话精神。习总书记的讲话,内涵丰富、思想深刻,向全国、全世界昭示了新一届中央领导集体坚定不移推进改革开放的决心和信心,也向全党全国发出了凝聚力量、攻坚克难的动员令。使我进一步坚定了走中国特色社会主义道路的信心。活动前期组织部给各支部发送学习习近平总书记讲话文件;通知团支书开会,讨论如何开展活动;各团支书组织各班干部组织准备活动内容;各班自主开展活动,并写好通讯稿及拍照留念。

通过学习习总书记的讲话,使同学们深深体会到要真抓实干,树立良好形象。作为一名学生,要主动履职尽责,以饱满的政治热情、昂扬的精神状态、务实的工作作风投入工作。要坚持"老实、踏实、务实"的"三实作风"。要自觉抵制个人主义、拜金主义、享乐主义的侵蚀,努力做到守得住清贫、耐得住寂寞、抵得住诱惑、经得起考验。要结合工作实际,突出重点,正确认识和处理好依法按程序办事与克服形式主义的关系,更加自觉、更加主动地为社会快速发展贡献智慧和力量。

在学习过程中，要加强自身党性和修养的学习，严格要求自己，踏实工作，端正态度，将学习精神深刻领会，落到实处。通过这次学习，真正做到完善自我，改造自我，把自己的思想境界提升到一个新的高度，真正做到全心全意为人民服务。

3. 团组织生活，纪念抗战胜利70周年

在这个金秋送爽，丹桂飘香的季节里，迎来了我们的工房分院“感受成就，祝福祖国”主题团日活动。通过音像资料对中国人民的抗争史进行回顾，并讲述改革开放以来取得的各种伟大的成就，并对祖国未来的发展充满信心，宣布团组织生活活动的开始。由班上的同学进行朗诵表演，送上对共和国生日的祝福，表达对祖国的热爱之情。此时，听众会在朗诵者声情并茂的朗诵中产生爱国的情愫，使得现场沉浸在爱国主义的氛围之中。通过PPT对我国现阶段取得的成就进行讨论，探讨我们对社会发展需要做出的贡献。最后主持人作总结，中国从抗争到发展，不论是经济、文化或是其他方面，都取得了可喜的成就，中国今天能在国际上站到举足轻重的位置，每一步都付出了努力，今天的成功是必然。在未来的时间里，中国的强大会一直受到全世界的瞩目。升华主题，宣布本次团组织活动结束。

为纪念抗日战争胜利70周年，充分展现当代大学生的爱国精神风貌，弘扬十八大构建和谐社会的精神，响应学院倡导爱国，铭记历史的号召，深入发扬奉献、友爱、互助、进步的时代新风。工房在9月开展“勿忘历史——纪念抗日战争胜利70周年”主题的团组织活动。确定主题，召开过团支书例会，各团支了解主题活动，组织其团支部干部讨论活动，安排后上交活动策划书及申请表，组织部安排人员考评。活动结束后各团支部上交活动通讯稿。

在满满的爱国氛围下，由工房学生会举办的爱国团组织生活活动正式拉开帷幕。会前主席团引领全体同学唱团歌；陈述团会纪律，组织等会议注意事项；以团会纲领为会议主线，并由相关干部协助组织活动，使活动有序开展。各个部门为我们展示他们精彩的表演，每个演出都值得我们肯定，因为他们在背后默默付出了那么多的努力。

为纪念“一二·九”运动，激励青年团员的爱国热忱，弘扬爱国主义精神，培养青年团员的历史责任感、使命感和高尚的道德情操及增强大学生责任意识，大力弘扬爱国主义精神。同时，进一步激发广大青年学生投身社会、报效祖国，实现中华民族伟大复兴的热情，以增强本班学子的爱国情怀。活动时，主持人对本次团会的主题以及意义做讲解，向同学们讲解"一二·九"活动的历史意义，随后开始以寝室为单位的班级活动，公布游戏规则（比赛分两次进行，最后决出第一名）后活动正式开始，活动颁奖。最后主持人总结此次活动。

（二）重视校外活动，营造良好的爱国氛围

1. 缅怀先烈，祭奠英魂

工房组织部组织分院分别在2014年9月30日、2016年3月30日和2017年3月28日由入党积极分子在新津县烈士陵园举办了以"缅怀革命先烈，弘扬民族精神"为主题的扫墓纪念活动。活动流程从宣布扫墓仪式开始、向烈士纪念碑敬献花圈、到向烈士默哀三分钟、一起宣读缅怀词、最后向烈士献花，行三鞠躬礼。

缅怀革命烈士社会实践活动是我校大学生投身社会、体验社会、缅怀红色革命的真实契机。鼓舞着我们继续前进，激励着我们，让我们在当今社会能够更好地做我自己。不要有懒惰的思想，对自己要有坚定的信念，做什么都要做好，做得不好的地方，要更加努力，不要灰心丧气，只要肯努力，就能到达成功的阶梯，我们要像革命先烈那样努力，锲而不舍，养成良好的生活习惯，培养高尚的道德品质，并且要树立一个远大的目标，一步一个脚印地走下去，要学习革命先烈不怕苦、不怕累的顽强品质，坚信"有志者事竟成"。不要有懒惰的思想，对自己要有坚定的信念，做什么都要做好，做得不好的地方，要更加努力，不要灰心丧气，只要肯努力，就能到达成功的阶梯，我们要像革命先烈那样努力，锲而不舍，只有这样，我们才能走向成功。

我们应该学习革命先烈"流血、流汗、不流泪"的精神，现在虽是21世纪，但我们仍要弘扬革命先烈的英雄精神，加倍珍惜今天的幸福生活。时时提醒自己，要以开展党的群众路线教育实践活动为契机，坚定理想信念，发扬发扬先烈们奋力拼搏、勇往直前的革命精神和坚忍精神，服务群众、弘扬正气，切实将党的群众路线教育实践活动落到实处，忠诚履职。

通过这三次扫墓活动使学生更加热爱祖国，培养民族自信心、自尊心和民族自豪感，促使他们自觉地做有理想、有道德、有文化、有纪律的社会主义公民。

2. 慰问红军，感恩时代

十月的尾声透着丝丝寒意，而成职工房分团委的同学们却满腔热情。为纪念红军长征胜利八十周年，分团委组织部组织了一场红军慰问活动，此次活动由分团委学生干部共同参与。2016 年 11 月 19 日，参与人员到达空军九总队敬老扶贫共建点，为老红军带来节目表演、与工作人员一起包饺子给退休红军吃、与抗战老兵一起话家常。

（三）坚持党的领导，树立坚定的理想信念

1. 回顾历史，展望未来

活动前负责人与博物馆负责人员取得联系，办理相关手续。联系车队、饭店、确定参与人员名单，留下联系方式等。确定活动负责人，主要负责人为两人，一号负责人负责与馆内人员取得联系以及带队，二号负责人则需维持现场秩序，防止意外情况的发生。随后出发，到达金沙遗址博物馆南大门时大概在 11:10 左右，负责人带领参与人员进入提前预约好的饭店用餐。用餐后活动一号负责人带领参与人员进入馆内，二号负责人则需维持好现场的秩序，防止人员走散。在负责人的指导下有秩序地进入博物馆内部，馆内设有电子导游，参与人员可以通过电子导游的讲解了解历史。当进入一个展厅时参与人员自行参观，首先经过乌木林来到天宇广场进行参观，然后进入遗迹馆参观，参观时一、二号负责人时刻提醒参与人员注意不要破坏馆内的规章制度。接下来通过摸底河来到陈列馆，陈列馆分为五个展厅，参观完后来到金沙剧场进行参观，最后走到西山。下午时分全体人员回到学校，有一位同学还说道："此次活动非常有意义，不仅让我们进一步品味了古国文化，还可以和同学们一起在活动中思考其精髓所在。"

2. 我心向党，明若朝阳

由工房分院组织部组织的以"我心向党，明若朝阳"为主题的活动在足球场正式举行。本次活动主要设有"背人抢答赛，趾压板，撕名牌，六人五足绑腿跑"四个环节。同学们积极参与本次活动，用他们青春的激情响应党的号召。准备阶段挑选主持人，准备好活动所需物品，由宣传部制作活动海报、活动展板。设立宣传点，由组织部成员在上下课高峰期进行宣传，调动学生参加活动的积极性,为活动的开展奠定良好的基础。在微博、微信等社交媒体也可以发布活动消息,让更多的人知道。在每天的广播时间也可以将我们的活动传播到校园的每个角落。提前去活动地点布置场地,确保活动顺利进行。安排参赛选手提前 15 分钟进入活动场地。提前 10 分钟裁判和工作人员必须到位。比赛开始前裁判宣布比赛规则。各工作人员做好本职工作安排,专员维护秩序和突发情况处理。记者团负责活动摄影和新闻报道。活动结束后宣布比赛结果,工作人员记录比赛情况。工作人员打扫比赛场地。最后负责人总结活动,为优胜者颁发奖品。

3. 学习两学一做,做优秀党员

(1)宣传围绕"两学一做",争当党员楷模为主题的校园宣传活动

成都职业技术学院工房分院里面无论是正式党员还是入党积极分子都系统地学习过党章党史,为什么如今又要强调学习它呢?学习党章党史,一方面是因为我们大学生走在社会前沿,更应该将党章与社会发展相结合,常学常新,另一方面则是针对当前一些党员无视党章党史,践踏法律底线的行为,强化大学生党员的服务意识,自省自查,争做时代好青年。为加强学生党员对党章及习总书记的系列讲话的深刻认识,我们将申请在体育馆前的展示栏向同学们宣传,增加同学们对党章的认识。其次,在我校的 LED 显示屏中定时更换"两学一做"的最新时事新闻。

(2)向入党积极分子及学生党员发放党史资料

为了让入党积极分子以及学生党员能够更加全面的认识党史,学习"两学一做"的精髓,故将党史资料发放到各个学生党员的手中,并通过定期考查的方式督促学生党员学习。

(3)推动线下学习、线上讨论

在现今网络覆盖世界的现代社会,若只是线下学习不可避免显得枯燥乏味,我们可利用网络的积极性创建工房学子"两学一做"的公众微信号,为大家学习党章及习总书记系列讲话提供讨论的平台,定时推送最新的时事,激发正能量,使同学们可以不受时间地点的限制接收最新的党知识,并在此基础上提出自身的建议,为"两学一做"提出自己的看法。

(4)结合每月党组织生活,开展学习

在每月的党组织生活中加入学习党章党规及习总书记的重要讲话等内容,并上交党组织生活心得体会。

(5)充分发挥学生党员及入党积极分子的先锋模范作用

为了充分发挥入党积极分子及学生党员的先锋模范作用,将宿舍楼下的党员示范岗定时更新,在体育馆至教学楼路上的灯箱广告可利用起来作为宣传,张贴优秀学生党员资料,以此达到模范作用。

三、爱国主义教育活动总结

主题教育创设爱国主义氛围,深化爱国主义情感。爱国主义教育一直是我校德育教育的主线,注重把中华传统美德教育和革命传统教育相结合;大力开展中国改革开放的历史教育和国情教育,紧跟当前形势,以学生喜闻乐见的方式组织开展主题教育活动。

(一)上好爱国主义教育第一课

每学期开学初我校都把爱国主义教育作为第一课,其中,有组织学生重温形势教育课的内容,从我国经济、政治、文化和社会建设的发展进步,感受以爱国主义为核心的时代精神,增强学生对中国共产党的热爱和对中国特色社会主义道路的认同,树立为构建社会主义和谐社会和中华民族伟大复兴做贡献的志向,培养爱国情感和爱国意识。

(二)国防教育大讲堂

为更好地让学生了解当前的国际形势,了解国家的发展动向,本学期学校特邀请国防教育校外辅导员崔凯同志为学生进行了题为居安思危唤醒国防意识,自强不息弘扬爱国精神的国防教育讲座活动。从什么是国防、国防教育的目的、国家的国防状况以及世界格局的发展趋势等都做了详细的讲解,讲座不仅使学生获得了大量的国防知识,更是激发学生爱国热情和报效祖国的决心。

(三)走近伟人,学英烈事迹

榜样教育作为我校爱国主义教育的又一途径,在今年中华人民共和国成立六十周年到来之际,我校以学伟人事迹传革命精神为主题开展了系列爱国

教育活动,包括:

1. 邀请周恩来总理的侄女周秉健女士到我校介绍她眼中的周总理,开展讲座活动并接受赠书

2. 开展向英烈学习读书活动

3. 利用学校红领巾广播向学生介绍伟人故事,讲述伟人事迹

4. 利用中古希望之星电视台为学生播放由队员们自己主持的伟人印象系列短片

5. 利用班队会时间组织学生收看《永远的丰碑》系列教育影片

总之,多渠道引导全体学生向伟人学习,重温革命历史,发扬优良传统,感受民族精神的时代内涵和伟人的伟大力量,从小树立民族自尊心、自豪感、责任感和使命感,激发为祖国繁荣富强而不懈努力的志向。

(四)践行爱国主义,做合格大学生

1. 红色教育

升旗仪式是对学生进行爱国主义教育的最好时机,高唱国歌,旗下演讲,充分抓住这一有利时机,以团带队,进一步加强对学生的爱国主义教育。

2. 走进社区,增强学生的责任感

一个社区就是一个小型的社会,带领学生走进社区,在社区中或是寻找一个岗位,或是体验一次服务,或是参加一次慰问,在活动中感受到自我的价值。我校多年与桂系街道组织开展志愿者教育活动,这样的活动无疑丰富了学生的人生阅历,增强了学生的社会责任感,树立正确的价值观。

四、活动价值与成果

(一)革命精神——爱国主义教育的延续之本

通过活动使学生深刻领悟社会主义核心价值观的内涵,懂得价值观的重要性,初步树立社会主义核心价值观。懂得要从平时的一点一滴做起,用实际行动来体现社会主义核心价值观。帮助同学们更好地认知社会主义核心价值观的战略意义和深刻内涵,同时弘扬了社会主义核心价值的主要精神,加强了对社会主义核心价值观的宣传普及,更好地引导同学树立正确的价值观。

学生两学一做学习心得体会:开展“两学一做”学习教育,其核心要义是学和做。学是前提,做是关键;学是基础,做是目标。学的目的,是为了做得更好。从这个角度说,“两学一做”学习教育,关键在做,做就是要做合格的共产党员。这是此次学习教育的着眼点、落脚点。

通过学习,将教育实践活动和“三严三实”专题教育成果进一步巩固和深化。通过学习,解决一部分党员党性意识弱化、宗旨观念淡薄、组织纪律涣散等问题。引导党员干部自觉坚定理想信念,增强政治意识、大局意识、核心意识和看齐意识。在全体党员干部队伍中形成勇于担当,履职尽责的政治氛围,真正做到权为民所用、情为民所系、利为民所谋。

(二)校园活动——爱国主义教育的有效渠道

中国,一个有着悠久历史的文明古国,一个有着灿烂文化的伟大民族。纵观当今世界,昔日的四大文明古国已经有三个离我们远去,埃及人不会讲埃及语,印度人不懂得印度文明,巴比伦就连一个统一的国家都没有了,而中华文明,在西方文化的冲击下也似乎岌岌可危。同学们,传统文化的继承需要我们献出一份力。我们要把钢笔字给传承下去,人如其字要堂堂正正。要把字练好,把钢笔字练好,不要一味地去使用网络工具。都说见字如见人,一个人的字代表一个人的性格,素养,风格等。只有传承好中华文化练好钢笔字才能迎接更好的未来。同时弘扬和继承中国的传统书法艺术,促进传统书法的传播和渗透。丰富大学生的课余文化生活,提高个人修养,展现个人魅力。增强同学们对书法艺术的学习兴趣,提高审美能力。

悠久的历史传承下来的是民族累积起来的琴棋书画,它们时而优美,时而婉转,时而空灵,时而刚劲。不管在哪个方面,琴棋书画都可以很好地表达出来。我们可以弹奏伴舞,固有伯牙绝弦;我们可以静心下棋,固有邹宗堂下棋;我们可以大声朗诵书和在纸上进行文字表达,固有鲁迅先生的弃医从文;我们可以下笔优美,描绘我们周围美丽的事物,固有清明上河图。这些都是我们中国传统的文化,中国文化博大精深,在当今社会我们渐渐地用钢琴代替了古筝;用五子棋代替了围棋,用电子书代替了书本;用简笔画代替了水墨画。这些从很多年前传承下来的不能忘记,这是我们中国的特色我们中国的文化代表。有毛泽东的“星星之火可以燎原”的豪气书写,有抗战路上胜利的号角声,有用下棋来静心想出对抗敌人的办法，有为了不让自己的战友白白地牺牲画出标记。让我们重视了解民族文化，用真诚的心来缅怀革命烈士，瞻仰他们为祖国的和平解放、为祖国的繁荣富强所做出的一切努力，让爱国的风扬起中国在二十一世纪前进的帆，让中华民族千年的灿烂辉煌文明历史得以继续在世界、在今天熠熠闪耀。我们的祖先在这块土地上创造了灿烂的物质文明和精神文明，形成了具有民族特色的文化传统，为人类文明做出了卓越的贡献。我们要以科学的态度对待历史，全面地、辩证地了解和认识中国国情。既要从了解祖国的锦绣河山中激发热爱之情，也要从认识我国自然条件的一些不足之处增强忧患意识；既要为中华民族的悠久历史和灿烂文化而自豪，又要为中国近代以来的落伍而伤痛，从而转化为奋发图强为实现中华民族伟大复兴而奋斗的强大动力。

五、图片集

清明日烈士陵园扫墓

慰问红军

书画比赛